KB264534

마가복음

어떻게 설교할 것인가

두란노 HOW주석 시리즈 35

마가복음 어떻게 설교할 것인가

엮은이 | 목회와신학 편집부

펴낸곳 | 두란노아카데미
등록번호 | 제302-2007-00008호
주소 | 서울시 용산구 서빙고로 65길 38 두란노빌딩

편집부 | 02-2078-3484　　　academy@duranno.com　http://www.duranno.com
영업부 | 02-2078-3333　　　FAX 080-749-3705
초판1쇄발행 | 2003. 9. 15.　개정판1쇄발행 | 2009. 12. 1.　10쇄 발행 | 2019. 3. 27

ISBN　978-89-6491-085-6　　04230
ISBN　978-89-6491-045-0　　04230(세트)

책값은 뒤표지에 있습니다.

두란노아카데미는 두란노의 '목회 전문' 브랜드입니다.

마가복음

어떻게 설교할 것인가

• 목회와신학 편집부 엮음 •

두란노 HOW 주석

HOW
COMMENTARY
SERIES
35

두란노아카데미

설교는 목회의 생명줄입니다

설교는 목회의 생명줄입니다. 교회 공동체를 향한 하나님의 음성입니다. 그래서 목회자는 설교에 목숨을 겁니다. 하나님의 말씀을 가감 없이 전하기 위해 최선을 다합니다.

이번에 출간한 「두란노 HOW주석 시리즈」는 한국교회의 강단을 섬기는 마음으로 설교자를 위해 준비했습니다. 「목회와신학」의 별책부록 「그말씀」에 연재해온 것을 많은 목회자들의 요청으로 출간한 것입니다. 특별히 2007년부터는 표지를 새롭게 하고 내용을 더 알차게 보완하는 등 시리즈의 질적 향상을 추구하였습니다. 독자 여러분의 끊임없는 관심과 격려를 부탁드립니다.

「두란노 HOW주석 시리즈」는 성경 본문에 대한 주해를 기본 바탕으로 하면서도, 설교에 결정적으로 중요한 '적용'이라는 포인트를 놓치지 않았습니다. 또한 성경의 권위를 철저히 신뢰하는 복음주의적 관점을 견지하고자 노력했습니다. 또한 성경 각 권이 해당 분야를 전공한 탁월한 국내 신학자들에 의해 집필되었습니다.

학문적 차원의 주석서와는 차별되며, 현학적인 토론을 비껴가면서도 고밀도의 본문 연구와 해석이 전제된 실제적인 적용을 중요시하였습니다.

이 점에서는 목회자뿐만 아니라 성경공부를 인도하는 평신도 지도자들에게도 매우 귀중한 지침서가 될 것입니다.

오늘날 교회에게 주어진 사명은 땅 끝까지 이르러 예수 그리스도의 복음을 전파하는 것입니다. 사도행전적 바로 그 교회를 통해 새롭게 사도행전 29장을 써나가는 것입니다. 이 시리즈를 통해 설교자의 영성이 살아나고, 한국 교회의 강단에 선포되는 말씀 위에 성령의 기름부으심이 넘치기를 바랍니다. 이 땅에 말씀의 부흥과 치유의 역사가 일어나고, 설교의 능력이 회복되어 교회의 권세와 영광이 드러나기를 기도합니다.

바쁜 가운데서도 성의를 다하여 집필에 동참해 주시고, 이번 시리즈 출간에 동의해 주신 모든 집필자들에게 이 자리를 빌어 감사의 뜻을 전합니다.

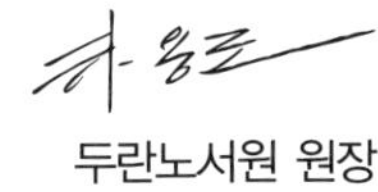

두란노서원 원장

contents

발간사

Ⅰ. 배경연구

II. 본문연구

01

마가복음을
어떻게 설교할 것인가

마가복음은 네 복음서 중의 하나다. 이 정의는 이미 마가복음의 성격과 내용뿐 아니라 설교자들에게 필요한 여러 가지 일반적 지시와 제한을 동시에 알려 준다. 확대하여 설명하면, 마가복음은 예수님의 생애, 행적과 말씀, 그 의미를 알려 주는 책이다. 따라서 설교자들은 현대의 청중들이 예수님의 생애 곧 그가 하신 일들과 하신 말씀들을 잘 배우고 그 의미들을 받아들일 수 있도록 설교해야 한다. 뿐만 아니라 청중들로 하여금 마가복음이 알려 주는 바 그 예수님을 믿도록, 나아가서 지금도 살아 계신 바로 그 예수님을 만나고 의지하며 살아가도록 하는 것이 모든 설교자들이 해야 할 과업이다.

이러한 설교자들의 과제는 좁게는 공관복음서(마태, 마가, 누가) 안에서, 넓게는 네 복음서 안에서 다루어져 왔다. 각 복음서는 예수님의 생애의 한 단면을 보여 주는 것이므로 설교자들은 네 복음서를 종합하거나 조화시킴으로써 예수님의 생애와 가르침에 대한 더 크고 완전한 상에 접근할 수 있다고 믿었다. 과거에는 거의 모든 설교자들이 이런 식으로 복음서에 접근했다. 그들을 배출했고 또 그들에게 배웠던 모든 기독교인들이 근 천 구백 년 동안 마가복음에 대해 위와 같이 말해 왔으므로 마가복음을 예수님에 대한 정확한 정보 전달 도구의 하나로 이해하고 그렇게 사용하는 것은 기독교의 오랜 전통이라고 불러야 할 것이다. 이 전통은 평신도들의 관점에서는 아직도 유효하고 정당하다.

여기서 현대적 적용성을 염두에 두고 '과거', '평신도들의 관점' 이라고 한정한 이유가 있다. 18세기 중엽부터 설교자들, 신학을 공부하는 사람들, 특히 신학자들에게는 마가복음에 관한 전혀 다른 의견과 분위기가 등장했기 때문이다. 이들에 따르면 마가복음을 여러 복음서들 중의 하나로 이해하고 종합적, 조화적인 안목을 가지고 설교하는 것은 역사를 왜곡하고 진실을 외면하는 작업이 되고 만다.

물론 마가복음이 복음서의 하나임을 부정하는 사람은 아무도 없다. 그러나 사람들은 마가복음에 붙어 있는 '복음서' 란 단어의 무게는 다른 복음서와 같지 않다. 따라서 이제 이 비중의 차이를 감안하여 마가복음을 좀 다르게 취급해야 한다고 생각한다. 그 결과 신학계에 나타난 변화는 마가복음을 다른 복음서와 구별하여 독자적으로 취급하는 것이다. 예수님에 대한 더 정확하고 더 근본적인 자료를 제공하고 있다고 믿기 때문이다.

설교자가 할 일을 찾아서

그렇다면 이제 마가복음을 어떻게 설교하는 것이 정당하고 필요한 일일까? 필자는 최근의 공관복음서 문제의 연구 결과 등장한 이러한 결론에 근거하여 마가복음을 설교해야 함을 강조하거나 그 구체적인 방향과 방안을 제안하기 위하여 이 글을 쓰는 것은 아니다. 또는 이전에 해오던 대로 종합적이고 조화적인 안목을 가지고 계속 마가복음을 설교해 가자고 주장하려는 것도 아니다.

오히려 필자는 신학자들이 공관복음서 문제의 결론으로 추론했거나 그들의 신학작업의 전제로 삼고 있는 것에 근거한 설교들은 의미 없는 일임을 밝히고 싶다. 그것은 20세기에 막 생겨난 새로운 풍습, 즉 신학적 추정이지 그들이 주장하는 것과 같은 '복음서의 배후에 놓여 있을 역사' 는 아닌 것이다. 다른 한편으로, 필자는 마가복음을 다른 복음서에 짜 맞추는 식으로 주석하며 설교하려고 하는 작업도 사실은 성급한 일임을 말하고 싶다. 그것이 교회가 이천여 년 동안 해 온 작업이요 우리도 결국 같은 방법으로 더 큰 예수님의 상을 찾는 길로 접어들어야 하겠지만, 그 이전에 설교자로서 해야 할 일이 있음을 지적하려는 것이다.

마가복음을 그 자체로 그리고 그 전체로 읽어 가는 것, 그렇게 완전한 하나의 복음서로 설교하는 것이 필요하고 중요하다. 우리는 마가복음에서 한 역사적 인물이 전하는 예수님을 만난다. 그는 마가란 이름으로 알려져 있고 그가 우리에게 전하는 내용 대부분을 베드로 사도에게서 들었다고 한다.

복음은 그리스도에 대한 생생한 증언이다. 복음서는 그것을 문자화하고 책으로 만든 것이다. 그렇다면 마가복음은 그리고 마가복음에 대한 설교나 마가복음을 본문으로 삼는 설교는 모두 예수 그리스도에 대한 증언이어야 한다. 마가가 해야 할 역할을 – 그가 이제는 이 세상을 떠났기에 – 설교자들이 대신하는 것이다.

마가복음에 대한 평가, 있는 그대로 해야

복음서들이 탄생한 직후, 즉 초대 교회 시절에 살았던 기독교 지도자들은 그들의 필요에 의해 작성한 여러 서신들, 설교, 변증서, 교리 설명 등에 마가복음을 거의 인용하지 않았다. 마가복음은 다른 세 복음서와 비교할 때 한마디로 인기 없는 복음서였다고 말할 수 있다. 물론 마가복음이 정경으로서의 가치를 인정받지 못했거나, 다소 질이 떨어지는 것으로 비쳤기 때문은 아닐 것이다. 그랬더라면 마가복음은 아예 정경에 들어오지도 못했으리라. 신학자들이 분석한 가장 그럴 듯한 이유는 대략 이렇다. 마가복음은 마치 마태복음을 요약해 놓은 것처럼 보인다. 그 대부분의 내용이 마태복음 혹은 누가복음에 들어 있어서 사람들은 마가복음보다는 내용이 더 풍부한 마태복음이나 누가복음에서 즐겨 인용했을 것이다. 이런 분위기에서 마가복음은 18세기가 될 때까지 누구에 의해서도 그 독자적인 가치를 인정받지 못했다. 처음부터 한 권의 책으로 존재했지만 다른 복음서에 종속적인 것으로 평가받았던 것이다.

그러나 18세기 중엽부터 유럽에서 활발하게 전개된 공관복음서 연구는 이 상황을 정반대로 뒤바꾸었다. 학자들은 공관복음서의 모든 내용들을 주도면밀하게 비교 검토한 다음에 마가복음이 오히려 마태복음이나 누가복음보다 먼저 기록되었으며 형식적으로나 내용적으로 다른 복음서에 뼈대와 내용을 제공했다는 결론을 내렸다. 현재 대부분의 신약신학자들이 공리처럼 받아들이는 마가복음 우선설을 간략하게 요약해 본다.

① 마가복음은 현 복음서의 형태로 기록된 최초의 복음서다.
② 마태와 누가는 마가복음을 자료로 이용하였다. 공관복음서 사이의 문자적 일치나 유사성은 이 때문이다.
③ 마태와 누가는 예수님의 생애 전체를 복음으로 평가한 마가복음의 문학적 구조와 신학을 그대로 받아들여 그들의 틀로 사용했다.

신학자들이 마태와 누가의 저술 작업이라고 부르는 것은 마가복음을 그들의 복음서에 포함시키는 그런 단순한 사용이 아니라 보다 창조적으로, 즉 마치 새로운 책을 쓰는 것과 같이 마가복음의 자료들을 다른 자료들과 혼합하며 그들 혹은 교회의 신학과 신앙에 따라 이리저리 바꾼 그런 것이었다. 그렇다면 마가복음은 예수님의 생애와 사역에 관하여 다른 어떤 복음서보다 더 오래되고 원형에 가까운 자료를 가지고 있다고 말할 수 있을 것이다. 공관복음서 문제의 취급과 함께 고조된 '역사적 예수'에 대한 연구에서 마가복음이 아주 중요한 자료로 사용되는 것은 따라서 당연한 결과였다.

이런 연구에 몰두하는 신학자들은 마가복음 전체를 예수님에 대한 역사적인 보도로 믿지 않는다. 그들은 마가복음의 어느 부분에서나 진정성의 문제, 즉 역사적 예수와 정말 관련된 것인지 아닌지 토론을 벌이고 진정성이 있는 것으로 판단되는 부분에서만 역사적 예수의 흔적을 찾은 것으로 환호한다. 그들에 의하면, 마가복음도 마태복음/누가복음 못지않게 초대 교회의 역사적 상황과 신학적 사고/작업의 영향을 받은 문서다. '예수님이 전한 복음'을 마가가 '예수에 관한 복음'으로 바꾸는 작업을 했다면 이런 기독교적 색채를 벗겨내고 원 복음을 찾아내는 것이 역사를 바르게 취급하는 것이 된다. 설교자들이 해야 할 일도 예수님을 그리스도로 소개하는 마가복음에서 그의 신학, 교회의 신앙을 과감히 벗겨내고 기독교로 변질되기 이전의 예수를 전파하는 것이 되어야 할 것이다.

여기까지 와서 보면 마가복음은 더 이상 복음서가 아니게 된다. 복음을 전해 주는 책이 아니라 복음을 변질시킨 책이다. 우리는 이제 성경연구라는 이름으로 성경 자체를 파괴하는 그런 세상에 살고 있다. 초대 교회 혹은 초기 신학의 이름으로 기독교 자체를 무너뜨리고 있는 것이다. 그리고 이 것을 진정한 신학이라고 부른다. 그 결과 마가복음은 처음 탄생했고 지금 존재하는 그 모습 그대로 그리고 그 전체로 정당한 평가를 받지 못하고 있다. 마가복음은 이전 못지 않게 갈기갈기 찢겨서 더러는 예수에 대하여, 더러는 그리스도에 대하여, 더 많은 부분은 예수를 그리스도로 변질시킨 초대 교회 공동체에 대하여 말하는 우스꽝스러운 책으로 전락하고 말았다.

공관복음서 문제, 좀 더 신중하게 대하자

공관복음서 문제란 무엇인가? 이것을 어떻게 이해하는 것이 좋은가? 마가복음을 바르게 이해하고 바르게 사용하기 위해서는 공관복음서 문제에 대한 바른 이해가 선행되어야 한다. 마가복음과 관련하여 비기독교적이라고 할 수밖에 없을 정도로 생소하고 우스꽝스러운 견해들이 등장한 것도 공관복음서 문제를 해결하려는 과정에서 생긴 일이기 때문이다.

복음서는 예수님에 관한 책이다. 제자들, 무리들, 적대자들 등 많은 사람들이 등장하지만 그들은 어디까지나 조연들이다. 책이 있기 때문에 이 책의 저자가 있고 그가 이 책을 읽히려 했던 대상, 즉 독자가 있었고 또 저자와 독자의 상황이 여러 가지 면에서 마가복음의 탄생에 중요한 역할을 했겠지만 무엇보다도 마가복음은 예수님에 관한 책이다. 이런 부수적인 주제들은 그 자체로는 아무런 의미가 없고 예수님의 사역과 말씀을 복음서에서 배울 때 제자리를 찾을 수 있다.

그런데 우리는 예수님을 주인공으로 삼고 있는 그런 복음서를 네 개 가지고 있다. 우리 시대에서 돌아보면 모두가 마가복음 못지않게 오래된 복음서들이다. 복음서 기자들은 모두 그들이 알고 있는 예수님에 대하여 알려 주려는 목적으로 복음서를 기록했다. 그리고 이 책들은 기록되자마자 예수님에 대한 증언으로 교회에서 움직일 수 없는 귀중한 위치를 차지하게 되었다. 인간이 되신 예수님의 생애가 하나이므로 이 생애를 알려 주는 복음은 하나여야 한다고 말할 수 있다. 아니면 이렇게 말해야 할 것이다. 즉 복음전도자나 그들의 설교, 복음, 복음을 기록해 놓은 복음서들이 아무리 많아도 이 모두를 하나로 통합할 수 있어야 할 것이다. 그것은 결국 한 사람, 예수님에 대한 것이기 때문이다.

우리가 가지고 있는 네 개의 복음서 중 첫 세 복음서는 예수님의 생애를 조명하는 시각이 같다고 해서 공관복음이라는 별명을 가지게 되었다. 공관복음을 비교해 보면 용어의 선택, 어순, 문체, 표현 방식, 자료의 배열, 사건의 순서, 복음서의 구조 등 여러 가지 면에서 형식적으로나 내용적으로 대부분 서로 일치한다. 그래서 신학자들은 마치 서로 베낀 것 같은 느낌을 받는다. 예수님의 생애가 하나이므로 복음서들이 서로 일치한다는 것은 당연한 일일 것이다.

그러나 다른 면에서 살펴보면 공관복음서 사이에는 서로 무시할 수 없는 비일치성 혹은 차이점이 드러난다. 이 차이점이란 한 사건의 기록에 등장하는 다른 단어에서부터, 사건의 순서, 장소, 시간 등이 상당히 다양하다. 다른 복음서에는 전혀 기록되어 있지 않는 그러한 내용도 복음서의 차이를 형성한다.

네 복음서가 완전히 같다면 혹은 완전히 다르다면 공관복음서 문제는 지금보다 훨씬 쉬웠을 것이다. 한 복음서만 가지든지 네 개를 합쳐 하나로 만들면 되기 때문이다. 선택이나 통합이 그 답이 될 것이다. 그러나 지금의 공관복음서 문제는 이렇게 단순하지 않다. 1,700여 년 동안 교회는 통합과 조화를 시도했지만 가장 쉬울 것처럼 보였던 예수님 생애의 연대표, 즉 모든 사건의 전후 순서를 작성하는 것조차 아무도 성공하지 못하였다. 그래서 등장한 것이 일치점을 설명하기 위해서는 문서상의 의존관계를 말하고, 차이점을 설명하기 위해서는 복음서 저자나 그들이 속한 공동체의 신앙과 신학의 차이를 말하는 것이다.

누구도 다른 방법을 찾지 못했으니 이것을 유일한 길이라고 부르며 이에 준해 각 복음서를 주석하고 설교해야 할까? 그렇지는 않다. 자신 있게 부정적 답변을 제시하는 이유는 신학자들이 가능한 모든 길을 다 살펴보고 최종 결론을 내린 것은 아님이 분명하기 때문이다. 18세기 중엽부터 부각된 공관복음서 문제의 해법이란 원복음서설, 조각설, 구전설, 문서설 등 주로 복음서의 탄생, 즉 책을 기준으로 해서였다. 예수님의 생애에서 예수님에 관한 복음이 만들어지고 이 복음이 복음서로 기록될 때까지 걸린 세월에 비교해 보면 근시안적 시각으로만 공관복음서 사이의 일치점과 차이점을 해결하려고 했다고 말해야 할 것이다. 이렇게 만들어진 신학적 연구의 결론이란 지금은 절대 다수의 신약신학자들의 지지를 등에 엎고 있어서 조금도 움직일 수 없는 진리처럼 보이지만, 사실은 한때 요한복음의 저작 연대를 유행처럼 2세기 중반 이후로 잡았지만 갑자기 무너져 버린 것처럼 그런 허무한 것일 수도 있다.

신학자들이 더 고려했어야 할 다른 여러 가능성들을 우리는 아래에서 살펴볼 것이다. 이들 역시 공관복음서 문제에 대한 답이라고 부를 수는 없다. 신학자들이 보기에는 문서설의 조직화된 구조에 비해 영 설익은 명제만의 제시일 수도 있다. 그러나 이 과정들 없이는 예수님의 생애에서 복음과 복음서로의 진행은 불가능했다는 점에서 신중하게 고려되어야 한다. 이 다양한 가능성들을 열거해 보는 것만으로도 우리는 베끼는 것, 문서 자료를 이용하는 것만이 일치를 만들어 내고 또 신앙과 신학적 차이로 인한 변경이 가해져야만 다른 기록이 만들어지는 것은 아님을 자신 있게 말할 수 있을 것이다.

'일치'와 '차이'의 발생 원인은 다양하다

복음서는 집필 순간 탄생한 책이 아니다. 양식비평학자들의 주장이 옳은 것이어서 예수님이 전한 복음과 예수님에 관한 복음 사이에 큰 차이가 있다손 치더라도 복음서가 보도하는 그 주인공에게까지 거슬러 올라가서 이 차이의 원인과 한 복음서의 탄생을 논의해야 할만한 충분한 이유가 있다. 간단히 이렇게 말하자! 예수님의 생애가 없었다면 복음서란 애당초 만들어질 수도 없었고 만들어지지도 않았을 것이다.

복음/복음서의 탄생의 출발점에 예수님의 생애, 즉 복음 사건이 놓여 있다면 복음서들이 알려 주는 온갖 정보의 일치나 차이의 원인, 그 가능성을 찾는 탐험은 당연히 예수님에게서 시작해야 한다. 이렇게 하지 않는다면 공관복음서 문제를 다루는 사람들은 하나 같이 처음에는 하나, 즉 예수님에 대한 하나의 견해, 예수님의 한 종류의 말씀만이 있었음을 전제하고 시작하는 것이 된다. 이 전제 위에서 시대의 변화와 발전, 신학적 수정 등이 다양한 복음서를 만들어 내었다고 말하는 것이다.

이 전제는 전혀 옳지 않다. 복음서는 예수님에 대한 의견, 믿음조차도 상당히 다양했음을 알려 준다. 사람마다 예수님에 대해서 생각하는 것이 같지 않았다. 예수님의 말씀을 이해하는 데도 차이를 보였다고 한다. 예를 들면, 예수님의 비유의 경우 대부분의 사람들은 도통 이해하지 못했다. 제자들도 처음에는 이해하지 못했을 뿐만 아니라 오해하기도 했다.

제자들은 예수님에 대해 처음부터 단일한 생각, 똑같은 믿음으로 시작했는가? 그렇지 않다. 심지어 예수님의 부활 직후에도 믿지 못하는 제자들이 있었다. 예수님을 향한 그들의 믿음은 처음부터 차이가 있었다. 예수님과 함께하는 동안 변화가 있었다. 발전이 있었던 것이다. 복음서는 이렇게 제자들이 동일한 신앙고백으로 발전하였음을 보여 준다. 처음에는 예수님에 대한 인간적인 존경과 따름이 있었는데 이것이 차츰 바뀌어 기독교라는 종교로 발전했다는 식의 설명과는 다른 역사였다.

먼저 예수님의 말씀의 경우를 다루어 보자. 어떤 주제에 대해 예수님이 한 번만 설교하셨을 수 있다. 이 경우 이 주제에 관한 한 역사상 하나의 교훈만이 존재한다. 예수님의 말씀을 사람들이 제대로 기억하고 바르게 전달하기만 했다면 이 주제에 대해 모든 복음서는 일치하는 내용을 보도할 수 있을 것이다. 어떤 주제와 관련해서는 같은 말씀을 다른 곳, 다른 시기에 다른 대상에게 여러 번 반복하여 말씀하셨을 수도 있다. 예수님이 항상 같은 말씀을 반복하셨다면 횟수나 장소, 대상의 다양성에 관계없이 한 말씀만 존재하고 누구에게서나 같은 말씀의 반복을 기대해야 할 것이다. 그러나 비슷하지만 다른 단어로 표현하셨거나 강조점을 조금 달리하시면서 가르치셨다면 같은 주제라도 예수님에게서 다양한 말씀이 나왔다고 말해야 한다.

좀 더 복잡한 논의로 들어가 보자. 예수님의 설교는 처음부터 언어로 발생한 까닭에 그것을 그대로 외우고 전달하는 것이 불가능한 것은 아니다. 예수님의 말씀이 한 단어나 짧은 단문으로 구성된 경우─한 번만 말씀하신 것이라면─누가 전하든지 문자적으로 일치할 가능성이 아주 많아진다. 하지만 긴 설교의 경우─복음서에는 설교 전문이 수록된 예는 없으므로─누가 요약하느냐에 따라 강조점이나 어조 어순이 달라질 가능성이 커진다. 그러나 누군가 요약해 놓은 것이 널리 알려지고 기록된다면 요약으로 인하여 서로 일치할 가능성도 발생한다. 비슷한 설교나 비슷한 비유를 여러 곳에서 여러 번 하셨다면 요약이라는 방법을 통한 일치/차이의 가능성 문제는 더 복잡해진다.

또한 예수님의 말씀을 듣고 기억하고 있다가 다른 사람들에게 전달해 준 목격자들의 이해력, 언어 습관, 어휘도 무시할 수 없는 요소로 작용한다. 그들은 예수님의 말씀을 육성 그대로 흉내 내어 전달할 수 있었을 것이다. 이 경우 우리는 사람들 사이의 일치를 기대할 수 있다. 하지만 이렇게 하는 것이 그들의 언어와 사고에 도무지 맞지 않는 것일 때, 자신에게 맞는 용어를 선택하여 예수님의 말씀을 재생할 수도 있다. 이 경우 목격자들이 자라면서 익힌 언어와 이 언어에 결부되어 있는 개인의 독특한 어감이 예수님의 말씀을 전달하는 다양성을 제공하게 된다.

예수님과 제자들이 주로 사용했던 아람어가 복음서에는 헬라어로 번역되어 기록되었다는 점도 감안해야 한다. 누가, 언제, 어디에서 번역했느냐 하는 것이 다양성을 설명할 수 있다. 그러나 한 번 번역된 것이 사람들에게 회자된다면 그 말씀은 다시 일치성을 특성으로 가지게 된다.

이렇게 예수님의 말씀이 전달되고 기록되었을 과정을 추적해 보면 복음서가 기록되기 이전, 예수님이 말씀하시고 목격자들이 듣는 바로 그 장면에서부터 일치와 차이의 기회가 존재했음을 확인할 수 있다.

예수님의 생애, 사역, 사건부의 기록은 어떤가? 열두 제자들이 같은 사건을 보았다고 해서 그들의 머리에 같은 상이 새겨져야만 한다고 말할 수 있는가? 물론 같은 상이 새겨질 수도 있다. 그러나 사건을 보는 위치와 각도와 사건에의 참여도가 다르면 같은 사건이 목격자들의 머리에 처음부터 다르게 새겨질 수도 있다. 복음 사건은 – 목격자들을 통해 다른 사람들에게 알려지는 것인 이상 – 처음부터 일치성과 다양성의 가능성을 가지고 발생했다고 말해야 한다.

목격자들이 나중에 그 상에서 복음 전파를 위해 기억해 내는 것은 큰 윤곽으로 보면 늘 같은 것일 수 있다. 그러나 특정 시간과 특정 지역의 복음 전파에 잘 어울리는 부분을 확대할 수도 있고 다른 부분을 특별히 강조할 수도 있다. 복음 전파라는 과정이 하나의 사건, 이 사건에 대한 하나의 상에서 다양한 기억을 산출할 수 있는 여건을 형성하는 것이다. 한 목격자가 어떤 상을 어떻게 기억하며 어떤 언어로 표현하느냐는 점도 상당히 중요하다. 상을 언어로 바꾸는 작업은 목격자들만이 할 수 있는 고유한 작업이다. 이 작업은 같은 사건에 대한 다양한 표현을 가능하게 만들어 주는 과정이 된다.

그러나 그가 어느 순간 그의 뇌리에서 끄집어낸 상을 언어로 표현하고 나면 그가 사용한 언어가 그 사건을 보여 주고 전달하는 틀이 된다. 누가 듣고 전하든지 동일한 얘기를 전달하는 것이 이제는 가능해진다. 상이 아니라 언어가 전달되기 때문이다. 그러나 그 목격자가 다소 다른 언어를 사용하며 같은 사건을 말한다면 한 목격자에게서도 문자적으로 일치하지 않는 목격담이 만들어질 수 있는 것이다.

예수님의 생애와 말씀이 기록된 책을 복음서 내지 복음이라고 부른다면, 예수님이 지상에 사시며 활동하시던 때에 그 자리에서 하신 일과 하신 말씀의 목격자였던 사람들을 우리는 살아 움직이는 복음서라고 부를 수 있을 것이다. 그들의 기억에 모든 것이 각인되어 있었기 때문이다. 그들은 그들의 두뇌에 새겨진 과거에 대한 상과 소리에서 필요에 따라 같은 것을 기억하고 같은 용어를 써서 보고 들은 것을 옮길 수도 있었지만 전혀 다른 용어로 같은 것을 표현할 수도 있고 약간 다른 면을 기억하거나 강조할 수 있었다. 목격자가 본 복음사건, 그 사건에 대해 그의 뇌리에 새겨진 사건에 대한 상은 바뀌지 않아도 복음 전파의 장에서 그가 언어로 표현하는 복음은 달라질 수 있다. 같은 사건에 대한 다양한 설명은 처음부터 가능한 일이었다. 복음의 최초 전승자만을 염두에 두더라도 한 사건에 대한 같은 설명 혹은 다른 설명의 가능성을 우리는 인정할 수밖에 없다.

우리는 이러한 과정이 끝에 현재의 신약신학자들이 인정하는 것과 같은 그런 과정도 첨가될 수 있음을 부정하지 않는다. 그러나 복음서 기자들에게

100%의 책임을 돌리는 것과 – 어느 정도인지는 누구도 결정할 수 없지만 – 그 전에 목격자들의 역할과 기능에서 그 가능성을 찾는 것은 같지 않다. 우리가 새롭게 찾은 것은 '복음 전파를 위해 필요했던 필연적 과정'이었다. 이것은 구체적인 증명을 필요로 하는 '신앙과 신학의 차이로 인한 변경'과는 다른 것이다. 이렇게 말하는 것이 더 좋겠다. 공관복음서 문제는 초대교회의 신앙/신학의 일치나 차이에서 발생한 개연적인 것이기보다는 목격자들의 역할과 기능에서 발생한 필연적인 것이다.

그렇다면 마가복음이 다른 복음서와는 다소 다른 내용을 가지고 있다 하더라도 우리는 다음과 같이 말할 수 있다. 마가복음은 예수님의 생애와 사역, 가르침에 대한 목격자의 신실하고 확신에 찬 복음을 전달한다. 물론 다른 복음서에서도 우리는 같은 어조로 말해야 한다. 복음서 기자들은 모두 자기 나름대로 예수님에 대한 그들의 목격담, 하나님의 복음 사역에 대한 소식 곧 복음을 전달한다.

마가복음을 설교하는 설교자의 역할이란, 마가의 의도와 열정을 현대의 신자들, 교회 밖의 사람들에게 그대로 전달하는 것이어야 한다. 복음서 사이의 차이점과 일치점의 문제는 조직적인 머리를 가진 우리 설교자들에게 궁금한 것이기는 하지만 복음서 설교를 중지하거나 그 방향을 바꿀 만큼 막중한 것이 되지는 못한다.

우리의 역할은 마가의 증언대로 증거하는 것

공관복음서 문제에 부딪힐 때 독자나 설교자들에게 나타나는 반응은 주로 다음 두 가지다. 첫째, 공관복음서 사이에 충돌이나 모순이 없음을 확인하기 위하여 어떻게 하든지 이것저것을 짜 맞추려고 한다. 이것은 성경에 대한 신뢰감이 강한 사람들에게서 주로 나타나는 반응이다. 둘째, 공관복음서 사이에 충돌이나 모순이 생각보다는 훨씬 심각한 것임을 확인하기 위하여 어떻게 하든지 문제를 확대하려고 한다. 이것은 성경을 보통의 책 수준으로 취급하는 사람들에게서 주로 나타나는 반응이다.

한국 교회의 성향으로 볼 때 설교자는 주로 전자에 속한 반응을 보이게 된다. 특히 한국 교회에는 공관복음서만이 아니라 신약성경, 성경 66권의 내용을 이리저리 꿰어 맞추는 것이 신령하고 능력 있는 설교자의 표식이나 되는 것처럼 크게 유행하고 있다. 그러다 보면 설교자는 본문을 적절하게 설교하기보다는 개인적 묵상과 연구를 통하여 다른 설교자들, 신학자들 혹은 평신도들이 감히 생각도 해 낼 수 없는 그런 기발한 해석을 찾기에 급급해진다.

교회와 교인들의 삶을 긍정적으로 세우고 도와주려 한다는 면에서 보면 한국 교회에 일반적인 이런 태도가 후자의 태도―주로 신학자들에게서만 발견되는―보다 더 낫다고 할 수 있지만 두 가지 반응 모두 성경이해와 사용에 치명적인 약점을 안고 있다. 그 약점이란 복음서가 기록된 때로부터 오랜 후에 태어나 복음서를 받아 읽고 사용하며 다음 세대에 전달하는 역할만을 가진 사람들이 마치 그 복음서의 내용에 전적인 책임을 져야 하는 사람인 것처럼 과도한 반응을 보이고, 해서는 안 될 신학작업, 즉 본문의 의미를 바꾸는 일을 하게 된다는 것이다.

공관복음서 문제란―정말 그런 것이 존재한다면―우리가 만들어 낸 것이 아니다. 독자나 설교자들에게서 나온 것도 아니다. 모든 내용과 그 책임은 전적으로 복음서 저자(들)에게 달려 있다. 어떤 것은 예수님 자신에게 그 원인이 있을 수도 있다. 따라서 그런 문제들은 저자들이 살아 나와서 설명하기까지는 누구도 해소할 수 없다.

공관복음서 사이의 의문점들을 있는 그대로 말하는 것을 부끄러워 할 필요는 없다. 그것은 오히려 개신교의 오래된 전통을 따르는 것이다. 곧 성경이 말하는 만큼 말하고 멈추는 곳에서 멈추는 것이다. 복음서 저자들, 목격자들에 의하여 정말 공관복음서 문제가 심각하게 만들어졌다면 그것을 인정하는 것이 솔직한 태도다. 이런 태도는 어떨까? 마가복음은 마가가 책임을 지도록 하고 마태복음은 마태가 책임을 지도록 하자. 마태복음과 로마서가 충돌을 일으킨다면 누가 그 충돌을 막을 수 있는가? 우리 독자들, 설교자들은 행여나 우리의 역사적 무지와 신학적 무능력 때문에 이런 것을 충돌로 느끼지 않는지 걱정할 뿐이다. 각 복음서의 서두에 붙어 있는 제목이 바로 이 점을 교훈한다. 마태, 마가, 누가, 요한을 각 복음서의 내용에 대한 책임자로 지정해 놓은 것이다.

공관복음서 문제에 대해 심각한 책임의식을 느끼고 스스로 무리한 종합/조화를 시도하거나 각 복음서 사이에 더욱 넓은 골을 파서 격리시킬 때 우리는 복음을 받는 사람, 복음의 해석자며 설교자의 위치를 떠나 복음서 저자나 할 수 있었던 작업과 동일한 수준의 작업, 즉 내용을 수정하는 결과에 도달하게 된다. 복음서의 독자나 설교자들은 다만 수동적인 위치에서 접근해야 한다. 우리는 마가가 전달하는 내용을 받아들일 수도 있고 거부할 수도 있다. 특히 설교자는 마가복음을 따라 그 내용을 설명할 수도 있고 침묵할 수도 있다. 그러나 그 의미를 바꾸는 것은 독자나 설교자가 해서는 안 될 일이다.

적혀 있는 대로 설교하는 용기를

이상의 글에서 우리는 설교자를 위한 아주 평범한 충고 하나를 끌어 낼 수 있다. 마가복음에서도 설교자는 기록되어 있는 것을 읽고 말해야 할 뿐, 숨어 있는 것들을 찾아 낼 의무는 없다는 것이다. 공관복음서 문제에 몰두하는 설교자들은 종종 글로 표현되어 있지 않는 의미들을 찾아 내는 데 열중한다. 성경 안에서 충돌을 일으키는 것으로 보이는 부분을 설교자가 해소하려다 보니 "사실은 이런 의미다"는 설명이 자주 등장하게 되는 것이다. 이때 복음서 기자의 진짜 의도라고 설교자가 소개하는 것은 대개 본문의 문자적, 문법적 의미와는 배치된다.

복음서를 읽으며 글자로 표현되어 있는 것을 거부하고 적혀 있지도 않는 것을 찾아 낼 수 있는 비결은 어디에 있는가? 성령님이 알려 주신 신령한 혹은 신통한 계시를 따르는 것이 아니라 대개 성경의 다른 책에서 빌려 오는 것이다. 아니면 신학자들의 신학적 상상에서 따오는 것이다. 설교를 듣는 신자들은 보이는 의미를 거부하고 보이지 않는 의미를 말하는 설교자들의 신비한 해석을 통해 성경은 평범한 사람들이 읽어서는 안 되는 일종은 비서(秘書)임을 배우게 된다. 설교자/신학자는 교인들의 존경을 사며 별난 권위를 행사할 수 있겠지만 옳은 길을 가는 것은 분명 아닐 것이다.

마가는 로마에 있는 사람들에게 복음을 더 효과적으로 전하기 위하여 마가복음을 기록하였다. 베드로 사도는 복음을 전할 때 그것을 사람들이 들을 수 있는 분명한 말에 담았고 그 뒤에 신비한 비밀을 감추어 두지 않았다. 로마에서도 그렇게 하기 위하여 그는 통역을 대동했다. 즉 마가복음을 기록한 마가가 그의 통역으로 사람들이 알아듣도록 복음을 전하는 역할을 했다고 한다. 이제 그가 마가복음을 기록했다.

복음서는 무엇인가를 감추기 위한 책이 아니라 구원의 길을 밝히려는 책이다. 복음은 수수께끼가 아니다. 복음서는 비밀로 가득찬 비서(秘書)가 아니다. 하나님은 예수님의 생애와 십자가에서 구원의 뜻을 공개하셨고 그 내용을 복음에 담아 주셨다. 인간의 언어를 전달의 수단으로 선택하신 이상 언어가 가진 기능을 사용하셨다.

지혜를 찾는 사람들, 이적을 구하는 사람들을 하나님은 그리스도의 십자가 사건, 그 복음을 통하여 구원하기를 기뻐하셨다. 그래서 바울 사도는 모든 사람에게 그냥 복음을 전했다고 한다. 복음은 그리스도에 관한 것이며 어떤 사람들이라도 이해할 수 있는 그런 것, 즉 그리스도에 대한 정보다. 마가복음은 처음부터 끝까지 어린아이라도 알 수 있는 이 복음을 기록한 것이다. 사람들은 어렵거나 이해하지 못해서 복음을 거부하는 것이 아니라 – 복음이 알려 주는 그 내용은 너무 쉬운 내용이지만 – 예수 그리스도를 싫어하여 복음을 거부한다.

설교자는 복음/복음서란 이름으로 예수를 전하는 사람들이다. 그가 하신 일, 하신 말씀, 그 생애와 그 모든 의미들을 효과적으로 사람들에게 전달하는 사람들이다. 그렇다면 공관복음서 문제로 인하여 위축될 필요는 없다. 보수적 신학자들의 결론을 빌린다면 공관복음서 문제란 기독교 진리를 위협할 정도의 것은 아니다. 마가복음에 적혀 있는 그대로를 말하고, 있는 그대로를 설교하는 용기와 지혜가 설교자들에게 요구된다.

한 권의 책으로서의 마가복음

적지 않은 설교자들이 마가복음을 전체로 읽기보다는 그 부분에 주목하고 그 부분의 의미를 설교하는 데 주력한다. 과거에 조직신학자들이 즐겨 이런 방식으로 성경을 사용했었다. 마치 보물창고를 뒤지듯 복음서에서 이런저런 내용들을 추려 내어 거창한 신학체계를 구성했던 것이다. 결과적으로 성경기자들이 문장과 문단, 책을 통해 독자들에게 알리려고 했던 종합적인 내용은 약해지고, 작은 진리의 단편들과 그 단편이 표현하는 사전적 의미들이 부각되었다.

같은 단어, 같은 문장이라 하더라도 사용된 문장과 문맥, 사건에 따라 얼마든지 다른 의미를 만들어 낼 수 있다는 것은 언어학의 기초다. 그런데도 성경해석에서는 이 상식이 자주 무시되고 있다. 최근에는 역사 비평적 방법을 사용하는 학자들이 비슷한 과오를 범한다. 그들은 (성경의 각 책들이나) 복음서라는 하나의 통일된 문서가 아니라 그 복음서를 구성하는 낱낱의 조각들을 더 중요시한다. 어떤 것은 예수님의 말씀이고 어떤 것은 헬라 지역 교회의 전승이며 어떤 것은 복음서 기자의 신앙과 신학을 보여 주는 말씀으로 파악된다.

마가복음은 한 실제 저자가 한 권의 책으로 묶은 예수님에 대한 증언집이다. 어떤 문장, 어떤 단어라도 일단 마가복음의 틀과 구조 안에서 이해하는 것이 필요하다. 즉 마가복음을 한 권의 책으로 읽고 전체적으로 이해하는 것이 최상의 방법이라는 주장이다. 그것은 마가복음이란 큰 숲을 보는 것과 같다. 모든 내용들은 그 숲을 이루는 크고 작은 나무들이다.

이미 여러 번 암시된 것처럼 이런 태도는 한 편으로는 마가복음을 성경 66권이나 네 복음서의 하나로 보면서 이에 짜 맞추기 위하여 그 고유한 내용을 읽거나 설교하지 못하게 하는 태도에서, 다른 한 편으로는 마가복음을 완전한 책으로 보지 않고 조각조각으로 나누어 서로 다른 성격을 지닌 자료들로 설교하게 하는 태도에서도 구별되는 것이다.

이렇게 할 때 다른 복음서에 나오는 병행 사건/말씀이라 하더라도 마가복음에서의 의미와 역할이 같지 않음이 부각될 것이다. 반대로 전혀 다르게 보이는 말씀/사건들이 결국은 같은 것임이 밝혀질 수도 있다. 마가복음의 특징이 있다면 그것은 마가복음 전체에서 두드러지게 부각되는 것이어야 한다.

마가복음에 나타난 제자

마가복음을 비롯한 복음서의 주인공은 예수님이다. 각 복음서는 예수님이 어떤 분인지를 증언하고 묘사한다. 또한 복음서는 예수님을 따르는 제자들이 어떤 사람이어야 하는지, 즉 제자도를 독자에게 말해 준다. 복음서 기자가 제자도를 말하는 방식은 크게 두 가지다. 첫째, 예수님과 제자간에 있었던 사건을 통해서 제자도를 말한다. 둘째, 이야기에 등장하는 다른 인물들과 제자를 직·간접적으로 비교(유사한 점이 있을 경우) 혹은 대조(반대되는 점이 있을 경우)함으로써 제자가 어떤 사람이어야 하는지를 말한다. 태너힐은 다음과 같이 말한다.

"만약 이야기가 제자들과 예수의 적대자들 사이의 유사성을 제안한다면 이것은 제자들에 대한 부정적인 평가를 나타낸다. 또 만약 서사에서 부차적인 인물(minor characters)이, 제자들이 해야만 하는데 하지 않는 일들을 행할 때, 그 대조는 제자들의 실패에 대한 우리의 인식을 증대시킨다. 이야기 안에서 제자들과 다른 사람들 간의 유사와 대조의 관계, 혹은 지지와 적대에 주목하는 것은 저자에 의해 형성된 제자들 이야기를 이해하도록 돕는다."[1]

태너힐의 주장에 따르면 마가복음에 등장하는 종교 지도자들, 또 예수님에게 믿음으로 응답한 자들은 제자들에 대한 독자의 이해에 영향을 미친다. 예를 들어서 바디매오는 예수님에게 믿음으로 응답하고, 고난의 길을 가는 예수님을 좇는 제자의 진정한 모습을 보여주고 있다(10:46~52). 마가는 바디매오가 치유를 받은 후 "예수를 길에서 따르니라"고 말하는데, 여기서 '길' 은 예수님이 십자가에서 달려 죽게 될 예루살렘으로 향하는 길을 말한다. 고 난의 길을 가는 예수님을 따르는 바디매오는 자기를 부인하고 자기 십자가 를 지고 예수님을 따르는(8:34) 참 제자의 모습을 보여주며,[2] 이러한 바디매 오의 모습은 예수님의 사명을 이해하지 못하는 제자들의 모습(8:31~35), 예 수님이 가르치는 섬김의 제자도를 실천하지 못하는 제자들의 모습(9:33~37; 10:35~45)과 대조를 이룸으로써 참된 제자됨이 무엇인지를 설명한다. 이 글 은 이런 두 가지 접근방법을 통해 마가복음에 나타난 제자란 어떤 것인지 마 가복음 본문 순서대로 살펴보려고 한다.

사람을 낚는 어부: 종말론적 성전의 용사(1:16~20)

예수님이 하나님의 복음을 전파하신 후 행한 첫 번째 일은 4명의 제자를 부르는 일이었다. 이것은 하나님의 나라가 예수님에 이어 제자들을 통해 이 루어진다는 것을 말해준다. 예수님이 부르신 사람은 4명이었다. 시몬과 안 드레, 그리고 야고보와 요한은 "나를 따라 오라"(1:17)는 예수님의 부름에 즉 각 순종하여 그를 따랐다(1:18, 20). 제자란 예수님의 부르심에 순종하여 그 분을 따르는 자이다.

당시에 스승과 제자의 관계 성립은 제자가 되기를 원하는 사람이 선생님 의 명성을 듣고 찾아와 제자로 삼아 달라고 간청하는 것이 보통이다. 이와는 달리 예수님은 먼저 제자들을 부르셨다. 즉 예수님은 제자를 부름에 있어서 주도권을 행사하고 있다는 것이다.

예수님은 4명의 제자를 부르면서 그들에게 '사람을 낚는 어부'의 사명을 맡기셨다. 사람을 낚는 어부란 무엇인가?[3]

첫째, 그레코–로만 세계에서 사람을 낚는 어부는 교사를 의미하는 경우 가 많았다. 흔히 마태복음에서 가르치는 예수님의 모습이 부각되어 있다고 하나, 마가복음 역시 이에 못지 않다. 예수님은 제자들을 부른 후 행한 첫 사역을 가르치는 일로 시작했다(1:21, 22, 27). 그리고 사역 내내 가르치는 일을 하셨다(10:1, 그 외에 2:2, 13; 4:1, 2, 33; 6:2, 34; 8:31 등). 예수님은 자신의 성전 사역까지도 가르치는 일로 언급했다(14:49). 예수님과 종교 지도자들 사이에 있었던 수차례의 논쟁 대화는 예수님이 가르치는 자였던 종교 지도자들보다 뛰어난 교사였음을 강조함으로써 예수님의 권위 있는 종말론적 새 교훈을 통해 하나님의 통치가 이루어진다는 것, 그리고 예수님은 하나님의 종말론적 대리자임을 강조한다. 예수님의 가르침을 바로 깨닫고 따르는 자가 예수의 참된 제자인 것이다.

둘째, 쿰란 문학에서는 사람을 낚는 어부가 사탄의 그물로부터 사람들을 빼내어 하나님의 그물로 안전하게 옮겨놓는 일을 한다.

셋째, 구약 선지서에서(렘 16:16; 겔 29:4~5; 암 4:2; 합 1:14~17) 고기잡이는 전쟁과 관련된 은유어(metaphor)다.

둘째와 셋째는 함께 이해해도 좋다. 예수님이 제자들을 사람을 낚는 어부가 되게 하겠다는 말은 제자들에게 하나님의 종말론적 성전(聖戰)에 동참할 사명을 부여하는 것이다. 우리는 여기서 잠시 마가복음에 나타난 예수님의 사역이 이 세대를 지배하는 악의 세력과의 우주적 투쟁이었다는 사실을 확인할 필요가 있다.

예수님의 공생애는 '하나님의 복음'(1:14)을 선포하는 것으로 시작한다. 하나님의 복음의 내용은 '때가 찼고 하나님 나라가 가까이 왔다'는 것으로서, 악의 세력이 이 세상을 지배하던 '때'(카이로스)는 끝이 나고, 하나님이 통치하는 구원의 새 시대가 열렸다는 것을 의미한다. "회개하고 복음을 믿으라"는 선포는 바로 앞서 선포한 내용과 상응한다. 여기서 회개한다는 것은 단순히 윤리적, 도덕적으로 잘못한 것을 뉘우친다는 뜻이 아니다. 이 말은 악의 세력이 지배하던 세상에서 각종 질병과 귀신들림, 그리고 탐욕으로 인한 갈등과 분쟁 속에서 살아가는 삶에서 돌이켜서, 예수님 안에서 하나님이 통치하는 구원의 새 시대가 열렸음을 믿고, 그것을 향하여 나아오라는 뜻이다.[4]

마가복음에 나타난 예수님의 귀신 축출은 단지 예수님이 '신적인 인간'임을 보여주는 이적 이야기에 불과한 것이 아니라, 하나님의 대리자 예수님이 이 세대를 지배하는 사탄의 세력을 물리치고 하나님의 통치를 여는 우주적 투쟁이다. 켈버는 예수님의 귀신 축출 사역의 이런 성격에 대해 적절하게 언급하고 있다: "예수의 귀신 축출 사역은 두 왕국의 충돌에 해당한다.… 하나님의 나라를 위해 전쟁을 행하는 일이 귀신 축출의 본질적인 목적이다."[5] 예수님은 바알세불 논쟁(3:22~30)에서 자신을 사탄 왕국 혹은 집을 '약탈하는 자'로 비유함으로써 그의 귀신 축출이 우주적 투쟁임을 분명히 밝히고 있다.

또 예수님과 귀신이 서로 만났을 때, 그들의 적대적 분위기, 그리고 그들 간에 이루어지는 대화가 그들의 만남이 우주적 투쟁임을 보여준다. 가버나움 회당의 더러운 귀신이 예수님에게 "우리를 멸하러 왔나이까?"(1:24)라고 말한 것은 예수님이 이 땅에 귀신들에 대한 궁극적이고도 종말론적인 멸망을 이루기 위해 왔음을 보여준다.

예수님이 바다를 잔잔케 한 사건 역시 단순한 자연 이적이 아니라, 그가 하나님의 권위로써 악의 세력을 제어하고 있음을 보여주는 우주적 투쟁의 사건이다. 이 이적에서 바다는 악의 세력을 상징하며, 바다와 광풍으로 인해 제자들이 죽게 된 것(아폴뤼메싸, 4:38. 1:24에서 귀신이 "우리를 멸하러 왔나이까"라고 말할 때 사용한 단어와 동일하다)은 악의 세력의 위협을 상징한다. 가버나움 회당에서 귀신들이 예수님이 자신들을 멸하기 위해 왔다고 말한 데서 나타났듯이, 예수님은 악의 세력을 멸망시키기 위해 왔다. 반대로 악의 세력을 상징하는 바다와 광풍은 예수님과 그의 제자들을 죽이려고 위협하고 있는 것이다. 이것은 예수님의 자연 이적이 귀신 축출처럼 우주적 투쟁에서 이해되어야 함을 시사한다.

또 예수님이 귀신들을 꾸짖은 것처럼(에피티마오. 1:25; 3:12; 9:25) 동일하게 바람을 꾸짖고 있다(에피티마오. 4:39). 예수님이 악을 상징하는 바다 위를 걸은 것(6:45~52) 역시 구약에서 하나님만이 할 수 있는 일(욥 9:8; 합 3:15; 시 77:19; 사 43:16; 51:9~10; 집회서 24:5~6)을 한 것으로서, 예수님이 악의 세력을 제압하는 하나님임을 보여준다.

또한 생베조각과 헌옷, 그리고 새 포도주와 헌 가죽부대의 비유(2:21-22)도 새 것과 옛 것이 양립 불가능하다는 것을 말하는데, 예수님으로 말미암아 도래한 하나님의 나라는 현 세대의 지배자 사탄, 그리고 사탄이 지배하는 현 체제와 양립할 수 없다는 것을, 즉 우주적 투쟁을 뜻한다. 21절에 따르면 충만함은 낡은 옷의 새 것을 낡은 옷으로부터 제거한다. 여기에 사용된 헬라어 '아이레인'은 길가에 뿌려진 씨를 사탄이 즉시 와서 제거하는 행동을 묘사할 때(4:15)도 사용되고 있다. 사탄은 예수님이 전파하고 가르친 '말씀'을 사람들이 받아들이지 못하도록 그 말씀을 제거한다. 이 세 본문에서 '아이레인'은 서로 적대적인 두 세력이 대립하고 있는 상황에서 한쪽이 다른 쪽을 제거하는 의미로 사용되고 있다. 이러한 병행성은 예수님으로 말미암아 온 하나님의 통치는 구 질서의 지배자 사탄과의 우주적 투쟁이라는 것을 보여준다. 또 새 포도주가 헌 가죽부대에 부어졌을 때, 헌 가죽부대가 못쓰게 되는 것을 묘사하는 '아폴뤼나이'는 예수님의 귀신 축출(1:24)이나 자연 이적(4:38), 그리고 종교 지도자들이 예수님을 죽이려는 음모(3:6; 11:8), 또 포도원 주인이 악한 농부들을 진멸하는 행위(12:9) 등에서 사용되고 있으며, 이 모든 문맥에서 '아폴뤼나이'는 우주적 투쟁을 암시한다. 그렇다면 헌 가죽부대가 못 쓰게 된다는 것은 구질서의 멸망을 가리키며, 이것은 결국 종교 지도자들을 포함하여 예수님을 적대하는 모든 세력들의 멸망을 암시하는 것이라고 하겠다.

예수님과 종교 지도자들 사이에 있었던 갈등과 대립도 예수님과 사탄과의 우주적 투쟁이 역사적 차원에서 나타난 형태로 이해할 수 있다.[6] 그 증거로서 로빈슨은 귀신 축출에 나타난 예수님과 귀신들간의 적대적 대화 형식이 예수님과 종교 지도자들간의 논쟁 대화에도 나타난다고 주장한다. 즉 귀신들이 예수님에게 적대적으로 도전하지만 예수님의 권위 있는 명령에 의해 침묵하는 것처럼, 종교 지도자들 역시 예수님에게 적대적인 질문을 던지지만, 예수님의 권위 있는 선언에 의해 침묵한다는 것이다. 로빈슨은 이러한 상응관계가 논쟁 대화를 우주적 투쟁의 시각에서 해석할 수 있는 근거라고 주장한다. 타당한 주장이다.

종교 지도자들이 사탄의 세력이라는 사실은 다음과 같은 사실에서도 확인된다. 첫째, 사탄은 예수님을 '시험하는데', 마가복음에서 예수님을 시험하는 또 다른 인물은 종교 지도자인 바리새인 밖에 없다. 바리새인은 예수님을 시험하여 하늘로부터 오는 표적을 구했고(8:11), 또 이혼에 관한 질문과 가이사에게 세금을 바치는 문제를 질문한 것도 역시 예수님을 시험하려는 의도였다(10:2; 12:15). 둘째, 정결법 논쟁(7:1~13)에서 예수님은 바리새인들과 서기관들이 지키는 유전을 '사람의' 계명 혹은 '사람의' 유전으로 규정하고, 이들의 유전이 '하나님의' 계명과 대립되고 있음을 강조하고 있다. 종교 지도자들이 하나님의 계명을 저버리고, 하나님의 적대 세력을 의미하는 '사람'의 계명을 지킨다는 것은 그들이 사탄의 세력임을 보여 준다. 또 이혼 논쟁(10:1~9)도 이혼에 관한 예수님과 종교 지도자들간의 학문적 논쟁이 아니라, 하나님의 창조 질서를 파괴한 악의 세력과 창조에 나타난 하나님의 원래 의지를 실현시키려는 예수님과의 우주적 투쟁이다. "하나님이 짝지어 주신 것을 사람이 나누지 못할지니라"(10:9)는 말씀에서 하나님과 사람이 대립되고 있는데, 여기서 사람은 단순히 이혼 증서를 써줘서 아내를 버리는 남자들만을 가리키는 것을 넘어, 그들을 통해 하나님의 창조 질서를 거역하는 악의 세력으로도 볼 수 있다. 셋째, 예수님이 성전에 대한 상징적 심판 행위를 행하신 후, 제자들에게 "이 산더러 들리어 바다에 던져지라"(11:23)라고 하신 말씀에도 종교 지도자들이 악의 세력임이 나타나 있다. 여기서 '들리다'를 뜻하는 '아이레인'은 성전에 대한 하나님의 종말론 심판 행위를 의미한다(11:23). 왜냐하면 여기서 산은 예루살렘 성전이 있는 산이며, 산을 들어올리는 일은 하나님만이 하실 수 있는 일로서 종말에 있게 될 일이다(사 40:4; 49:11 등). 또 이 산이 혼돈과 악의 세력을 상징하는 바다에 던져진다는 것은 하나님의 심판을 의미한다. 따라서 11:23은 성전에 대한 하나님의 종말론적 심판을 암시하고 것이며, 타락한 성전은 악의 세력에 속함을 암시한다. 요컨대 마가복음에서 예수님이 이루시는 하나님의 나라는 사탄과 귀신들, 그리고 종교 지도자들과의 우주적 투쟁을 통해 이루어진다고 말할 수 있겠다. 예수님이 제자들을 '사람 낚는 어부'로 부르신 것은 이같은 하나님 나라를 위한 성전에의 참여를 촉구하신 것으로 볼 수 있다.

레위를 제자로 부르심(2:13~14)

예수님이 레위를 부르시는 모습은 4명의 제자들을 부르시는 모습 (1:16~20)과 매우 유사하다. 레위의 제자 소명 이야기에도 동일한 권위적 명령이 있고, 동일한 즉각적 순종이 있으며, 동일한 이전 삶과의 단절이 있다. 마가는 정결법상 부정하고, 또 부도덕한 직업을 가지고 있던 세리 레위가 예수님으로부터 부름을 받는 이야기를 주요 제자 4명의 제자 소명 이야기와 동일한 어휘와 형식에 따라 구성함으로써 누구나 예수님을 따를 수 있으며, 예수님이 이루려는 하나님의 통치는 사회적 경계선을 철폐하고 모든 사람을 제자로 부르고 있음을 강조하고 있는 것이다.

예수님이 제자를 세운 3가지 목적(3:13~15)

이 본문은 예수님이 12제자를 세우신 3가지 목적을 보여 준다. 이 3가지 목적은 예수님이 제자들에게 약속한 바, 그들이 사람을 낚는 어부가 된다는 것의 의미가 무엇인지 구체적으로 말해주고 있다.

첫째, 예수님은 자기와 함께 있게 하기 위해 제자들을 세우셨다. 제자들을 곁에 두신 이유는 무엇인가? 그들을 가르치시기 위함이다. 제자들은 밖에 나가 사람 낚는 어부로서의 일을 하기 전에 먼저 교육과 훈련을 받아야 했다. 둘째, 보내어 진도히게 하셨다. 전도의 내용은 무엇이었는가? 예수님의 첫 일성처럼 "회개하라"였다(6:12, "제자들이 나가서 회개하라 전파하고"). 세례 요한 역시 죄사함을 받게 하는 회개의 세례를 전파했다(1:4). 이것은 세례 요한-예수님-제자들의 사역이 하나님의 구속사 안에서 연속성을 가진다는 것을 보여준다. 셋째, 귀신을 내어쫓는 권세(권위)도 있게 하셨다(참고 6:7, 13). 예수님이 이루시는 하나님의 나라는 악의 세력을 물리쳐 하나님의 통치를 이루는 것이다. 하나님의 나라는 우주적 투쟁을 통해 완성된다. 제자들은 이 일에 부름을 받은 자들이다.

비유를 깨닫지 못하는 제자들

4장 이전까지 제자들은 긍정적으로 묘사되고 있다. 그러나 4장 이후부터 제자들은 몰이해를 보이기 시작한다. 4장은 이러한 전환이 있게 될 것을 보여 주고 있다. 예수님이 '씨 뿌리는 자의 비유'(4:3~9)를 말씀하시고 난 뒤 홀로 계실 때에 사람들이 열두 제자들과 함께 이 비유의 의미를 물었다. 이에 대한 예수님의 대답을 보면 두 가지 대조되는 인물군이 나옴을 알 수 있다.

첫째는 예수님의 비유를 듣고 그의 주변에 함께한 자들과 제자들이다. 이들에게는 '하나님 나라의 비밀'이 주어졌다. 이것은 제자들에게 특권이 주어졌음을 뜻한다. 둘째는 '외인들'이다. 4장 바로 앞에서(3:31~35) 예수님이 미쳤다고 생각하여 그를 잡으러 온 가족들은 '밖에 서 있는 자들'(3:31, 33)로, 하나님의 뜻을 행하는 자들로 구성된 예수님의 새 가족은 예수님 '주변에 있는 자들'(3:32, 34)로 묘사된 바 있다. 예수님은 혈연에 의한 가족 관계가 아니라, 하나님의 뜻을 행하느냐의 여부를 가지고 새롭게 가족을 정의하는데, 여기서 '하나님의 뜻을 행한다'는 것은 문맥상 예수님의 이적 능력이 성령으로 말미암은 것이요, 예수님의 이적은 하나님의 나라를 가져오는 것임을 아는 것을 의미한다. 그런데 예수님의 혈연 가족들은 오히려 예수님이 미쳤다고 생각하고 그를 잡으러 왔다. 마가는 이러한 혈연 가족이 예수님이 바알세불에 지폈다, 귀신의 왕을 힘입어 귀신을 내쫓는다, 더러운 귀신이 들렸다고 비난하는 서기관들과 다를 바 없다는 사실을 샌드위치 구조를 통해 말하고 있다. 마가가 예수님의 혈연 가족을 밖에 서 있는 자로 묘사한 것은 바로 이런 맥락에서 이해된다. 예수님은 다시 4:10~12에서 내인과 외인을 대조하고 있는 것이다.

예수님은 외인들에게는 모든 것을 비유로 한다. 그 이유는 "그들로 보기는 보아도 알지 못하며, 듣기는 들어도 깨닫지 못하게 하여 돌이켜 죄 사함을 얻지 못하게 하려 함"(12절)이다. 외인들은 아예 처음부터 예수님의 가르침을 듣고 회개할 기회가 박탈된 것처럼 보인다. 그러나 예수님의 이 말씀은 액면 그대로 받아들여서는 안 된다. 왜냐하면 예수님은 하나님의 복음을 전파하면서 "회개하고 복음을 믿으라"(1:15)고 외쳤기 때문이다. 4:12의 '돌이키다'(에피스트레페인)는 단어는 1:15의 '회개하다'(메타노에인)와 유사한 의미이다. 12절은 원래 이사야 6:9~10을 인용한 것이다. 하나님이 이사야를 유다 백성에게 보내면서 그들이 하나님의 메시지를 들어도 깨닫지 못하게 할 리 없다. 이 말씀은 유다 백성들의 완악함을 풍자적으로(ironically) 말하는 것이다. 여기서도 마찬가지다. 외인이란 예수님의 말씀을 주의 깊게 듣지 않는 자, 깨달음에 대한 간절함과 사모함이 없는 사람, 그래서 깨닫지 못하는 자를 가리킨다. 예수님의 제자들도 비유를 들었다. 만약 제자들이 예수님의 메시지를 제대로 깨닫지 못할 경우 그들 역시 외인으로 전락할 수 있다. 그래서 예수님은 "너희가 이 비유를 알지 못할진대 어떻게 모든 비유를 알겠느냐"(13절)며 마치 꾸짖듯이 말씀하신 것이다.

게다가 '씨 뿌리는 자의 비유'에 등장하는 4가지 종류의 땅 중에서 돌밭과 가시떨기의 경우 처음에는 좋았다가 나중에는 실패로 끝나게 되는데, 이것은 3장까지는 긍정적으로 묘사되다가, 4장 이후부터 차츰 차츰 부정적으로 묘사되기 시작하는 제자들의 모습을 암시하는 것이다. 특히 네 종류의 씨 중에서 그 설명이 가장 긴 '돌밭에 뿌리워진 씨'는 제자들의 실패를 강하게 시사한다. '돌밭에 뿌리워진 씨'는 환난이나 박해가 일어나는 때에는 곧 '넘어지는 자'인데(4:17), 여기에 사용된 '넘어지다'(스칸달리조)는 단어가 14:27, 29

에서 제자들이 예수님을 버릴 것이라는 예수님의 예언에서 다시 사용되고 있다. 실제로 이 예언이 있은지 얼마 되지 않아 "제자들이 다 예수를 버리고 도망"(14:50)한다. 특히 베드로는 다른 모든 사람들은 다 예수님을 버릴지라도 자신은 그렇지 않겠다고 호언장담했지만(14:29) 나중에 세 번씩이나 예수님을 부인한다. 이런 점에서 돌밭에 떨어진 씨의 대표적 인물은 베드로다. '베드로'(페트로스)라는 이름이 '바위' 혹은 '돌'(페트라)이라는 뜻의 단어에서 온 것이란 점을 상기할 때, 베드로는 돌밭에 떨어진 씨를 대표한다. 마태복음에서 베드로는 교회의 '반석'으로 높여졌지만, 마가복음에서는 뿌리를 내리지 못해 환란이 올 때 말씀을 저버리는 '돌밭'으로 격하되고 있다.

첫 번째 배 여행(4:35~41): 두려워하고 믿음이 없는 제자들

예수님이 갈릴리에서 활동하실 때 세 차례에 걸쳐 제자들을 데리고 갈릴리 바다 서편에서 동편으로의 여행을 하신다. 1) 4:35~41(갈릴리 바다 서편 → 갈릴리 바다 동편) 2) 5:21(서편 ← 동편) 3) 6:45~52(서편 → 동편. 그러나 결국에는 갈릴리 서편인 게네사렛에 도착) 4) 8:10(서편 ← 동편) 5) 8:13~21(서편 → 동편).

이 배 여행을 통해 예수님은 갈릴리 바다 서편의 이스라엘 지역뿐만 아니라 갈릴리 바다 건너편 이방지역에서도 하나님의 나라를 이루신다. 예수님의 배 여행은 민족적 경계선을 타파하는 것이었고, 또 부정한 땅으로 여겨졌던 이방인의 땅을 정화하는 사건이었다. 또 배 여행에서 예수님은 하나님의 권위를 가지신 분으로 드러난다. 첫 번째 배 여행에서 예수님은 바람과 바다도 순종케 하시는 분이시며(4:41), 하나님처럼 바다 위를 걸으시는 분(6:45~52)으로 나타난다. 그러나 배 여행은 제자도와 관련하여 매우 중요한 주제를 보여준다. 이 배 여행에서 제자들은 믿음이 없고, 예수님의 가르침을 깨닫지 못하는 자로 나타나고 있다.

먼저 첫 번째 배 여행(4:35~41)을 살펴보자. 여기서 제자들은 바람과 바다의 위협 앞에서 믿음이 없고, 무서워하는 자로 나타나고 있다(4:40). 더구나 그들은 예수님이 바람과 바다를 잔잔케 한 후에 예수님이 누구냐고 묻는다 (4:41). 그들은 이미 예수님의 많은 이적들을 보았음에도 불구하고, 또 예수님이 자기들이 탄 배안에 있었지만 두려워하고 믿음을 가지지 못했으며, 또한 예수님이 누구인지(바람과 바다를 제압하는 권위를 가지신 하나님의 아들이라는 것)를 깨닫지 못하고 있는 것이다. 제자들의 이같은 우둔한 모습은 예수님을 '지극히 높으신 하나님의 아들'로 고백한 거라사의 더러운 귀신 들린 자(5:7)와 대조되고 있다. 또 제자들의 믿음 없는 모습은 12년 동안 혈루증 앓던 여인의 믿음(5:34)과도 대조된다.

혈루증 앓던 여인의 믿음 vs. 제자의 믿음 없음

12년간 혈루증 앓던 여인은 "내가 그의 옷에만 손을 대어도 구원을 받으리라"(5:28)고 믿었고, 실제로 그의 믿음대로 치유를 받았다. 그러나 제자들은 "누가 내 옷에 손을 대었느냐"는 예수님의 질문에 제자들은 이렇게 많은 사람들이 예수님을 에워싸 밀어서, 예수님의 옷에 누군가 손이 닿는 것은 너무도 당연한 일인데, 그 일이 뭐 대수로운 일이냐고 대답했을 것이다(5:31). 제자들도 예수님의 능력을 알고 있었다. 그러나 그들은 예수님의 옷에 손을 대는 정도로는 예수님의 능력이 나갈 리 없다고 생각했다. 이점이 바로 그 여인과 제자들의 차이요, 예수님이 그 여인의 믿음을 칭찬한 이유다. 예수님이 나를 직접 바라보시며 말씀으로 치유하지 않더라도, 나를 직접 만지지 않아도, 어떤 요란한 의식이 없어도 내가 예수님의 옷에만 손을 대어도 나는 나을 수 있다는 믿음! 이 믿음은 바로 예수님에 대한 절대 신뢰가 아니고 무엇이겠는가? 마가복음에서 "네 믿음이 너를 구원하였다"는 이 칭찬을 들은 사람은 이 여인과 소경 바디매오 뿐이었다(참고 막 10:52).

또 회당장 야이로 역시 그의 딸이 이미 죽었다는 소식을 듣고서도, 두려워하지 말고 믿기만 하라(5:36)는 예수님의 말을 따르는 믿음을 보여주었다. 앞서 풍랑을 만난 제자들 역시 죽을 지경에 처해 있었다. 그들은 무서워하였고 믿음이 없었다. 예수님이 제자들에게 하신 이 말씀은 예수님이 야이로에게 하신 권면과 일치한다는 사실에 주목해야 한다. 야이로는 예수님의 말씀에 따르는 믿음을 보여주었다. 이러한 믿음은 제자가 가져야 할 믿음이다.

전도, 그리고 배척과 순교(6:1~30)

예수님은 제자들을 둘씩 짝지어서 전도하러 보내셨다. 더러운 귀신을 제어하는 권세도 주셨다. 이에 제자들은 나가서 회개하라 전파하고 많은 귀신을 쫓아내며 많은 병자를 고쳤다. 이러한 제자들의 모습은 예수님의 하나님 나라 사역을 그대로 이어받는 것이다. 그러나 승리만 있지는 않을 것이다. 예수님이 제자들을 파송하고(6:7~13), 제자들이 다시 돌아와 예수님께 자신들이 한 일을 보고하는(6:30) 그 중간에 마가는 세례 요한이 헤롯 안티파스에게 목 베임을 당한 사실(6:14~29)을 보도한다. 이러한 샌드위치 구조를 통해 마가는 예수님의 제자들이 선교의 사명을 감당하다가 세례 요한처럼 죽임을 당할 수 있다는 교훈을 주고 있다.

또한 예수님이 나사렛 고향에서 지혜와 권능을 보이셨음에도 불구하고 고향사람들로부터 배척받은 사건(6:1~6)은 이들의 믿음 없음을 보여주면서 동시에 그 자리에 있었던 제자들에게 교훈을 준다. 그 교훈이란 예수님처럼 제자들도 하나님 나라 사역을 감당하다가 배척받을 수 있다는 것이다.

오병이어 이적 사건에 나타난 제자상(6:31~44)

오병이어 이적 이야기는 예수님이 이적을 행한 엘리야나 엘리사를 능가

하는 놀라운 능력을 가지신 분이라는 것을 보여주는 데 그치지 않는다. 여기에도 제자가 어떤 사람인가가 나타나 있다. 예수님은 자신에게 모여든 많은 사람들을 불쌍히 여겨서, 그들을 가르치셨다(6:34). 35절에 따르면 예수님은 '날이 저물어 가는 것'도 모르실 정도로 열심히 가르치셨다. 그 모습을 본 제자들이 예수님께 말씀드린다. 날이 저물어가니, 사람들을 집으로 돌려보내자고. 그러자 예수님이 매우 의외의 말씀을 하신다. "너희가 먹을 것을 주라." 우리더러 먹을 것을 주라니! 남자만 5천명이나 되는 이 많은 사람들에게 먹을 것을 주라는 이 말씀은 도대체 무슨 뜻인가? 도저히 이해할 수 없는 이 말씀에 제자들은 이렇게 대답한다. "우리가 가서 이백 데나리온의 떡을 사다 먹이리이까?" 제자들은 예수님의 많은 이적을 보았고 또 그들 자신이 귀신을 내쫓는 등 여러 권능을 행하였지만, 그러나 이 많은 사람들을 먹이는 일은 자신들이 할 수 없다는 것이다. 그렇지만 예수님은 제자들이 그만한 믿음을 가지기를 바라셨다. 그러나 제자들은 그렇지 못했던 것이다.

비록 제자들이 너희가 무리들에게 먹을 것을 주라는 예수님의 지시에 믿음이 없는 반응을 보이기는 했어도(6:37), 제자들은 예수님이 오병이어 이적을 행할 때, 예수님을 돕는 자로 나타난다(6:39, 41). 사람들을 50명씩 혹은 100명씩 무리지어 앉히고, 예수님이 떼어주신 빵과 물고기를 사람들에게 나누어 주었다.

두 번째 배 여행(6:45~52): 제자들의 깨닫지 못함

예수님이 바다 위를 걸으신 이 사건에 대해

마가는 제자도의 주제와 연결시키고 있다. 6:52에서 마가는 바로 앞서 제자들이 오병이어의 이적을 보았음에도 불구하고 바다 위를 걸어오는 예수님을 보고 두려워하는 모습(6:50, 51)에 대해 그들의 마음이 둔하여져서 오병이어의 이적을 깨닫지 못하고 있다고 설명한다. 이 설명은 오직 마가복음에만 나온다. 마태복음(14:22~33)이나 요한복음(6:15~21)에는 이런 설명이 나오지 않는다. 마가만이 이 사건을 통해 제자들의 부정적인 모습을 그리고 있다. 제자들은 예수님이 행하신 오병이어의 이적을 해가 저물어갈 때(6:35) 보았다. 불과 몇 시간 밖에 지나지 않았지만 그들은 오병이어의 이적을 통해 예수님이 어떤 분인가를 잊고 말았다. 바다 위를 걸어오시는 예수님을 보고 유령인가 하여 소리를 질렀다. 예수님의 "내니 두려워 말라"는 말씀에도 불구하고 마음에 심히 놀랄 뿐이었다.

이같이 제자들의 깨닫지 못하는 모습은 외인들의 깨닫지 못하는 모습(4:12)을 닮았다. 또 제자들의 우둔한 마음은 바리새인들의 완악한 마음(3:5)과 상응한다. 우리말 성경은 제자들의 마음에 대해서 '우둔하다'(페포로메네)로, 바리새인들의 마음에 대해서는 '완악하다'(포로시스)로 번역했지만 헬라어 상으로는 품사만 다를 뿐 동일한 단어다. 이러한 제자들의 우둔함은 세 번째 배 여행에서도 다시 나타난다(8:17). 이것은 그들이 하나님 나라의 비밀을 받은 자의 위치로부터 하나님 나라의 비밀 밖에 있는 '외인'으로 전락하고 있음을 보여준다. 또 제자들의 우둔함 혹은 바리새인들의 완악함은 출애굽기에 나오는 바로 왕의 완악함(출 4:21; 7:3, 14 등)이나 이스라엘 백성의 완악함을 암시할 수 있다(신 29:18; 시 81:12; 95:8 등).

한편 마가와는 달리 마태는 제자들의 우둔함을 상당히 약화시키고 있다. 예수님이 물위를 걸은 사건의 경우 마가가 제자들이 두려워하는 것을 오병이어의 사건에 대한 이해 부족, 또 마음의 우둔함과 연결시킨 것과는 달리 마태는 배에 있던 사람들이 예수께 절하며 예수를 하나님의 아들로 고백했다고 보도한다(마 14:33). 누가는 아예 물 위를 걸으신 사건을 보도하지 않는다.

정결법 논쟁과 제자들의 깨닫지 못함(7:17~19)

마가복음 7장은 제자들이 씻지 않은 부정한 손으로 떡을 먹는 일을 계기로 예수님과 바리새인들 및 서기관들 사이에 있었던 논쟁, 그리고 참된 정결에 대한 예수님의 가르침을 보도하고 있다. 예수님이 종교 지도자들의 위선을 신랄하게 비판하고, 무리들을 향해 사람을 더럽게 하는 것이 무엇인지에 대해 가르친 후 무리들을 떠나 집으로 들어갔다. 그 때 제자들이 그 비유에 대해 질문하자, 예수님은 "너희도 이렇게 깨달음이 없느냐"(18절)고 꾸짖는다. 14절에서 예수님은 "내 말을 듣고 깨달으라"고 말했건만, 제자들은 여전히 그의 가르침을 깨닫지 못하고 있는 것이다. 이러한 제자들의 깨닫지 못하는 모습은 앞서 씨 뿌리는 자의 비유를 깨닫지 못하여 질문한 모습(4:10~12), 그리고 예수님의 오병이어 이적을 깨닫지 못한 모습(6:52)과 연속된다.

칠병이어의 이적 – '신앙 건망증'에 걸린 제자들(8:1~10)

마가복음 8:1~9는 예수님이 떡 일곱 개와 생선 두어 마리를 가지고 사천 명을 먹이신 기적을 기록하고 있다. 그러나 이 이적 이야기는 이적을 일으키는 예수님의 능력에 초점이 있다기보다는 제자들이 여기서 보여준 '신앙의 건망증'에 있다. 늘 그랬듯이 많은 사람들이 예수님을 따랐다. 이들은 예수님과 3일을 함께 지냈다. 3일을 지내면서 먹을 것이 떨어지자 예수님은 제자들을 불러 이렇게 말씀하셨다. "내가 무리를 불쌍히 여기노라 저희가 나와 함께 있은 지 이미 사흘이매 먹을 것이 없도다 만일 내가 저희를 굶겨 집으로 보내면 길에서 기진하리라 그 중에는 멀리서 온 사람도 있느니라"(8:2~3). 앞서 예수님이 오병이어의 기적을 일으킨 것을 알고 있는 독자라면 당연히 "예수님, 지난 번에 떡 다섯 개와 생선 두 마리로 오천 명을 먹이시지 않았습니까? 오천 명을 먹이시고도 남은 것이 열 두 광주리나 되지 않았습니까? 저희는 믿습니다. 예수님께서 저 사람들을 불쌍히 여기셔서 다시 한 번 놀라운 능력으로 먹이실 것을 말입니다" 이렇게 대답하지 않겠는가? 그런데 너무나도 의외로 제자들은 한심한 대답을 하고 있다. "제자들이 대답하되 이 광야에서 어디서 떡을 얻어 이 사람들로 배부르게 할 수 있으리이까"(8:4). 이들의 대답을 들어보라. 제자들은 오병이어의 기적을 전혀 기억하지 못하고 있는 것 같다. 오병이어의 기적을 본 지 얼마나 되었다고 그 일을 잊을 수 있단 말인가? 어떻게 이럴 수 있을까? 제자들의 대답을 들으신 예수님은 너무도 기가 막히신 것 같았다. 아니 어쩌면 끓어오르는 화를 자제하고 계셨을 것이다. 제자들의 이 심각한 신앙의 건망증에 체념한 듯, 예수님은 다른 말씀 안하시고 "너희에게 떡 몇 개나 있느냐"고 물으시고 무리들을 먹이신다.

세 번째 배 여행(8:14~21): 제자들의 깨닫지 못함

사천 명을 먹이신 후 예수님은 제자들과 함께 배를 타고 달마누다 지방으로 가신다. 그곳에서 예수님을 시험하는 바리새인들과 잠시 논쟁이 있었다. 그 후에 다시 배를 타고 건너편으로 건너가셨다. 14~21절은 이 때 배안에서 일어난 일이다. 제자들이 식사용으로 먹을 떡 가져오는 것을 잊었다. 배 안에는 떡 한 개 밖에 없었다. 이 때 예수님이 "바리새인들의 누룩과 헤롯의 누룩을 주의하라"는 다소 의외의 말씀을 하신다. 이 말씀은 상징적인 의미를 가지고 있다. 누룩의 특성은 '전염성'이다. 바리새인들과 헤롯의 누룩을 주의하라는 말씀은 그들로부터 전염되지 않도록 조심하라는 뜻이다. 마가복음에서 바리새인과 헤롯이 함께 언급되는 경우는 두 차례인데, 두 차례 모두 예수님을 죽이려 모의하거나, 예수님을 책잡으려고 시험하는 내용이다(3:6; 12:13). 이들은 완고한 마음을 가지고 있었다. 예수님이 메시야요 하나님의 아들이심을 보지 못하고 예수님을 시험하고 책잡으려고 했다. 이러한 그들의 태도에 감염되지 말라는 뜻이었다. 이러한 예수님의 뜻은 헤아리지 못하고, 제자들은 예수님을 실망시키는 대답을 한다. "제자들이 서로 수군거리기를 이는 우리에게 떡이 없음이로다 하거늘"(16절).

제자들은 예수님이 지금 자기들이 떡을 안 가져 온 것을 꾸중하는 것으로 생각한 것이다. 벌써 두 차례에 걸쳐 수 천 명을 먹이신 예수님인데, 배에 탄 10여명이 먹을 떡이 없다고 해서 예수님이 꾸중하신다고 생각하다니, 얼마나 멍청한 제자들인가? 예수님의 인내도 한계에 이르렀다. 제자들의 대답을 들으시고 예수님은 참고 참았던 말을 제자들에게 하신다.

"예수께서 아시고 이르시되 너희가 어찌 떡이 없음으로 의논하느냐 아직도 알지 못하며 깨닫지 못하느냐 너희 마음이 둔하냐 너희가 눈이 있어도 보지 못하며 귀가 있어도 듣지 못하느냐 또 기억지 못하느냐 내가 떡 다섯 개를 오천 명에게 떼어 줄 때에 조각 몇 바구니를 거두었더냐 가로되 열 둘이니이다 또 일곱 개를 사천 명에게 떼어줄 때에 조각 몇광주리를 거두었더냐 가로되 일곱이니이다 가라사대 아직도 깨닫지 못하느냐 하시니라"(8:17~21).

예수님이 지금까지 제자들을 향해 이토록 심한 꾸중을 하신 적이 없었다. 예수님의 꾸중의 요지는 무엇인가? 왜 너희들은 깨닫지 못하느냐는 것이다. 오천 명을 먹이고, 사천 명을 먹이는 놀라운 이적을 보고서도 왜 아직까지도 나의 능력을 의심하느냐, 왜 내가 하나님의 능력을 보이는 하나님의 아들이요 메시야라는 사실을 보지 못하느냐고 질책하신다. 그러고서도 눈이 있다고 할 수 있으며, 귀가 있다고 할 수 있느냐는 말씀이다.

특별히 18절의 "눈이 있어도 보지 못하며 귀가 있어도 듣지 못하느냐"는 이 말씀은 마가복음 4:12에도 나온다. 4:12에서 예수님이 이 말씀을 하실 때 그 대상은 '외인'이다. 외인은 '예수님의 가르침과 사역을 보고 들음에도 불구하고 예수님이 하나님의 아들되심을 알지 못하는 자, 그래서 받아들이지 않는 불신세력들'을 가리킨다. 그렇다면 8:18의 말씀은 제자들도 그들과 다를 바 없다는 말씀인 것이다. 예수님을 가장 가까이서 따라다니면 모신다고 자부하던 그 제자들이 예수님 밖에 있는 자들, 곧 외인이 된 것이다!

그러면 왜 제자들은 이 지경에 이르게 된 것일까? 본문 17절이 그 대답을 제시해 주고 있다. "너희 마음이 둔하냐?" 그렇다. 제자들의 마음은 둔했다. 여기서 예수님이 지적하신 '둔한 마음'은 놀랍게도 예수님이 바리새인들을 향해 하신 비난과 동일하다. "저희 마음의 완악함을 근심하사 노하심으로 저희를 둘러보시고"(3:5). 제자들의 둔한 마음은 곧 예수님을 적대했던 바리새인들의 완악한 마음인 것이다! 문제는 완악한 마음, 둔한 마음이었다. 출애굽기에 나오는 이스라엘 백성들이나 마가복음에 나오는 예수님의 제자들이나 그들은 하나님의 능력, 예수님의 능력을 직접 눈으로 보았지만, 본 것을 마음에 각인하지 못했다. 생생히 기억하지 못했다. 그 때 뿐이었다. 그래서 다시 문제가 생기면 이전에 주님이 보여주신 그 놀라운 능력과 은혜를 까맣게 잊고, 불평만 늘어놓거나 걱정하고 근심하는 것이다. 이에 예수님은 그들의 깨닫지 못함을 크게 질책하신다. 이렇게 세 번에 걸친 배 여행을 보도하는 4:35~8:21에는 예수와 제자들간의 갈등 심화가 나타나고 있다. 이러한 갈등은 예루살렘을 향해 올라가는 길에서도 계속된다.

세 차례에 걸친 수난 예언과 제자들의 깨닫지 못함

마가복음 8:27~10:52는 예수님이 제자들과 함께 예루살렘으로 올라가는 길에 있었던 일을 기록하고 있는데, 주된 내용이 제자도다. 이 부분은 예수님의 세 번에 걸친 수난 예언과 이에 대한 제자들의 우둔한 반응으로 구성되어 있으며, 예수님이 소경을 치유하신 두 가지 사건에 의해 감싸져 있다(아래 그림 참조). 이러한 구조는 예수님의 가르침을 깨닫지 못하는 제자들이야말로 영적인 소경임을 보여 준다. 그렇다면 진정한 제자란 어떤 사람인가?

벳새다 소경치유(8:22~26) – 벳새다(8:22)

첫 번째 수난 예언 단락(8:27~9:29) – 빌립보 가이사랴로 가는 길(8:27)

예수님의 길을 가로막는 베드로(및 제자들)

두 번째 수난 예언 단락(9:30~10:31) – 갈릴리를 지나갈 때(9:30)

누가 더 크냐고 싸우는 제자들

세 번째 수난 예언 단락(10:32~45) – 예루살렘으로 올라가는 길(10:32)

영광의 자리를 구하는 야고보와 요한, 이를 보고 싸우는 제자들

소경 바디매오 치유(10:46~52) – 여리고에서 나올 때(10:46)

첫 번째 수난 예언과 베드로의 항변(8:27~38)

예수님은 가이사랴 빌립보 지역의 여러 마을로 가시던 도중, 길 위에서 제자들에게 사람들이 나를 누구라고 말하느냐고 물으신다. 또 제자들은 당신 자신에 대해 어떻게 생각하냐고 물으신다. 이에 대해 베드로가 제자들을 대표하여 '예수님 당신은 그리스도이십니다'라고 대답한다. 그러나 베드로가 대표로 한 이 고백은 절반의 성공에 불과했다. 왜냐하면 곧이어 베드로는 예수님으로부터 '사탄'으로 찍혔기 때문이다.

예수님은 베드로의 고백을 들으신 후 이 사실을 다른 사람들에게 말하지 말라고 '꾸짖으신다'(에피티마오. 개역한글 성경은 '엄히 경계하다'라고 번역했고, 개역개정 성경은 '경고하시고'로 번역하고 있지만, 원어의 의미는 '꾸짖다'이다. 이 단어는 8:32, 33에서도 다시 사용되고 있다). 그리고 나서 예수님은 당신께서 고난과 죽임을 당하고 3일만에 부활하실 것을 '드러내 놓고'(plainly) 가르치신다. 그러자 베드로가 예수님을 붙들고 '꾸짖는다'(에피티마오). 개역한글 성경은 '간(諫)하매'로, 개역개정 성경은 '항변하매'로 번역하고 있는데, 원어의 의미는 '꾸짖다'이다. 이 단어는 예수님이 귀신을 꾸짖으실 때(1:25; 3:12; 9:25) 또는 바다를 꾸짖으실 때(4:39) 사용된 단어이다. 개역한글 성경이 '간하다'라고 번역한 것은 제자 베드로가 스승이신 예수님을 어떻게 꾸짖을 수 있는가 하는 생각에서 그 의미를 약화시킨 것이다. 게다가 바로 앞서 예수님을 '그리스도'로 고백한 베드로가 아닌가! 그러나 이 번역은 본문이 주는 메시지를 약화시키는

약점이 있다. 베드로는 예수님이 고난당하시고, 죽으시는 일은 절대로 있어서는 안 된다고 생각하고 매우 강력하게 예수님께 항의했던 것이다. 마가복음은 이러한 베드로의 태도를, 그의 스승이신 예수님을 '꾸짖다'라는 매우 강한 단어로 표현하고 있는 것이다.

베드로가 예수님을 꾸짖자, 이번에는 예수님이 베드로를 꾸짖는다. 아니 제자들 모두를 꾸짖으신다. "예수께서 돌이키사 제자들을 보시며"(33절) 베드로를 꾸짖었다는 것은 단지 베드로만 꾸짖은 것이 아니라 제자들 모두를 꾸짖으신 것이다. 예수님이 베드로를 꾸짖으신 그 내용은 무엇인가? 놀랍게도 예수님은 베드로를 사탄으로 규정하신다. "사탄아 내 뒤로 물러가라!" 방금전에 예수님을 '그리스도'로 고백했던 베드로가 아닌가? 왜 그는 사탄으로 찍혔는가? "네가 하나님의 일을 생각지 아니하고 도리어 사람의 일을 생각"(33절) 했기 때문이다. 예수님은 분명히 지적하신다. 베드로, 너는 지금 '사람의 일'을 생각하고 있다. 그래서 나를 가로막고 있는 것이라고. 그렇다면 베드로가 생각한 사람의 일이란 무엇인가?

베드로가 예수님을 그리스도로 고백한 것은 옳았다. 그러나 그가 생각한 그리스도는 하나님이 뜻하신 것과는 달랐다. 베드로가 생각한 그리스도, 아니 당시 이스라엘이 고대했던 메시아는 '강력한 힘'을 가지고 이스라엘을 모든 외세로부터 독립시켜줄 분이었다. 이러한 베드로의 생각한 당시 대부분의 유대인들이 생각했던 메시아였다. 실제로 예수님은 이런 메시아로 생각되기에 충분했다.

왜냐하면 예수님은 '강력한 힘'을 가지고 있었기 때문이다. 귀신들을 쫓아내고, 수많은 병자를 고치고, 바다를 잠잠케 하고, 오천 명을 먹이고, 심지어 사람들의 죄까지도 용서하지 않았는가? 따라서 베드로와 나머지 모든 제자들이 예수님을 강한 메시아로 생각한 것은 어찌보면 이해가 된다. 그런데 예수님은 이와 같은 생각이 '사람의 일을 생각하는 것'이지 '하나님의 일을 생각하는 것'이 아니라고 말씀하신다. 예수님은 분명 놀라운 능력의 그리스도이시다. 실제로 마가복음 8장까지 예수님은 그와 같은 모습을 보여주셨다.

그러나 하나님의 뜻은 다른 데 있었다. 예수님이 진정한 그리스도(= 구원자)가 되는 길은 다른 곳에 있었다. 그 길은 고난과 십자가의 죽음을 향한 길이었다. 하나님의 아들이시며 그리스도가 모진 고난을 받고 십자가에 달려 죽는 것, 이것이 바로 하나님의 일이었다. 그것은 인간이 이해하기 어려운 하나님의 뜻이었다. 31절을 원문으로 보면 '…해야만 한다'는 뜻의 헬라어 '데이'가 사용되었다. '데이'는 반드시 이루어져야 할 하나님의 뜻(divine necessity)을 가리킨다. 즉 예수님의 고난은 하나님이 정하신, 반드시 이루어져야 할 일이라는 뜻이다.

이것을 예수님이 말씀하셨을 때에(31절) 베드로는 도저히 받아들일 수 없었다. 베드로 뿐만이 아니었다. 바울이 말한대로 '십자가에 못박힌 그리스도는 유대인에게는 거리끼는 것(= 걸려넘어지게 하는 것 = stumbling block)이요 이방인에게는 미련한 것'(고전 1:23)이었다. 십자가에 못박혀 돌아가셔야 할 그리스도는 베드로에게 '걸려넘어지게 하는 것'이었다. 베드로는 여기에 걸려넘어진 첫 번째 인물이었다. 베드로는 예수님에게서 놀라운 능력과 십자가, 이 두 가지를 동시에 볼 수 없었다. 그것은 마치 보이기는 보이되, 온전히 볼 수 없었던 소경과도 같았다(8:22~26에 나오는 소경은 이러한 베드로의 모습을 예시함).

그러나 예수님의 의지는 단호했다. 자기의 앞을 가로막은 제자 베드로에게서 사탄을 보았다. 그래서 '사탄아 내 뒤로 물러가라. 내가 가야할 길을 가로막지 말라. 베드로야, 내 뒤로 물러가라. 그리고 내 뒤에서 나를 따르라. 내가 너를 처음 보았을 때에 말한 것처럼, 내 뒤에서, 내 길을 따라 오너라'고 말씀하신다.

예수님은 베드로를 꾸짖으신 후 '무리와 제자들을 불러' 제자가 된다는 것이 무엇인지 말씀하신다. 예수님의 말씀은 크게 두 가지로 요약된다. 첫째, '자기를 부인하고 나를 좇으라.' 참 제자가 되는 길은 먼저 '자기를 부인하는 것'이다. '자기 부인'은 하나님의 뜻을 내 뜻보다 우선시 하는 것이다. 하나님의 뜻을 위해 내 뜻을 포기하는 것이다. 하나님의 뜻에 내 생각과 뜻을 맞추는 것이며, 그 반대는 결코 아니다. 둘째, '자기 십자가를 지고 나를 좇으라.'

'자기 십자가를 진다'는 이 표현을 제자들과 무리들, 그리고 마가복음 독자는 매우 실감나게 들었을 것이다. 왜냐하면 그들은 실제로 사람이 십자가를 지는 것을 볼 수 있었기 때문이다. 십자가를 지고 도달하는 목적지는 어디인가? 그곳은 처형장이었다. 그렇다면 '자기 십자가를 지라'는 이 말씀은 예수님을 따라가기 위해서라면, 참제자가 되기 위해서라면 죽음까지 각오해야 한다는 뜻이다. 예수님과 복음을 위하여 목숨을 잃을 각오를 해야 한다는 뜻이다(35절). 그러나 자기 십자가를 지고 죽을 각오로 예수님을 따라야 했던 12제자들이었으나, 그들은 나중에 예수님이 겟세마네에서 체포될 때에 예수님을 버렸다(14:50). 그들은 고난과 죽음 앞에서 예수님을 따르지 못했던 것이다.

이에 반해 비록 멀리서 바라보기는 했어도 여인들은 예수님이 십자가에 달리셨을 때에 그 곳에 있었다(15:40~41). 또 소경 바디매오는 예수님으로부터 치유를 받아 눈을 뜨게 된 후 "길에서" (예수님을) 따랐다(10:52). 여기서 길이란 예수님이 고난당하고 십자가에 달려 죽으실 예루살렘으로 가는 길이다. 바디매오가 '길에서' 예수님을 따랐다는 것은 고난의 길을 가시는 예수님을 따랐다는 것으로서, 참 제자의 모습을 보여준다.

예수님이 베드로, 야고보, 요한을 데리고 산에 올라가셔서 변화하셨을 때, 제자들을 향해 하늘의 음성이 들려왔다. "이는 내 사랑하는 아들이니 너희는 그의 말을 들으라"(9:7). 여기서 '그의 말', 즉 '예수님의 말'이란 어떤 것인가? 그것은 다름아닌 자기부인의 말씀이다. 하나님은 제자들에게 다시 한번 십자가의 길을 걷는 것이 제자도임을 가르쳐주신 것이다.

귀신들린 아이를 치유한 이적(9:14~29)에 나타난 제자들의 모습

예수님이 더러운 귀신들린 소년을 고친 이야기에서 제자들은 믿음이 없는 세대에 속한 자로 나타난다(9:19). 여기서 '믿음이 없는 세대'란 제자들, 소년의 아버지, 그리고 무리들 모두를 가리킨다. 소년의 아버지가 "무엇을 하실 수 있거든 우리를 불쌍히 여기사 도와 주옵소서"라고 말한 것은 한 나병환자가 "원하시면 저를 깨끗하게 하실 수 있나이다"(1:40)라고 말한 것과 대조된다. 마가복음에서 이적은 믿음을 전제로 한다.

예수께서 소년을 고친 후, 어떤 집으로 들어가셨다. 제자들은 거기서 왜 자신들은 귀신을 쫓아내지 못했냐고 질문한다. 예수님이 무리를 떠나 있는 상황에서, 제자들이 질문하는 일은 앞서도 있었고(4:10; 7:17), 다음에도 나온다(10:10). 이런 장면은 예수님의 설명을 들을 수 있는 제자들의 특권과 더불어 제자들의 깨닫지 못함을 동시에 보여준다.

예수님은 제자들이 기도하지 않았기 때문에 귀신 들린 소년을 치유하지 못했다고 말한다. 기도가 하나님에 대한 신뢰라는 점에서 제자들은 하나님이 아니라 자신들을 과신한 것이다. 앞서 제자들은 예수로부터 귀신 쫓는 권위를 받고 많은 귀신들을 쫓아내었다. 그러나 그들은 기도를 통해 하나님의 능력을 간구하는 믿음을 보이지 않고, 자신을 믿었던 것이다. 이와는 반대로 예수님은 늘 기도하는 분이었다(1:35; 6:46).

두 번째 수난 예언(9:30~10:31)과 제자들의 다툼

1. 제자들, 비극적 코미디를 연출하다

9:31에서 예수님은 수난 예언을 다시 한 번 하셨다. 한 번도 아니고 두 번씩 스승이 수난을 예언했다면 제자들은 마땅히 숙연해져야 한다. 예수님이 하신 말씀의 의미를 정확히 알지 못하더라도(32절, "그러나 제자들은 이 말씀을 깨닫지 못하고 묻기도 무서워하더라") 분위기 정도는 파악할 수 있었을 것이다. 그런데 제자들은 전혀 그렇지 못했다. 그들은 전혀 분위기를 파악하지 못하고 있었다. 숙연해지기는커녕, 오히려 서로 누가 잘났냐, 누가 더 서열이 높은가

를 따지고 있었다(34절). 자신의 고난과 죽음을 예언하시는 예수님! 이에 반해 누가 더 잘나고 높은가를 가지고 다투는 제자들! 비극적인 코미디가 아닐 수 없다.

누가 크냐고 쟁론하던 제자들에게 예수님은 모든 사람을 섬기는 자가 되어야 한다고 말씀하시고 나서, 어린아이를 가운데 세우시고 안으시면서, 이렇게 말씀하신다. "누구든지 내 이름으로 이런 어린아이 하나를 영접하면 곧 나를 영접함이요 누구든지 나를 영접하면 나를 영접함이 아니요 나를 보내신 이를 영접함이니라"(9:37). '어린아이'하면 흔히 우리는 순수함을 생각한다. 그러나 예수님 당시 어린아이는 하찮은 자요 보호를 받아야 할 약자였다. 온전한 인격체로 취급되지 않았다. 이런 당시 가치관에 비추어 볼 때 예수님이 어린아이를 영접하는 것은 곧 나를 영접하는 것이고, 나를 영접하는 것은 곧 나를 보내신 이를 영접하는 것이라는 말씀은 파격적이다. 또 사람들이 어린아이들을 데리고 예수님께 나아오자 제자들이 꾸짖었다(에피티마오). 조금 전에 예수님께서 어린아이를 영접하는 것이 곧 나를 영접하는 것이라고 말씀하셨는데 말이다! 그래서 예수님은 제자들에게 노하셨다. 그리고 하나님의 나라가 어린아이의 것이라고까지 말씀하신다.

2. 첫째가 되려면: 이 세상의 가치관을 뒤집어라!

9:30~10:31은 섬김에 관한 두 가지 말씀(9:35; 10:31)이 가운데 내용을 감싸는 인클루시오 구조로 되어 있다. 즉 가운데 내용은 섬김이라는 시각에서 바라봐야 한다. 위 두 구절에 나타난 예수님의 가르침은 '가치의 반전(reversal)'이다. 이러한 틀 구조에 걸맞게 그 안에 있는 내용 역시 가치의 반전을 보여주고 있다. 또 여기에 나타난 예수님의 교훈들은 대부분 하나님(9:37; 10:9, 18, 27)에 관한 것이거나 하나님 나라에 들어가는 것(9:47; 10:15, 23, 25) 혹은 영생에 들어가거나 영생을 얻는 것(9:43, 45; 10:17, 30)과 관계되어 있다. 이것은 예수님의 가르침이 당시 사회의 가치와 반대되는 것이며, 이 가치를 수용하고 따를 때 하나님 나라에 들어갈 수 있음을 말해준다.

어린아이를 영접하는 것 뿐만 아니라 그 밖에 다른 사건 역시 섬김의 교훈을 가르쳐준다. 예를 들어서 요한은 자신과 다른 제자들이 예수님의 이름으로 귀신을 쫓는 자에게 '우리를 따르지 않는다'는 이유로 귀신 축출을 금하였다고 예수님에게 말한다(9:38). 여기서 '우리'란 12제자들만 가리킨다. 요한의 말은 귀신 축출 능력과 제자의 지위에 대한 배타적 의식을 드러내는 것이다. 나중에 요한은 자기 형제 야고보와 함께 영광의 자리를 구하기도 한다. 이에 반해 제자들에게 물 한 그릇을 대접한 사람은 관용과 친절을 보여주는 인물로서 예수님의 이름으로 귀신 쫓는 자를 금한 제자들과 대조된다.

이혼 논쟁(10:1~9) 역시 마찬가지다. 이혼 논쟁에 등장하는 바리새인들, 그리고 이 논쟁에서 암시되고 있는 헤롯 안티파스와 헤로디아는 지위와 권력을 향유하는 자들로서, 이들은 창조에 나타난 하나님의 뜻을 거부하고 이혼과 재혼을 행한다. 그러나 예수님은 이혼의 절대 불가함을 선언하고, 남자와 여자의 동등함을 가르침으로써 사회적 약자인 여자를 옹호한다.

이런 관점에서 볼 때 9:30~10:31에 등장하는 인물들은 서로 대조되는 두 가지 인물군으로 분류된다. 한 부류의 인물들은 어린이, 작은 자, 여인, 가난한 자와 같은 사회적으로 힘과 지위와 재물이 없는 자들이다. 그러나 예수님은 이들을 옹호하고, 특히 어린이와 작은 자에 대해서는 하나님 나라에 들어가는 데 있어서 기준이 되는 인물로 제시한다. 또 다른 부류의 인물들은 이들과 대조적으로 힘이나 지위 혹은 재물을 가진 자들인데, 여기에는 바리새인들, 그리고 비록 직접 등장한 인물은 아니지만, 이혼 논쟁에서 암시되고 있는 헤롯 안티파스와 헤로디아와 같은 정치적인 인물들, 또 재물이 많은 한 사람이 있다. 제자들은 어린이나 작은 자와는 대조되면서도 재물이 많은 사람이나 종교 지도자들이나 정치 지도자들과는 구분된다. 이들 인물간의 대조를 도표로 나타내자면 다음과 같다.

누가 크냐 논쟁하는 제자들 vs. 어린이

어린이를 막는 제자들 vs. 어린이

예수의 이름으로 귀신 쫓는 일을 금함 vs. 제자들을 대접하는 사람들

작은 자를 실족케 하는 자들 vs. 작은 자

바리새인, 헤롯과 헤로디아 vs. 이혼을 강요당하는 여자

재물을 포기하지 못한 한 사람 vs. 모든 것을 버리고 예수를 좇은 제자들

마지막에 나오는 재물을 포기하지 못한 한 사람의 이야기는 예수님을 따르는 제자가 되는 데 재물이 큰 방해물이 될 수 있다는 점, 또 참된 제자는 자신의 모든 것을 버려야 한다는 주제가 부각되고 있다. 베드로가 예수님께 "보소서 우리가 모든 것을 버리고 주를 따랐나이다"(10:28)라고 한 말은 제자도의 본질을 보여준다.

재물을 포기하지 못한 부자 청년은 마가복음 12:41~44에 등장하는 두 렙돈을 바친 과부와 대조가 된다. 청년은 남자였다. 당시 남자는 여자보다 많은 특권을 누렸다. 그 청년은 부자였지만 과부는 가난했다. 청년은 "네 있는 것을 다 팔아 가난한 자들을 주고 나를 좇으라"(10:21)는 예수님의 말씀을 결국 받아들이지 못했다. 이에 반해 과부는 "자기 모든 소유 곧 생활비 전부를" 하나님께 바쳤다. 예수님이 요구하신 바, 예수님의 제자가 되기 위한 조건을 이행한 사람은 부자 청년이 아니라 하잘것없는 가난한 과부였다.

또 이 과부가 두 렙돈밖에(마가는 두 렙돈이 한 고드란트라고 하였는데, 한 고드란트는 1/64 데나리온에 불과하다) 바치지 못한 이유는 "과부의 가산을 삼키"(12:40)는 서기관 때문이며, 따라서 과부의 헌금 이야기는 종교 지도자들의 탐욕에 대한 비판이 그 배경으로 자리잡고 있지만, 이 과부는 예수님에게 감동을 준 사람이다. 과부의 헌금 행위는 가장 으뜸되는 계명을 실천하는 행위였기 때문이다. 과부가 가난한 중에도 자신이 가지고 있던 돈을 모두 낸 것은 그녀의 '마음'과 '힘'을 다하여 하나님을 사랑한 행위였다. 마가복음 14:3~9에 나오는 여인은 300 데나리온 이상의 값어치가 있는 향유를 예수님의 머리에 부었다. 두 여인이 바친 것은 그 액수 면에서 엄청나게 차이가 있지만(과부가 낸 두 렙돈은 향유를 부은 여인이 쓴 향유의 19,200분의 1), 이 두 여인은 마음을 다하

고, 힘을 다하여 하나님, 예수님을 사랑했다는 점에서는 일치한다.

그리고 44절에 따르면 과부는 "자기 모든 소유 곧 생활비 전부를 넣었"
다. 여기서 '생활비 전부'라는 말의 헬라어는 '그녀의 삶 전체'(her whole life)로
도 번역될 수 있다. 예수님은 과부가 두 렙돈을 낸 것을 그녀의 삶 전체를 바
친 것으로 간주하신 것이다. 자신의 삶 전체를 바친 과부의 행위는 "자기 목
숨을 많은 사람의 대속물로" 주신 예수님의 삶과 닮았다. '자기 부인'이 예수
님을 따르는 제자에게 있어서 핵심이라고 한다면 과부야말로 참제자의 모
습을 보여준 것이다.

세 번째 수난 예언(10:32~45)과 높아지려는 제자들

1. 너희 중에는 그렇지 않을지니

10:33~34에서 예수님은 세 번째로 수난을 예언하신다. 이 말씀을 마치
자 마자 세배대의 아들 야고보와 요한이 '영광의 두 자리'를 구한다. 이 두 사
람의 은밀한 부탁을 나머지 열 명의 제자들이 듣고 분노한다(10:35~41). 왜
제자들은 이러한 추태를 보이고 있는가? 그것은 제자들이 예수님을 능력의
메시야, 정치적 메시야로만 바라보기 때문이다. 부활의 영광을 위해서는 반
드시 십자가의 죽음을 통과해야 하는 하나님의 신비스러운 뜻을 깨닫지 못
하기 때문이다. 그래서 그들에게는 십자가가 보이지 않았다. 오직 영광의 자
리만 보였다. 어떻게 해서라도 더 높은 자리에 올라 '섬김을 받으려는' 마음
으로 가득차 있었다. 힘을 행사하여 자신을 과시하고 싶어 안달이 나 있었던
것이다. 이 욕심을 채우기 위해서라면 동료 제자들을 짓밟고 일어서는 것 조
차 서슴지 않을 그들이었다. 이러한 제자들의 모습을 보시고 예수님은 참 제
자가 된다는 것의 의미를 다시 한 번 일러주신다. 그것은 섬김이었다. 예수
님이 이 땅에 오신 이유도 섬기기 위해서지 섬김을 받기 위해서가 아니었다.
십자가의 죽음은 예수님이 보여주신 최고의 섬김이었다.

2. 소경 바디매오(10:46~52)

예수님이 바디매오를 치유한 사건은 예수님의 놀라운 치유능력과 바디매오의 믿음을 보여준 사건이다. 그러나 나아가 이 사건은 제자도를 가르쳐 준다. 마가는 바디매오가 치유를 받은 후 "예수를 길에서 따르니라"(10:52)고 말하는데, 여기서 '길'은 예수님이 십자가에서 달려 죽게 될 예루살렘으로 향하는 길이다. 고난의 길을 가는 예수님을 따르는 바디매오는 자기를 부인하고 자기 십자가를 지고 예수님을 따르는(8:34) 참제자의 모습이다. 이러한 바디매오의 모습은 예수님이 가르쳐주신 섬김의 제자도를 실천하지 못하는 제자들의 모습(9:33~37; 10:35~45)과 대조를 이룬다.

제자들이 이루어야 할 새로운 공동체(11:22~25)

11~12장은 예수님이 예루살렘에 입성하셔서 타락한 성전에 대한 심판을 선언하시고, 종교 지도자들과 논쟁하는 이야기로 구성되어 있다. 이 가운데서 11:22~25는 강도의 소굴로 타락한 성전 체제를 대신할 새로운 공동체를 구성하는 세 가지 요소, 즉 믿음, 기도, 용서를 보여 준다.[7]

첫째, 새로운 공동체는 믿음의 공동체다. 이 믿음은 "이 산더러 들리어 바다에 던져지라 하며 그 말하는 것이 이루어질 줄 믿고 마음에 의심하지" 않는 믿음이다. 이 말씀은 무엇이든 불가능한 것처럼 보이는 것도 이루어내는 믿음을 뜻한다기보다는 타락한 성전에 대해 하나님이 행하시는 심판을 뜻한다.

둘째, 성전을 대신할 새로운 공동체는 기도의 공동체다. 기도는 하나님이 원하시는 공동체의 모습이다. 예수님은 타락한 성전을 비판하시면서 원래 성전은 "만민이 기도하는 집"이라고 말씀하셨다. 새로운 공동체는 하나님의 집, 즉 성전의 원래 모습을 회복해야 하는 것이다. 마가에게 있어서 믿음과 기도는 동전의 양면과 같다.

셋째, 새로운 공동체는 서로 용서하는 공동체다. 마가복음에서 두드러지지 않는 용서의 주제가 느닷없이 기도와 관련하여 언급된 이유는 무엇일까? 죄사함은 성전 제의를 통해 이루어진다. 그러나 타락한 성전 제의는 더 이상 죄사함의 효과를 낼 수 없다. 오직 하나님에 대한 믿음과 기도로 세워진 공동체는 서로 용서하며 살아가야 한다. 그럴 때 하나님으로부터 죄 사함을 받게 될 것이다. 즉 믿음과 기도의 공동체가 성전을 대체하여 죄사함이 이루어지는 장소가 된 것이다.

예수님을 배반한 제자들(14~15장), 그러나 다시 희망을 걸어보다(16:1~8)

14~15장은 예수님의 수난 이야기를 보도하고 있다. 여기서 제자는 예수님을 배반하는 자들로 나타난다. 그 배반은 먼저 가룟 유다에게서 시작된다(14:10~11). 제자들은 최후의 만찬석상에서 예수님이 준 잔을 마신다(14:23). 여기서 잔은 예수님의 고난을 상징한다. 제자들은 비록 예수님의 잔을 마셨으나, 실제로 예수님이 수난 당하는 동안 여기에 동참하지 않는다. 또 베드로와 야고보와 요한은 겟세마네 동산에서 깨어 있으라는 예수님의 요청에도 불구하고 잠들어 버린다. 예수님께 무엇으로 대답할 줄을 알지 못한다(14:40. 9:6과 비교해보라). 결국 제자들은 겟세마네에서 예수님이 체포될 때 다 도망한다(14:50). 이후로 마가복음에서 제자들은 등장하지 않는다. 베드로만 제외하고. 그러나 그 베드로마저 예수님을 세 번씩 부인한다(14:66~72). 마가복음에서는 그 어떤 제자도 십자가 현장에 있지 않았다. 제자들이 예루살렘에서 기대한 것은 권능과 영광 속에서 예수님이 메시야로 입성하는 것이요, 그것이 하나님의 나라라고 보았다. 그들은 십자가의 고난 속에서 예수님이 왕으로 즉위하는 것을 보지 못했던 것이다.[8]

이상에서 살펴보았듯이 마가복음에서 제자들은 처음에는 긍정적인 모습을 보이지만, 대부분 부정적인 모습을 보인다. 믿음이 없고 두려워하며, 우둔하여 예수님이 누구신지 깨닫지 못한다. 예수님의 수난 예언이 세 번씩 반복됨에도 불구하고 제자가 걸어가야 할 길이 무엇인지 제대로 알지 못한 채 섬김을 받으려고만 한다. 결국 예수님을 버리고 도망친다.

그렇다면 마가복음은 이렇듯 허망하게 이야기를 끝내고 있는가? 그렇지 않다. 예수님의 부활 소식을 전해주는 이야기(16:1~8)는 제자들에 대한 소망을 보여준다. 마가는 짧지만 의미심장하게 예수님의 부활을 보도하고 있다. 마가는 예수님의 부활과 제자들에게 마지막 사명(갈릴리로 가서 부활하신 예수를 만나는 것)을 부여하는 것(16:6~7)으로써 그의 복음을 매듭짓고 있다. 제자들이 부활하신 예수님을 갈릴리에서 보게 될 것이라는 청년의 전언(16:7)은 예수님과 제자들의 관계회복을 암시하고 있다는 점에서 새로운 시작이다. 갈릴리는 예수님을 적대하고 죽인 예루살렘과는 달랐다. 갈릴리는 예수님의 하나님 나라 사역이 승리를 거둔 곳이다. 비록 그곳에도 적대하는 자들이 있었지만 말이다. 그 갈릴리에서 예수님은 제자들을 다시 만나기를 원하신다. 자신을 대신해 하나님의 통치를 이루어주기를 기대하면서 말이다.

그러나 마가복음은 청년이 전해준 말에 대해 여인들이 두려워하며 아무에게도 아무 말도 전하지 못했다(16:8)는 부정적인 묘사로 끝을 내고 있다. 이렇게 마가는 예수님과 제자들간의 관계 회복에 대해 가능성과 불가능성을 모두 제시하고 있는 것이다. 이러한 종결은 일종의 수사학적 전략으로서 마가는 이런 종결을 통해 독자로 하여금 여인들의 도망과 침묵과 두려움이 잘못되었음을 깨닫게 하고, 두려움을 극복하고 예수님의 부활 소식을 전파할 것을 촉구하고 있는 것이다.

03

마가복음의 배경연구와
사회학적 이해

하나님의 말씀인 마가복음은 지중해 연안에 살던 독자들－팔레스타인의 유대기독인이든 아니면 소아시아나 로마의 이방기독인이든간에－을 염두에 두고 쓴 사회 역사적인 문서다. 저자인 마가가 염두에 둔 독자들이란 1세기 지중해 연안의 세계에 살던 독자들로서 우리와는 사회·문화적으로 매우 다른 세계에 살던 사람들이다. 이들 마가복음의 독자들은 우리와는 기후나 지형 그리고 의복과 주거와 같은 사회적 삶의 형태와 문화와 종교가 달랐다. 특히 이들은 사물이나 사건에 대한 관점, 즉 그것들을 이해하고 해석하는 관점들이 21세기에 살고 있는 우리(후기－산업사회의 첨단 기술문명 속에 살고 있는 우리)와는 다르다(Malina, 1993:82~86).

그러므로 마가복음을 올바로 주해하고 설교하는 데 신약(마가복음)의 사회－문화적 세계(socio－cultural world)를 이해함은 필수적이다. 이런 까닭에 최근 「신약성경배경주석」(Keener, 1993)이나 「공관복음의 사회－과학적 주석」(Malina & Rohrbaugh, 1992)이 출판된 이유가 바로 여기에 있다. 특별히 배경(사회－문화적 세계)과 정황연구의 필요성은 다음과 같은 해석적 관점에서 간략하게 제시될 수 있다.

성경해석에서 배경과 정황연구의 필요성

본문의 의미를 올바로 파악하기 위해서 해석자는 본문(주변)의 사회 – 문화적 정황을 알아야 한다. 이미 다른 글에서 필자가 언급한 것처럼, 본문(text)의 의미를 이해하는 데 본문의 사회적 정황(social context)에 대한 탐구는 해석자로 하여금 상반된 두 가지 결론을 갖게 해 준다. 즉, 본문의 사회적 정황에 대한 강조는 본문의 의미를 깨닫는 데 명료성(clarity)을 줄 뿐 아니라 그 반대로 위협(threat)이 될 수도 있다(Scroggs, 1988:18).

여기서 명료성을 준다는 것은 본문의 저자와 그 청중을 둘러싼 사회 – 문화적인 정황(세계)을 이해함으로써 본문에 나오는 특정한 사건들과 인물들의 의미나 본문(저자)의 의도를 보다 명확히 파악할 수 있다는 것이고, 위협이 된다는 것은 성경을 하나님의 말씀(계시)이 아닌 특정 인간이나 집단의 우발적이고 정황적인 산물로만 간주함으로써 반(비)신앙적인 축소지향적 해석을 추구하게 만든다는 것이다.

결국 이 문제는 해석자가 성경의 본질을 어떻게 이해하느냐에 달려 있다. 즉, 해석자가 성경의 계시(영감성)와 역사성에 대한 적절한 견해를 가지고 본문의 사회 – 문화적 정황(세계)을 이해하려고 한다면 본문의 의미에 보다 명료하게 접근할 수 있다. 이 점은 마가복음의 해석에 있어서도 똑같이 적용된다.

성경이 하나님의 말씀이라고 할 때 이것은 성경이 하늘로부터 떨어진 것(또는 흔히 말하기를 진공상태에 있는 것)이 아니라 특정한 역사 속에서 기록되어진 말씀임을 의미한다. 이러한 경우 성경본문의 의미란 그것이 기록된 특정한 시간과 장소 안에서 적절하게 한정됨을 의미한다. 성경해석이란 고대 지중해 연안의 성경(then)과 지금의 우리(now) 사이의 거리를 어떻게 메워갈 것인가라는 해석학적 문제를 피할 수 없다. 그러므로 성경의 사회 – 문화적 세계에 대한 탐구는 성경 해석의 필수적인 한 요소다. 성경의 사회 – 문화적 세계를 이해할 때 독자는 성경본문의 의미를 보다 총체적이고 역동적일 뿐만 아니라 실제적으로 이해하게 된다. 한마디로 해석자로 하여금 시대착오적인(anachronic) 해석이나 신학적 가현주의(theological docetism)에서 벗어나게 해 준다.

특정본문에 대한 배경과 정황에 대한 연구는 본문의 원 의미를 탐구하는 데 본문 자체의 연구 만큼이나 중요하다.[1] 그 이유는 특정본문이란 언제나 특정한 배경과 정황에서 나타나기 때문이다. 그러므로 특정본문에 대한 설교는 그 본문이 쓰여지게 된 배경과 정황을 먼저 이해해야하는 주해작업을 요구한다.

이 경우 우리는 본문에 언급된 사회(AD 20~30년대의 팔레스타인의 사회상)와 본문이 나온 혹은 본문이 쓰여진 본문을 둘러싼 사회의 모습들(AD 60년대의 그라코 – 로망 사회)을 올바로 이해해야 할 뿐만 아니라 본문이 쓰여진 정황을 이해해야 한다. 전자는 본문의 사회 – 문화적 세계에 대한 연구(배경연구)고 후자는 본문의 논증적 정황 혹은 수사학적 정황(rhetorical situation)에 대한 연구다. 그러나 이러한 정황에 대한 재구성은 반드시 먼저 본문 자체에서 수집되고 분석되어 산출될 뿐만 아니라, 그 당시 문헌들이나 그에 대한 연구들을 통하여 본문이 쓰여진 당시의 사회적 세계에 대한 이해에서 이루어져야 한다.

이처럼 본문의 사회적 배경과 정황에 대한 이해는 본문해석에 매우 중요한 것으로서, 다음과 같은 방법으로 탐구될 수 있다. 첫째로는 소위 문화인류학적 통찰을 통해 사회과학적 해석방법을 시도함으로써 마가복음의 사회 – 문화적 세계를 탐구하는 방법이다.

마가복음의 사회 – 문화적 세계에 대한 이해

마가복음의 사회 – 문화적 세계에 대한 이해는, 넓게는 1세기 지중해 연안의 그라코 – 로망 사회와, 좁게는 마가복음이 언급하는 팔레스타인(유대)

사회에 대한 이해를 요구한다. 먼저 마가복음이 쓰여진 그 당시를 둘러싼 거시 사회(macro society)에 대한 연구는 1세기 지중해 연안의 그라코-로망 사회에 대한 연구[2]다. 1세기 지중해 연안의 사회는 그 나름대로의 보편적인 사회-문화적 양식과 가치를 가지고 있는데, 이러한 것들은 문화인류학적인 통찰을 통하여 많은 도움을 얻을 수 있다.

말리나의 견해에 따르면, 그 당시 지중해 연안의 사회는 지금의 핵가족화된 산업화의 개인주의적 사고와 행동양식보다는 공동체 중심의 사고와 행동양식을 가지고 있는데 이러한 행동양식은 언제나 상호관계성(相互關係性) 혹은 호혜성(互惠性)의 관계(dyadic relationship)를 요구한다.

물론 이러한 사회적 관계성은, 그 당시의 사회가 민주적인 수평적 사회가 아니기 때문에 수직적이고 서열적인 관계인 후견인과 예속자 사이의 관계(patron-client relationship) 안에서 이루어진다. 한 마디로 팔레스타인(유대) 사회는 하류층이 75%나 되지만 오늘날처럼 노동자 계층이 갖는 동일한 계층의식이란 생각할 수도 없었다. 그들은 항상 상류 계층에 예속되어 생계를 유지해야 하는 삶을 살 수밖에 없었다. 이러한 상황에서는 평등의 관계나 개인적 자유와 가치, 즉 소위 오늘날의 인권 문제란 생각할 수도 없었다. 여기에는 항상 서열(계급/계층)과 충성, 헌신, 봉사, 감사로 표현되어지는 것만이 존재했으며, 이는 심지어 정치 지도자들끼리나 지도자와 군중 사이에 정치적 거래(흥정)가 주어지는 근거가 된다.

이처럼 상호관계성과 호혜성을 중시하는 사회에서 진리와 하나님의 뜻을 따르기 위해서는 용기 있는(믿음의) 결단과 불이익을 감수해야 하는데, 빌라도가 유월절에 예수님을 종교 지도자들이나 군중들의 요구에 내어 준 것도 바로 이러한 호혜적 관행(정치적 흥정?)으로 이루어진 것이다(Robbins, 1996:77~80). 헤롯왕과 헤로디아(의 딸) 사이의 거래(막 6:22~29)도 이러한 관점에서 이해할 수 있다. 비록 헤롯이 세례 요한을 통해 진리의 말씀을 달게 들었지만 연회석에서 헤로디아(의 딸)의 요구에 따라 세례 요한의 죽음을 허락한 것도 이러한 배경에서 취한 행동이었다.

그리고 1세기 지중해 연안의 사회는 산업화 이전의 사회(preindustrial society), 즉 농경·유목 사회기 때문에 자원의 풍부함(잉여자원)이 없는 철저히 제한된 자원을 가진 사회다. 그러므로 이러한 제한된 자원의 사회에서 후원자와 예속자 사이의 관계 형성과 유지는 더 없이 중요하며 상호관계성과 호혜성은 매우 중요한 덕목으로 여겨진다. 이러한 상황은 또한 명예와 수치의 사회 – 문화적 가치와 깊은 관련성을 갖는데 나눔과 돌봄(부모 돌봄)과 자비(사랑)의 실천은 영예로운 미덕으로 간주된다.

마가복음 7:10~13에 나오는 고르반에 관한 예는 바로 제한된 자원 속에 살아가는 유대인들의 부모공경에 관한 실천적 돌봄(출 20:12; 신 27:16)에 찬물을 던진 사건이었다. 특히 명예와 수치의 가치판단은 사람들의 의식과 행동양식을 결정하는 근본적인 가치규범이었다. 명예와 수치의 가치규범은 남녀관계와, 후견인과 예속자의 관계와, 공동체 중심의 사회에서의 가치규범과 밀접한 관계가 있다.

한 마디로 명예로운 일과 수치스러운 일은 그 당시 사회의 규범에 따라 규정되어졌는데 이 모든 것들의 배후에는 주로 성별과 신분과 지위와 종교적인 규범이 근간을 이룬다. 헤롯이 연회장에서 헤롯의 목을 요청한 헤로디아의 딸에 대해 거절하지 못한 행동(막 6:22~29)이나 빌라도가 예수를 죽이도록 요구하는 종교 지도자들과 군중들의 요구를 거절하지 못한 사건(막 15장)은 체면과 명예를 중시하는 사회의 한 단면을 극명하게 보여 준 사건이다.

무엇보다도 팔레스타인의 사회 – 문화적 가치는 유대의 정결법에 따라 규정되었다. 그러므로 유대 정결법은 신약성경이 언급하는 사회와 문화를 이해하는 데 근간이 되는 규례다. 마가복음은 이러한 정결법에 대한 이해없이는 본문의 의미나 그 논쟁점을 올바로 파악하기가 쉽지 않다. 안식일과 금식에 대한 논쟁, 바알세불 논쟁, 결례(정결)에 대한 논쟁, 문둥병자와 중풍병자를 고친 이적, 손 마른 자를 고친 이적, 거라사 광인을 고친 이적, 혈루증 여인을 고친 이적, 수로보니게 여인과의 문답, 이방선교와 이방인에 대한 이해, 성전을 중심으로 한 정결규례에 대한 이해 등등. 정결규례와 관련된 마가복음의 사회-과학적 연구에 대해서는 나이레이(Neyrey)의 글(1986, 1996)과 로즈(Rhoads)의 글(1992), 그리고 필자의 글(1998)을 참조하라.

마가복음의 사회-과학적인 이해에 대해서는 말리나(Malina)와 로버(Rohrbaugh)가 공저한 주석책(1992)의 마가복음편(171~277쪽)을 참조할 수 있으며, 특히 로빈스(Robbins)는 자신의 책 *Exploring the Texture of texts: A Guide to Socio-Rhetorical Interpretation*(1996) 71~89쪽에서 이러한 사회-과학적 접근법을 마가복음 15장에 적절히 사용한다. 그리고 필치(Pilch)는 질병과 신유와 축귀의 문제를 문화인류학적인 문제에 비추어서 마가복음을 다루기도 하였다.

마가복음의 사회적 세계에 대한 두 번째 탐구는 마가복음이 언급하는 팔레스타인의 사회상에 대한 이해다. 이것은 그 시대의 사회상을 있는 그대로 본다는 의미에서 사회적 서술(social description)이라고 부른다. 물론 이 탐구는 첫 번째의 탐구방법과 상호간에 깊은 연관성을 가지고 본문의 의미를 탐구해야 한다.

1세기 팔레스타인의 사회상에 대한 연구

사회적 서술은 고대 문헌과 고고학적 발굴, 미술, 동전, 비문 등을 통해 그 당시 신약 사회의 배경이 되는 여러 가지 삶의 모습들(사회상)을 탐구함으로써 신약 본문의 원 의미를 발견하는 데 적절한 도움을 얻을 수 있다. 사회적 서술에 해당되는 신약 시대의 사회적 모습들로는 직업, 도구, 집(가옥), 도로, 여행수단, 화폐, 경제 상황, 건축물, 촌락과 도시의 모습, 법, 계급, 시장, 의복, 식품들과 요리방식 및 식탁교제와 연회방법 등이 있다. 이러한 사회적 서술들은 예수님과 초대 교회가 살던 당시의 팔레스타인과 지중해 연안의 그라코-로망 사회의 일상의 문화와 관습을 이해하는 데 도움을 준다.

신약 시대의 사회상에 대한 정보를 얻기 위한 책으로서는 최근 발행된 크레이그 키너가 저술한 「신약성경 배경주석」이나 퍼거슨의 「초대 교회 배경사」, 혹은 필치(Pilch)와 말리나(Malina)가 편집한 *Biblical Social Values and Their Meaning: A Handbook* (1993)과 같은 책 그리고 다양한 주석책들로부터 도움을 받을 수 있다. 마가복음의 경우는 AD 20~30년경의 팔레스타인, 즉 갈릴리와 유대 땅의 사회상에 대한 이해다.

물론 이러한 사회적 서술은 1세기(특히 60년대 말)의 정치 – 사회적 상황과 관련된 사회 역사(social history)와 분리하여 이해할 수 없으며 또한 문화인류학적 이해와 결코 분리하여 이해할 수 없다. 최근 지식 사회학적 이해도 마가복음 이해에 도움을 주는데, 간단하게 말하자면 그 당시의 사회 – 문화적 가치와 상징에 의해 그 시대를 이해하는 것으로, 이러한 이해는 자민족 중심의 문화와 사회(ethnocentric)에 대한 이해의 오류를 벗어나게 해 준다(참조. Rhoads 1992).

가령 마가복음 1:10의 하늘의 갈라짐(찢어짐)은 히브리적 우주관(사 40:22)을 잘 반영한 것으로서, 이것은 또한 마가복음 15:38의 성전휘장의 찢어짐과 깊은 연관을 가진다. 마가복음 15:38의 성전휘장의 찢어짐(한글개역성경은 성소 휘장으로 번역함)의 의미는 헤롯 성전의 모습에 대한 요세프스의 기록을 통해 새롭게 이해된다. 즉, 예수의 죽음 시에 찢어진 이 휘장은 히브리서 10:19~20에서 언급하는 성소와 지성소 사이를 가로막는 내부 휘장이라기보다는 성전 앞에 있는 하늘의 별들로 수놓은 커다란 외부 휘장을 의미하는 것으로서, 마가복음 1:10의 예수님의 세례시에 하늘의 갈라짐(찢어짐)과 inclusio를 이루면서 예수님이 하나님의 아들이심을 강력하게 입증함과 함께 그의 사역의 의미를 새롭게 한다(Ulansey, 1991:36~37).

뿐만 아니라 마가복음 3:1~6의 의미는 로즈(Rhoads, 1992:136~137)가 제시한 대로 그 당시 사회의 모습에 대한 지식(정보)을 통해서 보다 잘 이해할 수 있다. 즉, 회당의 구조와 구성원, 회당예배의 모습 및 안식일 준수와 그 의미를 알아봄으로써 이 본문의 배경과 상황을 파악하고, 더 나아가 정결

규례와 관련하여 그 당시 사회상들을 이해한다면(참조. 심상법, 1998) 본문의 참된 의미를 간파하는 데 큰 도움이 된다. 특히 예수님이 안식일에 손 마른 자를 치유케 하였지만 종교 지도자들이 고소를 하지 않는 이유는 그가 실제적 치료행위(만지거나 병이 낫도록 명하지 않고 단지 손을 내밀라고 했음)를 하지 않았기 때문인 것을 알게 된다(Rhoads, 1992:137).

마가복음 11:12~25의 기사는 무화과나무의 저주와 성전청결에 대한 기사가 샌드위치 기법(이 기법에 대해서는 필자의 다른 글을 참조하라)으로 서술되는데 이들 두 기사를 이해하기 위해서는 먼저 팔레스타인의 무화과나무의 재배상황(특히 수확하는 시기)과 구약에서의 무화과나무의 의미를 알아야 한다. 무화과나무는 이른 수확기와 늦은 수확기가 있으며 아마도 본문의 경우(이는 무화과의 때가 아님이라[11:13])는 이른(?) 수확기나 3월말이나 4월초 봄에 잠깐 열리는 경우인 듯 하다. 열매없이 잎만 있는 무화과나무의 모습은 마치 그 당시 성전의 영적 상황을 잘 반영한 모습이기도 하다.

무화과나무는 에덴동산에 있던 주된 나무 중 하나로서, 약속의 땅에서는 국가적 평안과 번영을 상징할 때 자주 언급된다(참조. 미 4:4; 슥 3:10). 포도나무와 함께 무화과나무의 소출이 많음은 하나님의 축복을 상징하며 그 열매가 없음은 저주와 심판을 상징하기도 한다(렘 8:13; 합 3:17; 학 2:19). 이들 나무의 소출 상태는 이스라엘의 영적 상황과 매우 깊은 연관성을 가지는데 그 중 성전예배의 상황과 관련되기도 한다. 마가는 무화과나무와 성전의 상황을 잘 대비하여 배치함으로써 13:1~2의 성전 멸망의 원인을 간접적으로 시사해 준다(Telford, 1995). 이처럼 유대 역사 가운데 무화과나무와 관련된 사건들을 이해할 때 본문의 의미는 매우 잘 드러난다(심상법, 1995).

특히 마가복음 11:15~19의 성전청결(정화)기사를 이해하기 위해서는 그 당시 예루살렘 성전의 모습을 이해하는 것이 필요하며, 특히 유월절 절기 때의 성전과 성전제물이 매매되고 집행되는 상황에 대한 이해는 본문의 의미를 이해하는 데 도움을 준다. 그리고 마가복음 12:13~17의 조세(조공)에 대한 논쟁에서는 그 당시 데나리온이라는 동전의 주상(鑄像)이 어떤 모습인지를 이해할 필요가 있다. 고고학적인 도움에 의하면 그 당시 로마 황제인 테베리우스의 주상이 데나리온 앞면에 새겨져 있는데 거기에는 "Tiberius Caesar, August Son of Divine Augustus"란 글이 있으며, 뒷면에는 보좌에 앉아 왕관을 쓰고 오른손에는 창이 쥐어져 있고 왼손에는 종려 혹은 올리브 가지를 든 여성과 함께 "Pontifex Maximus"(영어로 High Priest)라는 글이 새겨져 있다(Malina & Rohbraugh, 1992:218; Garland, 1996:462~463). 이것은 황제의 주상과 함께 로마제국의 정치이념(Pax Romana)이 잘 반영된 것이다.

그러므로 데나리온 주상에 대한 예수님의 질문은 그들의 위선에 대한 지적과 함께 조세(조공) 논쟁에 대한 그들의 질문에 가장 적절한 답변으로 제시된다. 자세한 주해는 여러 주석들의 도움을 통해 얻을 수 있는데 여기서 우리의 관심은 그 당시 화폐제도와 경제체계 그리고 정치적 고려 사이에 얽힌 관계일 것이다(Malina & Rohbraugh, 1992:356~257). 결국 사회상에 대한 이해는 본문의 의미를 파악하는 데 많은 도움을 준다.

예수님의 심문 기사(막 14~15장)는 그 당시 로마의 심문 절차나 방법을 이해한다면 그 당시 종교 지도자들의 불법성과 예수님의 무고한 죽음, 즉 의로운 대속적 죽음이 무엇인지 이해하는 데 큰 도움이 될 것이다. 특히 십자가형에 대한 이해와 함께 예수님이 십자가를 지고 걸어가신 행진을 그 당시 개선행렬과 비교해 보는 것도 재미있는 역사적 탐구라고 여겨진다. 예수님의 십자가의 길은 개선행렬에서 죄수들이 끌려가는 그 도상에서 이루어진 모습과 유사한 것으로서, 예수님은 십자가에서 메시아(이스라엘 왕)로 등극한 섬김과 고난의 왕이셨다(막 10:45). 이러한 모습은 나중에 바울의 사도의 길, 즉 복음 전파자의 삶의 모습을 통해 설명되기도 하였다(참조. 고전 4:9 이하와 고후 2:14 이하).

그리고 마가복음 15:39의 백부장의 고백은 로마의 지배 하에서 하나님(神)의 아들로 불려진 대상(황제)과 그 의미(힘의 상징)와, 십자가에 달린 고난받는 종 나사렛 예수(막 10:45)를 하나님의 아들(Divi filius)로 고백한 것(막 15:39)과 대조되어 고난받는 하나님의 아들의 구속적 의미를 보다 잘 이해하게 해 준다.

마가복음의 사회적 정황과 수사적 정황이해

마가복음이 과연 어떤 사회적 상황에서, 어떤 의도를 가지고 쓰여졌는지를 이해하기란 매우 중요하면서도 어려운 문제가 아닐 수 없다. 과연 마가복음은 어떤 상황에서 쓰여졌는가? 마가복음이 쓰여진 공동체의 정황은 어떠했는가? 과연 마가복음의 공동체는 있는 것인가? 있다면 그 공동체는 어떤 공동체인가? 갈릴리 공동체나 남부 시리아 공동체? 아니면 로마 공동체? 이러한 논의들은 그 동안 양식비평이나 편집비평을 통하여 많이 논의되어온 것들이다(Donahue, 1995). 문제는 마가복음이 쓰여지게 된 특수한 정황 혹은 배경을 재구성하는 데 많은 어려움이 있다는 점이다. 이것은 자료의 부족이나 자료선정의 어려움 그리고 마가복음이라는 본문의 본질에 대한 견해 차이로 인하여 다양한 입장들이 제시되어졌기 때문이다.

최근 위더링톤은 자신의 주석책(2001)에서 마가복음이 쓰여진 정황을 60년대 말 로마의(로마에 살고 있던) 독자들의 상황에서 이해하고자 하였다(참조. Black, 1993~1994). 꼭 로마 공동체가 아니더라도 이 점은 60년대 말의 로마 제국 하에서의 핍박과 환난의 상황을 이해한다면(Bauckam 1988) 본문의 의미를 파악하는 데 적절한 도움이 될 것이다. 이미 60년대 말경에 기독교인들은 로마로부터 핍박을 경험하였다. 이방 기독인들에게 이러한 핍박은 사회-문화적으로나 경제적으로 큰 어려움이었다.

AD 40년대의 글라우디오 황제의 반유대 정책(행 18:2)에 이어 네로의 화제사건으로 인해 기독교인들의 사회적 입지는 말할 수 없이 힘든 상황이었다. 또한 기독인들의 종교적인 헌신과 열심은 주위 사람들로부터 부정적인 모습으로 비춰져 사회적 따돌림과 핍박을 야기하게 되었다. 이러한 상황에서 마가복음은 다가올 더 큰 수난과 어려움을 잘 예비하기 위하여 기록되어졌다. 결국 저자는 복음서를 통해 주님 역시도 로마 치하에서 그와 같은 수난과 어려움을 당했다는 사실을 상기하면서 성도들이 그 수난을 잘 준비하도록 하기 위해 기록하였다(Witherinton, 2001).

이러한 박해의 상황은 마가복음 자체 내에서도 잘 입증된다(Iersel, 1980). 마가복음 4장의 씨뿌리는 자의 비유에서 씨에 대한 설명 중 돌밭의 상황(막 4:17)이 그러하고, 마가복음 10:29~30과 13:9~27(특히 9~13절) 역시도 그러한 정황을 암시한다. 특히 광풍 기사(막 4:35~41)와 또 다른 두 항해 기사들(막 6:45~52; 8:13~21)은 복음전파 상황에서의 환난과 핍박의 모습을 밤의 시간과 광풍의 모습을 통하여 간접적으로 시사해 준다(참조. 행 27:4). 그리고 마가복음 8:34~9:1은 이러한 정황을 가장 잘 반영하는 구절(참조. 딤후 1:8~12)로 여겨진다.

이러한 박해적 상황과 함께 마가복음이 쓰여진 정황으로 논의되어 온 또 다른 견해로서는 마가복음 공동체 내의 갈등 상황을 제시한 이단론이다(Weeden, 1968). 이것은 마가 공동체 내에 이단의 무리들이 들어와 잘못된 신학을 유포함으로써 공동체가 큰 혼란을 겪게 되자 이러한 이단의 사설들을 교정하기 위해 마가복음을 기술하게 되었다는 이론이다. 이 견해에 따르면 마가복음에 나오는 예수님의 이적기사들은 주로 이들 이단들의 잘못된 신학을 반영하는 것들로서, 마가복음에 묘사된 제자들은 그러한 잘못된 이단들의 모습을 그대로 보여 주는 것이며, 예수님의 고난과 섬김에 대한 어록과 모습은 바로 이러한 잘못된 신학을 수정하기 위한 것으로 언급한다.

이 견해에 따르면 마가복음이란 공동체 내의 신학적인 갈등을 해결하기 위해 공고히 서술한 저자(혹은 초대 교회)의 문학적 고안 내지는 그 창작물로 제시되어졌다. 이와 같은 문제를 다른 사람은 마가복음의 근본문제를 기독론에서 찾았는데 이것을 '수정기독론' 이라고 부른다. 그러나 위든(Weeden)의 이러한 견해가 학자들로부터 얼마나 많은 지지를 받을지는 의문이다. 마가복음 정황에 대한 학자들의 일반적인 동의는 마가복음이 박해받는 상황 가운데 쓰여졌다는 사실이다.

　지금까지 우리는 마가복음의 배경과 사회적 정황에 대한 연구들을 살펴보았다. 이미 앞에서 언급한 것처럼 이들 탐구는 마가복음 자체에 대한 연구, 즉 언어적이고 문학적인(서사적인) 연구와 병행할 때 본문의 의미가 보다 올바르게 이해될 수 있다는 사실을 주지해야 한다(Donahue, 1995). 결국 우리의 마가복음 주해와 설교의 방향은 본문의 지평과 정황의 지평이 적절하게 반응해야 하는 이중전망의 관점이 주지되어야 한다는 사실을 본인은 강조하고 싶다. 뿐만 아니라 설교자는 본문의 의미를 올바르게 산출(meaning production)할 뿐만 아니라 본문이 가지는 의미효과(meaning effect)를 위하여 오늘의 정황을 결코 무시해서는 안 됨을 또한 마음에 새겨야 한다. 보다 성경적인 설교와 함께 보다 역동적이고 효과적인 설교가 한국 강단에 넘쳐나기를 기원한다.

04

마가의
묵시론적 종말론

본 글은 Intratextual reading과 Intertextual reading[1]을 통한 마가복음의 묵시론적 – 종말론(apocalyptic eschatology)에 대한 이해를 증진시키는 데 그 목적이 있다. 동시에 이 글은 마가복음의 묵시론적 종말론은 무엇인가라는 'what' 의 문제와, 마가는 이러한 묵시론적 종말론을 어떻게 드러내는가 하는 'how' 의 문제에 대한 해석학적인 고찰이다. 먼저 이 글의 이해를 돕고자 간략하게 묵시론적 종말론에 대해 생각해 보고자 한다.

마가복음은 엄격한 의미에서 장르상 묵시문학에 해당되지 않지만, 마가복음 당대의 종교전승사적인 위치, 즉 당시의 묵시론적 종말론적 세계와[2] 마가복음 자체가 보여 주는 구성상의 특징들을 고려할 때, 마가복음을 묵시론적 종말론이란 전망에서 해석하고 평가하는 것은 대단히 자연스럽고도 정당한 일이다.[3]

먼저, 구성적 관점에서 볼 경우, 마가복음은 그의 복음서를 이사야에서 인용된 구절로 시작하는데,[4] 이 구절은 그 특징상 묵시론적 성격을 지닌 본문일 뿐만 아니라, 당시 유대교의 묵시론적 종말론적 해석문맥에서 크게 회자되고 인용되던 본문이기도 하다(참조 IQS 8:14).[5] 한 걸음 더 나아가 예수의 공적 사역의 초기에 나오는 수세 장면은 이사야의 묵시론적 종말론적 본문들과 직 · 간접적으로 연결되어 있다. 하늘이 갈라지는 사건은 이사야 64:1에 대한 간접인용의 형태를 띠며, 성령이 내려오는 장면은 이사야

11:2, 4을 암시하고, 하늘의 음성은 시편 2:7과 함께 이사야 42:1을 연상시킨다.[6] 이러한 증거들을 통해 볼 때, 마가복음을 이사야가 선포한 묵시론적 종말론적 복음이라는 관점에서 해석하는 일은 매우 타당한 일이라고 할 수 있다.[7]

둘째, 마가복음은 저작 시기상 유대 묵시론적 종말론(Jewish Apocalyptic Eschatology)이라는 상황 하에 놓여 있다.[8] 이 종말론은 "우주적 차원을 지닌 두 시대"(two ages, cosmically conceived)로 축약될 수 있다. 즉, 세상의 종말에 이르면 하나님께서 초자연적으로 역사에 개입하셔서 '옛 시대'를 끝내시고 '새 시대'를 시작하신다. 이러한 유대 묵시론적 종말론은 다시 두 부류로 구분되는데, 하나는 우주론적 종말론(Cosmological Eschatology)이고, 다른 하나는 법정적(Forensic) 혹은 인간론적 종말론(Anthropological Eschatology)이다.[9]

전자의 중심사상은 종말에 하나님이 사탄과 그의 추종 세력을 물리치시고, 그의 왕국을 세상에 확립하시고 의의 통치를 구현하신다는 것이다. 이 경우 복음의 관심은 지속적인 하나님과 사탄의 종말론적 갈등과 싸움(cosmic conflict)이라는 구조 속에 처한 인간의 실존이다. 후자의 경우는 하나님의 종말론적인 왕권확립이 새로운 시대의 도래를 알리는 종말론적 – 법정적 선포에 기초하며, 복음의 관심은 이러한 선포와 관련한 하나님과 인간 사이의 갈등, 특히 하나님나라의 도래라는 새로운 구조 속에서 인간 마음의 강팍함(hardness of hearts)을 어떻게 해결할 것인가에 있다.[10]

먼저 옛 시대의 종말과 새 시대의 시작/도래를 알리는 마가복음의 특징적 구조인 수미쌍관구조를(Inclusio)[11] 생각해 보고자 한다. 마가복음은 기념비적인 두 개의 묵시론적 종말론적 사건인 예수의 수세 장면 시 일어난 하늘이 찢어지는[12] 사건과, 예수의 십자가 죽음 시 일어난 성전휘장이 찢어지는 사건에 의해서 처음과 나중이 둘러싸여 있다. 다음과 같은 두 헬라어 본문의 대조가 이 점을 잘 보여 준다.

막 1:10~11

10 *καὶ εὐθὺς ἀναβαίνων ἐκ τοῦ ὕδατος*

 εἶδεν

   σχιζομένους τοὺς οὐρανοὺς καὶ τὸ πνεῦμα ὡς περιστερὰν καταβαῖνον

   εἰς αὐτόν·

11 *καὶ φωνὴ ἐγένετο ἐκ τῶν οὐρανῶν,*

   Σὺ εἶ ὁ υἱός μου ὁ ἀγαπητός, ἐν σοὶ εὐδόκησα

10 그리고 물에서 올라오시면서 즉시

   하늘이 **갈라지는 것**과 **성령**이 비둘기 같이 자기 위에 내려오는 것을

 그가 **보았더라**

11 그리고 하늘로부터 소리가 있어,

   “너는 **내 사랑하는 아들이라** 내가 너를 기뻐하노라” 하더라

막 15:37~39

37 *ὁ δὲ Ἰησοῦς ἀφεὶς* (by releasing) *φωνὴν μεγάλην*

  ἐξέπνευσεν (breathed out his final breath),

38   *καὶ* (so that) *τὸ καταπέτασμα τοῦ ναοῦ ἐσχίσθη*

        εἰς δύο ἀπ' ἄνωθεν ἕως κάτω

39   *Ἰδὼν* (when having seen) *δὲ*

  ὁ κεντυρίων ὁ παρεστηκὼς ἐξ ἐναντίας αὐτοῦ

    ὅτι οὕτως ἐξέπνευσεν (that he breathed out his final breath

      like this)

  εἶπεν, Ἀληθῶς οὗτος ὁ ἄνθρωπος υἱὸς θεοῦ ἦν

37 그런데 예수께서 큰소리를 내어지름으로써(수단)

   마지막 **숨/영을 내쉬었고**

38   그 결과 성전의 휘장이 위에서 아래로 둘로 **찢어졌더라**

39   그런데 예수께서 이와 같이 마지막 숨/영을 내쉰 것을 **보았기에**

 성전 맞은편에 서있었던 백부장이 이르기를,

   진실로 **이 사람은 하나님의 아들이었도다** 하더라

이 두 본문을 용어상 그리고 주제상 서로 연결 짓는 요소들은 다음과 같다. 동일한 어근을 가진 동사들의 사용(스키조메수스 에스키스테), 영에 대한 언급(프레우마 엑세프네우센), 예수의 하나님의 아들 됨을 가리키는 공식어구의 사용(수 에이 호 휘오스 무 후토스 휘오스 테우 엔), "봄"이란 동사의 사용(에이돈 이돈), 엘리야 상징 혹은 이미지의 사용,[13] 세례란 모티브의 사용(십자가의 죽음을 세례로 이해하는 마가의 신학적 통찰을 주목하라. 참조. 10:38~39) 등이다.

그렇다면 분명히 마가는 예수의 지상 사역 가운데 일어났던 두 사건들 사이의 이러한 요소들이 지닌 상관관계를 인식함으로써, 두 사건을 구조상 그리고 주제상으로 마가복음을 열고 닫는 수미상관구조로 사용하여 자신의 복음서를 구성한 것이 분명하다.[14] 이와 같이 마가의 서막에 나타나는 하늘이 갈라지는 사건과 종막에 나타나는 성전휘장이 갈라지는 사건은 하나의 종말론적인 수미상관구조(eschatological inclusio)를 이루며, 새 시대의 종말론적 시작을 알리고 옛 시대의 종말을 알리는 상징적 사건이다. 이것은 하나님의 초자연적인 종말론적 역사개입을 보여 주는 묵시론적 시작(apocalyptic opening)의 사건이기에 그 성격상 묵시론적 종말론적이다.

마가복음 1:10~11

1. 서론

여기서는 수미상관구조를 형성하는 하늘이 갈라지는 사건과 성전휘장이 갈라지는 사건을 구약과 연계하여 해석하는 Intertextual 읽기에 초점을 맞추고자 한다. 먼저, 하늘이 갈라지는 사건은 이사야 64:1에 대한 종말론적 성취의 사건이고, 성전휘장이 갈라지는 사건은 이사야 11:3~4과 에스겔 37:5~14이 보여 주는 하나님의 영/숨(프레우마/루 아흐)이 지닌 종말론적 심판과 회복에 대한 성취적 결과로 볼 수 있다.

2. 묵시론적 종말론적 성격

예수의 수세 장면인 마가복음 1:10~11은 마가복음 내에서 묵시론적인 이미지를 가장 생생하게 묘사한다. 많은 학자들이 인정하듯이, 예수의 세례에 대한 마가의 기술은 묵시론적인 이미지와 모티브들로 가득 찬 이사야의 몇몇 구절들에 대한 선명한 반향들을 담고 있다(사 63:11 MT; 63:19 MT [64:1 LXX] ; 63:14 LXX; 42:1 MT와 LXX).

먼저 하늘이 찢어지는 사건 이외에도, 성령이 예수 가운데 내려앉는 장면과, 시편 2:7과 이사야 42:1을 연상시키는 하늘의 음성도 예수의 오심에 대한 종말론적인 성격을 극명히 드러내는 요소들로 해석할 수 있다. 성령의 내려앉으심은 보통 에이스 아우튼을 '예수 안으로' 라고 해석함으로써 예수께서 메시아 사역을 감당케 하기 위한 성령의 능력 부으심의 사건으로 보는 견해와 누가복음 10:18에 대한 마가의 새로운 구성, 즉 예수께서 공생애 초두에 가졌던 개인적 비전(vision)으로 해석하는 것이 주도적인 해석이다. 하지만 이 글은 성령의 내려앉으심을 예수의 사적인 성령체험 사건으로 보기보다는, 하나님의 새로운 행위의 표지로서 성령께서 도래한 종말론적 계시적 사건(예수의 메시아 사역의 공적 인준을 포함해서)으로 해석한다.

이러한 해석의 첫 번째 근거는 본문의 성령강림이 이사야 63:11(MT)과 63:14(LXX)을 암시한다는 점이다. 이들 이사야 구절의 문맥에 따르면, 이 본문 속의 성령강림은 여호와의 시원적 – 묵시론적인 구속적 역사개입의 사건으로서, 선지자 이사야는 이 사건을 상기하며 몇 절 뒤인 64:1(MT)에 가서, "하나님이여 하늘을 찢고 내려 오소소"라고 청원한다.

또한 이사야 42:1도 성령강림에 대해 언급하는데, 바로 이 구절의 서두에 나오는 "내가 붙드는 나의 종, 내 마음에 기뻐하는 나의 택한 사람을 보라"는 구절이 마가의 하늘의 음성 가운데 정확히 메아리 치고 있음도 주목할 필요가 있다. 이사야 11:2와 4절(LXX)에서 언급되는 성령의 강림도 주목할 필요가 있다.

이 본문들은 마가의 수세 장면 구절에서 여러모로 암시된다(예를 들면, 성령의 내려앉으심, '봄'이란 이미지, '소리'라는 이미지, 라브도스란 표현/참조. 시 2:9 등). 또한 이 본문은 기독교 이전의 유대문헌들에서 전통적으로 메시아적인 의미로 해석된다(참조. *IQSb* 5:20~26). 또한 하늘의 음성은 시편 2:7을 연상시킨다. 이 구절은 중간기 시대의 유대교 가운데 종말론적 – 메시아적인 의미로 크게 재해석되고 회자되던 본문이었다(참조. 4 Qflor 1:18~2:3; Psalms of Solomon 17:23~24).

3. 마가복음 내의 스키조($\sigma\chi\iota\zeta\omega$)와 동족어 스키스마($\sigma\chi\iota\sigma\mu\alpha$)의 사용

마가가 마가복음 내에서 스키조와 그 동족어를 사용한 것에 특별히 관심을 가지고 살펴보면 하늘이 찢어지는 사건이 지닌 묵시론적 종말론적 성격을 더 분명히 알 수 있다. 마가복음 1:10의 다른 공관복음 병행절들은 70인역의 구약 본문 이사야 64:1을 따라 아노이고를 사용한 반면,[15] 마가는 예수가 본 바를 묘사하기 위해 격렬한 움직임과 강력한 힘을 특징으로 하는 스키조를 사용한다.[16]

격렬한 움직임과 강력한 힘의 이미지를 담고 있는 동사 스키조의 사용은 마가가 묵시론적인 이미지들로 우리를 이끌어 가는 데 매우 결정적 순간을 제공한다. 언어적 관점에서 볼 때 스키조의 사용을 포함한 예수세례에 관한 마가의 기사는 70인역의 이사야 본문보다는 MT 이사야 본문에 더 가까운 듯하다. 먼저 스키조는 MT 이사야 63:19에 나오는 카라와 더 근접해 있는데, 이는 70인역의 이사야 64:1은 아노이고를 사용하고, 또 70인역에서 스키조는 대개의 경우 쪼개다란 뜻의 바카를 대신하기 때문이다.[17] 더욱이 에이스 아우톤이란 마가의 표현은 MT 텍스트와의 연계성을 강화해 주는데, 이는 단수 대명사형인 아우톤이 이사야 63:11의 베카라보(전치사구 + 3인칭 단수 대명사 형)와 일치하는 반면, 70인역의 이사야 63:11은 3인칭 복수형인 엔 아우토이스를 사용한다는 점에서 그러하다.

그러나 다음의 몇 가지 요소들은 우리가 마가의 예수 세례기사를 MT 텍스트뿐만 아니라 70인역의 이사야 본문에 비추어 생각토록 한다. 첫째, 이사야 63:19의 카라를 위해 70인역이 아노이고를 사용한 것은 일종의 예외적 경우로 볼 수 있는데, 이는 70인역의 여타 다른 곳에서는 아노이고가 보통 문 혹은 창문 등과 함께 사용되는 반면에, 70인역 이사야 64:1에서는 아노이고가 문이나 창문과 함께 사용되고 있지 않다.[18] 둘째, 오직 70인역 이사야 63:14에서만이 동사 카타바이노가 성령이 내려오는 것과 연결되어 사용되는데, 이것은 마가복음 1:10과 동일한 경우다.[19] 마지막으로 마가복음 1:10의 동사 스키조가 MT 텍스트를 따른다는 사실이 반드시 마가가 여타 다른 곳에서의 70인역의 스키조 용례들을 간과했다는 것을 의미하는 것은 아니다.

70인역에서 스키조는 흔히 하나님의 초자연적인 개입을 통한 구원의 행위라는 문맥에서 사용된다. 예를 들어 출애굽기 14:21은 이스라엘 백성들로 하여금 홍해를 건널 수 있게 했던 물의 갈라짐에 대해 말한다. 이사야 48:21은 바위에서 물이 흘러나온 이스라엘의 광야 전승을 회상케 함으로 동일한 종류의 행위, 즉 바위를 쪼개어 물이 흘러나오게 하시는 하나님의 구원행위를 예견한다.[20] 스가랴 14:4은 열방들에 대한 종말론적인 전쟁을 수행하시고자 감람산에 서시는 하나님, 이로 인해 감람산이 둘로 쪼개지는 장면을 이야기한다. 이를 통해 볼 때, 스키조란 동사는 구약 전승의 문맥 내에서 이스라엘 백성의 구원을 위해 기적적으로 개입하시는 하나님의 구원행위와 밀접하게 연결되며, 동시에 하나님의 개입의 종말론적인 성격을 잘 보여 준다.[21]

이상과 같이 이미 이러한 함축된 의미 계층을 내포하는 동사 스키조는 마가복음 내에서 새로운 차원의 의미, 즉 강력하게 도입되고 역사하는 새로움이란 의미를 얻고 있다. 이에 대한 좋은 예가 마가복음 2:21~22의 새 부대와 새 포도주에 관한 예수의 비유적 가르침에서 발견된다. 여기서 예수는 자신이 도래케 한 새 시대는 본질상 옛 시대와 양립할 수 없으며, 새 시대는 새 시대에 맞는 새로운 삶의 질서를 요구한다는 점을 말씀하시면서 스키조의 명사형인 스키스마를 사용한다. 예수의 말씀은 또한 옛 시대의 종료의 필요성을 보여 준다.

동일한 이해를 간략히 15:38에 나오는 스키조에 적용할 수 있는데, 여기서 이 단어는 성전휘장이 갈라지는 것을 묘사하기 위해 사용되었다. 만일 이 성전휘장이 내면의 휘장을 의미한다면,[22] 휘장이 찢어졌다는 것을 구약 성전제사의 임박한 종결에 대한 일종의 선고로 보기보다는, 거룩한 것과 세속적인 것 혹은 레위기의 언어를 사용하자면 정한 것과 부정한 것 사이의 구분을 폐지하려는 의도를 담고 있다고 볼 수 있다.[23] 성전휘장이 갈라지는 것 바로 뒤이어 나타나는 예수의 정체성에 대한 이방인 백부장의 고백이 이 점을 분명히 한다. 그렇다면, 성전휘장의 갈라짐은 내면 휘장 뒤에 감추어져 있던 하나님의 영광이 온 피조 세계를 향해 물밀 듯 쏟아져 나오는 것을 암시하는 것으로,[24] 이 계시는 예수의 죽음을 통한 옛 시대의 죽음과 새 시대의 탄생을 예고한다.[25]

이상의 예들을 통해 우리는 마가복음 내에서 동사 스키조가 하나님의 새롭고도 종말론적인 행위의 문맥에서 독특하게 사용되었다고 말할 수 있다.

여기서 마가복음 내에서 스키조가 담당하는 역할들을 보다 구체화시키기 위해 다시 마가복음 1:10의 "하늘이 열리고"라는 표현을 살펴보자. 이 표현은 분명히 MT 이사야 63:19를 연상시킨다.[26] 이 이사야 말씀의 문맥에서 볼 때, 이 표현은 적들에게서 이스라엘을 구원해 달라는 기도문 형태의 탄원의 일부로, 하나님이 하늘을 찢고 내려오심으로 산들이 진동하는 것을 기술한다. 이 기도는 적들에게 자신들의 성소를 유린당한 이스라엘이 처한 상황을 반전시켜달라는 탄원이다. "주의 거룩한 백성이 땅을 차지한 지 오래지 아니하여서 우리의 대적이 주의 성소를 유린하였사오니"(사 63:18). 즉 이런 상황에서 이 기도문은 하나님께 하늘을 가르고 내려오심으로 만국이 보고 주의 앞에서 떨게 해 달라고 청원한다. 동시에 오직 하나님의 초자연적인 인간역사 개입만이 새 시대와 새 질서를 시작할 수 있다는 고백이다.

이러한 하나님의 종말론적인 구원의 역사개입이 지닌 새로움이 이사야 64:4에도 나타나는데, 여기서 하나님은 간절히 그를 앙망하는 자들에게 이

전엔 결코 보지도 듣지도 못했던 것을 이제 막 행하시려는 분으로 묘사된다. 또 다른 요소가 하나님의 행위의 새로움을 확언해 준다.

마가복음 1:11에서는 하늘의 음성이 하나님을 예수의 아버지로 분명히 기술한다. 여러 가지 점에서, 마가의 예수세례 장면을 연상시키는 이사야 63:7~64:11 역시 하나님을 '우리의 아버지'로 서술한다(MT 텍스트와 70인역 이사야 63:16에서 두 번, MT 64:7 [70인역 64:8]에서 한 번). J. Jeremias가 지적한 바 있듯이, 구약 내에서 하나님은 '아버지'로 거의 불려지지 않는데,[27] 이런 사실에 비추어 볼 때, 63:15~64:5a에 기록된 하나님의 개입을 위한 청원의 일부부인 MT 이사야 64:1는[28] 하나님의 결정적인 개입을 위한 마지막 탄원으로 보는 것이 가장 타당하다.[29]

이러한 이사야의 배경들을 염두에 둘 때, 마가는 두 개의 묵시론적 사건인 하늘이 갈라지는 것과 성령이 내려오는 사건을 오랫동안 기다려 왔던 이사야 선지자의 탄원에 대한 완벽한 대답으로 보았다고 생각할 수 있다. 또한 그는 예수를 자신의 백성을 대신한 하나님의 초자연적인 역사개입을 시작케 하신 분이요, 오랫동안 들려지지 못했던 새로운 음성을 듣고, 전에는 한 번도 보지 못했던 새로운 바를 보는 분으로 묘사했다고 볼 수 있다. Maurer가 지적하듯이, 여기서 예수는 영원 전부터 한 번도 인식되지 못했고, 어떤 눈도 귀도 보고 듣지 못했던 하나님의 행위들을 시작시키신 분으로 기술된다.[30]

묵시론적 종말론적 사건의 두 번째 요소인 '성령의 내려오심'을 많은 학자들은 하나님의 영을 부여받는 메시아적 인물에 대한 예언적 기대의 성취로 해석하거나, 메시아 사역이라는 특별한 임무를 위해 예수에게 영을 부어 주시는 사건으로 이해한다.[31] 물론 이러한 의미를 전혀 배제할 수는 없지만, 마가의 묵시론적 종말론적 구조를 정당하게 평가한다면 과연 이러한 해석이 마가가 이 사건을 이해한 주도적 방식이겠는가 하는 의문점이 생겨날 수밖에 없다.

우리의 본문은 분명 하늘이 갈라지는 사건과 성령이 내려오는 사건을 예수의 '봄'의 행위에 대한 하나의 단일한 대상으로 묘사하는데, 이것이 암시하는 바는 성령이 내려온 사건과 하늘이 갈라진 사건은 유기적으로 하나의 전체를 이룬다는 점이다. 이 둘 사이에는 불가분의 관계가 있다. 성령의 강림은 단순히 예수의 공적인 메시아 사역을 인준하는 표식이거나, 이 사역을 감당하게 하려는 목적에서 주어진 성령의 능력을 예수께서 개인적으로 경험한 일을 뜻하지 않는다. 하늘이 갈라지는 사건이 새 시대의 도래를 뜻하는 종말론적 표식이었듯이, 성령의 내려오심도 동일한 맥락의 종말론적 표식이라는 뜻이다.

이미 이러한 유기적 관계를 이사야의 관련 본문들을 통해서 고찰해 본 바 있다. 또한 이런 이사야의 전승을 따라서, 제2성전 시기의 많은 유대전승 문헌들도 이 두 사건을 유기적 관계로 이해하여 병치할 뿐만 아니라, 이 둘을 보다 정교하게 묘사하는데, *Testamony of Levi* 18:6~8과 *Testamony of Judah* 24:1~3을 주목할 필요가 있다. 특히 후자는 "하늘이 열리고 … 그 결과 성령이 거룩하신 아버지의 복으로 부어질 것이다"로 표현되어 있다.[32]

J. Edwards가 주지하듯이, 제2성전 시기는 구약의 예언자들의 예언 중단과 함께, 성령의 직접적인 말하심의 역사도 중단되었다고 믿는 시기였으며, 이런 맥락에서 이상의 중간기 문헌들의 표현인 하늘이 열리고 성령이 부어질 것이라는 진술도 이해될 수 있다. 성령의 부재는 예언을 중단시켰으며, 이제 하나님은 멀리서 메아리치는 음성 가운데서 만이 그의 신실한 자들에게 말씀하실 뿐이라고 믿어졌던 것이다. 이런 문맥에서 볼 때, 오늘 마가의 본문 가운데 나타난 하늘이 갈라지는 사건은 오랫동안 기다려왔던 하나님의 영의 돌아오심을 새롭게 시작한다고 보는 것이 더 적절하다.[33]

또한 복음서들과 헬라파 유대교 사이의 성령에 대한 다양한 이해들을 논의하면서, C. K. Barrett은 인간세계의 영역 너머에 있는 일들을 가능케 하는 성령의 능력에 대한 비슷한 믿음에도 불구하고, 복음서들은 성령의 현상들을 엄격하게 메시아적 종말이 시작되었다는 인식에 종속시킴으로써 헬라파 유대교와 분명한 선을 그었다고 주장한 바 있다.[34] Barrett은 한 걸음 더 나아가 헬라세계에서는 성령이 스스로 촉발된 그리고 개인의 충족된 경험 내에 머물러 있는 무아경의 경험이란 문맥에서 항상 이해되어져 왔으며, 이런 경험들은 하나님의 새로운 역사의 징표들과는 아무 연관 관계가 없는 것이었다고 주장한다.[35]

많은 학자들은 성령이 내려오는 사건이 예수께서 개인적으로 성령을 부여받는 일을 다룬 것인가에 그 관심을 집중해 왔다.[36] 개인적인 성령의 부여를 지지하는 견해는 예수의 이상이(vision) 예수께만 제한되어 있다는 사실에 의해 지지를 받는 듯하다. 그러나 이 본문 속에 에이덴이 나타나 있는 것에 대해 앞서 주어졌던 설명을 생각해 볼 때, 이러한 제한은 예수의 개인적인 성령부여를 보여 주는 사건으로 해석되어서는 안 된다. 이런 식의 해석은 이 사건을 우주적 차원의 하나님의 새로운 행위의 표식으로 생각하는 마가의 신학적 이해를 간과하는 것이기 때문이다. 성령이 내려오는 것은 바로 이러한 관점에서 이해해야 한다.

결론적으로, 예수께서 수세 시 보았던 두 사건, 즉 하늘이 갈라지고 성령이 그에게 내려온 장면은 하나님의 묵시론적 신현(apocalyptic theophany)의 사건으로 봐야 하며, 이런 점에서 예수의 "봄"(seeing/에이덴)이란 것도 자신의 사적인 체험(역사적이든 비전적인 의미에서든)이라기보다는 자신의 죽음과 부활을 통해 인간영역 가운데 새롭게 도래한 하나님의 묵시론적 종말론적 행위에 대한 인식으로 볼 필요가 있다. 이러한 인식은 이미 이사야 40:5를 통해 그리고 유대 묵시문헌들과 랍비 유대교의 문헌들에 의해서 나타나 있다.

마가복음 15:37~39

37 ὁ δὲ Ἰησοῦς ἀφεὶς φωνὴν μεγάλην ἐξέπνευσεν. 38 Καὶ τὸ κατ ἀπέτασμα τοῦ ναοῦ ἐσχίσθη εἰς δύο ἀπ' ἄνωθεν ἕως κάτω. 39

Ἰδὼν δὲ ὁ κεντυρίων ὁ παρεστηκὼς ἐξ ἐναντίας αὐτοῦ ὅτι οὕτως ἐξέπνευσεν εἶπεν, Ἀληθῶς οὗτος ὁ ἄνθρωπος υἱὸς θεοῦ ἦν.

1. 서론

현 본문의 구성상 백부장이 본 것은, 다시 말해 분사형 동사인 이돈의 목적어는 호티 이끄는 절의 내용인 '예수께서 그렇게 운명하셨다' 는 사실이다. 그러나 본 글은 백부장이 본 것은 성전휘장이 갈라지는 것과 연관된 것이 분명하다고 제안하며, 나아가 이러한 연관관계는 뒤따르는 백부장의 고백의 동기를 더욱 분명히 규명짓는다고 본다. 다시 말해서, 성전휘장이 갈라진 것이, 비록 본문이 명시적으로 연결짓고 있지 않지만, 백부장의 봄의 대상이라는 점이다. 이러한 주장은 여러 측면에서 지지를 받는다.

먼저, 본문상 이 연결은 그 타당성을 갖고 있다. 마가는 예수의 최후의 죽음 장면을 묘사하기 위해서 의도적으로 엑세프네우센이란 단어를 되풀이해서 사용한다는 점이 이를 지지한다. 그렇게 함으로써, 마가는 성령과 관련된 그 무엇이 예수의 죽음 가운데도 연루되어 있음을 암시한다. 또한 39절에서 사용되는 후토스라는 단어 역시 그 가리키는 대상에 관해 의도적인 애매 모호성을 지닌다는 점에서 의도적 표현이라고 볼 수 있다.

둘째, 마가복음의 네러티브 관점에서 볼 때, 이 연관관계는 마가복음의 독자들에게 매우 논리적인 관계로 보여진다. 만약 역사적 관점에서 볼 때 성전휘장이 골고다에서 육안으로 볼 수 없다고 해도, 마가의 독자 입장에서 이러한 지리적 정보에 정통하여 성전휘장이 골고다에서 가시적 거리에 있지 않다고 주장하고 나설 가능성은 거의 없다. 독자의 자연스런 생각은 성전휘장이 백부장의 가시거리 안에 있었다는 생각과, 예수의 죽음 시의 어두움과 예수의 큰소리치심, 그리고 성전휘장의 찢어짐이 백부장의 고백과 연결되었을 것이라는 생각일 것이다.

셋째, 역사적 관점에서 볼 때도, 만약 골고다 상에 백부장이 서 있는 위치가 성전을 볼 수 있는 가시거리에 있었다면, 그는 분명 예수의 죽음 시에 일어난 성전휘장의 찢어짐을 목격할 수 있었을 것이다.

마지막으로 마가의 신학적 – 구성적 관점에서 볼 때, 이 연관관계는 매우 시의적절하다. 예수의 수세 장면에서 이미 마가는 동일한 단어인 스키조를 사용하여 하늘이 찢어지는 장면을 서술한 바 있다. 이 단어는 수세 장면 시에 사용된 이후 마가복음에서는 두 번째이자 마지막으로 예수의 죽음 장면에서 사용되었기에 연관관계는 자명해 보인다.

2. 구조 분석

37 ὁ δὲ Ἰησοῦς   ἀφεὶς (by releasing) φωνὴν μεγάλην

　　　　ἐξέπνευσεν (breathed out his final breath),

38　　　　　　　καὶ (so that) τὸ καταπέτασμα τοῦ ναοῦ ἐσχίσθη

　　　　　　　　　　εἰς δύο ἀπ' ἄνωθεν ἕω κάτω.

39　　　　　Ἰδὼν (when having seen) δὲ

　　ὁ κεντυρίων ὁ παρεστηκὼς ἐξ ἐναντίας αὐτοῦ

　　　　　　ὅτι οὕτως ἐξέπνευσεν (that he breathed out his final

　　　　　　　　　breath like this)

　　εἶπεν, Ἀληθῶς οὗτος ὁ ἄνθρωπος υἱὸς θεοῦ ἦν.

37 그런데 예수께서 큰소리를 내어지름으로써(수단)

　　　마지막 숨/영을 내쉬었고

38　　　　　그 결과 성전의 휘장이 위에서 아래로 둘로 찢어졌더라

39　　　　　그런데 예수께서 이와 같이 마지막 숨/영을 내쉰 것을 보았기에

　　성전 맞은편에 서있었던 백부장이 이르기를,

　　　진실로 이 사람은 하나님의 아들이었도다 하더라

3. 구조 설명

먼저 전체적인 구조를 잠시 설명하고자 한다. 괄호 안에 있는 표기들은 관련된 헬라어 단어들에 대한 사적인 해석들이다. 38절과 39절 사이에 있는 큰 간격은 독립적인 사고단위의 표식이다. 각각의 단위 안에서 맨 좌측에 놓여진 '예수'와 '백부장' 이 두 정동사인 엑세프네우센과 에이펜의 주어들로서, 십자가 죽음 장면 전체의 주인공들로 다루어진다.[37]

본문을 자세히 들여다보면, 마가의 구성상의 의도에 대한 더 많은 힌트들을 발견할 수 있다. 위의 도식화(diagram)는 본문 내의 문장들을 구문론적인 관점에서 종속화 혹은 서열화(subordination)한 것을 통해 이루어진다. 본문 전체는 세 개의 주절(진한 이탤릭체로 표기된 부분들)로 이루어졌으며, 개개의 주절은 하나의 정동사와 주어로 구성된다(39절 끝에 오는 엔은 주동사 에이펜이 이끄는 간접서술문 내의 일부로 취급하여 이 범주에서 제외됨).

이 세 주절 중에서 두 번째 주절은 첫 번째 주절의 종속된 것으로 간주하며, 이런 점에서 38절과 39절 사이에 큰 간격이 만들어진다. '예수'와 '백부장' 이 맨 좌측에 놓여지는데, 이것은 이들이 두 정동사의 주어임을 보여줄 뿐만 아니라, 십자가 죽음이란 전 사건의 주역임을 암시한다. 이 도식화된 구문분석을 기초로 본문을 요약하면 나음과 같다. '예수께서 숨/영을 내어 쉬셨고, 그 결과 성전휘장이 찢어졌으며, 예수께서 숨/영을 내 쉬어 성전휘장이 찢어진 것을 본 백부장이 예수가 하나님의 아들이었다고 고백했다.'[38]

4. 중요 이슈들

1) *και*(카이)

먼저 접속사 카이가 이끄는 38절과 37절의 관계를 카이에 대한 연구를 통해 살펴보고자 한다. 기본적으로 카이는 문장들을 한 데 엮는 역할을 하는데, 이는 마가가 좋아하는 방식이다. 이 점은 마가의 네러티브 형태가 구어체적 성격을 지녔음을 암시하는 하나의 표식이라는 점을 우리는 잘 인식하고 있다. 그러나 이 단어를 그냥 가볍게 지나칠 수가 없는데, 그 이유는 이 단어가 본문 연구에 귀중한 석의상의 통찰력을 제공하기 때문이다.

38절을 이끄는 이 단어는 연결사의 용법 중에서 목적이나 결과를 나타내는, 계속적 의미로 해석할 수 있으며, 이 경우 이 단어는 '그리고 그 결과'라는 뜻을 지니게 된다.[39] H. Jackson이 주지하듯이, 카이는 결과를 표현할 수 있으며, 이런 점에서 종속 병렬(구문론적으로 종속되어 있는 병렬형태)의 한 예이며, 37절과 38절의 관계는 전적으로 인과적이다.[40] 이것은 37절에서 일어났던 일의 목적이 38절에서 하나의 결과로 성취되었다는 것을 의미한다. 다시 말해서 예수께서 죽으신 방식이 성전휘장에 일어났던 일에 어떤 특정하고도 구체적인 영향을 미쳤다는 뜻이다.

2) δέ(데)

이러한 카이의 계속적/연속적 읽기는 37절과 39절에 나타나는 또 다른 요소인 데를 해석함으로 강화될 수 있다. 데는 기본적으로 역접의 접속사로서, 고전 헬라어의 경우 멘과 함께 어우러져서 앞서고 뒤서는 절들을 역접의 관계로 연결하는 기능을 갖고 있다. 물론 37절의 초두에 나오는 데는 37절이 36절에서 이야기되는 바를 이어간다는 단순한 표식일 수 있으며, 이러한 용례는 데의 정상적인 용례 중 하나다.[41]

그러나 데가 38절에서는 나타나지 않는다는 사실을 주목할 필요가 있는데, 이 점은 38절이 37절과 밀접하게 연결될 뿐만 아니라, 37절에 종속된다는 점을 암시한다. 바로 이러한 발견은 앞서 카이와 관련한 우리의 주장을 강화시켜 준다.

3) ἀφείς(아페이스)

또한 분사인 아페이스도 해석상 중요한 의제 중 하나다. 이 분사는 분사의 분류상 부대상황의 분사 중 수단/양태라는 부사적 의미를 나타내는 일종의 연결접속 분사이며(a conjunctive participle), 동작이 일어난 수단/양태를 가리킨다.[42] 물론 이 분사는 주동사인 엑세프네우센과 연결되며, 이 경우 예수가 죽은 양태를 드러내는 역할을 한다.

그렇다면 전체 문장은 다음과 같이 번역할 수 있다. ‘큰소리를 내어 지르심으로써, 예수께서는 그의 마지막 숨/영을 내어 쉬었다.’ 이러한 번역은 일단 암시적으로는 ‘큰소리를 지르신 후에 혹은 지르셨을 때(시간이란 부사적 의미), 예수는 죽으셨다’ 라는 분사의 독해를 반박하는 것이다. 한걸음 더 나아가, 이 번역은 예수께서 행하신 큰소리를 내어 지르신 행위와 숨/영을 내어 쉰 행위는 주제상으로 밀접하게 연결됨을 보여 주며, 또한 이 두 행위가 한 데 어우러져서, 성전휘장에 일어난 일을 발생시켰다는 것을 의미한다. 큰소리를 내어 지른 행위를 성전휘장이 찢어진 것과 분리하여 생각해서는 안 된다. 정작 이 행위가 성전휘장이 찢어지도록 한 것이며, 이 점은 뒤이어 엑세프네이센과 아우토스의 보다 자세한 연구를 통해서 힘을 얻게 될 것이다.

4) φωνὴν μεγάλην(포넨 메갈렌)

이들 두 단어에 대해 생각해 보기 전에, 분사 아페이스의 목적어 되는 포넨 메갈렌이라는 용어에 대해 간단히 설명할 필요가 있다. 최근 주석가들의 대부분은 ‘큰소리’ 는 마가에 의해서 온 땅을 흔드는, 여호와의 정의의 실행자의 목소리로 대변되는 종말론적인 표식으로 보여졌다는 견해를 지지한다. 즉 이 목소리는 예수께서 악한 자들에 대한 심판과 하나님의 통치에 대항하는 사탄의 세력들에 대한 승리 가운데 외치셨던 음성이라고 마가가 해석했다는 뜻이다.

물론 포넨 메갈렌이란 용어가 악한 자들에 대한 하나님의 종말론적인 심판으로 읽혀졌을 가능성은 매우 높다. 이러한 가능성을 지지하는 근거는 이 용어가 구약의 예언서들, 특히 주의 날을 이야기하는 예언서 본문들에 대한 높은 반향을 불러일으켰기 때문이다. 많은 구약 배경 본문들 가운데서(참조. 암 1:2; 사 30:31, 33:3; 욜 3:16/4:16 LXX; 렘 25:30/32:30 LXX), 특히 예레미야 25:30은 자신의 능한 목소리로 '70년의 포로유형' 가운데 이스라엘을 압제했던 열방들에 대하여 외치시는 여호와에 대해 이야기한다. 예레미야 25장은 '칠십년의 노역' 후 이루어질 하나님에 의한 이스라엘의 종말론적인 회복을 다루며, 특별히 압제자 열방과 악한 자들에 대한 심판 모티프들로 가득 차 있다.

여기서 하나님의 노호하는 목소리는 그의 심판과 동일시되고 있을 뿐만 아니라, 심판에 대한 실질적인 시행과 동일시됨에 주목할 필요가 있다(참조. 31절). 즉 이것은 예수의 큰 울부짖음/노호함이 하나님의 심판인 동시에 심판의 실행인 성전휘장의 찢어짐의 표식이다.

이러한 해석은 요엘 2:11LXX에 의해서 또한 지지를 받는데, 이 본문은 포넨 메갈렌이라는 용어와 헤 헤메라 투 큐리온이라는 표현을 담고 있을 뿐만 아니라, 다음과 같은 점에서 마가복음과 많은 유사점을 보인다. *καὶ κύριος δώσει φωνὴν αὐτοῦ πρὸ προσώπου δυνάμεως αὐτοῦ ὅτι πολλή ἐστιν σφόδρα ἡ παρεμβολὴ αὐτοῦ ὅτι ἰσχυρὰ ἔργα λόγων αὐτοῦ διότι μεγάλη ἡ ἡμέρα τοῦ κυρίου μεγάλη καὶ ἐπιφανὴς σφόδρα καὶ τίς ἔσται ἱκανὸς αὐτῇ.*

이 구절은 자신의 심판 가운데 목소리를 발하시는 여호와를 묘사하는데, 이 점들은 2:1에 나오는 '여호와의 날이 이르게 됨이라' 는 것과 크고 무시무시한 여호와의 날의 진노의 시작을 반향한다. 여기서 주목해야 할 놀라운 평행관계는 2:11 바로 앞에 나오는 10절이 태양이 어두워짐에 대해 말한다는 점인데, 이것은 마가복음 15:37에서 언급되는 예수의 죽음에 바로 앞서 온 땅을 뒤덮은 어두움에 대한 33절의 마가의 표현을 연상시킨다.

요엘과 마가의 본문 모두에서 심판 주제가 암시적으로 혹은 명시적으로 나타난다. H. Jackson이 주목하듯이, 이 구절들은 하나님과 그의 왕국에 대한 역동적인 이해라는 관점에서, 또한 양쪽 모두에서 심판의 외침을 뒤따르는 여호와의(예수의) 영/숨의 능력의 현현이란 관점에서 서로 연결된다.[43]

5) *ἐξέπνευσεν*(엑세프네우센)

마가가 예수의 죽음을 묘사하기 위해서 엑세프네우센이란 단어를 사용한 것이 매우 의도적임을 알 수 있는데, 이 점은 이 단어가 이렇게 짧은 구절 내에서 두 번씩이나 나타난다는 점을 고려해 볼 때 잘 알 수 있다. 더욱이 엑세프네우센이란 단어는 예수의 죽음을 표현하기 위해 단순히 사용된 완곡어법(euphemism) 그 이상이다. 마가는 물리적 죽음을 묘사하기 위해서 6번이나 아포트네스코를 사용한다(5:35, 39; 9:26; 12:21, 22; 15:44). 즉 이 단어는 마가에게 죽음에 대해서 말할 때 일반적으로 사용되는 용어라고 볼 수 있다.

그렇다면 왜 마가는 여기서 이러한 통상적인 용례를 벗어나서 엑세프네우센이란 단어를 선호했을까? 만약 단순히 마가가 '예수께서는 이런 식으로 죽었다'는 점을 말하고자 했다면, 왜 마가는 '호티 아우토스 아페타넨'이나 아니면 이와 유사한 다른 표현을 사용하지 않았는가? 이 점은 Jackson도 의아해하는 점이다.[44] 그러므로 이 단어를 완곡어법으로 취급하는 것은 본문의 현재 형태를 정당하게 평가하는 것이 아니다.

우리 본문을 바로 뒤따르는 장사본문인 15:44에서 마가는 예수의 죽음을 가리키기 위해서 그의 통상적인 용어인 아포트네스코로 돌아간다. 더욱이 에크프네오란 단어는 고전 헬라어의 관용구에서는 죽는 것에 대한 일반적인 완곡어법이지만(푸센, 비온 혹은 프네우마를 목적어로 동반하든 하지 않든 관계없이), 코이네 헬라어에서는 그렇지 않다.[45] 그렇다면 이 단어를 마가가 사용한 것은 그가 마음에 둔 어떤 특정한 효과들을 만들어 내기 위한 의도적이고도 전략적인 사용이었다는 판단이 설득력을 지닐 수밖에 없다. 이 효과가 무엇인가에 대한 대답의 실마리는 엑세프네우센이란 용어 그 자체에서 발견된다.

이 단어의 어원적 뿌리는 프네우인데, 이것의 의미론적 영역 아래는 영을 가리키는 용어인 프네우마가 속해 있다. 이는 예수의 지상 사역의 최초 순간인 예수의 수세 장면 때 예수 위에 강림했던 성령이란 주제를 다시 한 번 이끌어 내려는 마가의 시도로 보인다. 프네우마란 단어가 지닌 이중적 지시, 즉 숨/영에 특별한 관심을 기울일 때 우리는 예수의 마지막 숨이 성전휘장을 위에서부터 아래까지 둘로 갈라 놓았다고 생각할 수밖에 없다. 이 말은 성령이 성전휘장의 찢어짐에 역사하지 않았다는 의미가 아니다. 그 이유는 이 숨에 의한 찢어짐과 성령에 의한 찢어짐이란 개념은, 비록 주체로서의 성령과 대상으로서의 예수의 숨은 분명 구별된 것이지만 그 성격상 상호보완적이기 때문이다.

그럼 이 시점에서 엑세프네우센과 관련하여 마가의 아이러니와 모호성에 관한 문제, 즉 왜 백부장의 봄의 대상을 성전휘장의 찢어짐이 아니라 예수의 죽음의 방식으로 명시화하고 있는가라는 문제를 간략히 생각해 보자.

우리는 이미 앞에서 본문의 구조분석을 통해서 성전휘장의 찢어짐은 예수의 마지막 숨의 내쉼에 종속된다는 점을 살펴본 바 있다. 그러나 보다 더 중요한 사실은 백부장의 봄의 주된 관심은 성전휘장의 찢어짐이 아니라, 예수의 마지막 숨의 내쉼에 있다는 점이다. 이 점은 본문의 현재적 형태를 보아 잘 알 수 있다. 즉 분사형 동사 이돈의 목적어를 호티 이하 절이라고 본문이 명시적으로 밝히기 때문이다. 이것은 백부장이 성전휘장이 예수의 숨/영에 의해서 촉발되었다는 것에 대한 인식이 없는 상태에서 휘장이 찢어졌다는 것을 관찰한 바에 근거해서 예수를 하나님의 아들이라고 인정하는 것은 충분하지 않다는 것을 의미한다.[46]

마찬가지로, 마가는 호티절과 관련하여 1차적 강세를 휘장의 찢어짐에 두지 않고 예수의 죽음 시의 숨/영의 내쉼에 둔다는 것을 분명히 알 수 있다. 이 점은 앞에서 본문 구조설명 가운데서 이미 지적한 바기도 하다. 예수께서 큰소리를 지르심으로써, 마지막 숨/영을 내쉬었으며, 이것을 보았을 때, 백부장은 기독론적인 진술을 했다는 점이다.[47]

6) *οὕτως*(후토스)

후토스란 용어가 이상의 해석을 더욱 지지한다. 이 용어는 마가복음에서 모두 열 번 나타나는데, 열 번 모두 동사들을 수식하는 전형적인 부사적 용법으로 사용되었다. 더욱 중요한 사실은 마가복음 2:12와 본문 15:39 사이에 놀라울 정도의 유사성이 존재한다는 점이다. "호티 후토스 우데포테 예이노멘" // "호티 후토스 엑세프네우센"

2:12의 경우 부정 접사인 오우데포테를 제외하고는 구문구조(syntax)가 정확히 똑같다(호티절 안에 후토스+정동사의 구조). 이것은 후토스에 대한 마가의 용례를 해석할 때 이상의 사실들을 중요한 요소로 취급해야 한다는 의미다. 2:12에서 후토스는 부사적 의미로 취급하여 12절 전체는 '우리는 죄의 용서를 통해, 특별히 인자의 현재적인 죄 용서함의 권세를 통해 중풍병자의 치유가 일어났던 그러한 방식으로 일어난 중풍병자의 치유를 지금까지 본 적이 없었다'라고 읽혀져야 한다. 마찬가지로 호티 후토스 엑세프네우센이란 표현도 '예수는 성전휘장이 위에서 밑으로 둘로 찢어지는 방식으로 예수는 그의 마지막 숨을 내어 쉬었다'고 읽혀져야 한다.

이제 15:39의 후토스는 엑세프네우센이 지닌 동사적 개념을 수식한다는 점이 분명해졌다. 한걸음 더 나아가 이 점은 또 하나의 매우 중요한 사실을 말해 준다. '후토스는 예수의 큰소리를 가리키는 것도 아니고, 십자가 처형을 동반하는 다른 상황들을 가리키는 것도 아니다.' 후토스는 엑세프네우센이란 단어 자체를 수식할 뿐이다. 그러므로 이 단어는 예수의 마지막 숨을 내어쉬는 행위와 관련하여, '대단히 격렬하게' 혹은 '대단히 강력하게'라는 뜻을 의미하기 위해 사용되었으며, 결국 이 단어는 성전휘장을 위에서 아래로 찢어 놓은 힘을 암시한 것이다. 예수가 죽은 방식이나 혹은 예수의 죽음을 동반하는 그 어떤 다른 전조성의 상황이 아니라, 예수께서 내어쉬었던 마지막 숨/영이 성전휘장을 찢어 놓은 것이며, 이 장면이 백부장의 시각에 의해 잡혔고, 결국 이 장면이 그에게 엄청난 파장을 남김으로써, 결국 백부장은 예수를 하나님의 아들로써 고백하게 된 것이다. 오직 예수 안에 있던 하나님의 영과 이 영의 역사만이 백부장의 고백 가운데 효력을 갖는 것이다.[48]

이제 백부장이 본 것이 성전휘장의 찢어짐이었다는 것은 충분한 근거를 가지게 되었다. 우리는 이미 우리 본문의 두 개의 주요한 요소들을 살펴본 바 있다. 즉 하나는 본문이 지닌 38절의 돌출적 성격으로 대표되는 본문의 특이한 구조요, 다른 하나는 백부장이 보는 행위를 모호하게 가리킨다는 점이다. 이 두 요소들에 대해서, 이제 우리는 우리의 잠정적인 입장을 분명히 피력한 충분한 근거를 제시했다고 생각한다. 즉 백부장의 고백은 예수의 죄 없는 죽음에 대한 신원/변호의 역할을 하도록 의도되었다.

5. 성전휘장의 찢어짐의 의미

그렇다면 이제 우리의 질문은 성전휘장의 찢어짐은 어떤 의미를 지니는가 하는 점이다. 어떤 해석자들은 예수의 죽음을 통해서, 성전과 성전제의가 이미 중요성을 잃었고, 그런 점에서 최후의 멸망에 직면했다고 주장한다. 또 다른 해석자들은 성전휘장의 찢어짐을 통해 이제 하나님의 가장 깊은 내면이 마침내 드러나 온 우주를 향해 열리게 되었고, 열방들을 포함한 온 인류 공동체에 계시된 상태로 머무르게 되었다고 주장한다.

여기서 한 가지 지적할 점은 비록 이 성전휘장이 외부휘장이었을 경우는 성전의 멸망을 가리키고, 내부휘장이었다면 하나님의 영광이 온 세상으로 침투해 들어온 것을 가리킨다고 생각하는 사람들이 많지만, 휘장이 외부휘장이었나 내부휘장이었나 하는 점이 휘장의 찢어짐의 의미를 반드시 규정해 주지는 않는다는 점이다. 이 사건의 본질에 대해 우리를 바른 길로 인도할 수 있는 중요한 질문은 수난 기사 가운데 성전을 가리키는 데 사용되는 용어들을 '히에론'(ἱερόν)에서 '나오스'(ναός)로 마가가 바꾸었다는 본문상의 이슈들과, 마가복음 전반에 걸쳐서 성전과의 관계 속에서 예수를 묘사하는 구성상의 이슈들에 관심을 기울이는 것이다. 그러나 여기서는 지면 관계상 마가의 성전 모티프 전반에 걸친 연구를 마가의 구성적 관점에서 살피는 것은 불가능하고, 간단히 용어적 측면을 중심으로 축약된 형태로 휘장의 찢어짐의 의미를 제시하고자 한다.

‘히에론’은 마가복음 속에서 모두 9번 나타난다(11:11, 15[2번], 16, 27; 12:35; 13:1, 3; 14:49). 반면 ‘나오스’는 모두 3번 나타난다(14:58; 15:29; 15:38). 주목할만한 사실은 ‘히에론’은 수난기사 속에서는 한 번도 나타나지 않고, ‘나오스’는 수난기사 속에서, 14:53과 함께 나타나기 시작한다는 점이다(수난기사가 두개의 주요 부분, 즉 재판 장면[14:53~65]과 십자가 처형 장면[15:20b~41]으로 이루어졌다고 생각할 경우). 신약에서 이 용어들의 차이점에 대해서 몇몇 학자들은 크게 개의치 않는데 반해, R. Brown은 ‘나오스’가 성전건물의 가장 성스러운 내부를 가리키고(성소/sanctuary), ‘히에론’은 물리적 성전을 가리키는 것(성전/temple)으로 이 둘을 분명하게 구별했다.[49]

어떤 경우든, 마가가 이 두 용어를 바꾸었다는 것은 자세히 주목할 필요가 있다고 본다. 재판 장면과 십자가처형 장면 속에 놓여 있는 성전관련고소 사건(14:58과 15:29)과 성전휘장의 찢어짐에 대한 구절은 모두 마가에게 기인한 것으로 볼 수 있는데, 이 점은 전자의 한 쌍 구조(doublet)와 후자의 돌출적 성격이 잘 보여 준다.

더욱이 ‘히에론’과 ‘나오스’의 수난기사 안에서 혹은 수난기사 밖에서의 배타적인 사용은 양자 사이의 구분을 분명히 한다. 첫째, ‘히에론’과 관련하여서는, 11:11, 15, 16에서 예수는 성전 청결 가운데 ‘히에론’란 용어와 연관되어 나타난다. 여기서 청결행위는 성전건물(the Temple building) 안에서 일어나는 것과 관련하여, 성전마당(temple courts)에서 일어나는 것으로 볼 수 있다. 이 점은 예수에 의해서 제사행위나 거기에 준하는 어떠한 제의적 실행들을 중단시키려는 시도가 부재하다는 사실이 지지를 받는다. 둘째, 11:27, 12:35, 14:49에서 역시 예수는 성전과 연관되어 특별히 가르침의 문맥 가운데 묘사되었으며, 이 모든 경우에 성전 지역(temple site)으로서의 ‘히에론’을, 즉 성전마당을 쉽게 생각해 낼 수 있다. 마지막으로 13:1에서 성전을 떠나시는 예수가 묘사되는데, 여기서는 복수형의 단어가 나타남으로써, 아마도 성전단지(temple complex)을 가리키는 것으로 보인다.

그러나 14:58, 15:29에서는 ‘나오스’가 성전의 멸망에 대한 명시적 언

급 가운데 나타난다. 비록 이 단어가 성전단지(temple complex)를 가리키는
지 아니면 본 성소(the sanctuary proper)를 가리키는지 분명치는 않으나, 14:
58의 후반부에 나오는 재건 이미지(rebuilding image)는 후자일 가능성을 높
여 준다. 더욱 중요한 사실은 14:58, 15:29과 15:38은 모두 용어상으로 그
리고 주제상으로 연결된다는 주석가들의 일반적 이해에 비추어 볼 때,
14:58과 15:29는 15:38에 비추어서 해석되어져야 한다. 이런 점에서 15:39
의 '나오스' 역시 지성소를 담고 있는 성전건물 곧 본 성소(the sanctuary
proper)로 이해되어져야 할 것이다. 그러므로 찢어진 것은 '히에론' 의 휘장
이 아니라 '나오스' 의 휘장이라 할 수 있다.

이상의 발견들을 근거로 하여, 우리는 성전휘장의 찢어짐은 성전의 멸
망이라기보다는 지성소의 열림, 즉 하나님의 종말론적인 임재와 통치가 우
주적으로 그리고 보편적으로 경험될 수 있는 그러한 열림을 상징한다고 주
장할 수 있다.

휘장의 찢어짐이 단순히 성전 멸망 그 이상을 보여 주도록 의도되었음
을 나타내는 몇 가지 요소들을 더 제시하고자 한다. 첫째, 성전빌딩의 다른
본질적 요소들이 언급되지 않고, 단지 성전휘장만이 찢어졌다고 언급되었
다. 마가 공동체의 관점에서 볼 때 다음과 같이 생각해 볼 수 있다. 즉 예수
께서는 13:1~3에서 성전 멸망을 예언하셨고, 마가가 그의 복음서를 기록
할 시점, 즉 유대전쟁이 아직 일어나지 않았고 이로 인해 성전멸망이 아직
이르지 않은 시점에서, 마가는 성전휘장의 찢어짐을 언급하는 것으로 충분
하다고 생각했을 것이다. 또한 아직 성취되지 않은 예수의 예언에 비추어
볼 때, 마가는 성전 멸망에 대해 명시적으로 말하기보다는, 이 경우 그의
초점을 바꾸어서 보다 광범위한 구약의 신학적이고도 성경적 전승 속에서
성전의 의미를 말한다고 볼 수 있다.

둘째, 수난기사 속에서 '나오스' 만이 배타적으로 사용되었다는 것은 단
순히 우언이라고 볼 수 없다. 이것은 '나오스' 성전휘장의 찢어짐은 단지
'히에론' 의 멸망 그 이상을 의도했다는 의미다.

셋째, 소위 성전관련고소사건이 거짓 증거의 문맥에 놓여 있고 한쌍 구조로 나타난다는 점도 이 점을 지지한다.

넷째, 성격상 긍정적 묘사인 하늘이 찢어지는 것과 부정적 묘사인 성전 휘장이 찢어지는 것 사이의 병치 역시 성전 멸망에 반하는 하나의 예로 받아들일 수 있을 것이다.

나가면서

예수의 죽음 시에 백부장이 보았던 것은 찢어진 성전휘장이었다. 백부장의 봄과 휘장의 찢어짐 사이의 연관관계는 본문 분석과 마가의 네러티브 세계에 대한 고려, 역사적 관점의 고려, 마가의 신학적이며 구성적 경향들의 관점에 대한 고려를 통해 얻어진 결과들에서 분명히 설정될 수 있다. 물론 이들 중 가장 중요한 요소는 본문상의 증거들이다.

이제 예수의 수세 장면에서 일어났던 하늘의 찢어짐과 예수의 십자가상의 죽음 시에 일어났던 성전휘장의 찢어짐 사이의 평행관계가 분명해졌으며 이것이 가장 중요한 요소다. 예수께서 온 세상과 온 인류를 새롭게 밝아오는 왕국으로 받아들이기 위한 자신의 왕적인 메시아 사역을 시작하는 시점에서 신기원의 사건인 하늘이 찢어지는 것을 목격했듯이, 이 왕국의 적법한 예비 상속자의 한 사람인 이방인 로마 백부장은 하늘성전을 상징하는 지상의 성소의 휘장이 찢어지는 것을 목격한 것이다.

이제 끝으로 종말론적 사건으로의 예수의 죽음에 대한 이해를 간단히 언급하고자 한다. 마가는 분명히 예수의 죽음이 종말론적인 사건으로 이해되기를 의도하였다. 먼저 이 사건이 종말론적이란 의미는 이 사건이 지상 성전의 전형을 이루는 옛 시대의 종교적인 희생제도에 대해 단 회적이고도 최종적인 심판을 선언함으로써, 옛 시대를 종결지었다는 점에서 그렇다. 보다 더 중요한 사실은 이 사건이 오랫동안 잠겨져 있던 하늘 성전의 지상적 현현인 물리적 성전을 열어 놓음으로써, 인류 전체에게 하나님의 종말론적 통치를 경험하는 새로운 보편 공동체가 될 수 있는 기회를 제공한다는 점에서 종말론적이라 불린다는 점이다. 이런 의미에서, 성전휘장의 찢어짐은 아마도 성전은 더 이상 인류와 하나님 사이를 중재하지 않는다는 것을 의미할 수도 있다.

마가는 예수가 자신의 죽음과 부활을 통하여 성전과 새로운 공동체의 탄생을 선언하고 계신다고 묘사했기 때문에, 그가 예수의 수난을 하나의 종말론적 사건으로 보았을 가능성은 매우 높다. 예수의 십자가 죽음은 예수가 하나님의 아들인가 묻는 대제사장(14:61)과 성전고소 사건에 대한 (14:60~61) 대답으로서의 기적이다. 즉 예수께서 십자가에 죽으신 사건은 하나님이 아들로서의 등극(enthronement)이며, 이러한 죽음/등극이 완료된 이후에, 예수가 새롭게 획득하신 심판의 능력과 권세에 대한 시범, 즉 성전에 대한 심판의 행위야 말로 마가의 독자가 기대하도록 인도되어졌던 바일 것이다. 마가에게 대제사장에게 들려졌던 비전인 인자의 등극은 다름 아닌 십자가상의 죽음이었다.[50]

01

예수 그리스도의
복음의 시작

마가복음 1장의 주해와 적용

마가복음 1장은 마가복음 전체의 토대를 형성하는 일련의 사건들과 주제들을 매우 박진감 넘치게 소개해 준다. 1장은 크게 세 부분, 즉 1) 서언(1:1~13); 2) 예수의 메시지의 요지(1:14~15); 3) 예수의 갈릴리 초기 사역(1:16~45)으로 나누어진다.

서언(1:1~13[1])

이 첫째 단락은 세 개의 소 단락들로 구성된다. 1) 세례 요한의 사역(1:1~8); 2) 예수의 세례(1:9~11); 3) 예수의 시험(1:12~13)이다. 본 단락은 예수의 공생애 바로 앞서 일어났던 일련의 사건들을 진술해 줌과 동시에, 독자들에게 앞으로 복음서에서 전개될 내용의 이해에 필수적인 몇 가지 단서/열쇠들을 제공해 준다.[2]

본 서언 단락이 복음서의 나머지 부분과 여러 가지 측면에서 독특하다는 사실을 확인해 보는 것은 중요하다. 첫째, 본 서언에서 인상적인 기능을 하는 환상과 하늘에서 들리는 음성(1:10~11)은 9장에서의 경우를 제외하고 복음서의 다른 곳에서는 발견되지 않는다. 둘째, 본 서언에서 예수의 사역과 관련하여 특징적으로 언급되는 성령과 사탄의 활동은, 3장에서 그들에 관한 논쟁을 제외하고 다른 곳에서는 발견되지 않는다. 셋째, 본 서언에서 그처럼 자주 언급되는 광야(헤 에레모스)에 대한 언급(1:3, 4, 12, 13)이 다른 곳에서는 전혀 발견되지 않는다.[3] 넷째, 마가는 유독 이 곳에서만(1:2~3) 진행되는 사건의 의미를 설명하기 위해 구약성경(사 40:3)을 직접 인용한다.[4] 다섯째, 앞으로의 이야기 전개에서는 예수가 누구인가가 줄곧 감추어진 모습으로 소개될 것인데 반해(참조. 1:25, 34, 44; 7:36; 8:30 등), 본 서언 단락에서는 예수의 신분이 수차에 걸쳐 명백히 진술된다. 아마도 마가는 본 단락에서 독자들이 복음서를 읽어 내려가는 과정 속에서 줄곧 유념해야 할 예수의 정체에 관한 지침을 제공해 주고자 한 것 같다.[5]

이러한 사실들은 본 서언이 단순한 하나의 시작이 아니라, 예수의 정체와 그의 사역의 의미에 관한 집약적인 기독론적 단락으로 의도되었음을 보여준다. 따라서 오늘날 마가복음 독자들도 본 서론 단락에서 이러한 독서 지침들을 주목하는 것이 복음서 전체를 적절히 이해하는 데 도움이 될 것이다.

1. 세례 요한의 사역(1~8절)

1:1의 표제는 '예수'를 '그리스도'라고 묘사한다. 마가복음에서 그리스도라는 용어가 자주 나타나지는 않지만(8:29; 9:41; 12:35; 13:21; 14:61; 15:32), 모든 경우에 호칭적 의미를 갖는 것이 분명하다. 마가는 복음서 초두에서 예수께서 구약이 내다보았던 메시아라는 사실을 명백히 밝힌다. 예수의 이러한 신분은 '하나님의 아들'이라는 부연에 의해 그 차원이 더욱 고조된다. 마가는 그의 책을 예수 그리스도의[6] '복음'이라고 규정한다. 그리스도의 복음은 지금까지 구전으로 전해져 왔지만, 그는 이제 그 내용을 책으로 기록하여 전하려 하는 것이다.

표제에 이어 본 단락은 메시아의 오심과 연관된 구약성경의 두 구절들(말 3:1; 사 40:3)을 연결하여 인용한다(1:2~3). 그런데 이 인용구는 메시아 자신에 관한 것이 아니라 그의 선행자의 역할에 관한 것이다. 따라서 이 예언은 메시아 자신이 아닌 그의 선행자로 예견된 한 인물, 즉 엘리야에 의해 성취되어야 하였다(참조. 말 4:5~6). 그런데 그 예언이 세례 요한에게 적용됨으로써 그가 예견된 엘리야의 역할을 수행하는 자임을 시사한다(참조. 막 9:13; 눅 1:17). 이러한 시사점은 세례 요한의 복장에 대한 묘사(1:6 "약대털을 입고 허리에 가죽띠를 띠고")가 엘리야의 모습을 연상시킨다는 사실에 의해 더욱 명확해진다(참조. 왕하 1:8 "그는 털이 많은 사람인데 허리에 가죽띠를 띠었더이다 … 그는 … 엘리야로다").

뿐만 아니라 예수의 오심을 예비하는 요한의 선포(1:7~8)는 그 자신이 인용구의 예언을 성취하는 자임을 확증해 준다. 이는 단순한 사건의 묘사가 아니라 요한이 내다보는 인물이 다름 아닌 구약성경에서 기대되어 왔고, 그 당대의 사람들이 그처럼 고대해 오던(참조. 1:5) 메시아라는 사실을 강력하게 시사해 준다.

2. 예수의 세례(9~11절)

본 단락은 요한이 내다보았던 분이 다름 아닌 나사렛 예수라는 사실을 밝힌다. 본 단락의 제목은 일반적으로 '예수의 세례' 라고 붙여지지만, 실제로 예수의 세례에 관한 내용은 1:9에서 간단히 언급될 뿐이며, 1:10~11은 그 세례 사건 직후 예수께 일어난 현상을 묘사하는 데 할애된다. 세례 직후 예수께 일어난 계시적 현상은, 다른 복음서들의 그것과 달리(참조. 눅 3:21~22) 예수께 한정된 경험으로 묘사된다.

계시 현상은 세 가지 형태로 나타난다. 첫째, '하늘이 갈라짐' 은 곧 선포될 예수에 대한 진리가 천상적 성격을 띠고 있음을 시사해 준다. 둘째, '성령' 강림은 메시아적 성령 강림으로서(참조. 사 61:1), 예수의 메시아적 사역 가운데 하나님께서 임재하실 것임을 시사해 준다. 셋째, 하늘에서 들려온 '음성' 은 메시아의 신분을 확증해 준다. 이러한 삼중적 계시는 예수의 메시아적 사역이 스스로 취한 것이 아니라, 철저히 하나님에게서 임명된 것임을 밝혀 준다. 이렇게 함으로써, 본 단락은 독자들로 하여금 예수의 인격의 비밀(종, 메시아, 하나님의 아들)을 감지하도록 돕는다.

마가복음 1:1 표제에서 제시된 하나님의 아들로서의 예수의 지위가 그의 사역 초입에서 하나님 자신에 의해 재확인되는 점은 흥미롭다(1:10; 참조. 시 2:7; 사 42:1). 뿐만 아니라 이러한 사실이 예수의 사역 말미에 그의 십자가 죽음에 직면하여 땅에 있는 한 이방인의 입으로 재확인된다는 점은 더욱 흥미롭다(15:39). 어쩌면 마가는 그의 표제에서 밝힌 하나님의 아들로서의 예수의 신분을 예수의 사역 처음과 마지막에 의도적으로 확증하고자 했는지도 모른다.

3. 예수의 시험(12~13절)

끝으로 본 단락은 예수께서 성령에 이끌리어 하나님과 인간의 공동 적을 대적하기 위해 광야로 나가시는 모습을 소개한다. 사실 마가의 묘사는 동일한 사건에 대한 마태(4:1~11)나 누가(4:1~13)의 묘사보다 훨씬 더 간략하다. 하지만 그는 이 짧은 단락 안에서 '광야' 주제를 '시험' 주제와 인상적으로 연결해서 제시한다. 광야는 예수의 대적들인 '사탄' 과 '들짐승들' 의 장소지만, 예수는 그곳에서 그의 후원자들인 '성령' 과 '천사들' 과 함께 그들에 대한 전쟁을 수행해 나간다.

'사십 일' 간에 걸친 예수의 광야 체재는 모세의 사십 일 시내산 체재(출 24:18; 신 9:9 등), 엘리야의 사십 일 광야 여정(왕상 19:8) 그리고 '사십 년' 간에 걸친 이스라엘의 광야 생활에서 그 배경을 찾을 수 있다. 특히 이스라엘의 사십 년간에 걸친 광야 생활의 목적이 그들을 시험하는 데 있었다는 점은(참조. 신 1~11장) 예수의 사십 일 광야 체제와 이스라엘의 광야 생활 사이의 긴밀한 연관성을 보여 준다.[7] 예수와 그의 대적들 사이의 이러한 대면은 복음서가 계속 진술해 나갈 그리고 16장에서 그 최종적 승리를 선포하게 될, 사탄에 대한 예수의 전쟁을 예시해 준다.[8]

예수의 메시지의 요지(1:14~15)

본 단락의 위치와 관련해서는 많은 제안들이 있었지만, 아직 의견의 일치는 기대하기 어려운 실정이다. 적지 않은 학자들이 본 단락을 서언의 결론부로 보고자 한다. 많은 학자들은 본 단락을 새로운 대단락[9]의 도입부로 본다. 이러한 의견의 불일치는 본 단락이 앞뒤의 단락들과 긴밀한 연관성을 공히 가지고 있는 독특한 특징 때문에 생겨난 당연한 결과인지도 모른다. 사실 본 단락은 서언부와 본론부를 잇는 교량 역할을 적절히 수행해 주는 것으로 보인다. 하지만 본 단락은 단순한 교량으로서의 역할뿐 아니라, 그 자체가 복음서 전체의 주제를 요약적으로 제시해 주는 주제 선포 단락으로서의 고유한 핵심적 위치를 차지함을 주목해야 할 것이다.[10]

본 단락은 1:1에서 언급되었고 1:2~13에서 그 어렴풋한 그림이 그려졌던 그리스도의 '복음'이 구체적으로 무엇인지를, 그리스도 자신의 선포를 기술함으로써 명확히 제시해 준다. 예수의 선포의 첫 부분은 '때가 성취되었다'[11]는 사실이다. 여기서 '때'는 문맥상 메시아 시대를 의미하는 것이 분명하다. 선지자들이 내다보았던 메시아 시대가 예수의 사역 상황 가운데 이미 도래하였다는 것이다. 메시아 시대는 더 이상 미래적이거나 임박한 상황이 아니라, 이미 그 성취가 현존해 있는 것이다.

첫 부분의 이러한 의미는 선포의 뒷 부분을 이해하는 데 결정적으로 중요하다. 예수의 선포의 둘째 부분의 해석은 하나님나라에 대한 근대적 논의에서 긴 논란을 불러일으켜 왔다. 여기서 '하나님나라'가 무엇을 의미하는가를 자세히 논의한다는 것은 지면상 불가능하지만, 오늘날 신약학계에서 공감하는 입장은 명확하다. 즉, '하나님의 나라'는 어떤 시간이나 장소나 사건이나 상황 등과 같은 어떤 단일한 지칭 대상을 뜻하는 것이 아니라, 하나님의 '통치' 혹은 '왕권'을 의미한다.[12]

가장 문제가 되는 것은 완료형 동사(엥기켄, '가깝다')을 어떻게 해석할 것인가다. 먼저 이 동사는 진행적 동작을 의미한다. 따라서 '하나님의 통치가 가까웠다' 는 표현은 하나님의 통치가 시간적으로 이미 완결된 상태에 있음을 의미하지는 않는다. 그러나 이 표현은 단순히 하나님의 나라가 시간적으로 아직 도래하지 않은 상태를 의미하는 것 또한 아니다. 이러한 이해는 선포의 첫 부분과 명백히 상충되기 때문이다.

그렇다면 예수의 선포의 첫째 부분과 둘째 부분의 연결된 의미는 무엇일까? 그 대답이 단순하지는 않지만 다음과 같이 정리될 수 있을 것이다. 하나님의 나라는 이미 현존해 있다. 그러나 그 나라는 시간적으로 이미 종결된 상태에 있는 것이 아니라, 예수의 사역 현장에서 계속 진행되어 가는 그러한 역동적인 실체다.[13]

선포의 마지막 부분은 서로 연결된 두 가지 명령으로 구성되어 있다. 즉 '회개하고 복음을 믿으라.' 예수의 사역과 함께 시작된 새로운 시대의 도래에 대해 하나님의 백성은 그에 합당한 반응을 보여야 한다. 그 반응이 바로 '회개' 와 '믿음' 이다. 이 두 가지 반응은 신약성경 전체에서 자주 언급되는 제자도의 기초다(참조. 행 11:17~18; 20:21; 히 6:1 등).

본 선포에서 '회개' 는 구약에서 자주 요청되던 하나님과의 언약 관계로 '돌아가는 것' 을 의미하는 것으로 보인다. 그렇다면 예수께서 요구하시는 회개는 단순한 '마음의 변화, 후회, 참회' 와 같은 문자적 의미 이상의, 삶의 의미와 방향과 목적의 철저한 전환을 의미한다. '믿음' 은 단순한 지적 동의 이상의, 전적인 신뢰와 헌신을 의미한다. 그런데 믿음의 대상이 '복음' 이라는 점이 흥미롭다. 그렇다면 '복음을 믿으라' 는 명령의 의미는 무엇인가? 앞의 논의에서 '복음' 은 하나님의 통치의 도래를 의미하는 것이 분명해졌다. 따라서 복음을 믿는다는 것은 이미 현존하는 하나님의 통치에 전적으로 헌신하고 순종하라는 것이다.[14]

이 짧은 단락에서 간단하면서도 명확하게 제시된 예수의 이 선포 내용은 앞으로 복음서 전체를 통해 그 세세한 의미가 무엇인지 설명되어 나갈 것이다. 그러므로 독자들은 그러한 관심과 기대를 가지고 마가복음을 읽어 나가는 것이 복음서를 적절히 이해하는 데 결정적으로 중요하다는 점을 유녕해야 할 것이다.

갈릴리 초기 사역(1:16~45)

학자들은 마가복음의 본론의 첫째 대단원을 대개 1:16~8:26(21)로 구분하며, 그 첫째 대단원의 처음 대단락을 1:16~3:6(12)로 구분한다. 1장의 나머지 부분을 다루기에 앞서 그 부분이 속해 있는 전체 단락의 내용을 정리해 보면 다음과 같다.

1:16~20	제자들을 부르심
1:21~28	권위 있는 가르침과 귀신 축출
1:29~31	베드로의 장모 치유
1:32~34	치유 및 귀신 축출 사역 요약
1:35~39	갈릴리에서 지속적인 설교 사역
1:40~45	문둥병자의 치유
2:1~12	가버나움에서 중풍병자의 치유, 죄를 사하는 권세
2:13~17	레위를 부르심, 죄인들과의 식사
2:18~22	금식에 대한 질문, 옛 것과 새 것
2:23~28	안식일에 이삭을 꺾음, 안식일의 주
3:1~6	안식일에 손마른 자의 치유, 예수를 죽이려는 공모
3:7~12	무리가 예수를 좇음

본 대단락은 크게 두 가지 사실을 잘 기술해 준다.

첫째, 본 대단락은 가버나움을 중심으로 한 그 주변 갈릴리 지역에서의 예수의 권위 있는 가르침과 사역을 소개해 준다. 예수는 하나님나라의 복음을 선포하시며(1:15), 그의 제자들을 부르시며(1:16~20; 2:14), 권위 있게 가르치시며(1:21~22, 27; 2:2, 13), 권위 있게 치유하시며(1:23~26, 30~31, 32~34, 40~42; 2:3~12; 3:1~5), 자신의 메시아적 권위를 선포하신다(2:5, 10 – 죄를 사하는 권세; 2:28 – 안식일의 주; 참조. 1:24).

둘째, 본 대단락은(특히 후반부 2:1~3:6에서) 예수의 사역에서 비롯된 예수께 대한 적대감의 진전을 보여 준다. 2:6~7에서는 마음 속 질문이 제기된다; 2:16에서는 제자들에게 질문이 제기된다; 2:18에서는 예수 자신에게 질문이 제기된다; 2:24에서는 예수께서 힐문을 당한다; 3:2에서는 그의 대적들이 예수를 송사하려는 의도를 가지고 주목한다; 3:6에서는 그들이 예수의 죽음을 계획한다.

예수의 권위 있는 가르침과 사역은 서기관들이나 이스라엘의 종교 지도자들의 그것과 같지 않은 본질적으로 새로운 것이었다(1:15, 27; 2:21~22, 28). 이러한 그의 사역은 서기관들과 바리새인들에게 직접적인 위협이 될 수밖에 없었다. 그는 기존 종교 체제 안에서 아무런 적법성도 갖추지 않고 나타났는데도, 그의 권위와 능력과 그로 말미암은 영향력은 상상을 초월한 것이었다. 이러한 상황 하에서 일반 사람들은 서로간에 '이 사람이 누구냐'(1:27)라는 질문을 던질 수밖에 없었으며,[15] 종교적 지도자들은 분개할 수밖에 없었던 것이다(2:16, 24; 3:2, 6).[16]

1. 제자들을 부르심(16~20절)

1:14~15의 중대한 선언 이후, 사람들은 곧 전격적인 우주적 변화나 최소한 국가적 변혁을 기대하였을지 모른다. 그러나 우리가 본 단락에서 발견하는 그림은 그러한 기대와 전혀 다르다. 예수는 세상의 관심과는 동떨어진 갈릴리 해변에서 하찮게 보이는 몇몇 어부들을 자신의 선교 사역을 위해 동참하라고 권하신 것이다. 이는 예수의 메시아적 선교가 당시 유대인들이 기대했던 바와는 전혀 다른 모습으로 진행될 것임을 시사해 준다(참조. 10:42~45). 하나님의 통치는 온 세상이 떠들썩하게 주목하는 과시적인 방

법으로 임하는 것이 아니라, 세상에서 별로 주목받지 못하지만 그러나 끊임없이 점진적인 방식으로 임한다. 하나님의 나라의 이러한 특징은 겨자씨 비유(4:30~32)에서 잘 설명될 것이다.

제자들을 부르신 사건이 복음서 이야기 전개에서 맨 앞에 나온 것은 주목할 만하다. 예수 그리스도의 복음은 그의 제자들에게 주어진 것이며, 따라서 제자들은 예수의 선교의 본질적인 요소다. 사실 마가복음 전체를 통해 제자들은 이 시점에서 겟세마네에 이르기까지 줄곧 예수님을 수행한다. 마가복음의 이야기 전개에서, 그들은 예수님의 사역과 더불어 언제나 관심의 초점이 된다. 비록 그들이 연약하고 실수할 수밖에 없지만, 예수님은 바로 그들 가운데 하나님의 왕권을 시행해 나가신다. 그리고 마가는 이러한 제자들의 모습을 통해 그의 독자들도(그리고 오늘날 독자들도) 자신들의 제자도를 점검해 보도록 도전하는 것이다.[17]

본 단락은 제자도와 관련하여 세 가지 사실을 보여 준다. 첫째, 유대인들의 일반적인 풍습과 달리, 제자들이 선생을 택하는 것이 아니라 선생이 제자들을 선택한다(1:17, 20). 둘째, 제자들은 제자도를 위하여 두 가지를 시행한다. 그들은 먼저 자신들의 삶의 방식과 관계들을 버려야 한다(1:18a, 20b). 이는 복음서 전체를 통해 강조되는 제자도의 대가다. 그리고 나서 그들은 예수를 따라야 한다(1:18b, 20c). 이는 그의 삶에 동참하는 것을 의미한다. 셋째, 그들은 사람을 낚는 어부가 되어야 한다(1:17). 제자들은 예수를 수행할 뿐 아니라, 그의 선교 사역에 동참할 것이 기대되는 것이다(참조. 3:14; 6:7).[18]

2. 권위 있는 가르침과 귀신 축출(21~28절)

본 단락과 다음 세 단락은 가버나움 주변에서 일어난 사건들을 만 하루의 시간 범위 내에서 기술한다(참조. 1:29, 32, 35). 이들 네 단락에는 예수의 갈릴리 사역의 특징을 이루는 네 가지 요소들이 모두 나타난다. 가르침(1:21~22, 27), 귀신 축출(1:23~26, 32, 34, 39), 치유(1:30~31, 32~34), 선포(1:38~39) 등이다. 이처럼 이 단락들은 예수의 전반적인 사역의 그림을 하루의 일과 가운데 인상적으로 그려 나간다.

본 단락은 예수를 무엇보다도 ‘선생’ 으로 제시한다(1:21). 바로 앞에서 제자들을 부르신 예수의 모습이 ‘선생’ 으로 묘사되는 것은 지극히 자연스러워 보인다. 제자들은 무엇보다도 예수에게서 가르침을 배워야 한다. 그런데 그는 단순히 많은 선생들 중의 하나가 아니다. 그는 당대의 랍비들이나 서기관들과는 다른 선생으로서, 그의 가르침은 권위 있는 새로운 가르침이다(1:22, 27).

‘선생’ 으로서의 그의 권위는 귀신 축출 기적에 의해 입증된다(1:27). 귀신 축출은 예수에 관한 마가의 기술에서 아주 두드러진 일면이다.[19] 마가복음에는 네 개의 귀신 축출 이야기들이 있는데(1:23~27; 5:1~20; 7:24~30; 9:14~29),[20] 이들 중 두 개는 예수와 귀신(들) 사이의 대화를 포함한다. 그런데 그 대화들은 예수의 신분에 대한 귀신들의 놀라운 지식을 드러내 보여 준다(1:24; 5:7). 특히 본 단락에서 “나는 당신이 누구인 줄 아노니 하나님의 거룩한 자니이다”(1:24)라는 귀신의 진술은 1:1의 표제와 1:11의 하나님 자신의 선포에 의해 확증된 예수의 신분이 이제 귀신에 의해서까지도 인정되고 있음을 보여 준다.

사실 이 귀신 축출 기적은 이미 1:12~13에서 예시되었던 사탄에 대한 예수의 전쟁을 구체적으로 기술해 주는 예수의 첫 번째 기적이다. 예수의 귀신 축출 기적이 갖는 메시아적 전쟁으로서의 의미는 3:22~30에서 예수와 예루살렘에서 내려온 서기관들 사이의 대화에서 명백해진다. 예수의 귀신 축출은 사탄의 속박, 즉 사탄에 대한 예수의 메시아적 승리를 의미한다(참조. 마 12:28; 눅 11:20). 그 결과 무리들은 다 놀라며, 서로에게 “이는 어찜이뇨 권세 있는 새 교훈이로다 더러운 귀신들을 명한즉 순종하는도다”라고 의문을 제기하게 된다(1:27). 마가복음의 이야기 흐름에서 계속 제기되어 나갈 ‘예수가 누구인가’ 라는 질문이 이미 그 첫 번째 이야기에서 무리들에 의해 공개적으로 심각하게 제기되는 것이다.

이러한 질문의 제기와 더불어 그의 명성은 갈릴리 전역에 널리 퍼져 나가게 되었다(1:28). 사실 첫 번째 대단락에서는 그의 명성에 대한 언급들이 자주 나타난다(1:33, 37, 45; 2:1~2; 3:7~9).

마가복음의 전형적인 비밀 주제(1:24~25; 참조. 1:34; 3:11~12)와 더불어, 인기 있는 선생과 치유자 주제 또한 함께 공존하며 흘러가고 있음은 흥미롭다. 하지만 이러한 대중적인 열광은 진정한 이해에 의한 것이라기보다는 피상적인 이해로 말미암은 것이라는 사실이 4장(특히 4:10~12)에서 명확해질 것이다.[21]

3. 베드로의 장모 치유(29~31절)

귀신 축출 이야기에 이어, 이제 치유 이야기가 제시된다. 흥미롭게도 이들 두 이야기 바로 뒤(1:32~34)에서는 치유와 귀신 축출 기적들에 대한 요약적인 언급이 뒤따라온다. 그렇다면 본 단락은 앞 단락과 더불어 예수의 그러한 일반적인 활동들에 대한 구체적인 예들을 제공해 주는 기능을 한다.

본 치유 기적 이야기는 앞의 귀신 축출 이야기와 여러 가지 면에서 대조를 이룬다. 앞 단락은 영적인 문제를 해결하시는데, 본 단락은 육체적인 문제를 해결한다. 앞 단락은 공개적인 상황을 다루는데, 본 단락은 집안에서의 상황을 다룬다. 앞 단락은 열광적인 질문과 반응으로 종결되지만, 본 단락은 차분한 섬김으로 종결된다. 두 예들의 이와 같은 차이는, 예수의 기적들이 어떤 정형화된 형식에 따라 자동적으로 이루어지는 기술(技術)의 문제가 아니라, 다양한 필요를 채우시는 예수의 메시아적 관심과 권위의 문제라는 사실을 보여 준다.[22]

"회당에서 나와 곧 … 집에 들어가시니"(1:29)라는 마가의 진술을 이 치유 기적이 안식일에 일어났음을 시사해 준다. 예수께서 안식일에 치유하는 것이 적법한가의 문제는 3:1~6에서 보다 구체적으로 제기될 것이다.[23] 그러나 예수는 이미 여기에서 그 자신이 전통적인 안식일 규례에 저촉을 받지 않으심을 그의 치유 시행을 통해 명확히 하신다.[24]

4. 치유 및 귀신 축출 사역 요약(32~34절)

특정한 귀신 축출과 치유 기적들에 대한 기술에 뒤이어, 이제 마가는 예수의 구속적 기적들에 대한 보다 일반적인 요약적 기술을 제공한다. 본 요약적 기술은 다른 요약적 단락들(1:39; 3:10~12; 6:53~56)과 더불어 복음서에 제시된 구체적인 기적들은 예수께서 행하신 수많은 기적들 중 지극히 제한된 몇몇 예들일 뿐이라는 사실을 확인시켜 준다. 사실 본 단락의 '모든 병자와 귀신들린 자'(1:32), '온 동네'(1:33), '각색 병든 많은 사람'(1:34), '많은 귀신'(1:34) 등과 같은 표현들은 예수께서 행하신 기적들이 얼마나 많고 다양하였으며, 얼마나 폭넓게 행해졌는가를 인상적으로 확인시켜 준다.

"저물어 해 질 때에"(1:32)라는 마가의 언급은 흥미롭다. 특히 '해질 때에'는 앞의 사건들이 진행된 안식일의 종료를 의미한다. 따라서 이와 때를 맞춰 사람들이 병자들과 귀신들린 자들을 데리고 온 것은 그들 입장에서 안식일을 범하지 않기 위한 관심의 결과로 보인다.[25] 예수 자신은 안식일에 귀신 축출이나 치유 기적을 행하시는데 아무런 거리낌이 없으시지만(1:21~28, 29~31), 무리들은 아직도 안식일 규례에 제재받는 모습은 흥미로운 대조를 이룬다. 예수는 이와 관련하여 2:23~3:6에서 안식일을 성취하신 안식일의 주로서 자신의 입장을 명확히 밝히실 것이다.

"귀신이 자기를 알므로 그 말하는 것을 허락지 아니하시니라"(1:34)는 마가의 진술은 앞의 1:24~25의 경우보다 명확히 메시아적 비밀 주제를 도입한다(참조. 1:44; 7:36; 8:30 등). 예수의 명성은 널리 퍼져 나가지만, 정작 예수 자신은 자신이 누구인지를 드러내 보이지 않으려 하신다. 이 두 가지 상황은 마가복음의 이야기가 전개되어 나가는 동안 계속해서 하나의 긴장을 형성해 나간다.

5. 갈릴리에서의 지속적인 설교 사역(35~39절)

본 단락은 1:21에서 시작된 예수의 24시간 가버나움 사역을 마무리 짓는다. 분주한 하루의 사역 후 예수는 좀 더 쉬셔야 했지만, 그는 자신의 그러한 육체적 필요를 뒤로하시고, 주변의 분주함과 번잡함을 피하여 이른 아침 한적한 곳을 찾아 기도하신다(1:35; 참조. 6:46; 14:32~42).

예수의 기도 내용이 무엇인지는 밝혀져 있지 않지만, 그의 겟세마네 기도(14:32~42)로 미루어 볼 때 자신의 사역에서 자신의 뜻이 아니라 하나님의 뜻을 이루고자 하는 간구였을 것이다. 본 단락은 예수의 계획과 제자들의 기대 그리고 무리들의 관심이 얼마나 다른지를 잘 보여 준다. 그 차이는 예수께서 제자들보다 한 걸음 정도 앞서 가시는 그러한 차이가 아니다. 하나님의 왕권을 시행하시려는 예수의 관심은 제자들의 기대와 그 본질적인 면에서 차이가 있었던 것이다.[26] 제자들은 세상적인 흐름에 따라 인기와 성공을 향한 계획을 한 단계씩 진척시켜 나가고자 한다. "모든 사람이 주를 찾나이다"(1:37).

그러나 예수는 그것이 자신의 사역의 목적이 아님을 분명히 하신다. "우리가 다른 가까운 마을들로 가자 거기서도 전도하리니 내가 이를 위하여 왔노라"(1:38). 제자들의 성공 지향적 관심과 하나님의 왕권을 시행하시려는 예수의 관심 사이에서 보여지는 차이는, 이후 이야기가 진행되어 감에 따라 보다 더 분명해질 것이다(참조. 특히 8:31~33; 10:42~45).

6. 문둥병자의 치유(40~45절)

본 단락은 문맥상 이중적 기능을 한다. 한편으로, 본 단락은 1:21~45 대단락의 절정을 형성한다. 그에 대한 소문은 온 가버나움(1:21~34)에서 그 주변 도시들(1:35~39)로 그리고 이제는 갈릴리 모든 도시들에까지 퍼져 나가서 예수는 더 이상 도시들에는 들어가지 못하시고 한적한 시골들로 피해 다니셔야 하는 지경에 이르렀다(1:45). 다른 한편으로, 본 단락은 2:1~3:6(12) 대단락을 위한 도입 역할을 한다. 본 단락은 율법 문제와 관련된 긴장(1:41, 44)과 무리들의 왜곡된 기대로 인한 압박(1:45)을 시사함으로써 2:1~3:6(12)에서 발전되어 나갈 논쟁과 충돌 이야기들의 분위기를 조성해 준다.[27]

문둥병자의 치유는 단순한 질병 문제뿐 아니라 정결 문제까지를 포함한다. 예수는 문둥병자를 만지심으로써(1:41) 그 자신이 더 이상 정결 관련 율법(레 14:46~47; 참조. 레 11:24~40; 민 19:11~16 등)에 얽매이지 않으심을 시사하신다. 그는 자신의 이러한 입장을 7:1~23에서 보다 일반적인 정결례와 관련한 말씀에서 명확히 밝히실 것이다. 하지만 그는 깨끗케 된 자에게 "가서 네 몸을 제사장에게 보이고 네 깨끗케 됨을 인하여 모세의 명한 것을 드려 저희에게 증거하라"(1:44)라고 명령하심으로써, 정결 관련 율법(레 14:1~32)을 전적으로 무시하지는 않으셨음을 시사해 준다.

물론 예수 자신은 정결 관련 율법을 지키는 데 아무런 관심도 없으시다. 그러나 그는 그 깨끗케 된 자가 당시 유대 사회의 일원으로 돌아가는 데 필요한 율법 조항은 인정하신 것이다. 예수는 율법에 대한 자유가 오히려 사람에게 불편과 불이익을 가져다 주는 굴레가 되도록 하지는 않으셨다.

한편 예수의 문둥병자 치유는 그 종말론적 의미가 두드러진다. 당시 유대인들에게 문둥병은 하나님만이 치유하실 수 있는 병으로 간주되었다. 그 결과 문둥병자의 치유는 다른 몇몇 기적들과 더불어 메시아 시대의 특징으로 기대되던 것이다(참조. 마 11:5//눅 7:22).[28] 그렇다면 본 단락은 앞에 기술된 예수의 가르침과 귀신 축출 및 치유 기적들과 더불어 1:14~15에서 선포된 메시아 시대의 도래를 보다 확고하게 입증해 준다.

02

대속적 죽음을 향한 신학적 갈등의 행진

마가복음 2:1~3:6의 주해와 적용

마가복음 2장 이전까지 예수의 사역은 크게 인기를 몰고 오는 성공으로 보인다. 너무도 많은 사람이 몰려 예수는 그들을 피해 한적한 곳으로 숨어 다니며 기도하고 묵상하는 시간을 찾아야 할 정도였다(1:35). 본 단락에 들어가기 직전에도 사람들이 몰려 있는 마을을 피해 외진 곳으로 갔으나 여전히 사람들이 몰려 들어 어찌할 수 없는 지경이었다(1:45). 그러나 마가복음 2장에 들어오면서 예수에 대한 인기 한가운데로 종교 지도자들과의 신학적 갈등이 침투한다.

그래서 사실상 2:1~3:6은 논쟁 이야기들(controversy stories)의 집합으로 한 단위를 구성한다. 나오는 일화(逸話)마다 중요한 신학적 쟁점을 놓고 예수와 그의 반대자들의 생각이 첨예하게 부딪힌다. 따라서 본 단락의 메시지는 이러한 갈등 소재를 축으로 해서 찾아가야 할 것이다.

지붕 뜯기의 믿음 그리고 인자의 사죄 권세(2:1~12)

1. 문헌 내의 배경

사건은 가버나움 집에서 발생했다(1절). 누구의 집인지 분명하지는 않다. 마태의 기록에 따르면 예수께서 세례자 요한이 잡히고 난 뒤에 나사렛을 떠나 가버나움에서 사셨다고 한다(마 4:13). 가버나움은 예수께서 다른 곳으로 떠났다가도 다시 돌아오는 장소로서 갈릴리 사역의 본부와 같은 구실을 한다(1:21). 그러니 여기서 '집'이라 함은 예수 자신의 집일 수도 있고 아니면 시몬의 집을 가정할 수도 있다(1:29).

그 동안 한적한 곳에 피신했다가 본거지로 돌아온 격이었다. 역시 비집고 안으로 들어갈 수 없을 정도로 사람들이 모였다. 예수의 인기가 하늘을 찌른다. 예수는 확실히 사역 초기에 대중의 사랑을 한 몸에 받는 인기인이었다. 많은 무리를 몰고 다녔고, 그것이 일종의 권력으로서의 영향력을 형성했다.

당시의 인기인 예수를 잠시 상상해 본다. 사람들은 인기인이 되었을 때 그 인기의 노예가 된다. 어떤 재능이 있어 그것이 인기를 몰고 오면 재능 자체와 그것을 통해 하는 일보다 재능이 가져다 준 인기에 마음을 빼앗긴다. 그러면서 하늘이 준 선물과 그 선물의 역할보다는 인기를 관리하느라고 인기의 노예가 된다. 인기, 즉 대중의 인정이란 턱없이 허무한 것이다. 이것은 예수의 말년을 잠깐 미리 내다보아도 곧 확인된다. 그가 십자가에 달릴 때 이 극성팬들은 다 어디로 갔을까? 그들은 아마 '십자가에 못 박으시오'라고 외치는 폭도들의 일부가 되어 있었을지도 모른다.

예수께서는 자신의 본연에 침착하게 집중하시는 것 같다. 모인 사람들 한 가운데 놓여 찬찬히 말씀을 가르치셨다(2절). 개역성경에서 도(道)라고 한 것은 헬라 원문에서 그냥 로고스 곧 말씀이다. 동양의 노장 사상을 기대한다면 억지 해석이 될 것이다. 그의 가르침은 아마 1:38~39의 일환이었고 그 주 내용은 '회개하라 천국이 가까웠다'였을 것이다(1:15). 예수는 인기에 매몰되지 않았다. 오히려 인기의 이유가 되는 내용을 함구시켰고 사람 없는 때와 장소를 찾아 기도하셨다(1:35). 그는 전도를 사람들의 인기보다 우선했다(1:37~38). 집으로 사람들이 몰려 왔을 때도 그는 말씀을 전했다. 사건은 이때 발생했다.

2. 지붕 뚫기

황당한 일이었다. 이런 기이한 장면은 어디서도 볼 수 없던 것이었다. 절박하면서도 기발하다. 이 일에 관계한 사람들은 네 명 이상이었다(3절). 중풍병자를 메는 일을 한 사람이 넷이었다. 이들에게는 중풍병자를 구하려는 간절한 마음이 있었다. 이웃 병자에 대해 안타까워하는 마음이 컸음이 분명하다. 그들은 같이 한 마음이 되어 이 아픈 사람의 문제를 해결해 주고 싶었다. 예수에 대한 소문을 들었고 그에게 희망을 걸었다. 그런데 와서 보니 상황이 그다지 썩 좋지 않다. "안 되겠다. 돌아가자. 이런다고 되겠냐?" 하는 귀찮아 하는 마음이 생겼을 수도 있다. 하지만 그들의 절박함과 의지는 더 강렬했다.

결국 네 사람을 시켜 지붕으로 기어올라가 지붕을 뜯어 구멍을 내기로 결정을 했다. 반대 주장도 있었을 것이다. 남의 지붕을 걷어내서 어쩌겠다는 말인가. 더구나 예수는 말씀을 가르치고 있는 중이다. 이 양반이 놀라서 화라도 내면 어쩔 것인가. 병을 고쳐주기는커녕 되레 저주나 퍼부으면 일이 오히려 악화될지도 모른다.

그러나 이들의 열망은 장애 상황을 넘어설 만큼 충분히 강했다. 어떻게 해서든 이 사람을 예수께 보여야겠다는 집념을 가졌다. 지붕이야 나중에 문제가 되면 사과하고 고쳐 주면 될 것이다. 예수께서 혹 노하시더라도 자초지종을 설명하면 이해하실 것이다. 사람을 살리는 것이 가장 중요한 일이라 생각했고 결국 지붕을 뜯어내는 일을 결행했다(4절).

예수께서는 이 황당한 행위를 즉각 '믿음'으로 간주했다(4절). 신약의 믿음(피스티스)은 여러 가지 함의를 갖고 있다. 우선 가장 자주 등장하는 경우는 주어진 메시지를 수용하여 지적인 동의를 보이는 마음의 상태를 가리킨다(갈 3:6; 고전 15:2; 롬 10:9~10). 다음으로 충성, 신실 등으로 번역이 되는 바 일관성이 있어 신뢰할 만한 특성을 뜻한다(갈 5:22; 롬 1:5; 16:26; 히 11장). 그런가 하면 기적과 능력을 일으키는 강한 신념의 뜻으로 사용되기도 한다. 특히 복음서에서 예수의 기적의 능력을 누리는 데 필요한 마음의 자세로서 자주 언급되고(막 9:23~24; 11:22~24), 바울도 이런 의미에서 '피스티스'를 사용한다(고전 13:13; 살전 1:3).

물론 여기서 강한 신념은 하나님과 하나님의 능력에 대한 깊은 '신뢰'(trust)를 암시한다. 그러다 보니 '피스티스'는 그리스도인의 종교적 삶의 총체성을 가리키는 말로 사용되었다. '피스티스의 풍성'(고후 8:7)이나 '피스티스의 증가'(고후 8:7) 또는 '피스티스의 부족함'(살전 3:10) 등의 표현은 '피스티스'를 시작되어 자라고 발전되어 열매를 맺는 쪽으로 진행하는 역동적인 삶의 현상으로 보는 신약 그리스도인들의 이해를 가리킨다. 그리스도인들을 주로 '믿는 자들'이라고 부르는 것도 같은 맥락이다.

그런데 이들의 믿음은 어떤 것일까? 여기서는 다소 특이한 점들이 있다. 예수가 본 것은 병자 당사자의 믿음이 아니었다. 영향을 입은 것은 중풍병자였지만 예수께서 가상히 여겨 변화를 일으키는 매개가 된 것은 이 병자를 데리고 온 사람들의 믿음이었다. 그것은 이웃을 돕고자 하는 간절한 열정이었다. 난관에 부딪혔을 때 포기하지 않고 그 방법을 찾아내는 기발한 지혜와 끈질김이었다. 그리고 무엇보다도 예수의 능력에 대한 신뢰였다.

이들이 이렇게 기상천외한 일을 벌이면서 중풍병자 친구를 지붕을 통해 들여 보낸 것은 '예수께로 가기만 하면 된다'는 확신 때문이었다. 이들이 예수의 진정한 정체를 알았으리라는 생각은 들지 않는다. 그러나 예수에게서 나타나는 하나님의 능력을 기대했다. 이런 마음의 상태와 행동을 두고 예수는 '믿음'이라 했다. "인간적 한계와 장애를 넘어서거나 사회적 경계를 초월하는 행위를 동반하는 하나님/예수에 대한 신뢰"라고 요약해도 좋을 것이다.[1] 이러한 믿음에 대한 예수의 반응 또한 그들의 기발한 행위 못지않게 엉뚱하다.

3. 예수의 엉뚱한 반응

예수는 종종 엉뚱하다. 엉뚱함으로서 기묘하게 허를 찌르는 예수시다. 이런 데 예수의 멋이 있다. 재치 있고 구태의연함을 견디지 못하시는 신선한 사람의 아들이다. 중풍병자를 데려온 사람들의 믿음을 보시고 중풍병자를 향하여 하신 말씀은 상황으로 볼 때 대부분 예기치 못했던 것이었다. 이들의 믿음을 보신 예수의 행위로 기대되는 것은 물론 말할 것도 없이 병 고침이었다. 그에 적합한 발언이 기대되었다.

그런데 뜻밖의 말이 나왔다. "소자야 네 죄 사함을 받았느니라"(2:5b). 헬라 원문에서 이 문장은 수동태로 되어 있다. 그래서 문장상 나타나지 않은 죄 사함의 주체를 하나님으로 보는 주석가들이 있다. 하지만 있는 그대로 본문의 맥락에서 10절을 감안할 때 여기서 죄를 사하는 존재는 분명히 예수다(10절 발언에 대해서는 뒤에서 자세히 설명한다).

병 고침이 필요한 사람에게 죄 사함을 선포하는 것은 양자가 같은 성격의 일이었기 때문이다(시 103:3). '사유'(赦宥)와 '치유'(治癒)가 같은 의미로 사용되기도 했다(시 41:4; 렘 3:22; 호 14:4). 죄 사함과 병 고침은 하나님의 다스림에서 이루어지는 일이었다. 당연히 양자 모두 하나님나라 임재의 특성이었다. 그럼에도 불구하고 "오직 하나님 한 분 외에는 누가 능히 죄를 사하겠느냐"(7절)는 것이 신학적 정설인 마당에 굳이 '죄 사함'을 노골적으로 선언해 버리는 일은 다분히 의도적 도발성을 담고 있었다.

우선 하나님나라의 사역에서 '인자'(=사람의 아들) 예수에게 죄 사함의 권세가 있다는 점을 보여 주려 했다는 것은 분명하다. 이제까지 그랬듯이 조용히 병을 고쳐 주었으면 그만이었다. 예수에 대한 기대가 기상천외한 행동을 유발할 정도로 열정적인 순간에 그는 오히려 '죄 사함'의 중요성을 앞으로 끌어냈다. 도발적이라는 것을 알았지만 이것이 마가복음에 나타난 예수의 우선적 사역이었기 때문이다(막 10:45). 그는 이사야 53장에 입각한 대속적 죽음을 사역의 핵심에 두고 온 메시아였다.

하나님의 나라는 전폭적인 죄 사함의 은혜 안에서 임한다. 문제의 소지가 많은 죄 사함의 선언을 직접적 신유의 이적 이전에 위치시킨 것은 전자가 후자보다 좀 더 예수가 전하는 하나님나라의 본질에 가까이 놓였기 때문이다. 양자 모두 하나님께서 본래 의도하셨던 온전한 인간 복지의 상태를 회복하는 데 필요한 일이었다. 양자 모두 하나님나라가 임하는 곳에서 발생하는 일이었다. 그러나 하나님나라가 이루어지기 위해서는 무엇보다 죄의 전적인 용서가 필요했다.

죄 사함의 선언과 치유의 명령 중 어느 것이 쉽겠느냐는 예수의 질문(9절)에 대해 복잡하게 생각할 것은 없다. 일상의 경험적 검증을 두고 하는 말이기 때문이다. 죄 사함을 받은 것에 대해서는 외적인 검증의 척도가 없다. 눈에 띄어 가늠할 수 있는 아무런 외적 변화가 없을 수 있다. 따라서 말 자체로서는 죄 사함을 선언하는 쪽이 쉽다.

그러나 "네 상을 가지고 걸어가라"는 말은 효과를 경험적으로 가져오지 못하면 빈 말이 된다. 검증이 분명히 가능하기 때문에 함부로 내어 놓을 수가 없다. 당연히 후자가 어려운 발언이다. 예수는 어려운 후자의 발언이 지닌 유효성을 증명함으로써 사실 신학적으로 영혼에게 더 중요한 전자 발언의 유효성을 확증한다. 이 병자를 치료함으로써 예수는 자신에게 죄를 사하는 권세가 있다는 점을 증명하려 했다(10절). 그리고 중풍병자는 예수의 말에 즉각 일어나 자기 병상을 들고 걸어 나갔다(11절).

죄인을 부르러 오신 의사 메시아(2:13~17)

1. 등장인물들의 역사적 신분을 살펴 보니

이 일화에서는 사회적 신분이 이슈가 된다. 분석 자체를 등장인물들의 사회적 신분에 대해 약간의 상상력을 동원해 보자.

1) 예수

사람들은 그를 다윗의 자손으로 이해했다(막 10:47~48). 이른바 왕족이기는 하지만 몰락 왕가의 수많은 사람들 중의 하나였을 뿐이다. 조상을 따져 보면 다윗이지만 그 흔적은 현재 거의 찾아보기 힘들었다. 그저 한 가난한

목수의 아들이었을 뿐이다(막 6:3). 부끄러운 직업은 아니었지만 자부할 만
한 것 또한 없었다.

2) 레위

이름이 어째서 레위였을까? 아마 레위 지파에 속해서 그러했는지도 모
른다. 일단 그렇다고 가정을 해 보자. 레위인들에게는 기업으로 주어진 땅
이 없었기 때문에 '여호와는 나의 기업'이라 고백하고 살았다(민 18:20, 신
10:9). 그런데 이게 웬 일인가? 이제 세금을 거둬들여 갈릴리의 분봉왕이었
던 헤롯 안티파스에게 바치는 것이 자신의 기업이 되었다. 당시 세리는 믿
지 못할 부류의 사람으로 사회적 천대를 받았다. 여호와의 성례를 책임져
야 할 신분에서 남의 눈총을 받는 주변인으로 전락한 것이다. 신세가 이렇
게 바뀔 수도 있는가.

2. 사건의 발단

사람들이 몰락 왕가의 목수를 많이 따른다. 확인하기도 힘든 옛 족보 때
문이 아니라 그에게 있는 현재의 카리스마와 그로 말미암아 우러나오는 자
생적 권위 때문이었다. 이 몰락 왕가의 목수가 신세 전락한 레위를 만나게
되었다. 레위의 마음이 복잡하지 않았을까 생각된다. 나는 도대체 무엇인
가? 내가 왜 여기서 이러고 있어야 하는 것일까? 이 일을 계속해야만 되는
것인가? 아마 세관 [2]에 앉아 있는 동안 이런 회의에 사로잡혀 있었을지도
모른다. 그런데 예수가 다가와 자신을 따라 오라 했다. 그가 하나님나라 운
동을 위해 한 마음이 되어 같이 일을 할 사람들을 모으고 있다는 소문을 들
은 바 있었다. 이것은 레위에게 하나님의 음성처럼 뇌리를 쳤다. 주저함 없
이 따르겠다고 좇아 나섰다.

예수가 세리를 보고 "나를 따르라"고 말했다는 것은 분명히 특이한 일이
다. 종교적으로 경건의 외양을 유지해 오던 사람들의 상식과 통념을 부수는
행위였다. 이제까지 예수를 통해 발생하는 일을 보건대 그는 범상치 않은 선

지자임에 틀림이 없었다. 그를 통해 하나님의 역사가 나타나는 것이 분명했다. 그런데 이 특별한 하나님의 종이 가는 곳마다 하나님나라, 즉 하나님께서 통치하시는 나라를 선포하며 회개를 요구했다(1:5, 39). 축귀와 신유가 하나님의 영광을 드러냈고 힘을 발휘할만한 숫자의 사람들이 모여들었다.

드디어 주의 나라가 임하게 되며 예수가 기다리던 메시아일지도 모른다는 생각을 하게 되었을 것이다. 그가 메시아라면 당연히 하나님나라를 고대하며 경건을 위해 노력하던 의인들을 불러모아 힘을 합칠 것이다. 그 나라를 위해 예비하면서 율법에 충실하고 세속에 물들지 않았던 바리새인들이나 경건한 제사장 또는 율법학자들인 서기관들을 결집하여 당을 만들어야 정상이었다. 그런데 이게 무슨 일인가? 절대로 가까이하거나 수용해서는 안 되는 세리와 전과자 같은 한량들이 그의 주변에서 얼쩡거리는 것이 아닌가.

레위는 자신을 불러 주신 예수가 고맙기 그지없어 잔치를 베풀었다(2:15). 물론 그 자리에는 동료 세리들과 비슷하게 사회적으로 소외되던 부류의 사람들도 동석했다. 이들은 하나님의 일을 한다 하면서 자신들을 끼워 주는 예수가 신기하기도 하고 고맙기도 했을 것이다.

하지만 바리새인과 서기관들에게는 당혹스러운 일이었다. 세리를 제자로 부르는가 싶더니 함께 어울리기에 민망하고 어색한 도당이 예수와 식사자리를 같이하고 있었다. 예수의 이상한 행동에 대해 제자들에게 불평을 했다(16절). 이를 전해 들은 예수는 한편 맞으면서도 전적으로 받아들이기에는 무엇인가 석연치 않은 말씀을 하셨다. "건강한 자에게는 의원이 쓸데없고 병든 자에게라야 쓸 데 있느니라 내가 의인을 부르러 온 것이 아니요 죄인을 부르러 왔노라"(17절).

3. 의사로서의 메시아

의원이 건강한 자가 아닌 병자에게 필요한 것이라는 말은 유대와 그레코-로마 세계 문헌 여러 곳에서 발견되는 보편적인 격언이다. 지극히 당연한 말이다. 의사가 존재하는 이유는 병자 때문이다. 이에 대해 반론을 제기할 이유는 없다.

그러나 이것을 전제로 한 예수 자신의 역할 정의는 메시아를 고대하던 의인들에게는 혼돈을 불러일으킨다. 말하자면 메시아는 의사와 같다는 것이다. 그들이 기대하는 메시아는 정치-군사적 지도자로서 현재의 모순과 질곡을 풀어낼 정의의 사도이어야 했다. 쿰란 공동체 같은 곳에서는 또 한편으로 '아론의 메시아' 곧 순결한 대제사장으로서의 메시아를 기대하기도 했다. 의사로서의 메시아는 생각해 본 적이 없는 개념이었다. 물론 구약의 선지서를 조금만 주의 깊게 읽으면 하나님께서 그의 백성을 '치료'하겠다는 메시지가 가득 차 있다는 것을 간과할 수 없다(사 19:22; 53:5; 렘 8:2; 30:17; 호 6:1; 14:5; 슥 11:16 등 다수). 깨어진 옛 언약은 이스라엘에게 이루 말할 수 없는 상처를 주었다. 그들은 고침을 받아야만 했다.

그렇다면 의인들은 어떻게 되는 것인가? 분명히 메시아는 의인들과 같이 일하도록 되어 있다는 것이 상식이었다. 의인들을 모아 하나님나라를 건설하는 일은 메시아가 오셨을 때 당연하게 기대되던 소망이었다. 속담을 그대로 유추하면 예수에게는 의인이 필요 없고 의인들은 예수가 필요 없다는 말이 된다. 이것이 칭찬인가 비아냥인가? 분명히 칭찬은 아닌 것 같다. 그러나 조금만 마음을 열면 이것이 예수가 부르는 대상에 제한이 없다는 점을 부각시키기 위한 설명임을 곧 알아챌 것이다. 의인을 배제하겠다는 것이 아니다. 하나님나라의 본질이 온 백성의 회복에 있지 의인들에 제한된 동아리를 만드는 것에 있지 않다는 진리의 표방이었다. 의인의 이데올로기가 지배하는 사회에서 배제시킨 주변인과 하층민까지 넉넉하게 포괄하는 하나님 은혜의 설파가 의사 메시아의 사명이었다.

메시아 예수는 의인과 같이 거사를 일으킬 두목으로 온 것이 아니었다. 메시아 예수는 죄인들을 하나님께로 돌리기 위한 희생의 대속제물의 역할을 완수하기 위해 왔다. 그러므로 하나님의 나라는 일부 열성분자들이 생각했던 것처럼 끝까지 견뎌온 율법의 의인들이 의기투합하여 분명한 선을 긋는 제한적인 나라가 아니었다. 훨씬 더 광범위한 차원의 모든 사람을 품는 그런 나라였다. 뜻밖에도 거기에는 세리와 죄인까지 용납하는 하나님의 광대하신 은혜가 적용되었다.

이들을 어떻게 포함시킬 수 있을까? 죄를 용서받을 수 있는 길을 여심으로써 그렇게 할 수 있었다. 예수는 그들의 세속적 왕초가 아니라 그들을 위한 대속의 제물이 됨으로 그 모든 부류의 사람들이 하나님나라에 들어갈 자격을 주는 일을 하시기 위해 오셨다(막 10:45). 그러므로 "나는 죄인들을 위하여 온 의사"라고 할 수 있었던 것이다. '나는 의사로 왔지 의혈단의 큰 형님으로 온 것이 아니다. 그러니 고침을 받아야 할 세리와 죄인들이 의사와 같이 식사하는 것 갖고 뭐라 하지 마라. 당신들이 의인이라고 생각하여 내가 필요없다고 느끼면 할 수 없다. 난 여전히 세리 및 죄인들과 같이 어울려야만 되겠다. 죽일 테면 죽여라(3:6 참조). 그러나 내가 바로 그렇게 죽으러 왔다'(10:45).

예수는 지금도 죄인을 부르려고 죄인들 가운데 계신다. 예수는 지금도 세리를 부르려고 세리들 가운데 계신다. 그래서 여전히 오해를 받는다. 말끔하고 세련된 종교 지도자들에게 오해를 받는다. 권력자들에게도 오해를 받는다. 똑똑하고 잘났으며 의인이라고 생각하는 사람들에게 눈총을 받는다.

그리스도의 몸인 교회는 예수를 따라야 한다. 교회는 너무 거룩하여 하나님보다 더 거룩해진 것은 혹시 아닐까? 교회가 바리새인들과 서기관들의 온상이 되어 있는 것이 아니기를 바란다. 정말 그럴지도 모른다. 열려야 한다. 품어야 한다. 문화적으로도 바뀌어야 한다. 보통의 평범한 사람들이 찾기에 불편하지 않은 장소와 공간, 분위기를 갖추어야 한다. 교회는 병자들을 위한 의사의 집이기 때문이다. 교회는 아픈 사람들을 고치기 위한 치유의 공동체가 되어야 하기 때문이다. 그러자면 불편하고 힘이 든다. 어색하고 버겁다. 그래도 그쪽으로 변형되어야 한다.

복음의 새 술을 담을 기독교를 향해(2:18~22)[3]

1. 역사적 배경

본문에서 이념적 긴장의 이슈가 되는 것은 '금식'(禁食)이다. 구약에서 금식이 요구되는 경우는 연중 단 1회로서 속죄일(贖罪日)뿐이다(출 20:10; 레 16:1~34; 23:26~32; 35:9; 민 29:9~11). 이 날은 음식을 금하여 몸과 영혼에 고통을 가하면서 회개하여 죄를 씻고 속죄제를 올린다. 따라서 금식의 성경적 의미는 '참회를 위한 고행'과 그를 통한 '죄로부터의 정결'이다. 그래서 율법으로 요구된 것은 아니지만 특별히 참회가 요구될 때(삼상 7:6; 욘 3:5), 위기에 처해 간절하게 하나님의 자비하심을 구할 때(삼하 12:21~23; 에 4:16) 사람들은 금식으로 하나님 앞에서의 경건과 소원을 표현했다. 그 외 애도(哀悼)를 위한 금식도 있었다(삼상 31:13). 바벨론에 포로로 잡혀가 있는 동안에는 자신들의 처지를 슬퍼하며 하나님께 구하는 금식이 일 년에 네 번 있었다(슥 8:19). 이 모든 경우에 금식하는 사람들은 (죄, 죽음, 또는 어려움 등으로 인한) 마음의 '슬픔'을 표현한다.

1세기를 전후해서 바리새인들은 월요일과 목요일, 한 주에 두 번씩 자발적인 금식을 했던 것으로 보인다(눅 18:12; 디다케 8.1; 미쉬나 타하니트 1.4~5 등). 그 관행의 기원이 무엇인지는 확인되지 않으나 개인과 세상의 죄에 대해 슬퍼하는 마음을 담은 경건과 헌신의 표현이었던 것으로 짐작된다(마 6:16; 눅 18:12).

일반 대중들에게 영향력 있던 바리새인들의 종교적 관습은 당시 경건을 추구하던 사람들에 의해 일반화되었을 것이다. 예수의 공생애 당시 세례 요한의 제자들의 규칙적인 금식은 '회개의 전파'와 '하나님나라의 도래'를 갈구하는 의미에서 행해졌던 것으로 보인다. 예수의 죽음과 부활 이후에는 예수의 재림과 하나님나라의 완성을 기다리던 마가 공동체도 규칙적인 금식을 실행했다는 것이 20절에 암시된다. 따라서 금식을 놓고 왈가왈부했던 종교적 갈등은 마가 공동체의 것이 아니라 예수 당시의 것이다.

2. 메시아 운동의 축제적 성격

이때는 아마 특별한 열심으로 하나님을 섬기던 바리새인들과 세례 요한의 제자들의 금식기간이었을 것이다. 그런데 비슷하게 하나님나라의 운동을 하는 종교적 무리로 이해되었을 예수와 그 제자들은 금식을 하지 않았던 것이 분명하다. 어떤 이들이 예수께 와서 제자들이 금식하지 않는 이유를 묻는다(18b절). 당시에 금식을 하던 이들이 힐난조로 던진 질문이었을 것이다. 그들의 금식은 율법의 규정을 넘어서 좀 더 하나님을 잘 섬기기 위한 자발적인 열심을 반영하는 관행이었다.

그러나 그러한 자발성이 어느새 고정된 전통 의식(儀式)으로 전환되어 다른 이들의 경건과 의를 가늠하는 잣대가 된 것을 본다. 저들은 이미 금식을 수행하는 동기와 목적에 충실하기보다는 그것 자체의 준수에 많은 것을 걸어 놓은 듯하다. 예수는 그렇게 본래의 취지를 망각하여 수단이 목적으로 전화(轉化)된 인간의 전통에 별반 심각한 관심을 기울이지 않았다. 하나님나라의 본질을 왜곡하고 경건의 근본 정신을 화석화한 인간의 전통이라면 오히려 벗어버려야 마땅하다. 더구나 메시아 예수의 때는 금식의 계절이 아니었다.

예수는 지상에 있을 때 금식과 금욕의 사람으로 살지 않았다. 오히려 예수는 '먹보' 요 '술꾼' 이라고 비난을 받을 정도로 잔치와 축제의 메시아였다(마 11:19; 눅 7:34). 하나님의 나라는 메시아의 잔치를 수반하는 환희와 행복의 사건으로 비유된다. 이곳 본문에서는 예수가 즐거운 혼인잔치의 신랑으로 제시된다(19~20절). 유대의 혼인잔치는 음악과 야단법석한 행렬이 이어지는 기쁨과 축제의 현장이었다(마카비상 9:37 이하를 보라). 예수가 이 땅에서 하나님나라 운동을 하는 사건은 그 자체로서 마음껏 먹고 마시며 즐기는 혼인잔치 기간이다. 예수의 존재는 인간의 모든 암울한 억제를 타파하는 하나님의 나라의 강력한 진입을 뜻하기 때문이다.

예수는 분명히 '회개' 를 외치면서 하나님의 나라를 선포했다(마 1:15). 죄를 위한 참회와 가슴을 치는 애통함 그리고 새로운 삶으로의 결단이 수반되어야 한다. 그러나 그러한 회개로 시작한 그 나라의 삶 자체가 침침한 억제와 구속(拘束)의 소극적 퇴행이 되어서는 안 된다. 예수의 회개를 통한 하나님나라의 도래는 활력이 넘치는 '새로운 창조'(고후 5:17; 갈 6:15)다. 신랑과 같이 있는 혼인잔치에서 인상을 찡그리며 금식하는 우스꽝스러운 '신랑의 사람들'(19절, 개역성경의 "혼인집 손님들")의 모습은 하나님나라의 창조적 활력을 제대로 인식하지 못하는 왜곡된 종교인들에 대한 패러디(parody)다. 하나님나라에서 슬픔은 어색하기 짝이 없다. 어두움과 그늘에 대한 부정은 자못 강경하다. '금식하지 않아도 된다'가 아니다. 오히려 분명하게 "금식할 수 없다"(19절)고 한다. 기뻐해야 한다. 그렇듯이 예수 운동은 창조성, 역동성, 축제성이라는 특성을 지닌다.

3. 새 부대가 필요하다

금식의 관행으로 시작된 논쟁은 두 비유로 이어진다. 첫 번째 비유는 낡은 옷의 헤어진 곳을 깁기 위해 새 천을 대면 그것이 낡은 옷 자체를 끌어당겨 완전히 망가뜨린다는 내용이다(21절). 이 비유 상으로 볼 때, 헌 옷을 구제하는 길은 헌 옷감을 대는 것이다. 그러나 이 비유의 초점은 헌 옷을 살리는 데 있지 않다. 새 천으로 상징되는 예수의 새 질서가 옛 질서에 붙어 공존할 수 없다는 것을 알리는 데 그 요점이 있다.

두 번째 비유도 같은 사실을 지적한다. 예수로 인해 도래하는 하나님나라는 새 포도주기 때문에 옛 가죽 부대로 상징되는 옛 유대교가 그 혁신적인 역동성을 담지 못한다. 새 포도주를 담으려 했던 옛 가죽 부대는 터져서 자신을 손상하고 만다. 두 비유 모두 새 질서를 견디지 못하여 '헤어짐'이 심해지거나(21절), '터져 망가지는'(22절) 구(舊) 유대교의 현실을 가리킨다.

여기까지는 두 비유가 같은 내용을 가리킨다. 그러나 우리의 본문은 두 번째 비유를 마감하면서 예수 운동에 새 질서의 당위성을 부여하는 '아포리즘'을 더한다. 이것은 첫 번째 비유와는 상관이 없다. 개역성경은 "새 포도주는 새 부대에 넣느니라"로 번역했으나 원문에서는 동사가 없이 형용사와 명사가 반복되는 '새 포도주를 새 부대에'가 되어 운율이 있는 슬로건이 된다. 새 질서와 새 제도를 필요로 하는 예수 운동의 방향성을 가리키는 말이다. 결국 혁신성을 지닌 예수 운동은 유대교라는 구제도 안에 머무를 수 없었다. 새 포도주요 새 천인 예수의 하나님나라는 유대교라는 옛 질서를 무너뜨리면서 새 부대로 상징되는 '교회'와 '그리스도교'라는 새 질서를 필요로 하게 된다.

인간을 위한 안식일과 그 주인 인자(2:23~3:6)

1. 안식일의 배경

안식일 규정은 당시 유대인들을 구분하는 중요한 특성 중의 하나였다. 디아스포라 유대인은 금요일 저녁에 시작하여 토요일 저녁에 끝나는 안식일 준수로 인해 남의 눈에 띄지 않을 수 없었다(또 한 가지 드러나는 관행은 지중해 연안에서 흔하게 단백질 섭취의 수단이 되는 돼지를 기피하는 것이었다).

본래 안식일은 단어 뜻 그대로를 살리자면 '쉬는 날'이다. 히브리 동사 '샤바트'는 '쉬다'라는 뜻이다. 안식일의 가장 오래된 기원은 창조에 있다. "하나님이 일곱째 날을 복 주사 거룩하게 하셨으니 이는 하나님이 그 창조하시며 만드시던 모든 일을 마치시고 이날에 안식하셨음이더라"(창 2:3). '쉼' 때문에 생긴 날이 안식일임은 분명하다.

하나님께서 이 일곱째 날을 축복하셨다. 복 있는 날이 되게 하셨다는 말이다. 이 날은 지긋지긋하고 무서운 날이 아니라 복이 넘치는 날이다. 복이 넘치는 날이 되어야만 한다. '거룩하게 하다'는 말의 히브리 동사('카다쉬')는 본래 '구별하여 분리시킨다'는 뜻이다. 그러니 일곱째 날은 하나님께서 복을 주셔서 특별히 구별해 놓은 날이다. 그날에 복을 주심은 궁극적으로 누구를 위함일까?

이에 대해 브루스(F. F. Bruce)의 설명 논리가 호소력이 있다. 과연 하나님께서 '휴식'을 필요로 하실까? 하나님은 엄밀한 의미에서 휴식이 필요하신 분이 아니시다. 그렇다면 안식일 제정의 목적은 명약관화하다. 그것은 하나님의 휴식을 위하여 제정된 것이 아니고 인간의 휴식을 위해 복을 주셔서 구별한 날이다. 안식일은 허구한 날 쉬고 놀 수 있는 유한계급(有閑階級)을 위해 복을 준 날도 아니다. 직·간접적으로 강요된 일의 부담과 압박으로 지치고 지칠 수밖에 없는 노동계급을 살인적 피곤에서 구원하는 합법적인 보호장치다(신 5:12~14).

기본 정신은 분명하다. 안식일은 사람을 위해 만들어진 것이다. 날에게 복을 준다는 것은 그날로 인해 혜택을 입는 인간에게 복을 준다는 뜻이다. 안식일은 사람을 위해 만들어진 하나님의 은혜의 날이다. 한 랍비는 출애굽기 31:14에 주석을 달아 "안식일이 너희에게 주어진 것이지 너희가 안식일에게 주어진 것이 아니다"라고 쓴다(출 31:14에 대한 메킬타). 그러니 "안식일은 사람을 위하여 있는 것이요 사람이 안식일을 위하여 있는 것이 아니"라고(막 2:27) 선언하신 예수의 말씀에 괜히 고개를 갸우뚱거리며 의아해할 것이 하나도 없다. 말씀 그대로다. 안식일은 사람들이 노동의 과로에서 벗어나 쉴 수 있도록 사람을 위하여 제정되어 거룩하게 구별된 날이다.

2. 예수의 안식일과 다윗의 진설병

예수의 제자들이 안식일에 밀 이삭을 잘라먹은 것으로 시비가 붙었다(2:23). 이번에는 민감한 안식일 문제가 걸려 있다. 바리새인들은 이것이 안식일을 범한 것이라고 생각했다. 대량으로 추수를 한 것도 아니고 지나가다 밀 이삭을 비벼 먹은 게 정말 안식일에 하지 못할 일인지에 대해서는 별반 논쟁을 벌이지 않았다.[4] 예수는 오히려 안식일과 별 상관이 없는 듯한 다윗의 이야기(삼상 21:1~6)를[5] 끄집어내어 자신이 한 일과 같은 선상에 올려놓아 그 행위를 정당화했다.

양자 사이에 무슨 관계가 있는지를 확인하기 위해 모든 유사점을 정확하게 맞추려다 나오는 학술적 논란은 거의 무익하다. 마가복음의 맥락에서 예수 말씀의 의도는 비교적 명확하다. 다윗은 율법에 문제가 될 소지가 있는 행위를 했다. 그러나 그는 하나님의 기름부음을 받은 차기 왕으로 사울에게 쫓기는 절박한 상황에서 생존의 갈림길에 서 있었다. 기아에서 벗어나기 위해 율법에 문제 소지가 있는 일이지만 그 위험을 감수하면서 자신의 추종자들을 먹였고 이에 대해 정죄를 당하지 않았다. 예수의 제자들도 율법 이탈의 소지가 있는 행위를 했다. 안식일의 전통에 위배될 수 있기 때문이다. 예수께서는 이것이 정말 안식일 규정에 위배되는지를 따지지는 않았다. 그렇게 따져 논리적 우세를 점하실 수도 있었다. 하지만 예수에게 그런 논쟁은 땀 흘려 수행할 만한 가치가 있는 것이 전혀 아니었다. 단지 자신이 다윗 이상으로 중요한 의미를 지닌 존재임을 확인할 뿐이다. 인자는 안식일의 주인이기 때문이다(28절).

인자가 안식일의 주인이라는 말은 약간의 언어유희를 담고 있다. 예수께서는 창세기의 가르침에 근거하여 안식일 규정의 주된 관심이 인간이었음을 확인한다(위의 배경을 참조하라). 그러면서 동시에 안식일 규정 해석의 주권이 '인자' 인 자신에게 있음을 선언한다. 인자는 안식일에도 주인이다. 여기서 인자를 문자 뜻 그대로 풀어 쓰면 '사람의 아들' 이다. 당시의 관용적 표현으로서 '사람의 아들' 은 곧 '사람' 을 말한다.

그렇다면 인자가 안식일의 주인이라는 말은 고의적 애매함을 이용한 이중적 의미를 갖는다. 한편으로는 '인자' 라는 표현이 예수 자신을 가리키는 1인칭 단수처럼 쓰였기 때문에 '예수가 안식일의 주인' 이고 그래서 안식일 해석에 대한 정통성이 자신에게 있다는 뜻이 된다. 그러나 또 한편으로는 안식일이 사람을 위해 있는 것이기 때문에 '사람이 안식일의 주인' 이라는 인간 존엄성의 우위를 정의하는 함의를 품는 것이기도 하다. 만일 노골적으로 그렇게 말한다면 오해의 소지가 많고 문장의 의미상 신학적 오류를 지적받을 수도 있다. 그러나 하나님의 아들로서의 인자가 안식일의 주인이라면 그것에는 크게 하자될 것이 없다. 동시에 하나님의 아들인 '인자' 예수가 안식일의 주인이라 말하면서 사람이 안식일을 위해 있는 것이 아니고 안식일이 사람을 위해 있는 것이라는 진리를 재차 확인하는 반복의 효과를 갖는다. 예수 어법의 묘미다.

3. 결국 대속적 죽음을 향하여

이런 대전제를 깔아 놓고 이제 안식일의 행위에 대한 이슈로 전이한다. 인자는 안식일의 주인이다. 그리고 안식일 규정 자체보다 중요한 것은 하나님께서 천사보다(또는 하나님보다) 조금 못하게 지으신 사람이다(시 8편). 안식일은 어떤 방식으로 지켜야 할 것인가?

예수의 행위가 당시로서는 도발적이었다. 안식일에 병든 사람을 고치는 것이 당대의 율법학자들에게는 일로 간주되었다. 그러한 관행을 예수도 알고 사람들도 알고 있었다(3:2). 이미 제자들의 밀 이삭 사건을 통해 예수는 당시로서는 도발적인 안식일 해석을 내놓았다. 일부 예수의 행위를 못마땅하게 생각하던 사람들은 과연 그가 안식일에 이 손 마른 사람을 고칠 것인지를 호전적인 눈길로 지켜보았다. 예수가 손 마른 사람을 불러 일으켜 세웠다(3:3). 긴장이 감돌았을 것이다.

그런데 예수가 엉뚱한 질문을 던졌다. 사람들은 안식일 준수에 어긋나는 일이 무엇인지를 따지는 데 온통 마음을 쏟고 있었다. 저들의 이슈는 손 마른 사람을 고치는 것이 안식일 규정에 어긋나게 ‘일’을 구성하느냐에 있었다. 그런데 예수는 허를 찌르는 질문을 한다. 안식일에 선을 행하는 것과 악을 행하는 것 중 어느 것이 옳으냐는 것이었다.

갑자기 그들이 생각하던 선악의 기준에 혼동이 왔다. 지금 이 시점에서 그들의 머리 속에는 안식일에 ‘일’을 하는 것이 악이라는 생각뿐이었다. 그런데 예수는 안식일에 선을 행할 것인지 아니면 악을 행할 것인지, 양자택일을 요구한다. 당연히 선을 행해야 된다. 그런데 안식일에 선을 행하는 것이 과연 옳은 일인가? 이것 참 묘연하다. 또한 안식일에 생명을 구하는 것과 죽이는 것 중 어느 것이 옳으냐고 물어보니 당연히 생명을 구하는 것이 옳다고 보아야 한다. 그러나 안식일에 일하는 것이 잘못된 행태라고만 생각하던 이들에게 이 질문은 갈피를 못 잡게 만드는 성격의 것이었다.

예수는 그들이 안식일의 율법주의적 준수를 고집하면 악행 또는 생명살상에 찬성하는 것이 되게끔 질문을 던져버린 것이다. 그래서 그들은 입을 다물었다. 물론 예수의 생각에 동의해서 그런 것은 절대 아니었다. 이런 분위기 속에서 예수는 아랑곳없이 손 마른 자를 권능으로 치료한다(3:5). 바리새인들과 권력자들 마음속에는 깊은 분노가 쓴 뿌리처럼 헤집고 내려앉았다. "이대로 살려둘 수 없다 …." 결국 예수는 자신이 온 목적인 대속적 죽음(막 10:45)을 향해 한 걸음씩 다가간다.

제자 됨의 의미

마가복음 3:7~35의 주해와 적용

마가복음의 전체 틀 짓기에서 지리적 관점은 매우 중요하다. 그것은 복음서를 관통하는 줄이 된다. 예수님의 사역은 갈릴리에서 시작하여 그 지경을 넘어 이방인에게로 간다. 예수께서는 갈릴리 안팎에서 사역을 시작하셨고(1:14~8:26), 결국 수난받아야 할 도시 예루살렘으로 들어가신다(11~16장). 이 관점의 특징은 갈릴리 중심이라고 말할 수 있다.[1] 그것은 또 동시에 유대적, 예루살렘적 관점에 대립되는 것이라고 말할 수 있다.

갈릴리는 예수께서 복음 선포를 시작한 곳이고, 제자들을 얻은 곳이며, 기적을 행한 곳이다. 그러나 예루살렘에서 주님은 그저 단 한 번 기적을 행하셨다. 그것도 이스라엘의 심판을 생각나게 하는 무화과나무를 심판하신 기적이었다(11:12~14). 그리고 무엇보다 부활하신 예수께서는 갈릴리에서 자신을 계시하신다(14:28; 16:7). 그러나 예루살렘은 예수님과 하나님나라의 계시를 거절했다.[2] 이러한 대립적 관점은 마가복음의 전체를 관통하여 하나의 갈등 이야기를 구성하는데, 우리가 다룰 3:7~35에 앞서 나오는 소위 갈릴리 논쟁(2:1~3:6) 전체를 압도하는 관점이기도 하다.

여기서도 예외는 아니다. 예수께서 부르신 제자들은 다름 아닌 갈릴리 산 위에서 부르신 자들이고(13절), 예수님의 대적자들도 다름 아닌 예루살렘에서 내려온 자들이다(22절). 그러나 이 단락 전체는 단지 그러한 대립의 외형만을 묘사하는 것은 아니라 내용을 특징짓는다.

군중에서 제자로의 길(3:7~12)

이 단락은 앞서 묘사된 예수님의 사역, 무엇보다 치유 사역을 요약하고 새로운 장면으로 넘어가는 다리역할을 한다. 우선 마가는 예수님을 따랐던 군중은 "유대와 예루살렘과 이두메와 요단 건너편과 또 두로와 시돈 근처에서"도 왔으나, 대다수가 갈릴리 사람들이라고 보도한다(7~8절). 여기서 예수님의 소문에 관한한, 유대와 예루살렘은 그냥 여타의 다른 갈릴리 주변의 지역이요 도시 중에서 하나일 뿐이다. 유대교로서는 생각할 수 없는 일이다. 마가는 다시금 예수님의 사역에 대해 갈릴리 중심의 관점을 관철한다.

여기서 군중들이 예수님을 따르는 모습 속에서 우리는 하나의 인상적인 묘사를 발견한다. "예수께서 제자들과 함께 바다로 물러가시니 갈릴리에서 큰 무리가 좇으며"(7절). 이 묘사에서 나타나는 '따르다/좇다'는 제자도를 그림 언어적으로 묘사하는 핵심어로 마가복음과 그 신학을 관통한다. 이것을 가장 잘 나타내 주는 장면이 베드로의 신앙고백과 첫 번째 수난 예고 다음에 나오는 '제자의 길'로의 부름이다(8:27~35). "무리와 제자들을 불러 이르시되 아무든지 나를 따라오려거든 자기를 부인하고 자기 십자가를 지고 나를 좇을 것이니라"(8:34).

마가는 예수님의 그 언어를 그대로 자신의 상황묘사에 사용한다. 무리가 예수님을 좇는 마가의 이 그림 언어에서 우리는 분명 예수님의 요구의 외연(外延)을 본다. 그러나 그것은 외연에만 머물지 않는다. 많은 사람들(무리)은 예수님의 사역을 넓게 둘러싸고 있으며, 제자들은 좀 더 가까이서 그것을 경험한다. "그가 하신 모든 일을 듣고 그에게 나아왔다"(3:8)고 말한다. 그러나 그들은 아직 "그가 하신 모든 일"을 모른다. 그 일이 무엇인지 혹은 그 일을 행하는 이가 누구인지. 비록 그들이 예수님의 '만져 주심'을 경험할지라도, 아니 그래서 고침을 받을지라도(9절) 아직은 그것을 모른다. 엉뚱하게 그들을 그렇게 제어하는 실체인 사탄은 그것을 안다. "그 앞에 엎드려 부르짖어 가로되 당신은 하나님의 아들이니이다”(11절).

이 ‘인식’은 분명 진실이다. 예수님의 엄중한 경계는 그 인식이 사실이라는 것을 반증한다. 단지 예수께서는 그 사실을 아직은 드러내지 않으시려 할 뿐이다(12절). 분명 예수님을 따르는 길은 기적의 체험만이 아니라 그기적의 의미와 기적을 일으키시는 예수님을 ‘인식’하는 것과도 관계가 있다. 이 ‘인식’은 분명 고백적인 ‘인식’이다. 군중의 따름은 분명 그런 ‘인식’이 전제되지 않는 따름이라면, 참다운 제자로의 길은 경험과 ‘인식’이서로가 통합되어 있다. 예수 경험은 모든 인간을 고백적인 인식으로 인도하고, 그 인식은 참다운 제자의 길로 인간을 초대한다. 그러므로 마가복음에서 군중과 제자는 절대적 차별이 존재하는 것은 아니다. 제자에의 길은누구에게나 열려 있다. “누구든지 하나님의 뜻대로 행하는 자는 내 형제요자매요 모친이니라”(3:35; 참조. 아래).

이것은 거꾸로 말하면, 제자들조차도 그러한 경험과 인식이 이미 끝나버린 과거의 사건이 아님을 의미한다. 그래서 이 장면에서뿐만 아니라 베드로의 신앙고백 장면 이전까지는 제자들 역시 그러한 고백적인 인식에 도달하지 못하고 있다. 비록 그들이 많은 기적을 경험하고, 예수님의 말씀을전파하고, 사탄을 내어 쫓는 권능을 행사하고 있음에도 말이다(3:14). 베드로뿐만 아니라 제자들 전체가 고백적 ‘인식’에로 초대되고, 동시에 새로운따름에의 길로 초대된다. 그 길은 다름 아닌 고난에로의 길이다(8:34).

사도와 제자(3:13~19)

여기서 우리는 사도와 제자들이란 개념을 정리할 필요가 있다. 복음서는분명 예수님의 제자 “열둘”을 거명한다(막 3:16~19; 마 10:1~4; 눅 6:12~16). 서방계 사본은 이 열둘에 “제자들”을 넣어 읽음으로 그 의미를 명확히 한다(14절). 이것은 예수님 주위에 더 많은 제자들이 존재했음을 말해주는 것이다.

몇몇 중요한 사본들(시내사본, 바티칸사본 등)은 여기에 덧붙여졌던 "사도"(보내심을 받은 자)라고 칭했던 기록을 전한다. 위에서 말한대로, 제자들이란 분명 예수님에 대한 경험과 인식을 통해, 더 깊고 깊은 곳으로 예수님을 따르는 자들이다. 그러나 사도들은 일차적으로 예수께서 원하셔서 부르시고, 그 부름에 응답하여 예수님을 따른 자들이다(3:13). 굳이 구별을 한다면 제자들은 예수님의 사역 일반, 즉 선포와 치유 이적에 응답한 자들이라면, 사도들은 예수님의 구체적인 요구로서의 부름에 응답한 자들이라고 할 수 있다. 그러나 제자들이나 사도들 모두는 언제나 '부름'과 '따름'의 긴장 속에서 살아간다. '부름' 없는 '따름'이 그렇듯이, '따름' 없는 '부름' 역시 공허하다.

마가복음과 마태복음에서는 제자들에 대한 구체적인 표현으로서 "나를 믿는 이 작은 사람들"(막 9:42//마 18:6 참조. 눅 17:3)이란 표현을 사용하고, 사도란 말은 아주 적게 사용된다(막 3:14; 6:30; 마 10:2). 반면 누가복음은 제자들이란 말도 사용하지만 사도란 용어를 상대적으로 많이 사용한다. 마가와 마태에게서 사도란 말은 분명 제자란 용어에 의해 거의 대치될 정도로 줄어든다. 그러나 여기에서도 아직 남아 있는 것은 있다. 먼저, 12제자들을 지칭하는 '사도'는 많은 제자들 가운데 어떤 상징적 의미를 갖는다. 그것은 예수님의 지상에서의 사명을 예표(豫表)한다. 즉 예수께서는 종말의 때에 이스라엘의 12지파를 부르시므로 하나님의 보내심의 일을 성취하신다.

더 나아가, 사도란 어떤 특별한 기능을 갖는다. 그들은 예수님의 공생애 전체에 그와 함께 했던 자들이다(행 1:21). 분명 예수께서는 그들을 "자기와 함께 하시려"(14b절) 하셨다. 모든 제자들은 예수님을 경험하고 아는 자들이나, 12사도들은 "예수님과 함께 했던 자들"이다. 그럼 제자들이란 예수님과 함께 하지 않았던 자들일 수도 있단 말인가? 안디옥에서 그리스도인들을 "나사렛인"(마 2:23; 행 24:5)으로 불렀을 때, 이들이 모두 예수님과 함께 했던 자들은 아니었다.[3]

그들 모두가 사도는 아니었지만 그들은 부활의 주님을 믿는 제자들이었다. 사도들은 그 언젠가 지상의 예수님과 함께 있던 자들이었다. 그러나 이제 그리스도인들은 새로운 예수 체험으로 제자가 된다. 그들은 오직 부활의 주를 경험함으로, 항상 임마누엘로 '주님과 함께' 하고 있는 자들이다.

더 나아가 사도들에게는 선포 사역과 치유와 사탄을 추방하는 사역이 위임된다. "또 보내사 전도도 하며 귀신을 내어쫓는 권세도 있게 하려 하심이러라"(14c~15절). 이 구절은 마가복음 6:7~13에 나오는 12제자의 선교파송과 직접적으로 연결된다. 이 선교파송에서도 사탄을 추방하는 권세(6:7)와 선포(6:13)가 그들 사역의 핵심으로 나타난다. 우리는 이 본문을 선교파송의 단락인 6:7~13에서 해석할 수 있을 것이다. 여기에서 예수님의 12제자 파송의 의미는 근본적으로 예수님의 선포와 치유 사역을 이어가는 데있다.

예수님의 사역의 요약문인 1:38~39은 제자들에게 위임된 사역으로 6:6, 13에서 그대로 반복된다. 다시 말해서 12제자들의 사역은, 회개를 선포하는 것(막 1:15)과 권세로 사탄을 내어 쫓는 것(1:21, 27; 2:10)에서 보여 주는 바와 같이 예수님의 사역과 동일한 것이다.

그런데 여기서 한 가지 기억해야 할 사실은, 사도들은 그들의 사역의 내용에서만이 예수님의 사역과 동일한 것은 아니라는 것이다. 그들은 예수님의 삶의 스타일도 이어간다. 인자가 머물 곳이 없어진 것과 같이(마 8:20//눅 9:58), 그들은 길을 떠나야 했다(6:8). 그것은 가족을 떠나는 것을 의미했고, 여행을 위한 가장 간단한 차림 이외에는 허락되지 않았다(6:8b~9). 그리고 그들은 공동체의 숙식제공에 자신들의 생활을 의탁해야 한다(6:10f). 초기 교회는 분명 이러한 예수의 삶의 스타일을 전수했고, 그것은 분명 특별한 부름을 받은 소위 '방랑 선교사들' 의 삶의 스타일로 자리 잡게 되었다.

바울이 이 '의무' 를 '특권' 으로 받아들이고 자비량 선교사적 삶을 살아 갔다는 사실은, 고린도 교회의 적대자들이 그가 사도가 아니라고 반박하는 데 결정적인 빌미를 제공했다.[4] 이것은 사도성에서는 사역의 내용뿐만이 아니라 형태에서도 예수를 따라야 함이 관철되었음을 의미한다.

그런 의미에서 사도들은 예수께로부터 유래한 카리스마를 소유한 자들이다. 그들은 예수와 함께 했던 자들이며, 예수에게서 보냄을 받은 자들이며, 예수님의 입으로부터 나온 말씀을 가진 자들이다. 부활의 주님에게서 파송된 공동체의 위임은 오직 그들의 경험과 사명과 말씀에 잇대어질 때만 예수님의 지상생애에 뿌리를 둔 것이 된다. 그러므로 사도들은 마가복음의 그리스도인들뿐만 아니라, 지금 모든 그리스도인들과 기독교 공동체에 예수님의 지상생애라는 '그때'를 기억시켜 주는 제자들이다. 그들은 사도들에게서 기독교의 처음을 본다.

이것은 단순히 과거의 회고라는 차원이 아니다. 그것은 이런 의미일 것이다. 즉 사도는 교회의 사도성을 지킨다. 사도성이란 다른 것이 아니다. 그것은 예수와의 결합을 의미한다. 그러므로 우리는 이렇게 말할 수 있다. "예수와의 결합이 끊어진 교회는 더 이상 교회가 아니다."[5] 이미 초대 교회는 이 결합의 위기를 경험해야 했다. 그것은 단순히 사도들이 모두 사멸해 갔기 때문이 아니었다. 그것은 도리어 사도들의 죽음 이후 사도적 카리스마가 돈을 탐하는 인간적 권위에 의해 대치되었기 때문이었다. 그래서 '디다케'라는 문서를 사용했던 시리아의 지역 공동체는 방랑 선교사들의 '진실성'을 시험하고서야 그들을 영접하게 할 정도였다.

우리 시대에는 더 이상 사도는 존재하지 않는다. 제자만이 존재한다. 다만 지금도 사도성을 말할 수는 있다. 그러나 그것은 오직 '부름' 받은 자들이, 그들의 선포와 치유 그리고 삶의 형태에서 얼마나 예수님의 사역 전체와 결합되어 있는가에 달려 있다고 말할 수 있다.

적대자들에 대한 한계 짓기(3:20~30)

앞의 첫 단락에서 군중이 예수 사역의 넓은 울타리로, 그리고 그 핵심적 위치에서 12제자들이 묘사되었다면, 이 단락에서는 예수님을 중심으로 그

들과 반대편에 선 적대자들이 등장한다. 그들은 예루살렘을 대변하는 율법
학자들이다(3:22). 여기서 다시 한 번 이루어진 장소 이동은 의미심장하다.
예수께서는 바닷가에서 군중을 대하신다(7절). 그리고는 산에 오르셔서 12
제자들만을 부르신다(13절). 이제 예수께서는 집으로 들어가신다(20절). 여기
서 집이라는 장소는 마가복음에서 예수님께서 제자들을 외인들과 구별하
여 가르치신 은밀한 곳을 의미한다(9:28, 33; 10:10 etc.). 독자들은 집이라는
장소를 통해서 공동체와 외인들을 구별하여 들려 주는 마가복음의 이야기
세계로 들어와 있다.

그러나 이 단락은 내용적 전개에서 새로운 양상으로 발전한다. 그것은
예수님의 사역 전체의 기원에 관한 것이다. 표면적으로 보면 이 장면은 식
사할 겨를도 없을 만큼 되어버린 예수님의 사역의 성공(20절)에 대한 폄하
를 목적으로 하고 있는 것 같다. 그래서 예수가 미쳤다는 비난으로 그 성공
을 잠재우려 한다. 율법학자들이 예수님을 바알세불 들렸다고 한 것도 친
족들이 들은 잘못된 소문의 한 유형일 수 있다.

그러나 논쟁은 여기서 그치지 않고, 예수님의 사역의 핵심인 사탄을 내
어쫓는 "권세"를 향한다. 예수께서 사탄의 힘을 빌어서 사탄을 내쫓는다는
것이다(22절). 예수님은 이것을 반박할 뿐만 아니라, 적극적으로 반격한다.
우선 예수님은 서로 분쟁하는 나라와 가정에 대한 비유(23~26절)를 통해 적
대자들의 생각이 자기 모순적인 것임을 밝히신다. 분쟁하는 나라는 무너진
다. 여기에서 사탄의 나라의 건재는 기정사실화된다. 그리고 이에 대항하
는 외부적 힘의 근원이 제시된다.

즉, 사탄의 나라에 대한 예수의 사역은 어떤 세계의 내적인 갈등이나 반
란이 아니라는 것이다. 그것은 근원이 다른 세력, 즉 사탄의 나라와 하나님
나라 사이의 싸움이다(27절). 이런 의미에서 누가복음은 동일한 단락에 결
정적인 예수님의 말씀을 첨부한다. "내가 하나님의 손을 힘입어 귀신을 쫓
아내는 것이면 하나님의 나라가 이미 너희에게 임하였느니라"(눅 11:20;
12:28).

더 나아가서는 마가복음뿐만 아니라, 누가나 마태복음도 여기에 대해 적극적으로 예수님의 심판어록을 가져온다. 즉 예수님에 대한 그러한 비난은 성령을 모독하는 용서받을 수 없는 죄(28~29절)라는 것이다. 예수님의 사역을 성령의 사역과 연관시키는 것은 부활절 이후 초대 교회의 선교사들에게서 일상적인 것이라 할 수 있다. 특히 공동체 내에서 치유와 이적, 사탄을 쫓아냄은 성령의 역사로 인정될 수 있었다. 그리고 초기 선교사들은 예수님의 사역을 계속하는 의미에서 동일한 사역을 행했고, 그것의 정당성을 주장했을 수 있다.

문제는 이것을 보는 유대교의 시선이다. 유대교는 이렇게 활성화되는 예수님과 그 제자들의 하나님나라 운동을 하나의 카리스마적 치유종파들이 확산되는 것으로 간주해 버리려 했는지도 모른다. 그러나 기독교 공동체는 그러한 유대교에게 심판을 단언한다. 즉 예수님의 사역과 뿌리를 같이하는 기독교 공동체의 사역을 이와 같이 거절하는 것은 성령의 사역을 거절하는 것이다. 그리고 그것은 영원히 용서받을 수 없다. 예수님의 지상 사역에 근원을 둔 기독교는 이렇게 유대교와의 한계를 분명히 했다. 그 경계표의 중심에는 예수님의 권세에 대한 고백이 존재한다. 쫓겨나는 사탄은 예수님을 경배하고 하나님의 아들로 고백한다(3:11).

적(敵)은 그의 적(敵)을 가장 잘 안다. 적의 생각은 이미 드러났다. 생각은 인간의 중심을 그리고 영적인 실존을 드러낸다. 유대교의 지도자들은 이미 예수의 적대자의 자리에 서 있다. 생각과 인격과 영의 중심에서 그들은 예수의 선포와 치유, 축귀 사역을 거절한다. 이 사역은 하나님나라의 나타남 자체다. 그러나 이 하나님나라 사역의 확장사인 기독교의 선교 역사를 통해서 우리는 다시 성찰해야 한다. 무엇이 하나님나라의 사역인가? 그리고 영적인 권세의 충돌이라는 소위 'power encounter'에서 우리는 인간과 종교 그리고 문화를 적으로, 사탄으로 규정할 수 있단 말인가? 그리고 참으로 무엇이 성령을 훼방하여 용서받을 수 없는 죄인가? 이러한 세부적인 규정은 유대교에서 결의론적(決疑論的: casuistical) 성격으로 굳어졌고, 초기 기

독교 역시 그러한 방향으로 나아갔다.[6]

오늘날도 그것은 예수님의 하나님나라 사역을 이어가는 공동체의 생각과 인격과 영의 중심이 만들어 나가게 된다. 건강한 신학은 무엇일까? 영적인 강건함은 무엇일까? 새 것은 옛 것의 한계 내에 갇혀 있을 수 없다. 그렇게 되면 새 포도주와 가죽은 모두 버리게 된다. 새 것은 옛 것의 한계를 알고, 한계를 지음으로써 그것을 넘어갈 수 있고, 그럴 때 새 것은 참된 희망이 된다.

예수님의 새 가족: 참된 제자들(3:31~35)

이제 적대자들과의 논쟁이 전개되기에 앞서 먼저 나온 집이라는 상황묘사는 31절부터 시작되는 '예수님의 새 가족'에 관한 이야기로 독자들을 안내한다. 또 이 단락에서 5번이나 반복되는 예수님의 "어머니와 형제들"(31, 32, 33, 34, 35절)도 분명 "누가 예수님의 참된 가족이냐?"라는 주제를 부각시킨다.

우리는 여기서 다시 군중과 제자에 관한 섬세한 상황묘사를 볼 수 있다. 첫째와 셋째 단락에서 모여들던 군중들은 이제 집에 들어와 예수님의 주위에 앉는다(32절). 여기서 마가는 공동체와 외인들을 역설적으로 묘사한다. 예수의 친족들이라고 번역된 "예수님 곁에 있는 자들"(21절)이 여기서는 "외인들"로 밖에 서 있다(31절). 그들은 율법학자들처럼 공격적으로 예수님을 비난하지는 않지만, 그렇다고 군중들처럼 예수의 사역을 긍정적으로 평가하지도 않는다. 도리어 그들은 예수의 사역을 미쳤다고 비난하는 쪽에 속한다(21절).

반면 군중들은 집안에 앉아 있다. 이들은 예수님과 그의 육신의 가족을 연결하는 자리에서 예수님의 가까운 청중이 된다. 문제는 지금 예수님과 가까이 있는 이들의 선입견이다. 비록 예수님의 육신의 가족들이 그를 믿지 않는다 할지라도, 그의 어머니와 형제들이 아닌가? 이에 대해 예수님은 이들의 생각을 아시듯이 그것에 대해 말씀하신다. "누가 내 어머니이며, 내 형제들이냐?" 초점은 21절의 "친족들"에서 이제 그것이 섬세하게 변형된 표현인 34a절의 "그의 주위 사람들"에게 맞추어진다. "보라 나의 어머니요, 나의 형제들이다"(34b절).

마가는 분명 예수께서 그를 따르는 자들로 이루어지는 '새로운 가족'을 집이라는 장소적 구조와 육신의 가족들이라는 은유를 통해 묘사한다. 예수께서는 '새로운 가족'을 단지 하나의 이상으로만 생각하지 않았다. 예수님과 복음을 위해 집과 가족을 떠나고 소유를 포기한 자들은 지금 이 세상에서 실제로 그것을 백 배나 돌려 받게 된다(9:29f)는 약속은 이렇게 실현된다. 예수를 따르는 자들은 그들의 가족을 잃는 대신 새로운 '예수 가족'을 맞이한다. 비록 그러한 언약이 방랑하는 선교사들에게 훨씬 더 적합했다 할지라도, 공동체의 구성원을 형제와 자매로 받아들이는 그 근본정신과 삶의 스타일은 모든 예수 가족에게 유효했다. 예수께서 가져온 복 된 하나님나라의 소식을 받아 그를 따르는 사람들에게, 분명 육신적 가족이라는 인간의 근본 테두리는 무너지고 있었다. 이제 인간의 아버지를 대신하여 하나님을 아버지로 하는 새로운 형제 자매의 공동체가 세워진다.

그러나 여기서 더 깊이 물어야 할 것이 있다. 무엇이 예수를 따르는 것인가? 군중으로서 예수의 청중이 되는 것인가? 아니면 예수의 부름으로 선별된 '열둘'이 되는 것인가? 예수께서 의도하신 새로운 형제 자매적 공동체의 구성원은 분명 이 두 그룹, 즉 군중과 사도의 긴장 가운데 존재한다. 위에서 언급했듯이 그들은 제자들이다. 예수에 대한 경험과 인식으로 더욱 깊은 곳으로 예수를 따르는 그들 말이다.

그러면 이러한 관점으로 볼 때, 이 단락의 마지막은 "예수를 따르다"라는 것을 분명 이렇게 정의했을 것이다. "누구든지 하나님의 뜻을 행하려 하는 자, 그가 나의 형제요 자매며 어머니이다"(3:35). 율법을 확정하는 진술의 형태로 표현된 이 말은, 분명 누가 제자인가를 확정한다. 참된 제자는 예수님의 아버지 하나님의 자녀가 되어 그의 뜻을 행하는 자다. 이를 통해 이제 예수님의 새로운 공동체는 12제자를 넘어 더 넓은 청중으로 확산된다. 그 공동체는 하나님을 아버지로 모심으로, 아버지의 뜻이 지배되는 곳이다. 그래서 주기도가 그들의 평생의 실천을 위한 기도가 되어야 하는 곳이다. "당신의 뜻이 하늘에서와 같이 땅에서도 이루어지이다"(마 6:10b).

나가는 말

우리는 이 단락을 통해서 마가복음을 관통하는 갈릴리적 관점이 예루살렘 유대적 관점과 단순히 외적인 구조로 대립된 것은 아니라는 것을 인식하였다. 그 대립은 오히려 내적인 것이다. 그것은 유대교와 팔레스타인 사회 주변에서 시작된, 새로운 하나님나라의 운동이 가져온 역동성의 산물이다.

거기에는 예수님의 사역의 성공과 함께 첨예화되는 적대자들의 긴장이 용해되어 있다. 우리는 그 속에서 예수께서 행하셨던 매우 구체적인 모습을 보게 된다. 그것은 예수님 자신이 행하셨던 그 하나님나라의 사역을 계속할 제자 공동체를 세우시는 것이었다. 여기에서 출생한 초대 기독교 공동체는 자신들을 예수님의 새로운 가족으로 정의하는 데 주저함이 없었다. 한 하나님을 모시고 그분의 뜻을 땅 위에 실현해 나가는 형제 자매적 공동체로서 그들은 자신들이 가고 있는 길이 오직 예수를 따르는 것이기를 소망했다.

제자 됨이란, 예수님을 경험하고 앞으로 더 깊은 곳으로 예수를 따르는 것이다. 동시에 제자 됨이란 교회가 예수님과 결합되고 있는가를 진지하게 물으며, 자신들의 한계를 끊임없이 돌파해 나아가는 행동이다.

04

말씀의 씨와
그 뒤집음의 힘

마가복음 4장 주해와 적용

마가복음에는 흔히 '행동의 복음서'라는 이름이 따를 만큼 이적기사들이 주를 이룬다. 그에 비해 비유가 차지하는 부분은 상대적으로 적다. 마가복음 전체에서 단지 4개의 비유만이 소개되는데 그 중에서도 3개가 4장 속에 들어 있다. 이 3개의 비유를 소개해 놓고도 마가는 예수께서 "이러한 많은 비유로" 가르치셨다고 말한다(4:33). 이는 마가가 예수님의 가르침의 사역을 양적인 측면에서가 아니라 질적인 측면에서 요약했음을 암시한다. 예수님의 가르침에 비유가 차지하는 부분이 얼마나 크고 중심적인지를 압축적으로 또는 대표적으로 보여 주고자 하는 것이 이 부분에서의 그의 목적이라고 볼 수 있다.

배경: '예수가 과연 누구인가'에 관련된 논란

1. 심각한 오해와 도전

마가복음의 전체적 흐름은 '예수가 누구인가'라는 질문을 중심으로 그에 대한 긍정적인 선언 및 고백과 부정적인 오해 및 음해들이 되풀이되는 방식으로 엮어진다. 예수를 하나님의 아들로 선포하는 첫 선언(1:1)에서 시작하여 "이 사람은 진실로 하나님의 아들이었도다"라는 백부장의 종결적 고백(15:39)으로 마쳐지는 마가복음의 전체 구도는 그 속에서의 반복되는 바른 고백들과 잘못된 오해들의 밀고 당김을 감싼다. 그 가운데서도 3장에서는 예수에 대한 가장 심각한 오해들이 제시된다. 그가 미쳤다는 친속들의 오해(3:21)뿐만 아니라, 바알세불의 이름을 빌어 그가 "더러운 귀신이 들렸다"(3:30)고 말하는 서기관들의 공격이 그것이다. 4장은 이런 3장과의 연속선 위에서 읽어야 할 것이다.

그렇다면 3장에 나타난 심각한 오해들을 읽는 독자들의 마음속에는 어떤 기대들이 생겨나는가? 이에 대한 보다 강화된 대응이 따를 것을 기대하게 되는데, 과연 마가가 그러한 방식으로 대처하는 것을 발견할 수 있다. 예수에 대한 결정적 도전이 주어지는 곳에 예수로 말미암아 운명이 뒤바뀌며 생사가 판가름나는 결정적 중심추로서의 예수의 역할이 제시된 것이다.

2. 강화된 대응

마가의 대응은 3장 후반부와 4장 전체에 걸쳐 세 가지의 모습으로 드러난다. 먼저 3:31~35에서 새로운 관계가 규정된다. 기존의 혈육 관계를 넘어 "누구든지 하나님의 뜻대로 하는 자는 내 형제요 자매요 모친"(3:33)이 되는 전혀 새로운 형태의 관계 개념이 나타난다. 그리고 이 새 관계의 중심에는 예수 그리스도가 서 계신다. 그에 대한 자세가 하나님의 가족의 일원이 됨을 판가름 짓는 기준으로 작용한다.

두 번째로 4장의 비유들은 하나님나라의 도래로 말미암은 새로운 질서의 시작을 보여 준다. 이 점에 대해서는 곧 이어서 상세한 해설을 하게 될 것이다. 세 번째로 4장 후반부의 기사는 새로운 두려움의 대상을 우리에게 일러 준다. "저가 뉘기에"(4:41)라는 제자들의 반응에서도 볼 수 있는 것처럼, 이 모든 일들은 과연 예수 그리스도가 누구인가라는 질문에 답하고자 하는 목적을 가진다. 그가 이 모든 새로운 일들 속에서 얼마나 결정적인 역할을 하는지를 보여 주고자 하는 것이다. 그를 중심으로 이제는 어느 누구도 피할 수 없는 하나의 분명한 분기점이 형성된다.

비유를 통해 제시된 하나님나라의 새 질서

1. 가르침의 주변 환경과 특성(4:1~2)

예수님의 가르침이 중심적인 역할을 하는 마태복음과 달리 마가복음에서는 가르침의 부분이 상대적으로 축소되어 있다. 더군다나 예수님의 가르침은 4장과 13장에 집중됨을 본다. 4장의 가르침이 갈릴리 사역의 중반에 놓여 있다면, 유사하게 13장의 가르침은 예루살렘 사역의 중반에 놓여져 있다. 그리고 점증되어 가는 반대와 오해의 배경 가운데 예수 그리스도가 진정 어떤 분인지를 보여 주고자 하는 것이 이 집중된 두 번의 가르침의 주된 목적을 이룬다.

4장의 가르침은 갈릴리 바닷가를 그 배경으로 한다. 예수님은 배에 올라 무리와 다소 사이를 두는 독특한 가르침의 세팅을 만드신다. 주변의 환경을 가장 적절하게 활용한 야외 교육장이 된 것이다. 뿐만 아니라 그의 가르침 역시 주변에서 쉽게 접할 수 있는 익숙한 소재들을 사용한다. 예수께서 '여러 가지 비유로' 무리를 가르치셨다고 마가는 서론적 요약을 붙인다.

'여러 가지 비유로' 라고 번역된 이 말은 단순히 예수님께서 다양한 비유들을 가르치셨다는 의미만을 포함하지는 않는다. 보다 엄밀하게 보면 '여러 가지 것들을' (폴라) '비유들로' (엔 파라볼라이스) 가르치셨다고 말한다. 예수님의 가르침의 내용들(그 가운데 하나님의 나라가 가장 중심적이다)과 그 가르침의 전달 방식을 구분한 것을 눈여겨 볼 필요가 있다. 이는 예수님이 단순히 비유를 가르치는 교사라는 데 그 초점이 있지 않고, 그 가르치는 것을 '비유들로' (엔 파라볼라이스) 가르치는 분임을 강조한다.

예수님은 단순히 어려운 것을 쉽게 설명하기 위해 비유를 사용하신 것은 아니다. 하나님의 나라는 설명을 해서 이해가 되면 다 거기에 들어갈 수 있는 그런 것이 아니기 때문이다. 비유적 가르침의 문자적 의미를 이해하더라도 여전히 그 귀와 눈이 닫혀 있음으로 말미암아 그 나라와 멀어지는 사람이 있는가 하면, 그 비밀을 앎으로 그 나라에 속하는 사람들이 있다.

이런 구분의 결과를 빚어내는 것이 예수님의 비유들의 특징이다.

'비유들로' 말씀하심은 하나님나라의 진리가 체험적 진리임을 말해 준다. 깨달음 속에서 그 나라에 속하는 사람이 가지는 기쁨과 혁명적 변화 속으로 사람들을 부르는 것이다. 이런 깨달음의 자리로 나아가는데 우리는 제자들의 입장에 서서' 질문하기도 하고, 아는 듯한데 여전히 몰라서 실패하기도 하는 그들을 넘어 결국은 그 나라와 예수 그리스도를 바로 이해하는 자리에 나아갈 수 있도록 부름받고 있다. 이것이 '비유들로' 말씀하신 이유다. 그렇다면 우리는 인지적 귀만을 가지고 말씀을 들으러 나가는 사람들이 될 것이 아니라, 온 마음과 영혼의 귀를 동원하며 온 삶이 따른 응답의 자세를 가지고 나아가서 듣는 사람들이 되어야 할 것이다.

그런 점에서 우리는 먼저 이 비유적 가르침들을 이끌어 가는 전체적 구조 가운데 하나로 '말씀하심'과 '들음'에의 요청의 구조에 주목할 필요가 있다. 예를 들어 씨뿌리는 자의 비유는 2절의 "저희에게 이르시되"로 시작해서 9절의 "들을 귀 있는 자는 들으라"로 마친다. 21절의 등불에 대한 이야기도 "저희에게 이르시되"로 시작해서 23절의 "들을 귀 있는 자는 들으라"로 마치고 있다. 24절은 이 두 요소를 함께 포함시켜서 "가라사대 너희가 무엇을 듣는가 스스로 삼가라"고 말씀한다. '말씀하심'과 '들음'은 우리로 하여금 진정한 깨달음에 이르게 하는 가장 기본적인 구비 요건이다.

2. 씨 뿌리는 사람의 비유와 그 해석(4:3~20)

첫 번째 비유는 사람들의 주목을 환기시키는 강한 두 단어로 시작된다. '들으라'와 '보라'가 그것이다. 이렇게 두 가지 말을 동시에 사용하는 예는 마가에게서만 특징적으로 나타난다. 단순히 귀만이 아니라 마음의 눈까지 열어서, 듣는 가운데 또한 보고 깨닫고 변화되는 반응이 있어야 함을 강조한다.

이 첫 번째 단락은 크게 세 부분으로 나누어진다. 무리들에게 일러 준 비유 자체의 부분(3~9절)과 제자들의 질문에 답하는 부분(10~13절) 그리고 비유에 대한 설명 부분(14~20절)이다. 비유 자체에도 세 쌍들이 두드러지게 부각된다.

씨 뿌리는 사람이 씨를 뿌렸을 때 그 씨들을 결실하지 못하게 하는 방해물이 세 가지다. 굳은 땅과 돌들 그리고 가시덤불이다. 이에 비해 좋은 땅에 떨어진 씨앗들이 이루는 성공적 결과가 삼십 배, 육십 배, 백 배로 세 번 점진적으로 언급된다. 누가복음은 백 배만을 단숨에 이야기하고(눅 8:8), 마태복음은 백 배부터 시작하여 삼십 배로 감소하는 역순을 취한다(마 13:8). 마가의 순서의 배열은 세 번의 실패와 대조적으로 세 번의 점증적인 성공을 강조하기 위한 목적을 가진 것으로 보인다.

비유 자체 부분과 그 설명 부분 사이에는 비유의 의미를 묻는 제자들에게 '비유들로'(4:11) 말씀하시는 이유에 대한 예수님의 대답이 나온다. 예수님의 입을 통해 인용되는 이사야 6:9~10의 말씀은[2] 비유들이 모든 사람들에게 다 똑같은 의미로 다가가지 않는다는 것을 말해 준다. 예수님은 하나님나라의 비밀이 주어진 '너희'와 '외인들'을 구분하신다. 외인들에게는 씨의 풍성한 결실에 해당하는 세 가지 결과인 '깨달음'과 '돌이킴'과 '죄 사함'이 이루어지지 않는다. 그러므로 이 둘 사이에는 엄청난 격차가 생기게 된다.

리쾨르(Ricoeur)가 말하는 것처럼 이 격차는 수량화할 수 있는 양적 간격이 아니라 도저히 잴 수 없는 질적 간격이다.[3] 하나님나라에 속하는 자들은 비유들을 깨달음으로 말미암아 하나님과 더 가까워짐을 얻지만, '외인들'의 경우에는 이 비유들 때문에 오히려 더 멀어지게 된다. 특히 씨 뿌리는 자가 뿌리는 씨앗은 이런 구분을 만드는 결정적인 원인을 제공한다.

이 첫 비유의 의미는 예수님의 설명에서 그 해석의 포인트가 제공된다. 씨앗은 곧 말씀을 의미한다. 말씀이 전해지는 상황과 또 그때에 나타나는 다양한 결과들을 보다 생생히 나타내기 위해 '말씀은 씨앗'이라는 메타포적 알맹이를 비유적 이야기체로 발전시키는 것이다. 흔히 사람들은 밭에 너무 많은 비중을 두고 이 비유를 해석하는 경우가 많지만, 밭은 씨에 비해 부차적 성격을 가진다.

밭이 어떤 종류의 밭이냐 하는 것이 드러나는 것은 씨와의 접촉을 통해서다. 얼핏 보기에는 다 비슷해 보이는 땅이지만 씨가 뿌려졌을 때에 비로소 그 밭의 참 모습이 드러난다. 씨가 뿌려지기 전에는 그다지 심각한 구분이 생기지 않지만 씨가 뿌려진 이후에는 심각한 구분이 생겨나는 것이다. 아예 싹을 내지 못하게 되는 땅도 드러나고, 싹은 내어도 곧 말라죽게 되는 땅도 드러나며, 어느 정도 자라기는 하지만 결실에는 이르지 못하게 되는 땅도 드러난다. 이 모든 땅들은 삼십 배와 육십 배, 백 배의 풍성한 결실을 내는 땅과 확연히 구별되기 시작한다.

이런 차이를 만들어내는 것이 다름 아닌 씨앗이다. 하나님나라의 말씀의 씨앗은 그만큼 결정적인 중요성을 지닌다. 그리고 예수님 자신은 바로 그런 말씀을 전하는 자며 또한 말씀 자체이신 분이다. 비록 그 씨앗이 땅속에 가만히 파묻혀 있는 것 같고 또 때로는 실패하는 것처럼 보이지만, 구별된 좋은 밭들 속에서는 결코 실패하지 않으며 결국은 상상치 못하였던 놀라운 결실을 거두게 될 것이다. 이것이 씨앗의 운명이며, 말씀의 비밀이며, 예수님 자신의 길이다.

왜 하나님의 아들이 고난의 길을 가야 하는가, 이것의 이해에 모든 것이 달려 있다. 이 감추어진 메시아의 길, 그것은 결코 작은 결과를 낳는 데 그치지 않는다. 작은 것이 큰 것이 되고 큰 것이 허무하게 허물어지는 반전의 결과가 나타난다. 그런 점에서 이 씨 뿌리는 자와 씨와 밭에 대한 비유는 감추임과 나타남이 교차되는 마가복음의 하나님나라의 성격과 관련해 해석되어야 할 것이다.[4]

3. 스스로 자라는 씨와 겨자씨 비유(4:26~32)

이어지는 비유들은 '하나님의 나라는 ~과 같다'라는 형식을 취함으로 보다 분명히 비유들과 하나님나라의 관련성을 보여 준다. 사람이 땅에 뿌린 씨앗은 그 스스로 자라난다. 가만히 있는 것 같지만 사람이 알지 못하는 사이에 싹을 내며 자라서 마침내 결실에 이르게 된다. 그 결실의 때가 이른 것을 볼 때 씨를 뿌린 사람은 그것을 거두지 않을 수 없다.

이 비유에서 강조되는 것은 씨앗의 생명력과 그 활동의 현재성이다. 이미 약동하는 그 놀라운 생명력은 결실의 때에 이르기까지 결코 멈추지 않는다. 땅 위에 임한 하나님의 나라는 그와 같은 생명력으로 스스로 자라날 것이다. 그 자라는 것이 비록 사람의 눈에는 드러나 보이지 않을지 모르나, 그것이 다 자라난 뒤에는 피할 수 없는 추수의 낫이 다가옴을 볼 것이다. 비록 지금 그것이 감추인 듯이 보이지만, 항상 그것은 감추인 채로 머물지 않는다. 그것이 드러날 때의 갑작스러운 결과 앞에 놀라움으로 서지 않기 위해서는 뿌려진 씨앗의 현재의 자람을 주목하지 않으면 안 된다.

이와 같은 씨앗의 숨은 생명력에 비해, 겨자씨 비유에서는 씨앗의 작음이 강조된다. 그것은 "땅 위의 모든 씨보다 작은 것"(4:31)이다. 물론 이 표현의 정확성이 이 비유의 초점을 흐리게 만들어서는 안 된다. 겨자씨보다 더 작은 씨앗이 있느냐 없느냐 하는 생물학적 관심에 매달리는 사람이나, 이 표현 하나에 성경 무오설을 걸려는 사람들은[5] 이 씨앗이 등장하는 비유적 맥락이나 비유가 가지는 문학적 특성 등을 전혀 고려하지 않은 것이라 할 수 있다.[6]

하나님의 나라가 가지는 마지막 번성의 상태에 대해서는 이 비유를 듣는 유대인들이 다 공통적인 생각을 가지고 있었을 것이다. 그들은 하나님의 통치가 온 세상의 모든 것을 다 덮고도 남는 것으로 안다. 그러나 그것이 현재에 모든 씨보다 작은 겨자씨와 같은 모습으로 그들 가운데 임한 것에 대해 그들은 알지 못한다. 과연 십자가에서 죽게 될 작은 한 인물 가운데서 온 세상을 다 덮고도 남을 큰 나무를 볼 수 있을까? 한 무리의 작은 제자들과 빈약한 교회를 통해 그런 원대하고 영광스러운 완성을 볼 수 있을까? 하나님의 나라가 현재의 상황에서는 사람들의 눈에 잘 띄지조차 않는 겨자씨와 같은 모습일지라도 중요한 것은 그것이 현재에 이미 역사하고 있다는 사실이다.

사람들의 주의가 요구되는 이유는 바로 여기에 있다. 이미 완성된 최종적 모습으로 하나님의 나라가 다가온다면 사람들은 쉽게 이를 맞이할 수 있을 것이다. 그러나 겨자씨와 같이 보이지 않는 모습으로 다가온다면 쉽게 놓치고 만다. 더구나 당시 이스라엘 사회의 큰 사람들이요 권위자들이 바알세불의 이름을 빌어 강력하게 부인하는 그런 보잘것없는 한 사람에게서 하나님나라의 기대를 가지기는 쉽지 않을 것이다. 그러나 잘 들어야만 한다. 현재의 작은 것 속에서 하나님나라 씨앗의 생명력을 보지 못하는 사람들은 그 큼에 대한 허황된 꿈과 함께 그들 자신도 아무것도 아닌 존재들로 전락하고 말 것이다. 그러나 작은 것 속에서 큼을 보는 사람들은 그 큼이 온전히 펼쳐지는 순간에 진정한 영광과 기쁨을 경험할 것이다.

4. 비유들 속에 나타난 반전과 역설

이런 반전과 역설이 이 비유들 속에서 강조된다. 이런 면은 그 형식은 다른 비유들과 같이 내러티브의 구성을 가지지는 않지만, 그 내용은 동일하게 비유적 성격을 가지는 등불에 대한 이야기와 헤아림에 대한 이야기(4:21~25) 속에 잘 나타난다. 등불은 누구나 아는 것처럼 숨기기 위해서가 아니라 드러내어 어두움을 밝히기 위해 가지고 오는 것이 아니겠는가? 그런 등불이 지금 일시적으로 감춰지고 숨겨져 있다 할지라도 그것은 반드시 드러내어질 수밖에 없다. 등불이 감추어져 있다는 것은 분명 정상적인 일이 아니다. 그러나 하나님나라의 등불은 지금 "그 참 성격에 어울리지 않는 방식으로"[7] 세상 속에 존재한다. 그렇기 때문에 주의해야 한다. 그것이 반드시 드러나고야 만다는 것을 무시하는 사람들은 마지막에 낭패를 당하지 않을 수 없다.

이와 같이 현재에는 보잘것없이 작은 모습으로, 예상밖에 감추인 모습으로 존재하는 하나님의 나라지만, 그것을 가진 자와 가지지 않은 자의 결과는 나중에 그것이 온전한 모습으로 나타나게 될 때는 결코 메울 수 없는 질적 차이를 빚고 말 것이다. 큰 것을 주는 자는 큰 것을 되받고 작은 것을 주는 자는 작은 것을 되받는 것이 당연한 귀결이다. 비록 현재는 작은 것일지라도 거기에 큰 것을 담아서 주는 사람은 마침내 큰 것으로 되받게 될 것이다. 그래서 가진 자는 점차 더 가지게 되겠지만, 가지지 못한 자는 있는 것까지 다 잃어버리고 말 것이다. 작은 것 때문에 빚어지는 최종적인 결과의 차이는 이와 같이 엄청난 것이다.

이 모든 결과를 빚어내는 것이 바로 하나님나라 말씀의 씨앗이다. 이 작은 것이 작은 것으로만 머물지 않고 나중에는 100배까지의 결실을 맺음으로 기존의 관점을 완전히 뒤집어버리는 반전을 이루어낸다. 크고 왕성한 하나님나라에 대한 기대를 가졌다 하더라도 현재 그들 가운데 주어지는 말씀의 사역에 귀 기울이지 않는 자들은 오히려 아무것도 얻지 못하게 되는 역설이 이루어지고 있다. 이런 반전과 역설의 중심에 있는 것이 예수 그리스도와 그의 말씀이다. 비록 당시의 '큰' 사람들은 극심하게 예수를 오해하고 모함했지만, 예수님은 크고 작은 것을 재는 잣대로 그들 가운데 존재한다.

이와 같은 반전의 실례는 마가복음의 다른 부분들 속에서 예시된다. 한 예로 12장 후반부에 기록된 두 렙돈을 드린 과부의 일화에서 이 반전을 읽을 수 있다. 예수님은 큰 왕 다윗보다 더 크신 분으로서의 자신의 권위를 주장하시고(12:35~37), 이 바탕 위에서 권세 있는 판정의 말씀을 통해 그 권위를 시행하는 모습을 보여 준다(12:43~44). 큰 부자들이 갑자기 작은 자가 되고, 작은 자인 가난한 한 과부가 큰 자가 되는 이런 반전을 일으키는 것은 다름 아닌 예수님의 판정의 말씀이다.

예수님의 말씀은 이와 같이 세상 속에 새로운 질서를 도입한다. 이미 형성되어 있는 기존의 세상 질서는 더 이상 본질적인 것이 아니다. 그 질서의 관점에서 볼 때는 가장 작은 것밖에 안 되는 씨앗 하나가 온 세상 사람들의 운명을 뒤바꾸는 큰일을 내고 있다. 반면 그 작은 씨앗을 마음의 밭에 소중히 품는 사람은 예상치 못하였던 큰 결과를 얻게 될 것이다. 이 모든 일의 핵심에는 십자가에 가려져 있는 하나님의 아들이 서 계신다.

새로운 두려움(4:35~41)

1. 제자들의 강조된 두려움

비유들을 통한 가르침에 이어서 소개되는 이야기는 바다와 바람을 잠잠케 하신 기적 기사다. 제자들은 이 부분에서 다시금 악역을 맡는다. 편히 주무시는 예수님의 모습과 두려움에 질려 안절부절 못하는 제자들의 모습이 극명하게 대조된다. 예수님은 그들을 믿음 없는 자라고 꾸짖으신다. 제자들의 모습은 때로는 깨달음이 있는 자들로 나타나지만 때로는 여전히 깨닫지 못하는 자들의 모습으로 나타나기도 한다. 때로는 믿음이 있는 자들로 나타나기도 하지만, 때로는 믿음 없는 자의 모습을 보이기도 한다. '외인들'과 달리 예수님의 비유의 뜻을 남달리 설명들을 수 있는 특권을 가진 자들이지만, 풍랑 이는 바다에서는 여느 사람들과 다를 바 없이 예수님과 함께 있는 의미를 전혀 살리지 못하는 사람들이다.

마가는 이런 모습을 보여 줌으로써 독자들의 동참을 구한다. 풍랑 이는 현실의 바다 속에서 그리스도인들이 예수님과 함께 있다는 것의 의미가 무엇인지를 분명히 깨닫지 않으면 안 된다는 것이다.

2. 새로운 두려움

그래서 이 기사는 "저가 뉘기에 바람과 바다라도 순종하는고"(4:41)라는 질문으로 마감된다. 본문에서는 이 질문에 대한 대답을 직접 제시하지는 않는다. 그것은 독자들이 답해야 할 문제로 남겨지고 있다. 이 이야기에만 국한되지 않고 마가의 이야기를 전체적으로 다 읽은 다음에 부활하신 주님의 모습에서 그 대답은 더욱 뚜렷하게 이루어질 수 있을 것이다.

우리가 주목하는 것은 제자들의 새로운 두려움이다. 풍랑 이는 바다를 보고 죽게 될 것을 두려워하며 아우성쳤던 이전의 모습과 달리 이제는 그들의 속에 새로운 두려움이 형성된다. 마가는 이 두려움을 강조하기 위해 "그들이 큰 두려움으로 두려워졌다"고 표현한다. 이런 두려움은 곧 이어 소개되는 거라사의 군대 귀신 들린 자를 고친 이후 사람들의 반응 속에도 나타난다(5:15). 그러나 제자들의 두려움은 훨씬 더 강하게 표현된다. 그들은 '큰 두려움'에 압도된 것이다. 이전에 그들을 사로잡았던 두려움과는 전혀 다른 성질의 두려움이다.

예수님의 권능을 접하는 곳에는 새로운 두려움이 형성된다. 사람들을 주체치 못할 두려움에 사로잡히게 했던 바람과 바다조차 순종하는 분 앞에 엎드리며 순종하지 않을 수 없게 되는 것이다. 사람들을 두려움에 사로잡히게 했던 이전의 것들의 정체가 드러난다. 그리고 그 무서운 것들보다 더 위에 계신 분이 있다는 것을 알게 된다. 그렇다면 그분과 함께 하는 것이 얼마나 안전한 일이 되겠는가! 우리가 진정으로 두려워해야 할 분을 모시게 될 때 이전 우리를 두려워하게 했던 것들은 더 이상 우리에게 두려움이 되지 못한다.

오늘에의 적용

이상에서 우리는 사람들 가운데 시작된 새로운 관계와 새로운 질서 그리고 새로운 두려움의 중심에 예수 그리스도께서 서 계심을 발견한다. 현재에는 이 예수님이 그 참 모습이 가려진 상태로 세상 속에 계신다. 그래서 사람들은 그의 위대함을 보지 못하고 있다. 그러나 후에 나타날 모든 결과들은 현재의 이분으로 말미암아 결정된다. 그렇다면 우리는 작은 것 속에서 큰 것을 볼 수 있는 눈을 가져야 한다.

오늘날의 우리 사회는 급속하게 외향적 가치 중심의 사회가 되어가고 있다. 외모나 외적 가치에 지나치게 집착하는 사회이다. 미용이나 성형에 대한 관심 때문에 이미 이것이 큰 시장을 형성하고 있고, 사회 전체가 큰 돈, 큰 집, 큰 차 등에 따라 사람을 평가하는 사회가 되고 있다. '부자' 되기 위한 열망은 '왜'와 '어떻게'의 질문을 넘어 그 자체가 이미 하나의 이상으로 청소년들의 마음을 사로잡고 있기도 하다.

그 가운데서 가려지고 무시당하는 것은 작으나 위대한 것들이다. '부자 아빠'에게 기대되는 것을 해 주지 못하는 부모들은 자신을 희생해 가면서 자녀들을 뒷바라지하는 것에 대하여 사례는 고사하고 원망을 들어야 할 판이다. 작지만 그 위대한 것들이 사람을 바꾸고 오늘의 내가 있도록 만드는 것들이 아닌가! 자신의 생활비 전부를 드리고서도 부자들의 큰 헌금에 가려서 그 순결하고 고귀한 믿음이 철저히 무시되던 한 과부 여인과 같이 작고 사소한 것은 더 이상 사람들에게 감동을 주지 못한다. 이것이 오늘 우리의 함정이다. 여기에 빠지는 사람은 십자가의 주님을 알아볼 수 없다. 어느 누구도 보지 못하던 작은 것 속에 깃들인 진정한 위대함을 드러내어 주시던 예수님의 권위 있는 말씀, 이것이 이 시대의 희망이다.

예수님이 어떤 분이신가를 진정으로 경험하는 사람들은 외면적 '큼'이나 성장 또는 성공의 신화를 과감히 벗어나서 진정한 '위대함'을 추구할 수 있는 사람들이 되어야 한다. 작은 씨앗 속에 들어 있는 '뒤집음의 힘'(subversive power)을 볼 수 있는 사람이 세상을 바꾸는 하나님나라의 실재를 경험할 수 있다. 우리는 결단 앞에 서 있다. 우리는 누구의 제자인가? 우리가 아는 그분은 과연 누구인가? "이는 내 사랑하는 아들이니 너희는 저의 말을 들으라"(9:7)고 한 것처럼, 과연 우리는 세상의 말보다 예수 그리스도의 말을 듣는 그의 제자들인가?

05

기적 속에 드러나는
하나님나라의 능력

마가복음 5장의 주해와 적용

마가복음 5장은 거라사 군대 귀신들렸던 청년의 사건(1~20절), 12년 동안 혈루병으로 고생하던 여인의 기적적인 치유 사건(24b~34절)과 회당장 야이로의 딸을 다시 살린 사건(21~24a절, 35~43절)으로 구성되었다. 혈루병으로 고생하는 여인의 기적적인 치유 사건은 독립적으로 취급되지 않고 야이로의 딸 회생 사건 사이의 샌드위치 구조(ABA′) 속에 삽입되었다. 이들 세 가지 사건은 한 마디로 말해서 세상의 어떠한 권세와 능력도 해결하지 못하는 문제들을 근본적으로 해결하는 예수님의 놀라운 능력을 잘 보여 준다.

이러한 사건들을 바로 이해하기 위해서는 먼저 저자가 이들 사건을 어떠한 문맥에서 제시하는지 살펴보아야 한다. 그리고 세부적인 검토를 통하여 저자가 독자들에게 들려 주는 메시지를 파악할 때 본 사건에 대한 바른 이해와 적용을 할 수 있게 될 것이다.

5장의 문맥적인 위치

5장에 기록된 세 기적 사건은 마가복음과 누가복음(8:22~56)에서는 바로 앞에 기록된 풍랑 사건과 함께 동일한 순서로 기록되어 있다. 또한 풍랑 사건은 씨 뿌리는 자의 비유 바로 다음에 유사하게 등장한다. 반면 이와는 다르게 마태복음에서 풍랑 사건은 씨 뿌리는 자의 비유와 전혀 연결되지 않고 두 제자도의 교훈(8:18~22)과 긴밀하게 연결된다. 그리고 군대귀신 사건(8:28~34), 즉 후에 마가복음과 누가복음에는 다른 문맥에 기록된 들것에 실려온 중풍병자의 치유가 삽입되었다. 이 사건의 기록 후에 혈루병 걸린 여인의 치유 사건과 야이로의 딸의 회상 사건이 나온다. 이 같은 사실은 마가복음과 누가복음은 세 사건을 비슷한 맥락에서 제시하지만 마태복음은 세 사건을 다른 각도에서 기록했음을 보여 준다.[1] 그렇다고 마가복음과 누가복음이 이 세 사건을 한결같이 동일한 관점에서 기록했다고 보는 것은 무리다.[2]

우리의 초점은 마가복음 5장에 있으므로 저자가 어떠한 맥락에서 이해하는지 생각해 보아야 한다. 5장이 위치한 문맥은 제자들의 선택을 다루는 기사(3:13~19)에서 이들 제자들의 사명을 다루는 기사(6:7~13)까지 이어진다. 이 두 기록 사이에 들어 있는 내용을 구체적으로 제시하면 우리는 다음과 같은 역교차 구조를 발견하게 된다.

A: 제자들의 선택(3:13~19)

 B: 바알세불 논쟁과 예수님의 배척(3:20~35)

  C: 하나님나라에 대한 네 가지 비유(4:1~32)[3]

   D: 많은 비유의 사용과 제자들에게 뜻 설명함(4:33~34)

  C′: 예수님의 네 가지 기적 사건(4:35~5:43)[4]

 B′: 나사렛에서 예수님의 배척(6:1~7)

A′: 제자들의 사명(6:7~13)

위의 각 항목은 서로 긴밀하게 연결된다. 본 글의 초점에 따라 5장과 관련된 부분을 보자. 예수께서 4장에서 하나님나라에 대하여 가르치신 네 가지 비유(C)는 그가 행하신 네 가지 기적 사건(C′)와 밀접하게 연관된다. 이 두 단위는 예수께서 많은 비유를 사용하셨다는 것과 비유의 뜻을 그의 제자들에게만 풀어 설명하셨다는 저자의 논평으로 연결된다. 이 같은 연결은 우연한 배열의 결과가 아니라, 저자가 그의 메시지를 분명하게 하기 위해서 의도적으로 배열한 결과다.

이러한 이해를 지지하는 몇 가지 요소들을 보자. 첫째, 저자는 예수께서 네 비유를 바다에서 하신 것과 같이 예수께서 행하신 네 기적을 직접 혹은 간접적으로 바다와 연결한다. 저자만 5:22에서 예수님이 "바닷가에 계시더니"라고 언급한 것은 이러한 연결을 더욱 강화시킨다.

둘째, 저자가 독특하게 사용하는 항목(D)은 하나님나라에 관한 청각적 교훈과 하나님나라에 대한 시각적 교훈(네 가지 기적 사건)을 긴밀하게 연결한다. 마가복음에만 등장하는 "다만 혼자 계실 때에 그 제자들에게 모든 것을 해석하시더라"라는 설명(4:34)은 곧 바로 이어지는 예수님의 네 가지 기적 사건을 포함한다. 다시 말해 예수께서 말씀하신 하나님나라의 비유 속에 담긴 비밀이 그가 행하신 네 가지 기적 사건을 통하여 제자들에게 계시되었다는 것을 의미한다.

셋째, 예수께서 비유를 말씀하신 것과 네 가지 기적을 행하신 것은 시간적으로 긴밀하게 한 날로 연결된다. 4:35에 기록된 "그날 저물 때에"란 부사구는 마가복음에만 유일하게 등장하는 표현이다. 문맥적인 관점에서 볼 때 그 날은 예수께서 하나님나라의 도래 비밀에 관하여 네 가지 비유를 말씀하신 날이다. 저자는 하나님나라의 도래 비밀에 관하여 예수께서 말씀을 하신 바로 그날 저녁에 예수님께서 풍랑을 잠잠케 하셨다고 기록한다. 그 날이 6:1에서 끝나는 것으로 보아 나머지 세 기적도 동일한 하루 속에 자연스럽게 포함된다고 볼 수 있다.

이러한 세 가지 사실에 비추어 볼 때 5장에 기록된 군대귀신 들린 청년의 구원 사건, 혈루병 걸린 여인의 기적적인 치유와 야이로의 딸 회생 사건은 4장에 기록된 하나님나라의 도래 비밀을 담고 있는 비유의 내용을 구체적으로 예시하고 보여 주는 하나님나라의 능력 구현이다. 다른 사람들은 일반적인 기적으로 이해할 수 있을지 몰라도 예수님의 비유를 듣고 그 뜻에 관한 설명을 들은 제자들은 이들 기적 사건들이 비유들 속에 숨겨진 하나님나라의 무한한 능력을 나타내고 있음을 간과할 수 없을 것이다.

4장에 기록된 네 가지 비유의 핵심

우리는 앞서 5장에 기록된 기적들의 바른 이해가 풍랑 사건과 함께 예수님의 비유의 교훈과 밀접하게 연결됨을 보았다. 따라서 우리는 필연적으로 5장의 기적들을 바로 이해하는 열쇠를 제공하는 네 가지 비유의 핵심을 간단하게 언급할 필요가 있다. 가장 큰 비중을 차지하는 비유 중의 비유인 씨 뿌리는 자의 비유는 하나님나라의 숨겨진 점진적인 도래와 이에 대한 사탄 나라의 끈질긴 저항을 보여 준다. 등불의 비유(21~25절)는 씨 뿌리는 자의 비유 속에 숨겨지는 하나님나라의 도래에 관한 비밀은 은폐되기 위해서 숨겨진 것이 아니라, 드러나기 위해서 숨겨진 것임을 알려 준다.

마가복음에만 독특하게 나오는 스스로 자라는 씨의 비유(26~29절)는 씨 뿌리는 자의 비유 속에 제시된 하나님나라의 은밀한 도래의 성격을 좀 더 구체적으로 설명하는 것으로, 하나님나라의 도래는 인간의 노력에 달려 있지 않고 하나님의 주권적인 역사에 달려 있으며, 갑자기 단회적인 사건으로 임하는 것이 아니라 단계적으로 임하는 것임을 보여 준다. 겨자씨 비유(30~32절) 역시 씨 뿌리는 자의 비유에 대한 좀 더 구체적인 비유로 하나님나라의 초라한 시작과 엄청난 결과를 대조적으로 보여 준다. 겨자씨 한 알과 같이 현재 하나님나라의 도래는 형편없어 보이지만 때가 되면 엄청난 결과를 수반하게 될 것을 교훈한다.

하나님나라에 관한 이러한 교훈들을 구체적인 사건을 통하여 보여 주는 것이 예수님께서 행하신 네 가지 기적 사건이다. 예수께서 풍랑을 잠잠하게 하신 사건(4:35~41), 군대귀신 들린 청년의 구원 사건(5:1~20)은 하나님나라의 도래는 사탄 나라의 세력과 저항을 굴복시키는 것으로 나타남을 보여 준다. 혈루병 걸린 여인의 사건과 야이로의 딸 사건은 하나님나라가 지금 죽음을 극복하는 것으로 나타남을 보여 준다. 그러나 이 두 여인의 사건은 하나님나라의 최종적인 도래를 예고하는 것이고 그 도래의 현재적인 실현을 보여 주는 것은 아니다. 이제 이러한 이해를 바탕으로 하여 5장에 기록된 내용을 구체적으로 생각해 보자.

군대귀신 들린 청년의 사건(5:1~20)

이 사건은 마태복음 8:28~34과 누가복음 8:26~39에 기록되어 있다.[5] 세 기록 중에서 마가복음의 기록이 가장 길고 상세하다. 세 기록 사이에는 상이한 차이점들이 많지만 마가의 기록에서 본 사건을 이해하는 데 중요한 역할을 하는 네 가지 중요한 요소들을 중심으로 생각해 보자. 첫째, 저자는 마태복음과 누가복음의 두 기록이 거의 관심을 보이지 않는 사실에 깊은 관심을 보인다. 이것은 귀신들린 사람의 통제불능과 그의 자학성에 관한 것이다(3~5절). 귀신들린 사람은 너무나 힘이 세기 때문에 어떠한 사슬로도 그를 결박할 수 없다(3~4절). 저자는 이 사실을 3b절과 4b절에서 두 번에 걸쳐 언급한다. 저자는 누구도 그를 쇠사슬로 결박할 수 없다는 두 언급(AA′) 사이에 그가 여러 번 발을 묶었던 족쇄와 손을 묶었던 쇠사슬을 부러뜨린 사실을 삽입했다(B, 4a절).

이러한 기록 방식을 통하여 저자는 한 사람을 사로잡은 더러운 귀신의 세력이 얼마나 무적의 힘을 가지고 있는지를 힘써 보여 준다. 뿐만 아니라, 무적의 귀신에 사로잡힌 사람은 무덤에서 살면서 고함을 지르며 돌로 자신을 자해하는 행동을 계속해 왔다(5절). 이러한 두 가지 모습은 하나님나라를 대항하는 사탄의 세력이 불패(不敗)의 능력을 가진 것처럼 보여 준다. 세상의 어떠한 방법과 능력으로도 극복할 수 없는 사탄 나라의 세력을 패배시키기 위해서 예수님께서는 그의 제자들과 함께 갈릴리 바다를 건너 거라사인의 지방 곧 이방인들의 땅으로 왔던 것이다.

씨 뿌리는 자의 비유에서와 같이 사탄의 나라는 사람들 가운데 파괴의 역사를 행할 뿐만 아니라, 하나님나라가 도래하는 것을 막기 위해서 풍랑으로 예수님과 그의 제자들을 죽이려고 했으나 실패했고, 그곳 거라사 군대 귀신들린 사람을 통하여 저항하고자 했다. 그렇지만 하나님나라를 도래하게 하시는 예수님 앞에 사탄 나라의 엄청난 세력은 결국 속박되고 만다. 저자는 귀신들린 사람이 결박 불가능한 사실을 강조함으로서 어느 누구도 결박시키지 못하는 강한 자 사탄을 결박시키는 더 강한 자 예수님을 여기서 역력히 드러낸다(3:27).

둘째, 저자는 귀신들린 사람을 "더러운 영(귀신)" 들린 사람으로 강조한다(2, 8, 13절). 본 사건과 관련하여 이 표현은 누가의 기록에 한 번 나오고 마태의 기록에는 전혀 등장하지 않는다. 마가복음에는 이 표현이 11번 나오는 가운데 본 기록에서 무려 세 번이나 나온다. 귀신들린 사람이 하는 행동은 모두 그를 사로잡고 있는 더러운 귀신의 행동임을 저자는 이 표현을 통해 명확하게 한다. 사실 예수님은 더러운 귀신과 결코 협력하거나 그들에게서 도움을 받지 않는다.

비록 예수님은 그를 대적하는 사람들에게서 "더러운 영(귀신)"들린 사람으로 고소를 받았으나(3:30), 예수님은 세례 요한에게서 세례받을 때 하나님에게서 거룩한 영(성령)을 받으셨기 때문에 거룩한 영으로 충만한 예수님과 더러운 영(귀신) 사이에는 결코 화해와 협력이 있을 수 없고 오직 전쟁만 있을 뿐이다. 지금까지 예수께서 더러운 귀신들이 말할 때 침묵하게 한 것도 같은 이유 때문이다(1:25, 34; 3:12). 예수님이 이 곳 거라사 땅으로 온 것은 더러운 영(귀신)들린 사람을 멸하러 온 것이 아니라, 그를 더러운 영에게서 구출하고자 오신 것이다.

이것을 안 더러운 귀신은 그가 사로잡은 사람을 통하여 예수님을 대적하고자 그에게 달려나와 경배하며 굴복하는 척하면서 그에게 저항했던 것이다. 7절에 기록된 "지극히 높으신 하나님의 아들 예수여 나와 당신과 무슨 상관이 있나이까 원컨대 하나님 앞에서 맹세하고 나를 괴롭게 마소서"
라는 말씀에서 앞부분의 말씀은 예수님을 하나님의 아들로 인정하는 신앙
고백이 아니라, 그가 예수님의 정체를 알고 있다는 사실을 과시함으로 그
의 의도를 좌절시키고자 하는 음모와 방해의 전략이다. 더러운 귀신의 이
러한 언사는 예수께서 "더러운 귀신아 그 사람에게서 나오라"라고 명령하
신 후에 한 말이기 때문에 더욱 그렇다(8절). 더러운 귀신의 간교한 저항은
거룩한 영으로 완전 무장하신 예수님 앞에서 맥없이 무너지고 말았다. 그
렇다고 해서 사탄과 그의 귀신들이 더 이상 저항할 수 없을 정도로 완전히
무너진 것은 아니다. 지금 현재 무너진 것은 한 사람을 사로잡고 있던 세력
이다.

셋째, 사로잡고 있던 사람에게서 추방되는 것을 피할 수 없었던 더러운
귀신들은 거라사 지방에서 추방되지 않으려는 목적으로 돼지 떼 속으로 들
어가게 해 달라고 예수님께 요청한다. 저자는 독특하게 돼지의 떼가 약 이
천 마리 정도였다고 밝힌다(13절). 더러운 영들이 그 사람에게서 나와서 돼
지 떼 속으로 들어가자마자 돼지는 갈릴리 바다를 향하여 비탈길로 돌진하
여 모두 몰사하고 만다(13절). 돼지 떼 이천 마리를 몰살한 사건은 예수님께
서 하신 사건인가? 아니면 그들 속에 들어간 귀신들이 예수님을 대항하여
일으킨 사건인가? 아니면 이 둘과는 관계 없는 돼지 떼의 갑작스런 발작의
결과인가? 이 사건에 대한 해석은 아주 다양하다.[6]

지면 관계상 상세한 논의를 생략하고 필자의 입장을 제시하면 돼지 떼
의 몰살사건은 예수님께서 암묵적으로 허락하신 귀신들이 죽인 사건이다.
귀신들의 목적은 단지 돼지들을 죽이는 데 있지 않고 이 사건을 통하여 이
방인들의 땅인 거라사 지방에 하나님의 나라가 도래하는 것을 막기 위한
일종의 반격 조치다. 귀신들은 이 사건을 통하여 온 도시와 마을 사람들을
동원하여 예수님을 대적하여 그 지역에서 추방하는 데 성공한다(14~17절).
이로서 귀신들이 그 지방에서 추방되지 않고 그 지역의 이방인들을 지배하
는 것은 잠정적으로 지속된다(10절). 예수님의 외관상 패배는 영구적인 것이

아니라, 그의 십자가와 부활 사건 이전에 잠정적으로 불가피한 일이다.[7] 그러나 사탄과 그의 귀신세력은 이방인들에 대한 그들의 지배가 머지 않아 종식될 것을 알지 못했다.

넷째, 저자의 독특한 기록은 주님의 긍휼로 말미암아 군대귀신에게서 구원받는 사람의 행동 속에 잘 나타난다. 마태는 귀신들에게서 자유를 얻은 두 사람의 반응에 대하여 전혀 기록하지 않았으나, 마가복음과 누가복음은 귀신에게서 구원받은 사람이 집으로 돌아가서 예수께서 그를 위해 행하신 사건을 사람들에게 선포했다고 기록한다. 마가의 기록에서 특히 주목을 끄는 것은 그 사람이 데가볼리에서 이 사실을 선포했다는 것이다(20절).

데가볼리의 언급은 누가와 마태의 기록에는 전혀 등장하지 않는다. 이 언급은 마가복음의 기록에서 아주 중요한 역할을 한다. 예수님으로 말미암아 귀신들의 세력으로부터 결정적으로 구원을 받는 사람이 데가볼리에서 예수님을 증거했다는 사실은 예수님의 후기 사역을 준비하는 중요한 역할을 한다. 20절에 언급된 데가볼리는 헬라[10] 도시 연합체에 속한 도시들 전부를 가리키는 것으로 보이지는 않는다. 이것은 아마도 그 지역에서 인접한 도시를 가리키는 것으로 보인다. 일차적인 후보 도시는 거라사 지방이고, 다른 인근 후보 도시들은 갈릴리 바다에 인접한 히보(Hippo)와 이스르엘 평야의 동남 편에 위치한 데가볼리의 수도 역할을 한 스키토폴리스(벳산)일 것이다.

정확한 지역이 어디든간에 중요한 사실은 데가볼리에서 귀신들에게서 구원받은 사람의 예수 증거 활동은 예수께서 두로 지역에서 돌아오신 후에 데가볼리의 한 지역에서 이방인들에게 하신 사역을 준비했다는 것이다(7:31~8:9).[8] 예수께서 갈릴리 호수 변에 위치한 데가볼리의 한 지역에 있을 때 많은 이방인들이 그에게 몰려온 것은 사실 귀신에서 구출받은 사람이 왕성하게 예수를 전파한 결과다.

예수께서 데가볼리의 한 지역에서 하신 일은 언어와 청각장애를 가졌던 사람을 치유하신 사건과 떡 일곱 개와 생선 몇 마리로 이방인 4천명을 먹인 사건이다(8:1~10). 예수께서는 특히 그들과 함께 3일 동안 있은 후에 그들에게 이와 같은 기적을 베푸심으로 그의 십자가와 부활 사건 이후에 이방인들이 복음의 구원양식을 받게 될 것을 예고하셨다. 이러한 사역의 일차적인 준비를 귀신들에게서 구원받은 사람이 했던 것이다.

본 사건을 접하는 마가복음의 원 독자들이나 오늘날의 독자들은 본 기록을 통하여 본 사건 속에서는 미래적인 요소로 남아 있던 것이 예수님의 십자가와 부활 사건으로 말미암아 실현된 것을 본다. 이 사건이 일어났을 때보다 하나님나라는 더욱 획기적으로 도래했다. 예수님의 십자가와 부활 사건으로 말미암아 이방인 민족들에 대한 사탄 나라의 통치권은 결정적으로 붕괴되었다. 물론 그렇다고 해서 사탄 나라의 저항이 전혀 없는 것은 아니다. 사탄 나라의 반대와 저항은 단기적인 관점에서 볼 때 거스릴 수 없는 것 같이 보이지만 장기적인 안목에서 볼 때 그 세력은 결국 무너질 수밖에 없는 패배한 세력이다.

우리는 이러한 관점을 가지고 하나님나라의 도래를 위해서 예수님 편에 서서 살아가는 자가 되어야 할 것이다. 구원받은 사람의 사역이 예수님의 후기 사역을 준비했던 것과 같이, 대립과 갈등이 있는 세대에 우리들이 신실하게 하나님나라의 복음을 증거한다면 주님 재림의 때에 더 많은 사람이 구원의 축제에 참여하게 될 것이다. 우리가 두려워해야 할 것은 사탄 나라의 간교한 반대가 아니라, 그 나라의 패배를 보지 못하는 영적인 무지다. 지금은 패배한 것 같이 보이나 그것이 결코 하나님나라의 패배가 아니라는 것을 볼 수 있는 하나님나라의 시각이 우리에게 절대적으로 필요하다.

혈루병 걸린 여인의 치유 사건(5:25~34)

앞서 지적했듯이 저자는 본 사건을 독립적으로 기록하지 않고 회당장 야이로 딸을 다시 살리는 사건의 중간에 삽입했다. 본 사건의 중간적인 위치는 이 사건이 야이로의 딸을 다시 살리는 사건을 해석하는 열쇠 역할을 함을 보여 준다.

복음서 중에서 마가는 이 사건을 앞서 기록한 사건과 마찬가지로 가장 길게 기록한다. 마태는 가장 짧게 3절로, 누가는 6절로 기술하는데 반하여 저자는 10절을 할애하여 본 사건을 기록한다. 마가의 기록에만 독특하게 등장하는 내용들은 이 사건을 기록하는 저자의 관점을 이해하는 데 중요한 역할을 한다. 이들 요소들을 보면 다음과 같다.

첫째, 저자는 앞에서 군대귀신 들렸던 사람의 최악의 상태를 상세하게 묘사했던 것과 같이 혈루병 걸린 여인의 구제불능의 심각한 상태를 상세하게 기술한다(26절). 여인은 병의 치유를 위해서 모든 수단을 다 동원하였지만 가산만 탕진했지 호전된 것은 하나도 없고 오히려 상황이 더욱 악화되고 있었다.

둘째, 저자는 이 여인이 예수님에 관한 소식을 들었다고 기록한다(27절). 이 언급은 마가복음에만 등장한다. 이 여인의 전환점은 세상의 어떤 좋은 소식에 있지 않고 예수님에 관한 좋은 소식에 있었다. 예수님에 대한 좋은 소식은 여인으로 하여금 "내가 그의 옷만 만져도 구원을 받을 것이다"라는 믿음을 가지게 했다(28절).

그는 자기와 같이 심각한 병에 걸린 자들이 예수님을 만지고 나서 치료를 받았다는 소식을 접하게 되었을 것이다(3:10). 여인의 믿음을 창출한 것은 그의 주관적인 상상이 아니라, 그에게 들려온 예수님에 관한 복음이었다. 예수님의 복음이 그에게 부여한 믿음의 발로 주님께 달려나오는 것이고, 복음의 소식이 부여한 믿음의 손으로 예수님의 옷깃을 만졌던 것이다. 씨 뿌리는 자의 비유에 비추어 볼 때 이 여인은 말씀을 듣고 믿음으로 열매를 맺는 좋은 밭이라고 해도 과언이 아니다.

셋째, 여인의 믿음을 그가 예수님에 대하여 들은 좋은 소식과 연결한 저자는 다시 한 번 독특하게 여인이 믿음으로 예수님의 옷깃을 만진 사건과 그의 즉각적인 치유 사건을 연결한다. 마태는 여인의 즉각적인 치유를 언급하지 않지만 마가와 누가만 이 사실을 기록한다. 저자는 한 걸음 더 나가서 이 즉각적인 치유에 대한 여인과 예수님의 이중 인식을 기록한다(29~30절). 여인은 친히 자신의 병이 나은 줄을 알았고(29절) 예수님 역시 그에게서 치유의 능력이 나간 것을 알았다(30절). 이 사실은 여인이 예수님의 옷깃을 믿음의 손으로 만질 때 즉각적으로 치유의 능력이 그에게서 나와 여인의 죽음의 병을 치유했음을 보여 준다. 예수님은 이러한 사실을 드러내고자 누가 나를 만졌느냐고 물으신 것이다. 이 질문과 여인의 답을 통하여 그를 에워싼 무리들이 그에 대한 믿음에 도달하기를 원했던 것이다.

치유받은 여인이 두려움과 떨림 가운데 나와 사건의 전모를 이야기함으로 예수님의 의도는 실현되었다. 그러자 예수님은 여인의 믿음을 통하여 일어난 가시적인 사건을 청각적인 진리로 진술하셨다. 이것이 바로 "딸아 너의 믿음이 너를 구원하였으니 평안히 가라 네 병에서 놓여 건강할찌어다"라는 예수님의 선언이다(34절). 이 선언에서 마지막 부분인 "네 병에서 놓여 건강할찌어다"라는 명령적인 말씀은 마가의 기록에만 등장한다.

이러한 추가적인 언급은 여인의 치유가 믿음의 손으로 예수님의 옷깃을 만지는 순간 완성된 것이 아니라 결정적으로 시작되었고, 즉각적으로 시작된 여인의 치유는 예수님의 마지막 말씀으로 완성되었음을 보여 준다. 이와 같이 저자는 여인의 치유에 관한 이야기를 예수님에 대한 소식에서 시작하여(27절) 예수님의 말씀으로 종결한다(34절). 저자는 예수님에 대한 믿음은 그 시작도 끝도 그의 말씀과 밀접하게 관련되어 있음을 분명하게 한다.

넷째, 마가의 기록에서 독특한 것은 그의 기록에만 29절과 34절에 두 번 등장하는 단어 '병'(마스티고스)이다. 이 단어는 문자 그대로 무엇에 얻어맞은 치명적인 상처를 가리킨다. 물론 이 상처는 앞서 언급했듯이 치유가 불가능한 상처다. 이 여인이 가진 죽음의 치명적인 상처는 하나님나라에서 기인한 질병이 아니라, 사탄의 나라가 인간에게 가한 타격의 결과다. 비록 병 자체가 사탄 나라와의 관계를 명확하게 보여 주지 않지만 여인의 최악의 상태는 사탄의 나라에서 기인한 죽음의 상처인 사실을 부인할 수 없다.

따라서 여인이 보인 믿음은 복음의 좋은 소식을 접하는 모든 사람이 가져야 할 믿음인 것이다.

여인이 믿음으로 말미암아 죽음으로 가는 병에서 치유를 받았다면 마가복음의 독자들은 믿음으로 말미암아 그 병보다 더 심각한 사탄의 속박에서 자유를 얻었다. 이 자유는 믿음의 대상이신 예수님의 말씀이 믿는 자에게 수여하는 선물이다. 예수님은 강한 자 사탄보다 더 크신 분이기 때문에 그는 언제든지 그를 믿는 자를 사탄의 속박에서 건져내실 수 있다.

우리는 군대귀신 들렸던 사람을 극적으로 구원한 예수님을 배척한 거라사 지방의 모든 이방인들과 예수님을 에워싼 많은 무리 가운데 이들 모두와 구별되는 한 여인을 발견한다. 이 여인의 탁월함은 도덕도 윤리도 지성도 재물도 아니며, 복음의 좋은 소식을 통하여 들은 예수님에 대한 실천적인 믿음에 있다. 엄청난 다수 중에 한 사람만이 믿음의 발로 예수님께 나아왔고 믿음의 손으로 그의 옷깃을 만졌다. 예수님은 이 같은 믿음을 실망시키지 않는 분으로, 모든 사람들이 보는 앞에서 놀라운 치유의 선물로 충만하게 하셨다.

예수님에 관한 복음의 많은 소식을 접하고 있는 나는 어떻게 반응하고 있는가? 예수님에 대한 모든 소식에 실천적인 믿음으로 반응하고 있는가? 믿음의 발로는 예수님께 나오고, 믿음의 손으로는 예수님을 만지며, 믿음의 입으로는 주 예수님만이 나의 전부라고 고백하는가? 주님은 그러한 믿음을 회당장 야이로와 그를 에워싼 무리들에게 요구하신 것처럼 오늘 우리들에게도 요구하고 계신다.

야이로의 딸 회생 사건(5:21~24, 35~43절)

이 사건은 혈루병 걸린 여인의 극적인 치유 사건을 중심으로 전반부와 후반부로 나누어진다. 이야기의 전반부는 회당장 야이로가 예수님께 나아와 죽어가는 사랑하는 딸을 살려 주시길 구하여 예수님이 그의 집으로 가는 노중에, 혈루병 걸린 여인의 사건 때문에 지체되어 마침내 그의 딸이 죽었으니 예수님을 더 이상 괴롭히지 말라는 말씀으로 끝난다.

이러한 내용은 구조적으로 볼 때 예수님에 관한 소식을 듣기 전에 혈루병 걸렸던 여인의 절망적인 상황과 아주 흡사하다. 딸이 죽음을 향해 가고 있지만 예수님이 그의 집으로 가고 있을 때는 소망이 남아 있었는데, 그의 딸이 마침내 죽었다는 소식을 들었을 때는 모든 것이 끝장나고 말았다. 사람들이 야이로에게 당신의 딸이 죽었는데 어찌하여 예수 선생님을 더 괴롭히느냐고 말했던 것이다(35절). 이러한 상황에서 야이로는 새로운 판단의 기로에 서 있었다. 이미 혈루병 걸린 여인이 말씀을 듣고 가졌던 믿음을 가지고 있다면 그는 흔들리지 않았을 것이다. 그렇지만 그는 아직 그러한 믿음에 도달하지 못했던 것으로 보인다.

저자는 이러한 상황에서 결정적인 역할을 한 예수님의 말씀을 기록한다. 여기서 36절의 앞부분은 아주 중요한 역할을 한다. 우리말 개역성경에는 예수께서 그 하는 말을 "곁에서 들으시고"라고 오역한다. 이것은 "불순종하다" 또는 "거부하다"란 뜻을 가진 '파라쿠오'를 잘못 번역한 것이다(마 18:17).⁹ 36절 앞부분의 정확한 번역은 예수께서 "있던 말을 거부(배척)하시고"다. 누가복음 9:50에는 단지 "들으시고"로만 나온다. 그런데 마가복음의 저자는 "있던 말을 거부(배격)하고"라고 명확하게 언급함으로 예수님께서 하실 말씀과 야이로의 집에서 온 사람들이 야이로에게 한 말이 극대한 대조와 대립을 이룬다는 것을 보여 준다.

그의 집에서 온 사람들의 말은 그의 딸이 죽어 모든 것이 끝장났으니 예수님을 더 이상 그의 일에 참여시키지 말라는 것이고, 예수님의 말씀은 "두려워 말고 단지 믿으라"라는 것이다(36절). 믿음의 대상은 예수님이다. 예수님께서 그에게 촉구하는 믿음은 그의 직접적인 말씀이 아니라, 그에 관한 말씀을 듣고 그를 믿은 여인이 야이로 앞에서 보여 준 믿음이다. 이로서 예수님은 여인의 믿음이 단 한 사람만의 믿음이 아니라, 모든 사람들의 믿음이 되기를 원하셨던 것이다.

야이로의 믿음에 대한 도전은 그의 집에 당도했을 때 더욱더 심각하게 현실적으로 나타난다. 딸의 죽음의 검은 그림자가 그의 온 집을 가득 채우고 있었다. 그의 집은 어린 딸의 죽음으로 인한 소란과 심한 애곡으로 진동했다. 야이로의 믿음을 송두리째 빼앗아갈 수 있는 위협적인 상황에서 예수님은 그의 믿음을 견고하게 하기 위해 어찌하여 소란을 피우며 애곡하느냐고 하면서 "아이가 죽은 것이 아니라 잔다"라고 선포했다(39절). 사람들은 예수님의 말씀의 도전을 받아들이지 않은 이전의 상황과 같이 소녀의 죽음을 돌이킬 수 없는 기정 사실로 수용하고 예수님을 조롱했다(40절). 이러한 상황에서 야이로는 사람들의 말과 예수님의 말씀 사이에 양자택일해야 했다. 야이로는 예수님의 말씀을 택한 것으로 보인다.

예수님의 마지막 말씀은 야이로의 죽은 딸에게 한 말이다. 예수님은 그가 자고 있다고 말함으로 그가 잠에서 깨어나는 것과 같이 다시 일어날 것을 암시했다. 예수님은 "달리다굼"이라고 말씀하셨고 소녀는 즉시 일어나 걸었다(42절). 여기서 주목할 사실은 저자는 소녀의 다시 살아날 부활을 묘사하는 단어를 사용하고 있다는 점이다. 42절의 "일어나서"에 해당되는 헬라어 '아니스테미'는 마가복음에서 17번 중 10번이 부활과 관련되어 사용되었다.

또한 마가복음만 독특하게 기록하는 소녀의 회생에 대한 놀라운 반응 역시 예수님의 부활에 대한 제자들의 반응과 흡사하다(16:8). 한 걸음 더 나아가 소녀가 살아난 사건과 예수님의 부활 예고는 예수께서 자신의 죽으심과 부활에 대하여 사람들에게 알리지 말라고 하셨던 것과 같이 이 사건에 대하여도 말하지 말라고 한 사실에도 나타난다(43절). 또한 마가복음에만 나오는 소녀에게 먹을 것을 주라는 예수님의 명령은 6장에 기록된 세례 요한의 죽음에 관한 소식을 들은 후에 예수께서 오병이어의 사건으로 무리들 5천 명을 먹이시기 전 예수께서 그의 제자들에게 하신 말씀을 예고한다(6:37).

이러한 사실을 종합해 볼 때 소녀의 죽음과 다시 살아나는 사건은 미묘하게 예수님의 죽음과 부활을 예고하는 역할을 한다. 또한 저자가 이 사건을 기록한 바로 다음에 예수께서 그의 고향 나사렛에서 배척받는 것을 기록한 것은 이러한 이해를 뒷받침한다. 예수께서 이 사건을 행하셨을 때에는 그의 죽음과 부활이 미래적인 사건이었지만 이 사건이 기록으로 독자들에게 주어졌을 때는 소녀의 죽음과 살아난 사건 속에 예고된 것이 모두 실현된 후였다.

이러한 이해가 타당하다면 야이로가 믿어야 했던 예수님은 단지 그의 딸을 죽은 자 가운데서 다시 살리실 예수님이었지만 마가의 기록 속에서는 죽었다가 다시 살아날 예수님이시다. 바로 이러한 예수님은 풍랑을 잠잠케 하셨고, 군대귀신 들린 사람을 구원했고, 혈루병 걸린 여인을 극적으로 치유했으며, 야이로의 딸을 죽은 자 가운데서 살렸던 것이다.

우리의 믿음은 무엇을 먹고 자라는가? 세상의 말인가, 예수님의 말씀인가? 이에 대한 분명한 답은 야이로의 딸 소생 사건 속에 나와 있다. 세상의 말과 예수님의 말씀은 단연 결코 만나지 않고 평행선을 그리며 대립적으로 달려간다. 믿음을 살찌우는 양식은 죽었다가 다시 살아나신 예수님의 말씀이다. 삶의 현실이 아무리 냉혹하고 죽음의 그림자와 그 실체가 가혹한 현실을 드러낸다고 할지라도 주님의 말씀만 있다면 믿음은 언제든지 그의 말씀의 초대 위에서 견고하게 설 수 있다.

오늘 죽은 자가 다시 살아나는 것을 경험하지 못한다 하더라도 이것보다 더 큰 사건은 예수님의 말씀으로 말미암아 신자들은 이미 영적인 죽음에서 해방되어 부활의 삶을 사는 것이다. 아직 육체적인 부활을 경험하지는 못했지만 주님께서 야이로에게 요구하신 "두려워 말고 믿기만 하라"는 말씀은 우리의 삶을 지탱하는 소망의 말씀이다. 죽었다가 다시 살아나신 주님께서는 마지막 날에 야이로의 딸에게 주신 일시적인 생명의 회복보다 더욱더 크고 위대한 영원한 생명을 가져오는 말씀을 믿는 자들에게 발하실 것이다. "믿는 자들아 내가 말하노니, 일어나라"라고 재림하실 주님께서 말씀하실 때 우리는 야이로의 딸 소생 사건 속에 희미하게 암시된 육체적인 부활의 성취를 누리게 될 것이다.

06

요한의 죽음과
오병이어의 이적
마가복음 6장의 주해와 적용

마가복음 6장은 다음과 같이 대략 여섯 개의 단락을 가진다. 고향의 배척(1~6a절), 제자 파송 전도(6b~13절), 요한의 죽음(14~29절), 오병이어 이적(30~44절), 폭풍 진정(45~52절), 치병(53~56절) 등이다. 그런데 각 단락은 내용 전개에서 잘 짜여진 독자적 단위로 구성된다. 각 단락에는 아래에서처럼 서론과 본론과 결론이 짜임새 있게 나타난다.

단락 구분	서 론	본 론	결 론
1 고향의 배척(1~6a)	1	2~5	6a
2 제자 파송 전도(6b~13)	6b	7~11	12~13
3 요한의 죽음(14~29)	14~16	17~28	29
4 오병이어 이적(30~44)	30~34	35~43	44
5 폭풍 진정(45~52)	45~46	47~51a	51b~52
6 치병(53~56)	53	54~56a	56b

이와 같이 마가복음 6장의 여섯 단락은 각각 독립적인 구조를 가지면서도 전후로 서로간에 긴밀하게 연결된다. 고향의 배척(1~6a절)이 제자 파송 전도(6b~13절)를 야기시키고, 제자 파송 전도가 한 편으로는 요한의 죽음(14~29절)을 설명하게 만들고 다른 한 편으로는 오병이어 이적(30~44절)과 연결된다. 오병이어 이적에서 폭풍 진정(45~52절)과 치병 사건 (53~56절)이

파생한다.

특히 마가복음 6장에서 주의를 끄는 것은 내용전개에서 한 단계씩 점점 더 과거로 내려가다가 다시 한 단계씩 현재로 돌아오는 방식을 취한다는 점이다. 이에 대한 가장 대표적인 예는 제자 파송 전도(6b~13절)와 요한의 죽음(14~19절) 및 오병이어 이적(30~44절)의 흐름 속에서 발견할 수 있다. 예수의 제자들의 활동으로 헤롯은 예수를 자신이 목베어 죽인 요한으로 오해했다(14~16절). 여기에서 한 걸음 과거로 돌아가 요한을 투옥한 것을 설명한다(17절). 이로부터 다시 한 단계 과거로 내려가 요한을 투옥한 것은 요한의 책망 때문이었음을 밝힌다(18~20절). 이제 이야기는 다시 한 차원 현재로 돌아와 헤롯이 요한을 목베어 죽인 것으로 전진하고(21~29절), 마지막으로 다시 한 단계 현재로 올라와 예수의 사도들이 활동을 마치고 보고하는 것(30)으로 이어진다. 이것을 다음과 같이 정리할 수 있다.

- 제자들의 활동으로 헤롯이 요한의 죽음을 기억함(14~16절)
  - 헤롯이 요한을 투옥함(17절)
    - 요한이 헤롯을 책망함(18~20절)
  - 헤롯이 요한을 처형함(21~29절)
- 사도들이 돌아와 활동을 보고함(30절)

첫째 단락: 고향의 배척(6:1~6a)

1. 예수의 행선(1절)

가장 먼저 예수 그리스도께서 고향 사람들에 의하여 배척 당한 일이 설명된다. 이 내용은 서론적으로 상황을 진술함으로써 앞의 단락에서 자연스럽게 이어진다. 서론적인 진술에는 예수 그리스도의 이동에 관한 이야기가 들어 있다. 예수께서는 회당장 야이로의 집을 떠나("거기를 떠나사") 고향으로

가셨다. 이와 같은 서론적인 진술은 예수께서 고향에서 어떤 일을 만나게 되는지 미리 생각하게 만든다. 예수의 행로에 제자들이 동행했다("제자들도 좇으니라"). 사실 이 단락에서는 제자들의 활동이 하나도 언급되지 않는다. 하지만 이렇게 막연하게 보이는 부연의 묘사는 이후에 제자들이 어떤 활동을 행하게 될 것을 예상하게 만든다. 따라서 이런 묘사는 전혀 불필요한 것이 아니다.

2. 예수의 가르침(2~6a절)

1) 예수의 가르침(2a절)

예수께서는 고향에서 무엇보다도 가르치셨다. 예수께서는 가르침이야말로 고향 사람들에게 가장 중요한 것으로 생각하셨던 것이 틀림없다. 예수께서는 고향에서 가르침으로써 자신을 드러내셨다. 가르침은 예수의 가장 분명한 자기계시의 방법이었다.

먼저 예수께서 가르치신 상황이 나온다. 시간적으로는 안식일에 가르치셨다. "안식일이 되어"라는 말은 예수께서 고향에 도착하시자 바로 안식일이 되었다는 뜻인지, 아니면 고향에 도착하신 후에 의도적으로 안식일이 되기를 기다렸다는 뜻인지 알 수 없다. 어쨌든 안식일은 예수께서 고향 사람들에게 가르치시기에 가장 적합한 날이었을 것이다. 공간적으로는 회당에서 가르치셨다. 당시에 회당은 성경교육의 장이었으므로 예수께서 회당에서 말씀을 가르치신 것은 다른 오해를 살 필요가 없는 일이었다. 이것은 많은 사람들이 참석한 모임이었다(2b절 참조).

예수께서 가르치신 내용에 관하여는 아무것도 언급되지 않는다. 사실상 이런 현상은 마가복음에서 여러 번 반복된다(막 2:2 etc. 참조). 본 장에만도 이런 현상은 세 번 나타난다(2, 6, 34절). 비록 가르치신 내용은 확인할 수 없지만 그것이 놀라운 말씀이었던 것은 분명하다. 왜냐하면 예수의 가르침을 듣는 사람들이 무척 놀랐기 때문이다(2절). 예수의 가르침에 놀람으로 반응을 나타냈던 사람들의 말로 미루어 볼 때 그 가르침에는 감탄을 자아낼 만한 지혜가 들어 있었다는 것을 부인할 수 없다(2절).

2) 사람들의 반응(2b~3절)

많은 사람들이 예수의 가르침에 경악함으로써 민감한 반응을 보였다. 먼저, 고향 사람들은 예수의 가르침을 듣고 놀랐다(2ba절). 여기에서 주의해야 할 것은 경악이 반드시 수용을 의미하지는 않는다는 것이다. 오히려 경악은 배척을 낳는 경우가 많다. 이것이 고향 사람들이 예수께 보인 반응이다.

이어서 고향 사람들은 예수의 가르침을 듣고 몇 가지 질문을 던졌다(2bb~3절). 첫째, 그들은 예수의 가르침의 유래에 관하여 질문했다. "이 사람이 어디서 이런 것을 얻었느뇨"(2bb절). "이런 것"은 앞 단락에 나온 소녀의 치병을 가리킬 수도 있지만, 가르침의 내용을 가리킨다고 보는 것이 낫다. 고향 사람들이 예수의 가르침에 대하여 "어디서"라는 질문을 던진 것은 예수의 학습에 대한 회의적인 표현이다.

둘째, 고향 사람들은 예수의 지혜와 능력의 성격에 관한 질문을 던졌다. 그들은 예수에게 두 가지 초점을 모았다. 그것은 지혜와 능력이다. "이 사람의 받은 지혜와 그 손으로 이루어지는 이런 권능이 어찌됨이뇨"(2bc절). "이 사람에게 주어진 지혜"라는 말은 고향 사람들이 예수께서 스스로 지혜를 가지신 것이 아니라 누군가에 의하여 수여된 것이라고 생각하였다는 것을 보여 준다. 그들은 예수의 지혜를 애써 부인하려는 것이다. 그러나 그들이 아무래도 부인할 수 없는 것은 예수의 가르침의 성격이 지혜와 관련이 있다는 사실이었다. 지혜는 놀라운 말이다. 예수의 가르침은 그 자체가 지혜다. 지혜(호크마)는 진리(에메트)를 의미한다. 예수의 손으로 이루어진 권능은 앞 단락에서 언급된 혈루병 여인과 회당장 야이로의 딸의 치병을 가리킨다.

셋째, 고향 사람들은 예수의 신분에 관해 질문했다. 우선 그들은 예수의 직업을 들먹였다. "이 사람이 목수가 아니냐"(3a절). 여기에 그들이 "목수"라는 예수의 직업을 운운하는 것은 예수의 가르침을 폄하하기 위한 것이다.

또한 그들은 두 가지 방면으로 가족관계에서 예수의 신분에 관하여 질문하였다. 한 방면은 수직적 가족관계다. "이 사람이 마리아의 아들이 아니냐"(3b절). 여기에 예수의 모친만 언급되고 부친은 언급되지 않는 것은 요셉이 이미 죽었기 때문이라고 추측할 수 있다. 일반적으로 유대인의 가정은 부친에 의하여 성경교육이 이루어졌다. 따라서 만일 예수의 부친인 요셉이 일찍 죽었다면 예수의 성경지식의 기원은 막연해지는 것이다. 고향 사람들이 예수의 가르침을 듣고 "이 사람이 어디서 이런 것을 얻었느뇨"(2bb절)라고 그 유래에 관하여 의심한 것은 이런 맥락에서도 이해될 수 있다. 다시 말해 그들이 "이 사람이 마리아의 아들이 아니냐"(3b절)라고 물은 것은 예수의 가르침에 회의를 가졌음을 의미한다. 그들은 예수의 가르침이 당연히 결핍된 것이어야 한다고 믿었던 것이다.

다른 한 방면은 수평적인 가족관계다. 고향 사람들은 형제와 자매에 관련하여 예수의 신분에 관하여 질문한다. 그런데 형제의 이름은 정확하게 열거하고(야고보와 요셉과 유다와 시몬, 3c절), 자매들의 이름은 거론하지 않는다(3d절). 이것은 예수의 신분을 깎아내리기 위한 질문이다. 예수의 형제들은 누구나 다 알고 있는 사람들이며, 예수의 자매들은 아무도 알 필요도 없는 사람들이라는 의미다. 즉 그런 형제들과 자매들을 가지고 있는 예수에게서 지혜와 권능이 나오는 것은 참으로 이해할 수 없는 일이라는 의미다.

따라서 고향 사람들은 예수에게 걸려 넘어지고 말았다. "그를 인하여 실족한지라"(3절, 개역 "예수를 배척한지라"는 부적절한 번역이다). 예수께서 고향 사람들에게 걸림돌이 되셨다. 예수는 그들에게 은혜가 되지 않고 저주가 되었다(벧전 2:8). 고향 사람들은 예수에게서 은혜를 발견하지 못하고 자신들에게 의심을 심었다. 가장 가까운 사람들이 가장 먼 사람들이 되었다. 자기 백성이 영접하지 않은 것이다(요 1:10). 빛은 어둠에게 접근하지만 어둠은 빛에게서 멀어진다. 그러므로 은혜가 도리어 저주가 되었다.

3) 예수의 반응(4~6a절)

이와 같은 고향 사람들에게 예수께서는 세 가지 반응을 보이셨다. 첫째, 예수께서 그들에게 말씀하셨다. "선지자가 자기 고향과 자기 친척과 자기 집 외에서는 존경을 받지 않음이 없느니라"(4절). 이것은 일종의 속담이다. "~외에서는 존경받지 않는 선지자가 없다"는 이 말은 예수께서 선지자 자의식을 가지고 있었다는 것을 가장 명확하게 보여 주는 말씀이다. 그러나 이것은 예수께서 단순히 선지자와 동등한 분이라는 의미는 아니다. 단지 이 말은 예수께서 선지자들과 같은 길을 가게 될 것임을 암시한다.

예수의 운명은 선지자들의 운명과 비슷하다. 마치 선지자들이 자신들의 고향에서 존경을 받지 못한 것처럼 예수께서도 자신의 고향에서 존경을 받지 못할 것이다. 특히 "자기 고향과 자기 친척과 자기 집"이라는 말이 아브라함의 소명을 연상시키고 있다는 점에서(창 12:1) 예수께서는 결국 고향을 떠나는 나그네가 될 것임을 암시한다. 예수는 집의 사람이 아니라 길의 사람이다.

둘째, 예수께서는 고향 사람들에게 단지 약간의 권능을 베푸셨다. "거기서는 아무 권능도 행하실 수 없어 다만 소수의 병인에게 안수하여 고치실 뿐이었고"(5절). 예수께서는 행동에 제약을 받으셨다. 예수에게서 권능이 나오는 것은 당연한 일이다. 그러나 예수를 걸림돌로 여기는 자들에게는 권능이 나올 수 없다. 하지만 은혜를 받을 남은 자는 있다. 대부분이 예수를 거절할 때도 소수의 사람이 예수를 신뢰한다. 예수의 은혜를 바라는 소수의 병인에게 예수께서는 치병의 은혜를 베푸셨다. 예수께서는 그들에게 안수를 하셨다. 이것은 친밀과 친절의 의미다. 예수께서는 다수의 불신 앞에서 소수의 신뢰에 대하여 사랑과 은혜의 구원을 나타내셨다.

셋째, 예수께서는 "저희의 믿지 않음을 이상히 여기셨"(6절)다. 바로 여기에서 고향 사람들의 자세는 불신이었음이 밝혀진다. 그들이 예수께 여러 가지로 보여 준 반응은 근본적으로 불신의 소치였던 것이다. 예수께서는 그들의 불신에 대해 놀라셨다.

둘째 단락: 제자 파송 전도(6:6b~13)

1. 예수의 순회(6b절)

결국 예수께서는 고향에 집착하시지 않는다. 예수께서는 고향의 배척 후에 발을 넓히셨다. 여기에 예수의 활동반경이 확대되었다는 것을 나타내기 위하여 강조적인 표현들이 사용되었다. "다니시며", "마을들을", "두루". 이것은 모두 예수의 활동의 확대를 의미한다.

예수께서 순회하신 목적은 무엇인가? 그것은 가르침을 위한 것이었다. "가르치시더라." 마가는 여기에서도 가르침의 내용에 관하여는 언급하지 않는다. 예수의 행위에 가르침이 중요했다는 것을 알면서도 그 내용에 관하여는 침묵한다. 예수께서는 순회전도의 일환으로 제자들을 파송하셨다. 예수께서는 홀로 일하시지 않고 제자들을 활용하신다. 주님의 일은 사람을 통하여 성취된다.

2. 예수께서 파송하심(7~11절)

예수께서 제자를 활용하시기 위하여 다음과 같은 일을 하셨다. 먼저, 예수께서는 제자들을 부르셨다. "열두 제자를 부르사"(7a절). 제자들의 활동은 예수의 소명에서 시작된다. 제자들이 스스로 예수의 일에 가담한 것이 아니다. 예수의 부르심이 없다면 제자들의 활동도 없다.

둘째, 예수께서는 제자들을 보내셨다(7b절). 그러나 예수께서는 제자들과 동행하지 아니하신다(45절 참조). 제자들을 예수 없이 사역하게 하신다. 이것은 제자들에 대한 예수의 신뢰를 의미한다.

셋째, 예수께서는 제자들과 동행하시지는 않지만 대신 권세를 주셨다(7c절). 이 권세는 "더러운 영들을 제어하는 권세"다. 이것은 회개와 치병을 위한 권세를 의미한다(12~13절).

넷째, 예수께서는 제자들을 보내시면서 몇 가지 주의해야 할 것을 명령하셨다(8~9절). 예수의 명령은 주로 제자들의 전도여행을 위한 물질적인 면과 관련된다. 이것은 여행채비다. "여행을 위하여" 제자들은 예수께서 명령하시는 방식을 따라 길을 가야 한다.

예수께서는 두 가지 긍정적인 것과 두 가지 부정적인 것을 말씀하셨다. 긍정적인 것은 첫째, 지팡이를 가지라는 것이다(8a절). 지팡이는 방어와 공격을 위한 것이다. 지팡이는 악한 짐승을 막기도 하지만 물리치기도 한다. 둘째, 긍정적인 것은 신을 신으라는 것이다(9a절). 신은 발을 보호하고 길을 안전하게 한다.

부정적인 것은 첫째, 양식, 주머니, 전대의 돈은 가지지 말라는 것이다(8b절). 이것은 전도자가 배부름과 안일함과 풍요함에 주의해야 할 것을 가르친다. 둘째, 부정적인 것은 두 벌 옷을 입지 말라는 것이다(9b절). 이것은 전도자에게 사치와 허영을 방지시킨다. 여행채비에 관한 이 모든 말씀을 미루어 볼 때 이것은 간단한 단거리 여행을 지시한다는 것을 알 수 있다. 이 말씀이 의도하는 것은 전도자는 짧은 전도여행에서조차도 물질을 의지하지 말고 오직 하나님을 의지하라는 것이다.

다섯째, 예수께서는 파송받는 제자들에게 태도적인 면에서 주의해야 할 것을 말씀하신다(10~11절). 예수께서는 우선 전도하는 제자들이 한 집에 머물 것을 당부하셨다(10절). 이것은 더 편안한 곳을 찾지 말 것과 불편한 자리라도 불평하지 말 것을 가르친다. 또한 예수께서는 영접하지 않고 청취하지 않는 사람에게서는 떠나라고 말씀하신다(11절). 특히 제자들은 발아래 먼지를 떨어버림으로써 배척하는 사람들의 먼지라도 탐내지 말아야 한다. 전도자들은 배척하는 사람들의 것을 조금이라도 아까워해서는 안 된다. 이런 자세가 배척하는 사람들에게 증거가 된다. "그들에게 증거가 되도록." 전도자의 무탐심이 복음열정에 대한 증거가 된다. 이것은 먼지의 증거다. 우리에게 결여된 것은 바로 이런 태도다.

3. 제자들이 파송받음(12~13절)

예수께 파송받은 제자들이 한 일은 다음과 같다. 첫째, 제자들은 "전파하였다"(12절). 그들은 나갔다. 예수의 명령에 순종한 것을 의미한다. 이것은 보내심(7절)에 대한 명백한 반응이다. 제자들이 나가서 한 일 가운데 첫째는 전파하는 것이었다. 전파는 예수(하나님)의 것을 알려 주는 것이다. 이것은 신적 은혜의 선포다. 전파의 목적은 간단하게 진술되었다. "회개하도록". 제자들이 전파로써 도달하려는 목적은 사람들이 회개하는 것이다. 하나님께로 돌아오는 것이 가장 중요하기 때문이다. 이것은 영혼을 치료하는 것이다.

둘째, 제자들은 "쫓아내었다"(13a절). "많은 귀신들을". 이것은 위에 언급한 "더러운 영들"(7절)을 가리킨다. 제자들의 둘째 활동은 악한 세력을 몰아내는 것이다. 이것은 영적 싸움이다. 제자들 앞에서는 귀신들의 수가 문제되지 않는다. 제자들은 아무리 많은 귀신들에 대하여도 승리한다. 이것은 육체의 내면을 치료하는 것이다.

셋째, 제자들은 기름을 "바르고", "고쳤다"(13b절). 분명히 이 두 표현(약 5:14와 유사)은 한 목적을 가진다. 그것은 치병이다. 이것은 제자들의 셋째 활동을 가리킨다. 이것은 육적 회복이다. 기름을 바르는 것은 최소한의 의술 행위다. 이것은 단순히 심리적인 안정(신뢰)을 위한 것이라기보다는 실제적인 치료를 의미한다. 기름을 바름으로써 외상을 치료하는 것이다. 이것은 육체의 외면을 치료하는 것이다.

셋째 단락: 요한의 죽음(6:14~29)

이 단락은 앞에서 설명한 바와 같이 한 단계씩 과거로 내려가다가 다시 한 차원씩 현재로 올라오는 특이한 구조를 가진다. 이 단락은 다른 복음서에 비해 요한의 죽음을 가장 상세하게 묘사한다.

1. 헤롯의 반응(14~16절)

제자 파송 전도에 대한 반응은 다양하게 나타났다. 본문은 세 가지 반응을 언급한다. 첫째는 헤롯의 반응이며(14, 16절), 둘째와 셋째는 다른 사람들의 반응이다(15절).

1) 헤롯의 들음과 말함(14절)

헤롯은 예수의 제자들의 활동에 민감한 반응을 보였다. 물론 헤롯이 이렇게 민감한 반응을 보이는 데는 특별한 이유가 있었다. 그 이유는 아래에서 자세히 소개된다. 헤롯의 반응은 정보입수에서부터 시작되었다(14a절). "헤롯이 들었다"(14aa절). 예수의 이름이 드러났기 때문이다. "그의 이름이 드러났기에"(14ab절). 이름이 드러났다는 것은 신분의 공개를 의미한다. 예수의 제자들의 활동은 예수의 이름을 드러내는 결과를 가져왔다. 제자들의 전도활동과 예수의 신분공개 사이에 인과관계가 있다. 제자들의 활동은 자신들의 이름을 드러낸 것이 아니라 예수의 이름을 드러내는 것이었다.

헤롯은 예수의 이름을 들었을 때 세례자 요한이 다시 살아난 것으로 혼동하였다. "세례 요한이 죽은 자 가운데서 살아났도다 그러므로 이런 능력이 그 속에서 운동하느니라"(14b절). 헤롯의 말은 막연하기는 해도 그가 어떤 식으로든지 부활에 관한 생각을 가지고 있었다는 것을 보여 준다. 헤롯이 예수 그리스도를 부활한 세례자 요한으로 이해한 것은 한 편으로는 예수 그리스도의 활동이 말할 수 없이 강력한 것이었다는 것을 반증하며, 다른 한 편으로는 세례자 요한의 인상(또는 영향)이 사후에도 지울 수 없이 강하게 남아 있었다는 것을 입증한다. 더 나아가서 헤롯의 말에서 헤롯이 사람 속에서 활동하는 능력을 믿었다는 것을 분명하게 알 수 있다.

특히 헤롯의 말에서 중요한 것은 예수 그리스도의 능력을 인정했다는 사실이다. 비록 헤롯이 세례자 요한을 죽였듯이 예수 그리스도를 죽일 인물이지만 이적적인 능력을 부인할 수는 없었던 것이다. 본문은 예수 그리스도의 능력이 아무도(심지어 헤롯까지도!) 부인할 수 없는 명백한 사실임을 보여 주려는 의도가 있다.

2) 다른 이들의 말함(15절)

이제 예수 그리스도에 대한 다른 의견들이 소개된다. 이것들은 두 가지로서 헤롯이 보여 준 반응과는 상당히 다른 것이었다. 헤롯과 달리 어떤 사람들은 예수 그리스도를 엘리야라고 생각했다(15a절). 당시에는 유대인들이 엘리야가 다시 올 것이라고 기대하고 있었다. 부활 엘리야 사상(Elias redi-vivus)은 당시의 종말론에서 결정적인 위치를 점유하고 있었다(막 9:9~13 참조). 그래서 어떤 사람들은 예수 그리스도의 활동을 보면서 부활 엘리야라고 여겼던 것이다. 그런데 본문이 이렇게 부활 엘리야 사상에 관한 어떤 사람들의 의견을 슬쩍 언급하고 만 것은 예수 그리스도를 이런 개념으로 이해할 수 있다는 가능성을 열어 놓으면서도 동시에 예수 그리스도를 이런 개념으로만 파악할 수 없다는 뜻을 넌지시 보여 준다.

또한 어떤 사람들은 예수 그리스도를 선지자로 간주했다(15b절). 예수 그리스도가 선지자들 가운데 하나와 같은 선지자라는 것이다. 당시에는 유대교의 안팎에 다양한 선지자 사상들이 자리잡고 있었다. 그래서 그 당시 수많은 거짓 선지자들이 등장했다. 당시의 선지자 사상들 중에서 상당한 위력을 발휘했던 것이 종말 선지자에 대한 기대 사상이다. 아마도 어떤 사람들은 예수를 당시에 유행하던 한 선지자로 여겼거나 종말선지자로 생각했을 것이다. 하지만 위에서와 마찬가지로 본문이 간단히 이런 의견을 소개하고 만 것은 일면으로 예수를 선지자 사상으로 이해하는 것에 동의하면서도 그런 이해로 만족하지 못하는 모습을 보여 준다.

3) 헤롯의 의견(16절)

위의 진술에 이어 헤롯의 의견이 요약적으로 다시 한 번 언급된다. 예수 그리스도는 부활한 요한이라는 것이다. 그런데 여기에서 헤롯은 요한이 어떤 죽음 후에 부활했는지를 설명한다. 요한은 헤롯에 의하여 목베임을 당해 죽었다. 목 베임으로 죽었다는 것은 절대로 부인할 수 없는 죽음을 의미한다. 헤롯은 이렇게 부인할 수 없는 죽음에서 요한이 살아났다고 생각한 것이다. 이어 다음 부분은 요한이 헤롯에게 목베임을 당했던 역사적인 사실을 증거한다.

2. 요한의 투옥(17절)

헤롯이 요한을 목베어 죽인 사건의 전말을 진술하기 위하여 이야기를 역사적으로 한 단계 과거로 되돌린다. 헤롯은 요한을 목베어 죽이기 전에 먼저 체포하여 투옥했다. 요한이 투옥된 이유는 헤로디아 때문이었다. 헤로디아는 본래 헤롯의 형제 빌립의 아내였는데 헤롯이 그녀와 혼인했다. 헤롯의 결혼과 요한의 투옥 사이에 어떤 인과관계가 있다. 그러나 정확하게 말하자면 요한이 감금된 원인은 헤로디아에게 있었다. 그 사실이 바로 다음에 자세히 설명된다. 사실상 이 단락의 모든 설명은 헤로디아가 가장 악한 인물이었다는 것을 보여 주는 데 주력한다. 심지어 헤롯은 헤로디아 때문에 원치 않는 일을 저질렀다. 이것은 여성 앞에서 헤롯의 유약함을 보여 주기보다는 남성 앞에서 헤로디아의 완악함을 보여 주는 것이다. 요한은 의로운 인물로 묘사되고, 헤로디아는 극악한 인물로 묘사된다. 본문의 주제는 의인이 악인에게 고난을 당한다는 것이다. 공의를 따르는 자는 불의를 따르는 자에게 고난을 받는다.

3. 요한의 책망과 헤롯/헤로디아의 반응(18~20절)

이제 이야기를 다시 한 단계 과거로 후퇴시켜 헤로디아 때문에 요한이 투옥된 것이 어떤 사건이었는지 설명한다.

1) 요한의 책망(18절)

사건은 요한이 헤롯에게 "동생의 아내를 취한 것이 옳지 않다"고 말한 것에서 비롯되었다. 의는 자신을 공개할 뿐 아니라 불의를 공격한다. 의는 자신을 은닉하지도 않고 불의를 간과하지도 않는다. 요한은 최고의 권력자인 헤롯의 불륜을 강도 있게 비판하였다. 가장 낮은 자라고 해서 의인의 공격적인 시각을 벗어날 수 없듯이 가장 높은 자라고 해서 의인의 비판적인 안목을 벗어날 수 없는 것이다. 초야에 사는 평민이 죄의 문제를 해결해야 하듯이(막 1:4~5), 왕궁에 사는 군주도 죄의 문제를 해결해야 한다. 그러므로 요한은 헤롯의 죄악의 가장 중심부를 향해 직격탄을 날렸다.

2) 헤로디아의 반응(20절)

그런데 이와 같은 요한의 비판 앞에서 정작 분노한 것은 헤롯이 아니라 헤로디아였다. 헤로디아는 요한을 원수로 여겨 죽이고자 했다. 악인은 의인을 기뻐하지 않는다. 불의한 사람은 의로운 사람의 비판을 수용하지 못한다. 죄악을 비판하는 의인을 원수로 여기고 죽이고자 하는 것이 불의한 세상의 원리다. 그래서 의인이 악인의 행위를 강력하게 비판하는 만큼 악인도 의인의 비판에 강력하게 반응한다. 헤로디아는 요한 살해 계획에 실패했다. 헤롯이 요한에 대해 다른 입장을 가지고 있었기 때문이다.

3) 헤롯의 반응(20절)

헤롯은 요한에 대해 다양한 반응을 나타냈다. 무엇보다도 헤롯은 요한을 두려워했다(20a절). 그 이유는 요한을 의롭고 거룩한 사람으로 여겼기 때문이다. 이 말은 여러 가지 의미를 가지는 것으로 생각할 수 있다. 첫째, 이 말은 의롭고 거룩한 요한이 뿜어내는 위엄과 기풍 앞에서 헤롯이 압도당했다는 의미일 수 있다. 또한 이 말은 헤롯이 실제로 요한을 두려워했다기보다는 의롭고 거룩한 요한을 상해할 때 나타날 백성들의 비난을 염두에 두었다는 의미가 될 수 있다. 어쨌든 불의한 헤롯은 자신의 정권을 유지하기 위하여 요한을 교묘하게 이용했던 것이 틀림없다. 이런 이유로 헤롯은 요한을 보호했던 것이다(20b절).

사실상 요한의 지적 앞에서 헤롯은 두 가지 모순적인 반응을 보였다. 헤롯은 요한의 말을 듣고 한 편으로는 번민하면서(20c절), 다른 한 편으로는 달게 들었다(20d절). 이것은 헤롯이 요한의 말을 내면적으로는 반발하였지만 외면적으로는 수긍하는 것처럼 행동했다는 의미다. 이것은 모두 정치적인 제스처였다. 결국 헤롯은 의롭고 거룩한 요한의 말까지도 정치적인 목적을 위하여 이용했던 것이다.

4. 헤롯이 요한 처형(21~29절)

이 단락은 헤롯의 생일잔치(21절), 헤로디아의 딸의 무희(22a절), 헤롯의 요청(22b~23절), 헤로디아의 조언(24절), 헤로디아의 딸의 요구(25절), 헤롯의 사형허락(26~28절), 요한 제자들의 장사(29절)로 이어진다. 결국 요한은 헤롯과 헤로디아에 의하여 죽임을 당했다. 이 단락은 요한이 죽임 당한 것에 관하여 다른 복음서보다도 자세하게 서술한다. 이와 같은 자세한 설명은 요한을 죽이기 위하여 모든 것이 완벽하게 준비되었다는 것을 보이기 위함이다. 즉 일시(헤롯의 생일, 21절), 증인(대신들과 천부장들과 갈릴리의 귀인들, 21절), 동기(헤로디아의 딸의 춤에 대한 보답, 22~25절), 정치적 제스처(요한 처형에 대한 근심과 허락, 26~28절) 등이 준비되었다.

여기서 본문이 말하려고 하는 것은 의인이 얼마나 허무하게 죽임을 당하는가를 알려 주는 것이다. 의인은 악인들에 의하여 장난거리로 죽임을 당한다. 헤롯은 소녀의 춤 때문에 요한을 죽인다. 대신들과 천부장들과 귀인들은 요한의 죽음에 대해 침묵한다. 헤로디아는 딸의 춤의 대가로 요한의 목숨을 요구한다. 많은 경우 의인은 장렬하게 죽음을 맞이하지 못한다. 도리어 의인은 보통사람보다도 못하게 죽는다. 하지만 반드시 기억해야 할 것은 의인이 이렇게 장난거리처럼 죽는다 해도 그는 악인들의 마음속에 언제나 두려움으로 살아 있다는 것이다. 그러므로 헤롯은 예수 그리스도의 소문을 들었을 때 자신이 목베어 죽인 요한이 다시 살아났다고 생각했던 것이다.

넷째 단락: 오병이어 이적(6:30~44)

오병이어 이적은 네 복음서가 모두 증거하는 사건이다. 이것은 오병이어의 이적이 초대 교회에 대단히 중요한 것으로 여겨졌다는 것을 의미한다. 오병이어의 이적은 앞에 언급한 제자 파송 전도(7~13절) 단락과의 연결 속에서 두 가지의 서론을 가진다. 첫째, 사도들의 귀환과 예수의 배려(30~32절)고, 둘째, 사람들의 반응과 예수의 심정(33~34절)이다.

1. 사도들의 귀환과 예수의 배려(30~32절)

1) 사도들의 귀환(30절)

제자들은 전도를 마치고 예수께 모여서 두 가지를 보고했다. 그것은 그들이 "행한 것"과 그들이 "가르친 것"이었다. 결국 이것은 12~13절에 언급된 제자들의 사역을 요약하는 말이다. 제자들의 사역은 행위와 교훈이 철저하게 조화를 이루고 있었던 것이다.

2) 예수의 배려(31절)

예수께서는 제자들에게서 행위와 교훈에 관한 보고를 받으신 후에 휴가를 허락하셨다. "너희는 따로 한적한 곳에 와서 잠깐 쉬어라"(31절). 예수께서는 제자들에게 휴식이 필요하다는 것을 아셨다. 제자들에게 휴식이 필요한 이유는 "오고 가는 사람이 많아 음식 먹을 겨를도 없었기 때문이었다"(31절). 사역에 휴식이 동반되는 것이 좋다. 휴식은 결코 낭비나 사치가 아니다.

예수께서는 제자들에게 휴식을 배려하시면서 세 가지 조건을 제시하셨다. 첫째, 예수께서는 제자들이 "따로" 휴식해야 한다고 말씀하셨다. 이것은 휴식의 방식에 관한 설명이다. 휴식이란 것은 사람들과 격리되어야 가능하다. 이런 의미에서 휴식은 특별한 생활이라고 말할 수 있다. 둘째, "한적한 곳"에서 휴식해야 한다는 것이다. 이것은 휴식의 공간에 관한 설명이다. 휴식은 복잡한 일상생활을 떠날 때 주어진다. 그러므로 휴식은 변화된 생활

이다. 셋째, 예수께서는 제자들에게 "잠깐" 휴식할 것을 권면하셨다. 이것
은 휴식의 정도에 관한 설명이다. 휴식은 제한된 정도로 취해져야 한다. 제
한된 정도를 넘어선 휴식은 이미 휴식이 아니다. 이렇게 볼 때 휴식은 일시
적인 생활이라고 할 수 있다. 제자들은 예수의 배려에 따라서 배를 타고 따
로 한적한 곳으로 갔다(32절).

2. 사람들의 반응과 예수의 심정(33~34절)

1) 사람들의 반응(33절)

사람들은 제자들이 가는 것을 보고 달려가 제자들보다 먼저 행선지에
도착하였다. 사람들은 "모든 고을로부터"(33절) 나와서 "큰 무리"(34절)를 이
루었다. 그 수효는 후에 자세히 언급된다(44절).

2) 예수의 심정(34절)

예수께서는 이 무리가 마치 목자 없는 양 같기에 불쌍히 여기시면서 많
은 것을 가르치셨다. 물론 이 단락에서도 예수께서 가르치신 내용은 언급
되지 않는다(2, 6절 참조).

3. 오병이어 이적(35~44절)

이제 본격적으로 오병이어 이적에 대한 설명으로 들어간다. 가장 먼저
상황이 설명된다. 예수께서 무리를 가르치는 동안에 많은 시간이 지나갔다
(개역: "때가 저물어가매"). 제자들은 상황을 정확하게 판단했다. 시간적으로는
많은 시간이 흘렀고 공간적으로는 빈들에 처해 있었다(35절). 모인 무리의
수는 남자만 오천 명이 될 정도로 많았고(44절), 제자들에게서 발견할 수 있
는 양식이라고는 떡 다섯 개와 물고기 두 마리가 전부였다(38절).

1) 제자들의 방식(36절)

이런 상황에서 제자들은 예수께 문제를 해결할 수 있는 묘책을 제시하

였다. 그것은 무리를 마을로 보내어 무엇을 사먹게 하는 것이었다(36절). 제자들의 판단력은 대단히 뛰어난 것이었으며 해결책은 매우 합리적이었다. 그러나 예수께서는 제자들의 뛰어난 판단력과 합리적인 해결책에 만족하지 아니하셨다. 왜냐하면 그런 것들은 그저 인간의 차원에만 머물기 때문이다. 그런 것들은 결코 이적과 역사를 일으키지 못한다. 땅의 가장 높은 부분도 하늘의 가장 낮은 부분보다 아래 있으며, 인간의 가장 지혜로운 것도 하나님의 가장 미련한 것보다 아래에 있다.

2) 예수의 방식(37~38절)

예수께서는 제자들이 무리에게 먹을 것을 주어야 한다고 요청하셨다(37절). 이것은 무리가 예수 그리스도를 따라왔기 때문에 그들을 책임져야 한다는 의미다. 예수께서는 무리에게 영의 양식뿐 아니라 육의 양식도 주기를 원하셨던 것이다. 이것이 예수의 신학이며, 예수의 사회학이다. 이것이 예수의 기독교다. 예수께서는 제자들이 책임져야 할 영역을 영적인 것에만 제한시키지 않고 물질적인 것에까지 확장시키셨다.

제자들은 예수의 말씀을 듣고 금전으로 해결하라는 것으로 이해했다. "우리가 가서 이백 데나리온의 떡을 사다 먹이리이까"(37절). 제자들에게 영악하고 민첩하게 금전적인 계산이 발동되었다. 그러나 이것은 예수께서 바라시는 해결책이 아니었다. 여기에 언급된 "이백 데나리온"은 틀림없이 예수 운동의 공금을 의미할 것이다. 제자들은 공금을 털어 무리를 먹이려고 했다. 하지만 예수께서는 제자들이 그들의 소유를 내놓기를 바라셨다. 그래서 예수께서는 "너희가 먹을 것을 주라"(37절)고 말씀하신 다음에 "너희에게 떡 몇 개나 있느냐 가서 보라"(38절)고 말씀하셨던 것이다.

문제는 과연 제자들이 스스로 가지고 있는 최후의 소유라도 무리를 위하여 내놓을 수 있느냐 하는 것이다. 만일 그렇게 할 수 있다면 거기에는 이적과 역사가 일어날 것이다. 자신의 것을 손해보지 않은 사람들에게서는 결코 놀라운 일이 일어나지 않는다. 그런 상황은 언제나 인간의 차원에 머

물고 만다. 인간이 가장 작은 것까지 포기할 때 하나님은 가장 큰 것까지
허락하신다.

3) 예수의 이적(39~44절)

예수께서는 오병이어의 이적을 베푸시면서 몇 가지 선행 작업을 하셨
다. 첫째, 예수께서는 무리를 오십 명에서 백 명씩 떼를 지어 앉게 하셨다
(39~40절). 예수께서는 놀라운 이적 시행에 앞서 무리에게 질서를 확립하셨
던 것이다. 이적은 질서를 벗어나지 않는 법이다. 둘째, 예수께서는 떡과
물고기를 가지고 하늘을 우러러 축사하셨다(41절). 이것은 예수께서 작은
물질에도 하나님께 감사하신 것을 의미한다. 이적은 감사와 동행한다. 셋
째, 예수께서는 제자들을 이적 시행에 동참시키셨다(41절). 예수께서는 사람
을 통하여 일하기를 좋아하셨다. 이적은 사람의 참여와 무관한 것이 아니
다. 이런 방식이 선행한 후에 오병이어의 이적이 일어났다. 그것은 수많은
사람들이 배불리 먹고도 남을 정도로 풍성한 이적이었다(42~44절). 예수의
은혜 앞에서 사람의 숫자는 아무런 문제가 되지 않는다. 예수께서 베푸시
는 은혜는 언제나 풍성하고 충만하다.

다섯째 단락: 폭풍 진정(6:45~52)

1. 예수의 행적(45~46절)

오병이어 이적 이후에 예수께서는 세 가지 일을 하셨다. 첫째, 제자들을
벳새다로 보냈고, 둘째, 무리를 해산시키셨으며, 셋째, 자신은 산으로 가
셨다.

1) 제자들을 보내심(45a절)

예수께서는 오병이어 이적에 여운을 남기지 아니하셨다. "즉시," 이 단

어는 마가가 예수의 행적을 설명할 때 즐겨 사용하는 것이다. 제자들의 마음이 이적에 사로잡히지 않도록 하기 위함이다. 중요한 것은 이적이 아니다. 중요한 것은 예수시다. 제자들은 이적에 연연해서는 안 된다. 오히려 제자들은 예수께 순종해야 한다. 예수께서는 제자들을 바다 건너 편 벳새다로 보내셨다. 제자들에게 완전히 다른 장소로 가게 하신 것이다.

때때로 장소의 변화는 생각의 변화를 가능케 한다. 장소를 떠나지 못하면 생각도 바꾸지 못한다. 따라서 예수께서는 제자들이 배를 타고 벳새다로 가는 것을 강요하셨던 것이다(개역 "재촉하사").

2) 무리를 해산시킴(45b절)

오병이어의 이적에 여운을 남기지 않기는 무리들에게도 마찬가지였다. 예수께서는 무리를 해산시키셨다. "무리를 보내는 동안에." 이적을 체험한 무리는 맹신적인 집단이 되기 싶다(요 6:15 참조). 이적이란 것은 무리에게 맹신을 위한 절대적인 보증수표와도 같은 것이다. 이것은 무리를 제 것으로 장악하는 가장 매력적인 미끼다. 그러나 예수께서는 이적을 무리 장악의 수단으로 사용하지 않으셨다. 예수께서는 무리에게 맹신의 기회를 주지 아니하셨다.

3) 예수의 산행(46절)

오병이어 이적 후에 예수께서는 제자들과 무리가 이적에 연연하지 않도록 떠나보내고 해산시키신 다음 홀로 산으로 가셨다. 예수께서는 제자들과 무리를 이적의 장소에서 떠나게 하실 뿐 아니라 자신도 이적의 장소를 떠나신 것이다. 예수께서도 더 이상 이적의 장소에 연연하지 않으셨다. 예수께서도 장소를 바꾸셨다. 예수께서는 산을 택하셨다. 산은 사람의 장소가 아니다. 이것은 예수께서 어떤 사람에게도 자신의 능력을 보일 필요가 없는 장소를 택하신 것을 의미한다.

예수께서 산으로 가신 것은 기도하기 위함이었다. 예수께서는 이적을 떠나 기도를 택하셨다. 예수께서는 이적의 장소를 떠나 기도의 장소를 택하셨다. 사람이 환호하는 이적보다 하나님을 만나는 기도를 택하셨다. 예수께서는 사람에게 집착하지 않고 하나님께 의존하신다.

2. 제자들의 고난(47~52절)

제자들은 바다 가운데서 풍랑의 고난을 만난다. 이 단락에서 예수의 모습과 제자들의 모습이 첨예하게 대조된다. 예수와 제자들의 대조는 장소의 차이에서부터 시작한다. 제자들은 바다 가운데 있고 예수는 육지에 계신다(47절). 물론 장소의 차이는 대조의 시작에 불과하다. 예수께서는 기도함으로써 모든 것을 하나님께 맡기지만(46절), 제자들은 괴로이 노를 저음으로써 문제를 스스로 해결하려고 한다(48절). 예수께서는 제자들을 지켜보시지만, 제자들은 예수를 바라보지 않는다(48절). 제자들은 예수를 유령이라고 생각하지만(49절), 예수께서는 자신을 신적 인물로 소개하신다(50절). 제자들은 예수를 보고 놀랐지만, 예수께서는 제자들에게 두려워하지 말라고 말씀하셨다(50절). 이렇게 모든 점에서 예수와 제자들은 대조적으로 차이가 난다. 제자들에게는 아무런 소망이 없다. 진정한 소망은 오직 예수께만 있다.

그런데 이 단락에서 더욱 흥미로운 대조는 제자들의 고난이 심화되는 것과 예수의 구원이 심화되는 것이다. 제자들의 고난은 이렇게 심화된다. 날은 저물고(47절), 배는 바다 가운데 있으며(47절), 바람이 그들을 거슬렀다(48절). 제자들은 시야와 방향을 놓치고 말았다. 제자들은 나아가기도 어렵고 되돌아가기도 어려운 위치에 놓이게 되었다. 제자들은 방어하기 힘든 자연의 공격을 당하게 되었다. 제자들의 상황은 자꾸 악화되고 있었다.

예수께서는 바로 이런 제자들을 구원하신다. 예수께서는 제자들을 구원하시기 위하여 점점 더 적극적인 행위를 하신다. 예수께서는 홀로 뭍에 계시다가(47절), 제자들이 괴로이 노 젓는 것을 보시고(48절), 그들을 향하여 오시고(48절), 그들에게 말씀하시고(50절), 그들의 배에 올라 그들에게 가셨다(51절). 예수의 구원은 더욱 심화된다. 제자들은 점점 더 절망에 빠져들지만

예수께서는 점점 더 구원을 베푸신다. 제자들에게는 절망이 깊어지고 예수
께는 은혜가 깊어진다. 갈릴리 바다는 제자들에게 고난과 절망의 장소였지
만 예수에게는 은혜와 구원의 장소였다.

여섯째 단락: 치병(6:53~56)

예수께서는 제자들과 함께 게네사렛 땅에 도착하셨다. 예수의 도착은
게네사렛 지방("마을이나 도시나 촌에서", 56절) 전체가 벌집을 쑤신 것처럼 소란
스럽고 흥분되게 만들었다. 이 단락의 장면은 매우 긴박하게 진행된다. 예
수께서 배에서 내리자 사람들이 즉시 그를 알아보았다(54절). 사람들이 온
지방으로 뛰어다녔다(55절). 예수께서 오신 사실을 주변 사람들에게 부지런
히 알린 것이다.

그리고 사람들은 병자들을 침상 채로 메고 나아왔다(55절). 병자에게 옷
을 입히고 신을 신길 겨를 없이 신속하게 데리고 나온 것이다. 사람들은 병
자들을 시장에 두었다(56절). 병자들을 치료하기에 좋은 장소를 물색하여
구할 시간적인 여유가 없었던 것이다. 사람들은 예수께 병자들이 그의 옷
가에라도 손을 대게 하시기를 간구했다(56절). 그들은 예수께서 손을 내밀
어 일일이 병자들을 만져 주시기를 기다릴 만큼 한가로운 마음을 갖지 못
했다. 그런데 이런 긴박한 상황에서도 놀라운 일이 일어났다. 예수의 옷가
에라도 손을 대는 사람은 구원을 얻었던 것이다(56절).

예수를 알아보는 사람들은 유익을 얻는다. 예수 때문에 흥분하는 사람
들에게는 은혜가 수여된다. 예수께로 나아오는 사람들에게는 생명이 주어
진다. 예수를 의지하는 사람들은 구원을 얻는다.

07

하나님의 말씀이냐
인간의 전통이냐

마가복음 7장의 주해와 적용

본문의 구조

마가복음 전체의 구조에 대해서는 학자들 사이에 의견의 일치를 이루지 못하고 있다. 어떤 학자들은 예수 사역의 지리적 요소에 근거하여 마가복음의 뼈대를 분석해 내고, 다른 학자들은 신학적 주제를 근간으로 구조를 분석하기도 한다. 하지만 마가복음 8:26부터 시작되는 가이사랴 빌립보에서의 베드로의 신앙고백을 중심으로 마가복음이 두 부분으로 나누어진다는 데는 학자들이 대체적으로 의견의 일치를 보고 있다.

마가복음 7장은 예수의 공적 사역의 마지막 부분에 위치해 있는 것으로 다음 세 이야기가 묶여 있다. 1) 말씀과 전통에 관한 논쟁과 교훈(1~23절), 2) 수로보니게 여인의 믿음(24~30절), 3) 귀먹고 어눌한 사람의 치유(31~37절). 첫째 이야기는 말씀과 전통에 관한 예수와 유대 지도자들의 논쟁(1~13절)과 이에서 유발된 주제인 부정한 것이 무엇인가에 대한 예수의 교훈(14~23절)으로 더 세분할 수 있다.

본문의 주해와 적용

1. "장로들의 전통"에 관한 논쟁(1~13절)

장로들의 전통에 관한 이야기(1~23절)는 크게 이에 관한 예수와 유대인 지도자 사이의 논쟁 부분(1~13절)과, 뒤이어 무엇이 부정한 것인가에 대한 예수의 설명(14~23절) 부분으로 나눌 수 있다. 첫째 부분은 이야기의 발단(1~2절), 주제에 대한 저자의 삽입적 설명(3~4절), 바리새인들과 서기관들의 고소(5절), 이에 대한 예수의 반박과 역 고소(6~13절)로 구성된다. 둘째 부분은 예수가 바리새인들과 서기관들에게 이미 행한 반박의 내용에 대해서 예수 자신이 설명하는 것인데 이 부분도 그 설명의 대상에 따라 무리에게 행한 설명(14~16절)과 제자들에게 행한 설명(17~23절)으로 나누어진다.

마가는 장로들의 유전에 관한 논쟁 이야기를 이전 기사와 시공간적으로 연결시키지 않고 단순히 "또"(개역성경에는 이 단어가 번역되어 있지 않다)라는 접속사로 새로운 이야기를 시작한다. 먼저, 마가는 예루살렘에서 온 바리새인들과 몇몇 서기관들이 예수께 모여들었다는 것을 보도한다(1절). 이 보도 속에는 이들과 예수 사이에 일종의 충돌이 있을 것임이 암시되어 있다. 왜냐하면 마가복음에서 예루살렘은 예수를 죽이는 도시며 바리새인들과 서기관들은 예수의 주 논적들이기 때문이다.

이런 상황에서 이들은 예수의 제자들이 "부정한 손" 곧 씻지 않은 손으로 음식을 먹는 것을 목도한다(2절). 여기서 "부정한 손"이란 유대 관습에서 제의적으로 깨끗하지 않은 것을 의미하는데 이 어구 뒤에 씻지 않은 손이라는 설명이 덧붙여진 것은 유대인의 관습에 대해서 잘 모르는 이방인 독자들에 대한 배려인 것 같다.

이야기의 진행을 잠시 멈추고 마가는 씻지 않은 손으로 음식을 먹는 것이 유대인들에게 문제가 된다는 내용을 삽입한다. 바리새인들과 유대인들은 손을 씻지 않으면 음식을 먹지 않는데, 이것은 "장로들의 전통"이라는 것이다(3~4절). 여기서 우리는 이 이야기의 핵심 논제인 "장로들의 전통"이라는 말을 처음으로 접하게 된다. 유대인들에게 "전통"(유전, 전승)이라는 단어는 "구전"(oral tradition)을 가리키는 것으로서(갈 1:14 참조) 에스라 이후 성문 율법(written Law)을 구체적으로 적용하기 위해 서기관들에 의해 작성된 것인데 후에는 이것의 중요성이 점점 더 커져서 성문 율법과 같은 구속력이 있는 것으로 여겨졌다.

드디어 바리새인들과 서기관들은 예수의 제자들이 "부정한 손"으로 음식을 먹어서 왜 "장로들의 전통"을 거슬러 행동하는지를 예수께 따져 묻는다(5절). 여기서 이들은 예수의 제자들이 씻지 않은 손으로 음식을 먹는 행동을 문제삼아 "장로들의 전통"이라는 보다 큰 주제로 대화의 이슈를 옮겨간다. 이러한 도전에 대해 예수는 먼저 이사야 29:13을 인용하여 질문자들의 외식을 책망한다(6~7절). 질문자가 겉으로 말하는 것과 속마음이 다르다는 것이다. 또 이들이 하나님을 섬기는 것이 마음에서 우러나온 것이 아니라 단순히 인간 스승에게서 배운 교훈대로 하는 것이기 때문에 그러한 섬김은 헛된 것이라는 것이다. 예수는 하나님의 말씀과 상치되는 인간들의 전통에 대해서 간접적으로 비판한다.

다음 구절에서 예수는 앞에서 언급된 "장로들의 전통"과 관련하여 보다 구체적으로 질문자들을 논박한다. 여기서 이들의 문제는 더 이상 외식이 아니다. 보다 근본적인 문제는 이들은 장로들의 유전을 따르기 위해 하나님의 계명을 무시해 버린다는 것이다. "너희가 하나님의 계명을 버리고 사람의 유전을 지키느니라"(8절). 이 구절에서 "장로들의 유전"이라는 구절은 "사람의 유전"(9, 13절에서는 "너희 유전")이라는 말로 바뀌어 표현되는데 이것은 "하나님의 계명"과 강력히 대비된다. 결국 제자들이 씻지 않은 손으로 음식을 먹은 것을 유대인들이 비난한 것에 대해 예수는 이러한 비난이 사람의 전통을 지키기 위해 하나님의 계명을 저버리는 행위라고 논박한다.

이어서 예수는 질문자들이 자신들의 전통을 지키기 위해 하나님의 계명을 저버리는 행동을 한다는 것을 다시 한 번 상기시킨다(9절). 그리고 구체적인 실례를 들어 이를 논증한다(10~12절). 즉 모세의 율법에는 부모를 공경하라고 했고 부모에게 욕을 하는 자는 죽이라고 했는데, 이 계명에 대해 이들은(예수의 말로 하면 "너희들은") "고르반"(헌물)이라고 말하기만 하면 이것이 면제될 수 있다는 전통을 만들었다는 것이다. 이러한 행동은 사람의 전통으로 하나님의 말씀을 폐하는 행동이다(13절). 여기서 예수는 "장로들의 전통"에 대해 "너희의 전통"(9, 13절)이라고 하여 이것을 하나님의 율법(혹은 하나님의 말씀, 혹은 모세의 율법)과 대비시킨다. 특히 13절에서 이 전통이 "너희가 전한 전통"이라고 하여 질문자들이 수동적으로 이것을 전수받은 것이 아니라 이들이 이 전통의 적극적 실천자임을 보여 준다. 사실 이들은 이와 같은 일을 많이 행하는 사람들이었다(31b절).

한마디로 말해, 마가복음 7:1~13은 예수의 제자들이 씻지 않은 손으로 음식을 먹는 것에 대해 유대 지도자들이 이것은 장로들의 전통에 위배되는 것이라는 비난을 하는데 대해 예수가 이를 논박하는 내용이다. 예수는 이들이 위선자라는 것(6~7절)과 장로들의 전통으로 하나님의 계명을 대체하려 하는 자라고 말함으로써(8~13절) 이들의 태도가 잘못되었음을 지적한다.

이 이야기를 통해서 우리는 예수 시대와 뒤이은 초기 교회 시대에 있었던 유대인의 "전통"을 지켜야 하는가에 대한 논쟁을 볼 수 있다. 사회적으로 주로 낮은 계층을 차지하던 예수의 제자들에게 바리새인들과 서기관들의 전승을 억지로 지키게 하려는 것에 대해 예수는 이러한 전통이 하나님의 계명과 반대된, 인간적인 기원과 전통에 의한 것이라고 교훈하여 제자들이 이러한 "전통"을 지킬 필요가 없음을 가르친다. 이 이야기는 초기 교회에서 유대인의 전통이 교회 안에서도 계속 고수되어야 한다고 믿는 자들에게 치명타가 되었을 것이다.

2. "부정한 것"에 대한 예수의 교훈(14~23절)

예루살렘에서 온 바리새인들과 서기관들이 제기한 제자들의 "부정한 손"에 대한 문제가 "장로들의 유전"에 대한 문제로 이슈화되어 논쟁을 한 후 예수는 본래의 주제로 돌아가 무엇이 참으로 부정한 것인가에 대한 교훈을 한다. 이 구절(14~23절)은 앞 구절(1~13절)과 "부정"이라는 주제로 서로 묶여 있다(2, 5, 15, 18, 20, 23절). 마가는 "무리"라는 일반 청중과 "제자들"이라는 특별 청중을 구별하여 이 교훈을 두 부분으로 나눈다(14~16절; 17~23절). 첫 번째는 무엇이 참으로 사람을 부정하게 하는가에 대한 일반 대중에게 행한 보다 일반적인 비유 형태의 교훈이다(15~16절). 마가복음에는 사람들이 예수의 비유를 이해하지 못하면 예수의 설명이 뒤따르는데(막 4:10~13, 33~34; 6:52; 7:18; 8:14~21) 여기서도 예수는 제자들을 따로 불러 이 비유에 대한 보다 자세한 설명을 한다(17~23절).

첫 번째 교훈에서 예수는 무리를 불러 자신의 가르침을 이해하라고 말한다(14절). 그리고 뒤이은 구절에서 참으로 더럽게 하는 것이 무엇인지 설명한다. 본래 "부정"이라는 주제는 7장의 처음 부분에 제기된 주제였다가(2절) 이것이 장로들의 유전이라는 이슈로 초점이 옮겨진 후(3~13절) 이것에 대한 예수의 설명이라는 형태로 다시 주요 주제로 다루어진다. 예수는 "무엇이든지 밖에서 사람에게 들어가는 것은 능히 사람을 더럽게 하지 못하고 사람 안에서 나오는 것이 사람을 더럽게 하는 것(15~16절)"이라고 한다. 여기서 "무엇"이란 것이 구체적으로 언급되지 않았지만 이후의 설명으로 보면 이것은 음식을 가리킨다(19절). 앞의 구절과 연관지어 볼 때 씻지 않은 손으로 먹는 음식이 사람을 더럽힐 수 없다는 것이다. 하지만 여기서 "사람 안에서 나오는 것"이 무엇인지는 이 구절 자체만으로는 명확하게 이해되지 않는다. 이 말은 보다 자세한 설명을 요구하는 것이다.

이 구절을 포함시킴으로써 마가는 예수의 두 번째 설명에 대한 정당성을 확보한다(17~23절). 마가복음에서 예수는 특별한 설명을 요할 때 흔히 제자들을 따로 불러 말하는데(4:13, 33~34) 이러한 특징이 이 구절에도 그대로 나타난다. 예수는 먼저 제자들이 예수의 비유를 깨닫지 못하는 것에 대해서 책망한다(18절). 예수가 제자들을 따로 불러 집안으로 들어가 설명하는 것을 통해 마가는 어떤 중요한 교훈이 나올 것임을 예시한다.

예수는 무리에게 했던 말(15절)을 의문문의 형태로 바꾸어 제자들에게 다시 한 번 그 내용을 상기시킨다. "무엇이든지 밖에서 들어가는 것이 능히 사람을 더럽게 하지 못함을 알지 못하느냐?"(18절). 그 이유는 먹는 음식은 배로 들어가 소화되고 남은 것은 배설되는 것이므로 어떤 음식이든지 그 자체가 부정한 것은 아니기 때문이다(19a절). 이어서 예수는 "모든 음식은 깨끗하다"고 선언한다(19b절). 예수는 무리들에게 한 말을 거의 그대로 제자들에게 반복하여 참으로 사람을 더럽게 하는 것은 사람 안에서 나오는 것이라고 말한다(20절). 이어서 예수는 사람의 마음에서 나오는 악행들을 열거한다. 그것들은 한마디로 말해 악한 생각들인데, 구체적으로는 "음란과 도적질과 살인과 간음과 탐욕과 악독과 속임과 음탕과 흘기는 눈과 훼방과 교만과 광패"(22절) 같은 것들로서 이 모든 것들은 사람의 마음속에서 나와 사람을 부정하게 하는 것이다(23절).

부정한 것에 대한 예수님의 교훈(14~23절)은 앞 구절(1~13절)과 "부정하게 하다"라는 주제어로 묶여 있지만, 마가는 청중을 바꿈으로써 앞 구절과의 구별을 꾀한다. 여기서는 이 앞에서 다루어진 장로들의 유전에 대한 주제를 넘어 무엇이 참으로 사람을 부정하게 하는가에 대해서 예수님이 교훈한다. 이 질문에 대한 답은 15절에 의외로 단순하게 표현되어 있다. 이 후의 구절은 이것에 대한 설명일 뿐이다. 한마디로 말해 음식이 사람을 더럽게 하는 것이 아니라 부패한 마음이 사람을 더럽게 한다는 것이다. 어떤 음식이 부정한가 하는 논쟁은 레위기 11~15장에 금지된 음식을 포함하여 음식에 관한 초기 교회 논쟁에서(행 10:14~15; 15:28~29; 롬 14:14; 갈 2:11~14; 골 2:20~22 참조) 볼 수 있는 것으로서 마가복음은 이미 예수의 말로서 모든 음식은 깨끗하다고 선언한다. 이어서 참으로 사람의 마음을 부패하게 하는 것은 사람의 마음이라는 교훈을 하는데, 사람의 전적 부패성에 대한 이러한 해석은 후에 바울에게서도 찾아볼 수 있는 것이다(롬 3:9~18 참조).

위 구절의 의미를 우리가 서 있는 곳에서 되새겨 보자. 모든 종교는 거룩한 것을 추구하고 거룩한 장소(성전), 거룩한 사람(성직자), 거룩한 의식(예배)을 만든다. 그리고 이러한 것들이 실제로 거룩하다고 선언하고 그 이외의 것은 부정하다고 여긴다. 실제로 구약의 성전이 더 이상 존재하지 않고, 제사장 계급이 더 이상 존재하지 않으며, 구약적 제의를 이제 더 이상 따르지 않는 기독교에서도 실제로 새로운 형태의 거룩한 것을 많이 만들어냈다. 교회는 거룩하고 교회 밖은 그렇지 않으며, 성직자는 거룩하고 평신도는 그렇지 않으며, 제의적 요소를 갖춘 예배는 거룩하고 삶으로서의 예배는 그렇지 않다는 새로운 형태의 거룩과 부정의 개념을 만들어 놓은 것이다.

하지만 위 본문을 통해서 보면 이 세상에 존재하는 어떤 특정한 제도나 사람이나 장소가 거룩한 것이 아니다. 또 이것이 부정한 것도 아니다. 참으로 부정한 것은 타락한 사람의 마음이다. 거룩은 사람이 만든 제도나 장소에 있는 것이 아니라 하나님 속에 있는 것이다.

3. 수로보니게 여인의 믿음(24~30절)

참으로 부정한 것이 무엇인가에 대한 논쟁 기사 뒤에 수로보니게 여인의 딸이 귀신에게서 놓임을 받는 기사가 나온다. 얼핏 보면 이 기사는 앞의 내용과 아무런 연관이 없는 것 같지만 이 기사가 "더러운" 귀신 들린 사람의 정결케 함에 대한 이야기라는 측면에서 "부정"이라는 주제로 이 기사는 앞의 내용과 연결된다. 예수는 유대인들이 흔히 부정하다고 여기는 이방인 여인과 대화를 함으로써 예수 스스로가 앞에서 천명한 원칙, 즉 어떤 특정 사물(음식을 포함하여)이나 종족이 부정한 것이 아니며 인간의 마음이 부정한 것이라는 것을 실천적으로 보여 주신다.

이 기사는 어떻게 보면 수로보니게 여인의 딸의 치유에 초점이 있는 것 같기도 하고, 다른 측면으로 보면 예수와 이 여인과의 대화가 더 중요하게 다루어진 것 같기도 하다. 어쨌든 이 기사는 예수의 치유 기적과 여인과의 대화가 잘 엮어져 그 양식이 아주 독특한 것이라고 할 수 있다. 이 기사는 치유라는 측면에서 보면 뒤이어 나오는 귀먹고 어눌한 사람을 고친 기사(막 7:31~37)와 유사하고, 대화라는 측면에서 보면 요한복음 4장에 나오는 예수와 사마리아 여인과의 대화를 연상시킨다.

수로보니게 여인의 이야기는 예수가 유대인들과 부정한 것에 대한 논쟁을 끝내고 장소를 옮겨 두로 지역으로 가는 것으로 시작된다(24절). 예수는 거기에서 어떤 집에 들어가 아무도 모르게 있으려 하셨으나 예수의 소문이 널리 퍼져 자신을 숨기는 것이 불가능하게 되었다. 예수가 자신을 숨기려 한다는 것과, 그럼에도 불구하고 예수가 사람들에게 널리 알려진다는 두 가지 상반된 사실은 마가복음의 주요 신학적 모티브로 자리한 것이다(1:44~45; 5:43; 9:30 참조).

귀신들린 딸을 둔 여인이 예수에 대한 소문을 듣자마자 달려와 예수의 발 앞에 엎드리는 사건이 발생한다(25절). 이렇게 사람이 다른 사람 앞에 엎드리는 것은 그 사람에게서 어떤 자비를 구하는 몸짓이다(막 1:40; 5:23 참조). 이것이 하나의 사건으로 성립되는 것은 이 여인이 헬라인 곧 이방인이라는 데 있다. 마가는 이 여인이 헬라인으로서 수로보니게에서 태어난 사람이라고 기록한다(26절). 예수를 만나자마자 이 여인은 곧바로 귀신들린 자신의 딸에게서 귀신을 내쫓아 달라고 예수께 요청한다.

여인의 요청이 간절한 반면 이에 대한 예수의 첫 번째 반응은 의외로 냉담하다. "자녀로 먼저 배불리 먹게 할찌니 자녀의 떡을 취하여 개들에게 던짐이 마땅치 아니하니라"(27절). 겉으로 보기에 예수의 이 말이 여인의 요청과 잘 부합되지 않는 것 같다. 여기서 여인의 요청은 자신의 딸을 치유해 달라는 것인데 예수는 이것을 "떡"과 연관하여 말씀한 것이다.

하지만 마가복음 문맥에서 보면 이 기사는 앞뒤로 예수의 급식 이적(막 6:30~44; 8:1~10)과 음식의 부정에 관련된 기사(7:1~23), 떡에 관한 논쟁 기사(8:14~21)와 잘 연결된다. 예수의 위 선언은 이 여인에게는 굴욕적이며 희망을 꺾는 것이다. 유대인은 하나님의 '자녀'(출 4:22; 신 14:1; 렘 31:9)고, 이방인은 '개'(신 23:19; 삼상 17:43; 24:14; 삼하 9:8; 16:9; 왕하 8:13; 잠 26:11)라는 것이며 예수의 사역은 우선적으로 유대인들에게 대한 것이기 때문에 이 여인의 요청을 들어 주는 것이 적절치 않다는 것이다. 바울의 선교 원칙도 "먼저 유대인에게, 그리고 나서 이방인에게"(롬 1:16)였다.

그런데 여기서 예수의 사역이 유대인에게 '우선적으로' 집중된다는 말을 사용한 것은 예수의 사역이 이방인에 대한 것을 전적으로 배제시키지는 않는다는 암시기는 하지만(27a절) 지금 이 상황에서는 이방인들에게 구원 사역을 베풀 수 없다는 뒤이은 예수의 말(27b절)은 결국 이 여인에게 절망만을 안겨 줄 뿐이다.

유대 지도자들과의 논쟁에서는 예수가 흔히 그들의 외식과 거짓에 대해서 지적하는 것으로 끝난다. 하지만 수로보니게 여인과의 대화는 계속된다. 이 여인은 유대인들을 우선시 한다는 예수의 말에 동의하면서도 예수가 말한 비유와 연관시켜 자신의 요청을 굽히지 않는다. "주여 옳소이다마는 상 아래 개들도 아이들의 먹던 부스러기를 먹나이다." 여기서 "주"라고 한 것은 신앙 고백적으로 예수를 "주"로 부른 것이 아니라 남자 어른에 대한 존경의 표시다. 이 여인은 이방인을 개라고 여기는 유대인의 사상을 그대로 받아들인다. 예수가 자녀들이 먹는 비유를 한 것에서 착안하여 이 여인은 집안의 개들도 상 밑에서 자녀들이 흘리는 부스러기는 먹을 수 있다는 기묘한 말을 통해 자신의 요청을 굽히지 않는다.

이러한 이방 여인의 태도와 말을 듣고 예수는 이 여인에게 자신에 대한 믿음이 있음을 발견한다. 그래서 예수는 "이 말 때문에"(29절) 여인의 요청을 들어 준다고 한다. 병행 기사에서 마태는 이 여인이 "큰 믿음"의 소유자였다고 기록한다(마 15:28). 이어서 예수님은 "돌아가라"는 병 고치는 자에게 행하는 전형적인 명령을 하시면서(막 2:11; 5:19, 34) 이 여인의 딸에게서 귀신이 나갔음을 선언한다(29절). 이러한 선언을 들은 이 여인이 집에 돌아와 보니 자신의 딸이 침대에 누워 있었고 예수가 선언한 대로 귀신이 그 딸에게서 나가 그 딸은 치유되었다(30절).

마가는 수로보니게 여인의 이야기를 현재의 문맥에 위치시킴으로써 다음과 같은 효과를 기대한 것 같다. 첫째, 이 이야기는 하나님의 백성으로서의 권리는 없지만 겸손히 그 부스러기라도 얻으려 하는 여인의 태도와, 특권만을 의식하는 유대인 지도자들의 "장로들의 전통"을 강조하는 태도와

(7:1~13) 대비되는데 이것을 통해 마가는 인간의 전통으로 하나님의 계명을 폐하려 하는 유대 지도자들을 책망한다.

둘째, 참으로 사람을 부정하게 만드는 것은 음식이 아니라 마음이라는 교훈이 이 이야기 바로 앞에 나오는데(14~23절) 이 이야기는 바로 이것을 증명하는 것이다. 유대인들은 이 여인이 이방인이기 때문에 음식을 먹는 정결례로 말하면 "부정한 손"과 같이 그 자체로 부정한 것으로 여겼을 것이다. 이에 대해 오히려 겸손하고 깨끗한 마음에서 나오는 "말을 통해서" 이 여인의 딸이 치유받은 기사를 기록함으로써 마가는 어떤 외향적인 것이 아니라 마음에 정결과 부정이 달려 있다는 것을 보여 주고 있는 것이다.

수로보니게 여인의 이야기는 예수의 이방인 선교의 관점에서 읽을 수도 있고 수로보니게 여인의 겸손하고 끈질긴 신앙 태도로도 읽어낼 수 있다. 이 모든 해석이 다 가능하지만 특히 그녀가 예수께 요청하는 것이 오늘날의 신자가 기도하는 것과 같다고 볼 때, 여기서 우리가 놓치지 말아야 할 것은 수로보니게 여인의 끈질긴 간청의 기도다. 이러한 인간 편에서의 간청의 기도에 대한 교훈은 주로 누가복음의 기도에 대한 비유에서 흔히 볼 수 있다.

누가복음 11장에 나오는 밤에 찾아온 비유(11:5~8)는 강청하는 기도를 격려하는 것으로 결론을 맺는다. "내가 너희에게 말하노니 비롯 벗됨을 인하여서는 일어나 주지 아니할찌라도 그 강청함을 인하여 그 소용대로 주리라"(8절). 불의한 재판관과 과부의 비유(눅 18:1~8)도 기도할 때 "항상 기도하고 낙망하지 말아야 할" 것(1절)에 대한 교훈을 한다. "하물며 하나님께서 그 밤낮 부르짖는 택하신 자들의 원한을 풀어 주지 않겠느냐 … 내가 너희에게 이르노니 속히 그 원한을 풀어 주시리라 그러나 인자가 올 때에 세상에서 (강청하는 기도의) 믿음을 보겠느냐 하시니라"(눅 18:7~8). 수로보니게 여인의 예수께 대한 간청은 누가복음의 기도에 대한 비유에서 말하는 끈질긴 기도에 대한 하나의 좋은 모델이다.

4. 귀먹고 어눌한 사람의 치유(31~37절)

수로보니게 여인 기사 뒤에 마가는 예수가 두로 지방에서 나와 시돈과 데가볼리 중앙을 통과하여 갈릴리 호수 지역에 이른 것을 기록하는데(31절), 이것은 아마도 수로보니게 여인에게서 시작된 예수의 이방인에 대한 호의가 계속되어 예수가 이방인 지역에서 선교했다는 것을 보여 주기 위한 것 같다.

예수는 갈릴리에 이르러 귀먹고 어눌한 사람을 치유한다(막 7:31~37). 사람들이 귀먹고 어눌한 사람을 예수께 데리고 와 안수를 청하자 예수는 그 사람을 무리에서 분리시켜 데리고 간다(32~33a절). 예수가 사람들에게서 왜 이 사람을 분리시켜 따로 데리고 갔는가에 대해서 주석가들은 여러 가지 제안을 한다. 마가의 신학적 의도를 분석해 보면 그 이유는 예수가 메시아라는 것을 감추기 위해서인 것 같다. 또 다른 이유는 헬라적 주술 치료와는 달리 예수의 치유가 인격적 관계 속에서 이루어진다는 것을 보여 주기 위해서일 것이다.

예수는 귀먹고 어눌한 사람을 데리고 가서 다음과 같은 방법으로 이 사람을 치유한다. 첫째, 예수는 손가락을 그의 양 귀에 넣고 침을 뱉어 그의 혀에 손을 댄다(33b절). 둘째, 예수는 하늘을 우러러 탄식한다(34a절). 셋째, 예수는 "에바다"(열리라)라는 말을 한다(34b절). 먼저, 이 치유에서 침이 어떠한 역할을 하는가? 동시대 헬라 세계와 유대 문화에서 침은 병을 치유하는 효과가 있다는 믿음이 있었다는 것을 볼 때 예수가 이 사람을 치유할 때 침을 뱉어 그의 혀에 손을 대신 일은 당시로 말하자만 지극히 일반적인 일이었다(막 8:22~26; 요 9:1~7 참조). 또 하늘을 우러러 보고 탄식하는 것은 치료 의식이라기보다는 기도하는 모습이라고 할 수 있다(출 2:24; 6:5; 롬 8:22~27 참조). 마지막으로 예수는 주술적인 행위보다는 주로 권위 있는 말로 환자를 치료하는데 "열리라"는 말은 환자의 병이 여러 가지에 얽매여 있다는 것과 관계 있으므로 예수는 환자를 그 모든 사슬에서 해방시키는 말을 한 것이다.

예수가 "열리라"라는 말을 하자마자 이 환자는 즉시로 "귀가 열리고 혀의 맺힌 것이 곧 풀려 말이" 분명해졌다(35절). 그리고 나서 마가는 예수는 이 환자가 치료되었다는 것을 아무에게도 말하지 말라고 엄히 명령하지만, 오히려 그렇게 엄하게 말할수록 그 소문은 널리 퍼져 나갔다고 보도한다(36절). 이것도 마가복음의 중요한 모티브인 소위 '메시아 비밀'과 연관된 것이다.

이어서 마가는 사람들의 예수에 대한 반응을 보도한다. 사람들은 완전히 압도되어 말하기 시작한다. "그가 모든 것을 다 잘했다. 귀머거리도 듣게 하고 벙어리들은 말하게 한다"(37절). 첫 번째 문장은 창조에 대한 마지막 보도인 창세기 1:31을 생각나게 하고, 두 번째 문장은 이사야 35:5~6에 있는 메시아 도래 시대의 소망과 관계된 것이다. "그 때에 소경의 눈이 밝을 것이며 귀머거리의 귀가 열릴 것이며 … 벙어리의 혀는 노래하리니 …." 즉 예수는 소경의 눈을 뜨게 함으로써 타락한 피조물을 깨끗케 함으로 일종의 새 창조를 하신 것이다.

귀먹고 어눌한 사람을 고치신 예수의 치유 기사(막 7:31~37)는 다음 장에 나오는 맹인을 고치신 기적과 내용에서 짝을 이룬다(막 8:22~26). 첫째, 둘 다 치유이적으로서 하나는 귀머거리를 듣게 하는 것이고 다른 하나는 맹인을 보게 한 것이다. 둘째, 그 치료 방법 중에 두 기사 모두에서 침을 뱉고 손을 댄 것이 발견된다. 셋째, 두 기사 모두 치유받은 후에 예수의 침묵 명령이 뒤따른다. 예수가 귀머거리를 치유한 것에는 침을 바르고 기도하는 것이 포함되어 있는데 이것은 헬라 문화에서 흔히 볼 수 있었던 것으로 예수는 이방 지역인 데가볼리의 한 가운데서 이 방법으로 치유 기적을 행했다. 하지만 치유 기적은 예수의 말씀에 의해 완성된 것을 볼 때 이것도 전형적인 예수의 치유 이적에 해당된다.

귀먹고 어눌한 사람의 치유 이야기는 문맥에서 볼 때 예수의 이방인 선교라는 주제와 연관하여 이해할 수 있다. 또 신약성경 여러 곳에서 눈먼 사람의 치유는 영적인 의미에서의 봉사를 가르치기 위한 예수의 사역임을 볼 때(요 9:35~41 참조) 이 구절도 이러한 의미로 해석할 수 있다. 특히 앞 구절에서 유대 지도자들과 예수의 제자들이 하나님의 말씀과 예수의 말을 이해하지 못하는 상황을 볼 때 예수는 이들이 영적 소경이라는 것을 어느 정도 암시하신 것이다. 육체적 소경과 귀머거리를 치유하신 예수는 영적 소경과 귀머거리도 치유하시는 분이라는 것이다.

하지만 공관복음 전체의 주제와 연관시켜 볼 때 이 치유 기적은 하나님 나라의 관점에서 해석하는 것이 가장 적절할 것이다. 마가에 의하면 예수는 하나님의 나라를 전파하기 위해 이 세상에 왔다(막 1:15). 하나님나라가 주제인 마가복음 내용의 약 삼분의 일이 치유와 축사에 관한 것이다. 치유는 하나님의 나라의 중요한 표징이다.

본문의 설교

본문은 한국 교회의 적절한 설교 주제를 많이 포함하고 있다. 무엇보다 먼저, 하나님의 말씀과 인간의 전통에 관한 문제는 이제 한국 교회에서 깊이 상고해 보아야 할 주제가 되었다.

다음으로, 성과 속에 대한 주제도 중요한 설교 주제 중 하나다. 그동안 한국 교회는 신약보다는 구약의 성전과 제사장 모델로 거룩과 속됨을 이해해 온 것이 사실이다. 이제 예수의 가르침대로 어떤 특정 제도나 사람에게서 거룩이나 속됨을 찾을 것이 아니라 하나님 속에서 거룩을 찾고 인간의 마음속에 속됨이 숨어 있다는 것을 다시 한 번 천명해야 할 것이다.

또 한국 교회에서 발견한 기도에 대한 성경적 가르침인 강청하는 기도의 모습이 점점 사라지는 이때, 수로보니게 여인의 겸손하면서도 기지가 넘치고 끈질기게 간청하는 기도의 모습은 우리에게 다시금 성경적 기도의 모델을 생각나게 할 것이다.

마지막으로, 예수가 선포한 하나님의 나라가 치유와 연결되어 있다고 볼 때 귀머거리를 고치신 예수의 치유 기적 이야기를 통해서 하나님나라

의 본질에 대해서 다시 한 번 상고해 보는 것은 좋은 설교의 내용이 될 것
이다.

의 본질에 대해서 다시 한 번 상고해 보는 것은 좋은 설교의 내용이 될 것

08

칠병이삼어 사건과
제자들의 예수 이해

마가복음 8:1~26의 주해와 적용

마가복음 8:1~26은 네 개의 단락으로 구분된다.[1] 즉 1) 1~10절, 2) 11~13절, 3) 14~21절, 4) 22~26절이다. 첫 번째 단락은 사천 명을 먹이신 사건을, 두 번째 단락은 그 후 달마누다 지역에서 있었던 바리새인과의 논쟁을, 세 번째 단락은 선상 중 배 안에서 누룩에 대한 말씀을, 네 번째 단락은 벳새다에서 한 소경의 눈을 고치신 사건을 각각 알려 준다.

칠병이삼어와 오병이어(8:1~10)

"예수께서 무리를 명하사 땅에 앉게 하시고 떡 일곱 개를 가지사 축사하시고 떼어 제자들에게 주어 그 앞에 놓게 하시니 제자들이 무리 앞에 놓더라"(6절).

떡 일곱 개와 생선 두어 마리로 사천 명을 먹이신 이 사건은 사실 앞의 '오병이어'의 사건(6:34~43), 즉 떡 다섯 개와 물고기 두 마리로 오천 명을 먹이신 그 사건에 비하면 다소 작은 것이라 그렇게 유명하게 알려지지는 않았다.[2] 그렇지만 이 사건도 마가복음과 마태복음이 함께 다루는 중요한 사건임에 틀림없다.

이 두 사건[3]은 상당히 비슷하면서도 약간의 차이를 가진다.

1) 우선 적은 떡과 물고기로 큰 기적, 즉 많은 이들을 먹인 것은 같다. 그런데 그 수는 차이가 있다. 오병이어로 남자 오천 명인 반면, 칠병이삼어로는 사천 명이다. 재료는 다소 늘어난 반면 배불리 먹게 된 사람들은 20% 이상 줄었다. 흥미롭게도 먹다 남긴 음식도 오병이어 때는 열두 광주리가 남았는데 이번에는 일곱 광주리가 남았다. 앞의 사건과 비교해서 보면 이번은 덜 남은 것이다. 두 사건 모두 특별한 기적의 사건이긴 하지만, 칠병이삼어는 이미 오병이어에 뒤이어 일어난 사건이며 또한 그 규모가 다소 줄어든 셈이다.

2) 앞의 오병이어 사건은 날이 저물어 가자 제자들이 나서서 사람들로 하여금 나가 뭔가 사먹도록 주님께 제안함으로 시작된다(6:36). 그때 주님은 제자들에게 "너희가 먹을 것을 주라"라고 하셨는데 이에 제자들이 당황하며 어떻게 그렇게 할 수 있겠느냐고 묻자 주님께서 그들 가운데 한 소년이 가지고 있던 떡 다섯 개와 물고기 두 마리로 그 놀라운 사건을 일으킨 바 있다.

반면에 이번 사건은 조금 다른데, 주님께서 무리들을 불쌍히 여기며 그들을 그냥 보내면 길에서 지칠 것이라 말씀하는 것으로 이 사건이 일어난다. 제자들이 앞에서는 사람들을 먹일 만한 분량의 떡을 구할 돈 2백 데나리온이 없음을 말하며 어떻게 할지 몰라 당황했다면, 이번에는 어디에서도 그 많은 떡을 구할 수 없다는 식으로 부정적으로 말한다. "이 광야에서 어디서 떡을 얻어 이 사람들로 배부르게 할 수 있으리이까"(4절). 그들의 반응이 두 번 다 부정적이었다는 것은 놀라운 일이다.

특히 앞에서 살펴본 대로, 이 사건이 앞의 오병이어 사건에 비해 그 규모가 상대적으로 조금 적어진 것임을 감안해 볼 때, 이 사건에서의 제자들의 반응은 매우 아쉬운 것이었다. 비슷한 상황, 거의 똑같은 일이 반복되었는데도(또한 이 사건 전에 예수로 인한 적지 않은 초자연적인 기적들이 있어 왔던 때였는데도), 특히 더 축소된 사건임에도 이에 대한 그들의 대답이 긍정적이지 않다는 것은 놀랍다. 마가(4절)와 마태(15:33)는 이를 기록함으로써 제자들의 우둔함과 비신앙적 태도를 감추지 않았다.

바리새인(8:11~13)

"바리새인들이 나와서 예수께 힐난하며 그를 시험하여 하늘로서 오는 표적을 구하거늘 예수께서 마음속에 깊이 탄식하시며 가라사대 어찌하여 이 세대가 표적을 구하느냐 내가 진실로 너희에게 이르노니 이 세대에게 표적을 주시지 아니하리라 하시고"(11~12절).

이 부분에서 등장하는 또 다른 인물이 있다. 그들은 바리새인이다. 당시의 신앙 결사체 멤버로 가장 경건한 종교적 습관을 가진 그룹이다. 엄밀한 의미에서 그들은 성직자 그룹인 제사장들과는 다른 평신도 집단으로서, 그릇 된 것과 죄 된 것에서 분리되어야 한다는 점을 강조했던 신앙인 집단이었다. 그들의 신앙은 내적 신앙과 바른 신앙 자세보다는 신앙의 외적 형태와 형식에 더 많은 관심을 갖는 위선적 신앙이었기에 예수님에게 많은 지적을 받았다.

이 바리새인들이 주님께 표적을 구했다. 여기 11절에서 '힐난하다'[4]라는 말과 '시험하다'[5]는 말이 합쳐져, 이들 바리새인들은 '나사렛 사람 예수에게 뭐 대단한 표적이 있겠는가' 라는 식으로 의심하고 부정하는 그리고 다투려는 왜곡된 편견을 가지고 왔다는 것을 보여 준다.

바리새인들이 칠병이삼어로 사천 명을 먹이신 제2의 오병이어 사건, 이 놀랍고 엄청난 사건 다음에 찾아왔다는 점에 주목하자. 그들이 그 기적의 현장에 없었다면 들은 소문을 믿지 못해 찾아온 것일 테고, 그 자리에 일부라도 있었다면 그럴 리 없다는 불신감으로 재차 확인하려고 온 것일 것이다. 그러나 기적은 있었다. 그것도 두 번씩이나 그랬다.

그런데 주님은 이들에게 또다시 그런 기적을 보이지 않겠다고 하신다. 표적은 뭔가 보여 주기 위한 것이 아니기 때문이다. 그런 이들에게 보이는 표적이 아니기 때문이다. 그들이 하늘로서 오는 표적을 구하였으나 주님은 마음속 깊이 탄식하셨다. 그리고 이렇게 말씀하셨다. "어찌하여 이 세대가

표적을 구하느냐 내가 진실로 너희에게 이르노니 이 세대에게 표적을 주시
지 아니하리라"(12절).

제자와 바리새인(8:14~21)

**"예수께서 아시고 이르시되 너희가 어찌 떡이 없음으로 의논하느냐 아직도 알지
못하며 깨닫지 못하느냐 너희 마음이 둔하냐"(17절).**

14절 이하에 제자들과 관련된 사건이 나오면서 자연스럽게 바로 전에
등장한 바리새인과 제자들은 서로 대조된다. 앞서 제자들에 대한 다소 부
정적인 언급이 있었던 점(4절)을 상기하자. 그러나 제자들은 바리새인과 분
명 많이 다르다. 바리새인은 주님을 믿지 않았고 거절했으나 제자들은 주
님을 믿었고 그래서 그를 전적으로 따라다닌 이들이다.

그런데 그런 제자들에게도 부족한 면이 있었다. 어쩌면 바리새인의 문
제가 그들에게도 작게나마 있었든지 혹은 바리새인의 나쁜 영향을 받을 가
능성이 있었을 것이다. 주님은 이 사건을 통해 그것을 가르쳐 주시려는 것
으로 보인다. 이는 주님께서 "바리새인들의 누룩과 헤롯의 누룩을 주의하
라"라고 경계하시는 부분(15절)에서 드러난다.

제자들이 그때까지 제대로 보지 못하고 충분히 깨닫지 못했던 것이 있
었다. 하나는 예수 그리스도에 대한 것이고, 또 하나는 그분의 사역에 대한
것이다. 그들이 예수님을 하늘에서 오신 하나님의 아들 그리스도심을 고백
하는 사건은 같은 장(8장) 후반부(29절; 마 16:16 참조)에 등장한다. 이때까지는
주님을 제대로 고백해 본 적이 없었던 것이다.

제자들은 주님에 대한 분명한 지식이 아직은 부족했다고 할 수 있다. 그
분이 하나님의 아들, 세상의 구세주, 모든 문제의 진정한 해결자, 그 어떤
문제도 그분 앞에는 해결되지 못할 것이 없는 분, 나를 위해 오신 능력의

그리스도심을 제대로 깨닫지 못했던 것이다. 그래서 그 동안 많은 표적과 기사를 보았고 체험했으면서도 또 새로운 문제가 나오면 여전히 주님의 능력을 인정하지 못하거나 그 뜻을 이해하지 못하는 부족함을 제자들은 보였다(4절 참조).[6]

몇 절 지나면, 가이사랴 빌립보로 가는 길에서 주님이 제자들에게서 신앙고백을 들으시는 장면이 나온다. 사실 주님이 제자들에게 의도적으로 접근하셔서 받아내신 것이라 볼 수 있다. 주님이 그들에게 물으셨다. "너희는 나를 누구라 하느냐." 베드로가 대답했다. "주는 그리스도시니이다"(29절). 제자들의 마음에서 나오는 이 고백을 얻는데 그렇게 많은 시간이 걸린 것이다.[7]

제자들이 제대로 알지 못했던 두 번째 사실은 주님의 사역, 즉 사람을 살리는 사역과 관련이 있다. 칠병이삼어로 사천 명을 먹이실 때, 주님이 그렇게 하신 이유는 그 무리들에 대한 연민, 즉 사랑 때문이었다. 주님은 그들에 대한 관심과 사랑으로 인해 그들을 배불리 먹이셨다. 제자들에게 부족했던 것은 이 사랑의 마음과 열심이다. 이런 점에서 제자들은 그들의 주님이신 예수님과 대비되는 캐릭터가 된다.

물론 바리새인과 제자들은 완전히 다른 부류다. 다만, 바리새인의 나쁜 점을 조심해야 한다. 영향을 받아선 안 된다. 이 두 그룹은 대조되면서 완전히 차별화되어야 했다. 반면 주님과 제자들은 대비적 관계(또한 수여자–수혜자 관계)가 형성된다. 그들은 주님에게서 뭔가 배워야 하고 좋은 영향을 받아야 한다.

소경 치유 사건(8:22~26; 7:31~37)

"예수께서 소경의 손을 붙드시고 마을 밖으로 데리고 나가사 눈에 침을 뱉으시며 그에게 안수하시고 무엇이 보이느냐 물으시니"(23절).

본문의 칠병이삼어 사건 바로 앞 7:31~37에는 청각장애인을 고쳐 주신 일이 있었다. 주님께서 손가락을 그의 양 귀에 넣고 침을 뱉어 그의 혀에 손을 대시며 하늘을 우러러 탄식하시며 그에게 '에바다' 하셨다. 그러자 그의 귀가 열리고 혀의 맺힌 것이 풀려 말이 분명해졌다고 마가는 기록했다.

본문의 칠병이삼어 사건 직후인 22절 이하를 보면 주님께서 벳새다에 이르셨을 때 시각장애인 한 사람을 사람들이 데리고 왔다. 주님께서 그의 손을 붙드시고 마을 밖으로 데리고 나가셔서 눈에 침을 뱉으시며 안수하셨다. 그리고 "무엇이 보이느냐"라고 물어보신 후, 두 번째 안수하시자 장애인인 그 눈앞에 만물이 밝히 보였다고 했다.

청각 장애인과 시각 장애인의 귀와 입과 눈을 고치신 이 두 사건은 칠병이삼어의 사건과 그 이후의 장면들과 함께 어우러질 때 특별한 의미를 갖는다.[8] 귀의 이상을 고치자 듣기 시작했고 혀의 이상을 고치자 혀가 풀려 말하기 시작했다. 눈의 이상을 고치자 보이기 시작했다.

보고 듣고 말하는 것은 우리 인간이 어떤 지식을 얻고 나누는 가장 중요한 지각 및 의사전달 수단이다. 이 육체적인 문제를 고치신 사건은 본문과 관련해 특별한 의미가 있을 수 있다. 주님이 제자들에게 기대하셨던 것은 그들의 진정한 눈이 뜨이고 귀가 들리게 되는 것이었다. 주님이 가르치셨던 말씀과 행하셨던 표적들을 통해 그들이 보고 듣고 그래서 깨닫게 되는 것이었다.[9] 바로 예수께서 누구신가 하는 것을 깨닫는 것이다. 그리고 그들이 입으로 예수를 주님으로, 그리스도로 고백하는 것이었다. 보고 듣고 이해하고 말하고 행하는 일이 그들에게 필요했다.

어쩌면 이 장애인들을 고치실 때, 주님은 사실 육체적인 질병과 장애를 고치실 수 있는 분일 뿐 아니라, 참으로 진리를 보고 듣게 하시며 고백하게 하시는 분이심을 간접적으로 드러내고자 하신 것인지 모른다. 제자들에게 참으로 필요했던 것은 바로 이런 이해와 지식이었기 때문이다. 바리새인들은 아예 듣고자 하지 않았고 보고자 하지 않았으며 그래서 그들의 혀가 굳어 있었다고 한다면, 제자들은 그 눈이 뜨여야 했고 귀가 들려야 했으며 그들의 혀가 풀어져야 했다. 그래서 주님을 바로 알아야 했던 것이다.

그러므로 칠병이삼어의 사건은 제자들을 가르치는 교육 목적의 사건이기도 했다. 이것은 적어도 두 가지를 가르치신 사건이다. 하나는 예수님이 누구신지 알려 주는 사건이다. 그분 앞에 풀지 못할 그 어떤 문제라도 있는가. 그분은 또 어떻게 사람과 다른가. 그분은 어떤 능력을 가지셨는가. 대체 그분은 과연 누구신가.

두 번째로 예수님의 관심과 사랑을 알려 주는 사건이라 말할 수 있다. 주님이 사람들에 대한 관심이 어떠했는지, 그분이 무엇을 위해 오셨는지, 그분의 사역의 목적이 무엇인지 알게 하시려는 것이다.

제자들의 고백

결국 제자들은 주님을 알게 되었고 그래서 고백했다. "주는 그리스도시니이다."[10] 언제 그들의 눈과 귀가 열렸는지는 모르지만, 그들의 눈이 이제 열렸고 그들이 진리를 귀로 들었으며 이제 혀로 그것을 고백할 수 있게 된 것이다. 그들의 눈과 귀는 주님을 보고 듣기 위해 존재했고, 그들의 혀는 주님을 고백하기 위해 새롭게 만들어졌다.[11]

본문의 핵심과 적용 포인트

본문의 초점은 먼저 예수께서 누구신가 그리고 그분은 어떤 일을 하셨고 또 어떤 말씀을 하셨는가에 맞추어져 있다. 두 번째는 그리스도와 그의 제자들과 대조되는 사람들로서 바리새인들의 문제를 지적하는 것이다. 그리고 세 번째는 제자들이 어떻게 이들 사건을 통해 그리스도에 대한 바른 신앙을 가지게 되는지 보여 준다.

주님은 칠병이삼어 사건을 통해 그분의 신적인 능력을 제자들에게 보이셨고 바리새인과의 논쟁과 그들에 대한 말씀을 통해 제자들에게 경계의 말씀을 주셨다. 이런 점에서 마지막에 등장하는 시각 장애인을 고치신 사건은 7장의 청각 장애인을 고치신 사건과 더불어 앞의 두 초점(그리스도에 대한 바른 신앙과 바리새인의 문제)을 제자들과 독자들에게 깨닫게 하는 기능을 한다.

이런 점에서, 본문은 크게 세 개로 나눌 수 있다. 1) 칠병이삼어 사건을 통해 그리스도의 관심과 제자들의 부족한 신앙 그리고 그리스도의 초자연적 능력이 강조되는 부분(1~10절)이다. 2) 그리고 그리스도와 바리새인, 그리스도와 제자의 대화를 통해 바리새인의 정체를 드러내고 제자들의 그릇된 것에 대해 경계하게 하는 부분(11~21절)이다. 3) 마지막으로 시각 장애인을 고치신 사건으로 역시 예수 그리스도의 초자연적인 능력과 그분의 사랑 그리고 예수님만이 육적-영적 눈을 참으로 고치실 수 있는 분이심을 드러내는 것과 사실상 눈이 먼 바리새인들[12]을 간접적으로 암시해 주는 부분(22~26절)이다.

이 세 부분은 이런 점들이 핵심 포인트가 된다. 설교나 성경연구를 통해 바로 그런 점들이 드러나야 한다. 만일 1~26절의 전체적인 의미를 살피려 한다면, 그것은 제자들이 예수 그리스도에 대한 인식과 신앙이 점차 깨어가는 과정과 바리새인들의 문제에 대한 경계 말씀이 주 포인트가 될 것이다. 특히 그 후의 본문인 예수 그리스도에 대한 고백과 헌신 부분(사실상의 8장의 클라이맥스)을 연계해서 이해해야 할 것이다.

이와 관련해, 적용할 부분을 굳이 따로 강조한다면, 그것은 1) 그리스도에 대한 바른 인식이 있는가, 2) 그리스도의 사랑과 관심이 있는가, 3) 바리새인과 같은 그릇된 태도는 없는가, 4) 볼 것을 보고, 들을 것을 듣고, 말할 것을 말하는가 등이 될 것이다.

십자가의 길

마가복음 8:27~9장의 주해와 적용

예수께 대한 베드로의 신앙고백 및 예수의 수난에 대한 첫 번째 예고와 더불어 마가복음의 제2부(8:27~16:8)가 시작된다. 이때부터 예수는 자신의 가르침을 무리들에게보다는 그의 제자들에게 집중한다. 학자들은 제2부의 처음 대단락을 8:27~10:45[1]로 구분하는데, 여기서 다루는 8:27~9:50은 그 전반부에 해당한다. 적지 않은 학자들이 8:27~10:45이 그 핵심 주제들을 중심으로 밀접하게 연관된 통일성 있는 단락을 형성하는 것에 주목하기 때문에, 본고에서는 8:27~9:50에 대한 단락별 주해에 앞서, 먼저 8:27~10:45의 중심 주제들을 그 흐름에 따라 개괄적으로 정리하고자 한다.

8:27~10:45에서는 가이사랴 빌립보에서 시작해서 예루살렘에로의 여정에서 일어난 일들이 다루어지는데, 주요 문단들이 각각 간략한 지리적 설명과 더불어 시작되는 점은 저자가 지리적 이동에 특별한 관심을 가지고 있었음을 보여 준다(8:27; 9:30; 10:1, 32).[2] 본 대단락의 내용을 정리하면 〈표 1〉과 같다.

본 단락은 예수의 메시아적 선교의 성격과 더불어 예수의 제자가 되는 것이 무엇인지를 보여 주는 데 초점이 맞추어져 있다. 본 단락의 역사적 상황은 예루살렘을 향한 예수와 그의 제자들의 여행 상황인데,[3] 이 상황은 예수를 따른다는 것이 무엇을 의미하는지에 대한 좋은 모델을 제공한다.

많은 사람들은 〈표1〉의 구조가 보여 주듯이 본 단락이 두 개의 소경 치유 기적 이야기들 사이에 감싸져 있다는 점을 주목한다(8:22~26; 10:46~52).[4] 특히 본 단락 안에서는 귀신들린 아이의 치유 기적 이야기(9:14~29)[5] 이외에는 더 이상 기적에 관한 이야기가 없다는 점을 주목할 때, 이들 두 치유 이야기들은 특별한 의도가 있었다고 추정할 충분한 가능성이 있다.

〈표1〉

8:22~26	소경을 첫 번째로 고치심	
8:27~9:29	메시아신 예수, 그리고 그의 제자들	
	8:27~30	'예수는 메시아시다'
	8:31~9:1	수난에 대한 첫 번째 예고 및 제자도에 관한 교훈
	9:2~13	하나님의 아들이신 예수
	9:14~29	예수께 대한 제자들의 의존성
9:30~50	십자가의 길에 대한 교훈들	
	9:30~37	수난에 대한 두 번째 예고 및 지위에 관한 교훈
	9:38~41	당파성에 대한 경고
	9:42~50	범죄의 심각성
10:1~45	하나님나라의 혁명적 가치들	
	10:1~12	결혼과 이혼
	10:13~16	아이들
	10:17~27	부유함
	10:28~31	손실과 이득
	10:32~45	수난에 대한 세 번째 예고 및 큰 자에 관한 교훈
10:46~52	소경을 두 번째로 고치심	

먼저 첫 번째 소경 치유 기적(8:22~26)은 두 단계에 걸쳐 점진적으로 일어난다. 이는 제자들이 제자도를 깨닫는 것이 더디고 점진적으로 일어날 것임을 상징적으로 보여 주고자 여기에 위치한 것으로 보인다.[6]

한편 두 번째 소경 바디매오 치유 기적(10:46~52)은 곧(유투스) 단번에 일어난다. 이는 지금까지 본 단락에서 드러난 제자들의 이해 부족 상태가 계속되어서는 안 되며, 바디매오가 단번에 눈을 뜬 것처럼 진정한 제자도에 대해 눈을 떠야 할 필요성을 강력히 도전하는 역할을 하는 것으로 보인다.

특히 바디매오가 보게 된 후에 예수의 가는 '길'을 쫓은 것과 마찬가지로 (10:52), 진정한 제자도에 눈을 뜬 제자들은 예수의 예루살렘에로의 십자가의 길을 가로막거나 피하려 하는 것이 아니라, 좇아가야 함을 시사한다.[7]

이들 두 이야기 사이에 끼어 있는 대단락(8:27~10:45) 안에서 가장 두드러진 주제는 메시아가 받아야 할 수난이다. 본 대단락 안에서 예수는 자신이 받아야 할 수난에 대해 세 번씩이나 반복적으로 예고한다(8:31; 9:31; 10:32~34). 그런데 인자의 운명에 대한 이들 세 번의 예고 각 경우마다 바로 뒤이어 제자들의 반응이 따라 나오는데, 예수께서 말씀하신 바를 제대로 파악하지 못하고 있음을 보여 준다.

첫 번째 반응으로서, 8:32에서 베드로는 예수의 거절과 죽음에 대한 말씀을 비난한('꾸짖고')다. 두 번째 반응으로서, 9:32에서 제자들은 모두 예수의 말씀을 깨닫지 못하고 그 뜻을 묻는 것조차 두려워한다. 게다가 '누가 크냐'는 문제로 논쟁하는 모습은 그들이 예수의 십자가의 길에 대해 얼마나 무지한지를 보여 준다(9:33~34). 세 번째 반응으로서, 10:35~37에서 야고보와 요한은 높은 지위와 영광에 대한 자신들의 관심을 드러내 보여 주는 요청을 예수께 함으로써, 거절과 고난으로 특징 지워지는 십자가의 길에 대한 그들의 무지를 드러내 보여 준다.

한편 예수는 그들의 이러한 잘못된 반응들에 대해 각 경우마다 교정적 가르침을 제공하신다. 이러한 삼중적 예고들과 삼중적 반응들 그리고 그에 대한 예수의 삼중적 교정들은 다음과 같은 인상적인 도표로 정리될 수 있다.

교정된 오해들 [8]

장소	수난 예고	제자들의 오해	예수의 교정	역설
가이사랴 빌립보에서	8:31	8:32~33	8:34~37	생명을 얻음/잃음
갈릴리에서 유대로	9:31	9:32~34	9:35~37	첫째/말째
에루살렘을 향하여	10:32~34	10:35~41	10:42~45	큰자/종

이처럼 자신의 선교에 대한 예수의 선언은 제자들을 깜짝 놀라게 했을

뿐 아니라, 그들에게 환영받지 못했다. '인자' 라는 호칭이 곧바로 종말론적 영광과 주권을 의미하는 것으로 이해해 왔던 제자들에게, 그가 해방시키려고 온 바로 그 백성의 지도자들에 의해 거절당하고 고난과 죽음을 당하는 것이 인자의 필요 불가결한 역할이라는 말씀은 이해하기 힘든 것이었다.

더욱이 이것은 단순히 이론적인 문제가 아니라 자신들의 삶에 실질적인 영향을 끼치는 문제였기 때문에 제자들에게는 더욱 큰 충격이었을 것이다. 다니엘의 환상에 의하면, '인자와 같은 이' 의 제자가 된다는 것은 그의 영광과 권능에 동참하는 것을 의미하였다(참조. 단 7:27). 그렇다면 야고보와 요한이 그의 보좌에 동참하게 해 달라는 요청은 인자의 추종자로서 할 수 있는 마땅한 요청이었을 것이다. 그들에게 남은 문제는 그 승리적인 집단 가운데서 누가 가장 큰 자가 될 것인가였다.

그런데 이제 거절과 죽음에 관한 예수의 말씀은 그들의 이러한 기대에 찬물을 끼얹는 결과를 가져 왔다. 그래서 그들은 이러한 상황 가운데서 어떻게 해야 할지를 고민하게 되었을 것이다. 어쩌면 그들이 9:32에서 예수의 말씀이 무슨 뜻인지 묻기를 두려워한 이유는 예수께서 무뚝뚝하고 차가운 분이었기 때문이라기보다는 오히려 그들이 예수의 말씀의 의미를 소금씩 감지해 나가기 시작했고, 따라서 그 분명한 의미를 아예 듣고자 하지 않았기 때문이었을지도 모른다. 이러한 전체적인 주제 흐름에 비추어 이제 각 단락의 의미를 정리해 보도록 하자.

메시아이신 예수 그리고 그의 제자들(8:27~9:29)

예루살렘으로의 여행은 팔레스타인의 최북단에 위치한 가이사랴 빌립보에서 시작된다. 이들 두 도시 사이의 거리는 200km 정도였는데, 이제 예수는 이 먼 거리를 여행하시는 길에서, 메시아의 본분과 그를 따르는 제자의 자세에 관한 수 주간에 걸친 교육을 그의 제자들에게 시행하신다. 이 교육을 통해, 제자들은 자신들의 통상적인 가치관을 철저히 점검하고, 예수께서 누구신지, 단 그를 따른다는 것이 무엇을 의미하는지에 대해 서서히 깨달아간다.[9]

1. '예수는 메시아시다' (8:27~30)

제자들은 예수를 따르기 시작한 시점부터 줄곧 예수의 정체에 관한 질문을 던져 왔을 것이다. 그러나 이 시점에 이르기까지 그들은 이 질문에 대한 확실한 대답을 아직 찾지 못했다.[10] 그들은 예수의 놀라운 가르침들과 기적들로 말미암아 놀라기는 했지만(4:41; 6:51), 예수에 대한 이해는 아직 확실하게 하지 못했던 것이다. 그래서 그들은 예수께서 누구신가라는 질문을 던진다(4:41).

한편 예수는 그들의 그러한 이해 부족을 책망하신다(6:52; 8:17~21). 사실 제자들은 지금까지 예수를 '선생님'이라고 불렀을 뿐이다(4:38).[11] 예수는 자신에 대해 '인자'라는 호칭을 두 번 사용하셨지만(2:10, 28), 그 호칭이 갖는 실질적인 의미가 무엇인지는 아직 설명하지 않으셨다. 이와 같은 상황 하에서, 이제는 예수께서 누구신지를 보다 분명히 밝힐 시점에 도달한 것이다.

8:27~30은 바로 그 질문에 대한 대답을 명백히 제공한다. 본 단락은 통상적으로 마가복음의 분기점으로 불려왔다. 실제로 본 단락에서 제자들은 처음으로 예수께서 '그리스도'심을 명확히 확인한다. 그러나 예수는 자신의 그리스도 신분을 아무에게도 알리지 말도록 경고하신다(8:30). 그 결과 예수께서 그리스도라는 사실은 더 이상 명확히 주장되거나 확인되지 않으며,[12] 14:61~62에 가서야 대제사장의 질문을 통해 다시 한 번 확인될 뿐이다. 실제로 예수 자신도 8:31 이후로는 자신을 '인자'라고 부르실 뿐, 스스로 '그리스도'라는 호칭을 사용하지 않으신다.[13]

그러나 예수께서 이처럼 '그리스도'라는 호칭을 사용하지는 않으시지만, 앞으로 그의 가르침은 자신이 그리스도시라는 사실에 기초하여 제시될 것이다. 이제부터 그의 가르침은 그리스도의 진정한 임무가 무엇인지 그리고 그 그리스도를 따르는 제자들은 어떠해야 하는지에 초점을 맞추게 될 것이다.

'가이사랴 빌립보'는 주로 이방인들의 거주 지역으로서 지방 수도였다. 하지만 예수는 그 도시가 아닌 그 주변 '마을들'로 여행하셨는데, 이 여행은 유대인 무리들로부터 떠나서, 그의 제자들을 좀 더 조용히 교육하고자 하는 목적을 가지고 있었던 것으로 보인다(참조. 9:30~31). 예수는 자신의 정체와 관련하여, 먼저 그의 제자들에게 좀 더 부담이 적은, 대중들의 일반적인 이해에 대해 질문을 던지신다. "사람들이 나를 누구라고 하느냐"(8:27).

제자들의 보고에 의하면 무리들은 예수를 선지자들 중의 하나로 이해했다(세례 요한, 엘리야, 선지자 중의 하나; 8:28; 참조. 6:15~16). 실제로 헤롯 안디바는 예수를 죽은 자 가운데서 살아난 세례 요한이라고 했다(6:14~16). 또한 예수께서도 자신을 선지자로 간주하셨다(6:4). 그렇다면 무리들의 이러한 이해는 이상한 것이 아니다. 예수에 대한 무리들의 이러한 평가는 의심할 여지 없이 긍정적이며 칭송적인 것이다. 그럼에도 이러한 그들의 이해는 예수에 관한 진리에 도달하기에는 너무도 ~~부족~~하다.

이제 예수는 제자들의 견해를 물으신다. "너희는 나를 누구라고 하느냐?"(8:29a). 예수의 이러한 질문은 무엇인가 보다 나은 대답을 기대하시는 뉘앙스를 풍긴다. 그리고 그 대답을 제공해야 할 자들은 제자들임을 시사한다. 제자들은 이미 하나님나라의 비밀을 제공받은 자들이기 때문에(4:11), 그들이 무리들보다 예수께 대한 보다 나은 이해를 소유해야 함은 당연하다. 예수의 이러한 질문에 대한 대답은 베드로에 의해 제공된다. "주는 그리스도시니이다"(8:29b). 베드로의 이러한 대답이 개인적인 이해를 발표한 것인지 아니면 제자들의 공통적 이해를 대변한 것인지는 분명치 않다. 하지만 베드로의 대답에 대한 예수의 반응이 제자들 전체를 대상으로 했다는 점으로 미루어 볼 때(참조. 8:30~31; 8:34~9:1), 예수는 그의 대답을 제자들 전체의 이해로 받아들이셨다고 추론할 수 있다.[14]

8:29의 선언의 결정적인 중요성에 비추어 볼 때, 그러한 선언의 내용을 아무에게도 알리지 말라는 예수의 명령(8:30)은 예상 밖의 반응으로 보인다. 그러나 이것은 예수께서 그리스도신 것은 진리지만, 현 시점에서 공개적으로 선언할 수 있는 것은 아니라는 것이다(참조. 1:34). 예수의 그리스도 신분이 공개적으로 선언될 시기가 올 것인데, 그때가 되면 그 자신이 그러한 사실을 공표하실 것이다(14:61~62). 그러나 그때까지 그 사실은 비밀에 붙여져야 한다. '그리스도'라는 호칭 사용에 대한 금지 이유는 아마도 그 호칭의 사용으로 말미암아 야기될 수 있는 그릇된 기대와 혼란을 피하기 위한 것으로 보인다.[15]

2. 수난에 대한 첫 번째 예고 및 제자도에 관한 교훈(8:31~9:1)

본 단락은 매우 충격적인 주제를 도입해 준다. "인자가 많은 고난을 받고 … 버린 바 되어 죽임을 당하고 사흘 만에 살아나야 하리라"(8:31). 이 주제는 마가복음 독자들이 이야기가 예루살렘에서 그 절정에 도달하게 될 때까지 계속 반복해서 되새기게 될 결정적인 것이다. 사실 복음서의 앞부분에서도 예수에 대한 적대적인 분위기가 결국은 그에게 죽음을 가져올 것이라는 암시가 있었다(2:20; 3:6).

그러나 이제 본 단락에서는 그러한 암시가 처음으로 명백하게 선언된다(8:32a). 그리고 주목해야 할 사실은 예수의 죽음이 그의 대적들의 승리로 그려지지 않고, 하나님의 목적의 성취로 그려진다는 점이다. 죽음은 부활의 서곡이자(8:31; 참조. 8:35~37), 영광의 수단이며(8:38), 하나님나라가 권능으로 임하는 결과를 가져올 것이다(9:1). 이처럼 그의 죽음은 절망이 아니라 소망을 가져오며, 따라서 슬픔의 대상이 아니라 환영의 대상이 되어야 하는 것이다.

하지만 제자들은 예수의 이러한 충격적인 선언의 의미를 바로 깨닫지 못하며, 그 결과 베드로의 부정적인 반응이 뒤따른다. "베드로가 예수를 붙들고 꾸짖기 시작하였다"(8:32). 베드로는 예수의 죽음을 환영하기보다는 오히려 강력히 반대하고 나섰다. 베드로의 꾸짖음의 내용이 구체적으로 밝혀지지는 않지만, 그 내용의 심각성은 그에 대한 예수의 꾸짖음 가운데 잘 드러나 있다. 예수는 그를 '사탄'이라고 지칭하시면서, 그의 그러한 태도가 '하나님의 생각이 아니라 인간의 생각'의 결과라고 되꾸짖으신다(8:33).

아마 베드로는 자신이 지금까지 간직해 왔던 메시아에 대한 사람들의 일반적인 기준과 이해에 비추어 예수의 선언을 그릇된 것으로 판단하였을 것이며, 그 결과 예수의 선언을 환영하기보다는 반대하고 나섰을 것이다. 특히 그의 그러한 이해가 메시아의 제자인 자신의 권익과 관련된 것이었다면, 그에 대한 자신의 기대를 송두리째 뒤흔드는 선언을 하시는 예수를 꾸짖는 베드로의 행동은 인간적으로 생각했을 때 있을 법한 일이기도 하다.[17] 하지만 예수의 신랄한 꾸짖음은 권익 보호에 대한 인간적인 본능이 제자도와는 결코 조화될 수 없음을 분명히 하신다.

그런데 예수는 여기서 한 걸음 더 나아가신다. 죽음에로의 길은 메시아만의 길이 아니라 그를 따르는 제자들의 길이기도 하다는 것이다(8:34). 제자들은 메시아뿐 아니라 그들 자신에 대해서도 그들의 인간적인 생각과 기대를 바꿔야 한다는 것이다. 그들이 궁극적으로 기대히는 영생(참조. 8:35~37)과 권능으로 임하는 하나님나라(참조. 9:1)는 메시아의 죽음의 길을 가로막아서 확보되는 것이 아니라, 오히려 그의 죽음의 길에 동참함으로써만이 주어지는 것이다. 예수를 따르는 것은 십자가를 지고 자기 목숨을 잃는 것을 의미할 뿐이다(8:34~37).

이제 제자들은 완전히 새로운 그림을 그리도록 요청받는다. 그들은 더 이상 세상적인 관심사와 인간적인 기준에 따라 판단하고 행동해서는 안 되고, 하나님의 뜻과 목적에 자신들을 철저히 적응시키고 순종해야 하는 것이다. 그들은 인자께 충성하는 것과 '이 음란하고 죄 많은 세대'에 대한 호감을 유지하는 것, 이들 둘 중 하나를 궁극적으로 선택해야 하는 것이다(8:38).

이제부터 제자들은 예루살렘을 향하여 가는 노중에 메시아와 제자도에 대해서 이처럼 철저하게 새로운 이해를 계속 교육받게 된다(참조. 9:30~32; 10:32~45; 13:9~13). 그러나 그 내용이 너무도 충격적인 것이기에 제자들의 학습 속도는 매우 더딜 것이다. 그럼에도 그들은 그 새로운 진리를 습득하고 받아들여야 한다. 그리고 그러한 자들은 죽기 전에 하나님의 나라가 권능으로 임하는 것을 보는 특권을 누리기도 할 것이다(9:1). 그러나 이 새로운 진리를 받아들이지 못하고 오히려 부끄러워하면, 예수께서도 그의 영광의 보좌에서 그들을 부끄러워하며 받아들이지 않으실 것이다(8:38).[18]

3. 하나님의 아들이신 예수(9:2~13)

본 단락은 두 가지 연결된 이야기를 제시한다. 1) 예수께서 변화하신 사건(9:2~8); 2) 엘리야에 관한 교훈(9:9~13)이다.

'엿새 후에'(9:2)[19]는 마가복음에서 찾아보기 힘든 정확한 시간 규정으로서, 이는 아마 앞 단락과의 연관성을 강조하고자 하는 마가의 의도를 보여주는 것 같다. 그렇다면 마가는 본 단락의 변화 사건이 적어도 예수께서 9:1에서 말씀하신 약속("여기 섰는 사람 중에 죽기 전에 하나님의 나라가 권능으로 임하는 것을 볼 자들도 있느니라")의 부분적 성취임을 시사하고자 했던 것으로 보인다.

제자들이 경험한 시각적 현상은 천상적 광경으로 인식하기에 충분하였을 것이다. 특히 예수의 변화된 모습("그 옷이 광채가 나며 세상에서 빨래하는 자가 그렇게 희게 할 수 없을만큼 심히 희어졌더라", 9:3)은 다니엘의 "옛적부터 항상 계신 자"(단 7:9)의 모습을 반영한다는 점은 그들의 그러한 인식을 확고히 해 주었을 것이다. 그리고 그들의 이러한 인식은 '무슨 말을 할지 모를' 정도로 놀란 그들의 반응에 잘 드러나 있다(9:6). 이러한 천상적 경험은, 8:31에서 인자의 고난에 대한 선언으로 말미암아 고민과 의심에 싸여 있었을 제자들에게, 예수를 메시아로 확신하는 새로운 계기가 되었을 것이다. 특히 그들이 본 광경 가운데 유대인들에게 종말론적 인물들로 간주되어 왔던 모세와 엘리야가 함께 나타났다는 사실은(9:4) 예수의 메시아적 지위를 더욱 확고히 해 주었을 것이다.

이러한 상황 가운데서 구름에서부터 음성이 들려온다. "이는 내 사랑하는 아들이니 너희는 저의 말을 들으라"(9:7). 이 음성은 제자들이 직면한 문제의 핵심을 잘 다루어 준다. 먼저 전반부는 예수의 메시아 신분과 연관된다. 예수의 충격적인 선언(8:31)과 요구(8:34)로 말미암아 낙담하던 제자들에게, 하나님은 예수께서 하나님의 아들이라는 사실을 몸소 선언하신다. 하나님은 이미 1:11에서도 예수를 자신의 아들로 선언하셨다. 하지만 그곳에서는 이 선언이 아들 자신에게 주어진 것이었다면 이곳에서는 제자들에게 직접 주어진 것이다. 이 선언은 그에 앞서 수반된 천상적 광경과 더불어 제자들에게 예수의 메시아직에 대한 확신을 더하여 주었을 것이다. 한편 복음서의 구조상 하나님의 아들로서의 예수의 신분은 복음서 초반과(1:11) 복음서의 절정인 이곳(9:7), 또한 마지막 부분에서(15:39) 선언됨으로써, 복음서의 뼈대를 이루는 핵심 주제로 드러난다.

또한 하나님 음성의 후반부는 메시아 제자들의 본분과 연관된다. 메시아의 제자들은, 그의 선언과 요구가 아무리 충격적이고 이 세상의 상식과 기준에 맞지 않는다 하더라도, 베드로처럼 메시아를 꾸짖거나 그의 말을 부끄러워할 것이 아니라, 그의 말을 들어야 한다는 것이다.[20] 베드로에게는 이 음성이 다른 두 제자들보다 더욱 의미심장했을 것이다.

9:2~8에서 예수의 영광스런 모습은 8:31에서 선언된 메시아의 낮아지신 모습과 너무도 인상적인 대조를 이룬다. 그러나 예수는 자신의 이러한 영광을 경험한 제자들에게 다시 한 번 그들의 경험에 대해 비밀을 유지할 것을 명하신다(9:9; 참조. 8:30). 뿐만 아니라 예수는 자신의 고난에 대해 한 번 더 언급하심으로써, 제자들의 관심이 한쪽으로 치우치지 않도록 주의를 기울이신다(9:12). 이제 이들 세 명의 제자들은 메시아의 진정한 모습을 단순히 영광스런 미래를 열어 가는 분으로서가 아니라, 그 진정한 영광을 위해 먼저 고난 당하시고 처참한 죽음까지 경험하셔야 하는 분으로 조금씩 실감나게 인식해 갔을 것이다.

4. 예수에 대한 제자들의 의존성(9:14~29)

언뜻 보기에 본 단락의 치유 기적은 제1부(1:16~8:26)에 위치하는 것이 더 어울리는 것처럼 보일지 모른다. 제1부는 귀신 축출과 치유 기적들로 가득 차 있는데 비해, 제2부(8:27~16:8)에서는 처음 대단락(8:27~10:45)을 감싸는 소경 치유 기적(10:46~52)을 제외하고는, 이 기적이 유일한 기적이기 때문이다.[21] 하지만 이 기적의 경우, 예수의 기적에 앞서 제자들의 실패가 있었으며(9:14~18), 기적에 뒤이어 제자들이 자신들의 실패에 대해 질문을 던진다는 점에서(7:28~29) 다른 치유 기적들과는 구별된다. 이러한 특징들은 이 기적 이야기가 본 문맥에 매우 적절한 이유를 보여 준다. 본 이야기에서 예수의 기적은 제1부에서처럼 무리들에게 인상을 주기보다는, 제2부의 주된 관심 대상인 제자들을 위한 교훈의 계기로 활용된다. 그리고 그 교훈의 주제는 제2부에서 강조되는 제자도와 믿음이다.[22]

본 단락은 앞의 가이사랴 빌립보 이야기의 연속선상에서 도입된다. 예수는 잠시 그와 떨어져 있던 나머지 제자들에게로 돌아가신다(9:14). 그들은 아마도 산으로의 예수의 여행에 동참하지 않고, 산 가까이 마을에서 무리들과 함께 있었던 것으로 보인다. 예수께서 도착하시자 무리들이 예수를 보고 놀라며 달려왔다(9:15). 그들이 예수를 보고 왜 놀랐는지 분명치는 않지만, 어쩌면 그의 옷이 아직까지 빛나고 있었기 때문이었을 것이다.[23]

본 단락의 문맥상 의미와 관련하여 에반스(Evans)의 제안은 흥미롭다. 그에 따르면, 그 소년이 죽은 것 같았지만 예수께서 '일으키시니 일어섰다' 는 진술은 임박한 예수의 죽음과 부활을 암시한다는 것이다. 특히 예수께서 8:31~33에서 자신의 죽음과 부활을 예고하셨고, 9:9, 12에서 재확인하셨으며, 또한 9:30~32에서 다시 한 번 예고하실 것인데, 바로 그 가운데 들어 있는 이 이야기가 그러한 시사점을 갖는다는 제안은 주목할 만하다.[24] 이러한 흐름에서 볼 때, 9:19에서 "믿음이 없는 세대여 내가 얼마나 너희와 함께 있으며"라는 예수의 언급은 그의 죽음의 때가 매우 가까웠음을 보다 박진감 있게 시사해 준다.

본 단락의 주된 교훈은 제자들이 자신들에게 주어진 능력에도 불구하고 (3:15; 6:7), 그들이 임무를 수행하는 데 실패한 것과 관련된다. 사실 그들은 이러한 임무를 성공적으로 수행했었다(6:13). 그렇다면 지금 그들이 직면한 이 실패의 원인은 무엇인가? 그들은 이 심각한 질문을 예수께 던진다(9:28). 그리고 예수는 그 질문에 대해 아주 명백한 답변을 주신다. "기도 외에 다른 것으로는 이런 유(類)가 나갈 수 없느니라"(9:29). 예수의 이러한 말씀은 제자들이 귀신 축출 시도에 앞서 기도를 하지 않았음을 전제한다.[25] 어쩌면 제자들은 상황이 너무도 급박하여 기도할 시간이나 여유를 갖지 못했는지도 모른다. 하지만 기도는 반드시 긴 시간동안 해야만 하는 것이 아니다. 기도는 하나님께 대한 제자들의 의존성을 표현하는 것이며, 따라서 짤막한 기도에도 그러한 능력의 원동력은 실릴 수 있는 것이다. 아무튼 하나님께 의존하지 않고서 제자들 스스로 자동적으로 행할 수 있는 능력은 아무것도 없다.

십자가의 길에 대한 추가적 교훈들(9:30~50)

1. 수난에 대한 두 번째 예고 및 지위에 관한 교훈(9:30~37)

예수는 자신의 수난에 대해 다시 예고하신다(9:31). 그러나 이번에는 첫 번째 경우와 달리(8:33) 제자들에게서 아무런 저항도 나타나지 않는다. 그들은 이번에도 그의 말씀을 깨닫지 못하였다. 하지만 그 누구도 그 말씀에 대해 감히 무어라 반응하려 하지 않는다(9:32).

한편 예수의 두 번째 예고에 뒤이어 소개되는 '누가 크냐'에 관한 논쟁은 그들이 예수의 메시아적 본질에 대해 얼마나 바로 이해하지 못하고 있는지를 보여 준다(9:33~34). 특히 그들이 예수의 수난과 죽음의 장소인 예루살렘을 향하는 '길에서' 이와 같은 논쟁을 했다는 사실은 제자들의 상태의 역설적 성격을 두드러지게 해 준다. 예수께는 그 '길'이 십자가에로의 길인

데 반해, 제자들에게는 그 '길'이 아직도 영광과 지위를 향한 길로밖에 인식되지 못한 것이다.

따라서 예수는 섬김을 통해 큰 자가 되고 말째가 됨으로서 첫째가 된다는 신적 원리를 제시한다(9:35). 그는 이러한 원리를 어린아이를 통해 설명한다(9:36~37). 사회적으로 지극히 낮은 지위를 가진 어린아이에 대한 제자들의 태도가 예수께 대한 그리고 하나님께 대한 태도가 된다는 것이다(9:37). 즉, 작은 자에게 높은 가치를 부여하는 것이 사회적으로 자연스러운 것은 아니지만, 그것이야말로 하나님의 가치 기준을 과연 받아들이고 있는가의 여부를 가리는 시금석이 된다는 것이다.[26] 십자가의 길을 가는 중에, 제자들은 바로 세상의 원리와 완전히 반대되는 이 하나님나라의 원리를 배우고 또한 그 원리에 적응해 가야 한다.[27]

하지만 그것이 그렇게 쉽지 않다는 사실은 지위에 관한 동일한 문제가 10:35~45에서 다시 반복된다는 점에서 알 수 있다. 더욱이 어린아이를 영접하는 것이 얼마나 중요한가를 교육받은 제자들에게 얼마 지나지 않아서 그 가르침을 실천할 수 있는 좋은 기회가 왔을 때, 그들이 그 상황에 정작 어떻게 반응하는지를 보는 것은 매우 충격적이다(10:13~16).

그들은 예수의 만져 주심을 바라고 어머니들이 어린아이들을 데려오자, 그들을 영접하는 것이 아니라, 오히려 꾸짖었다. 어린아이들을 그들의 선생의 주위를 끌 만한 가치가 없는 것으로 간주한 제자들의 이러한 태도는, 그들이 일반적인 세상적 기준과 전혀 다른 하나님나라의 가치 기준을 아직 제대로 깨닫지 못하고 있음을 여실히 드러내 보여 준다. 지금에 이르기까지 십자가의 길에 대한 예수의 가르침은 제자들에게서 이처럼 저항과 오해의 반응을 불러일으켜 왔다. 그런데 이러한 경향은 복음서가 진행되는 동안 앞으로도 계속될 것이다.

2. 당파성에 대한 경고(9:38~41)

이 짤막한 단락은 앞 단락(9:33~37)과 매우 효과적으로 연결된다. 그 연결은 '내 이름'이라는 어구의 사용에서 가장 두드러지게 확인된다. 예수께서 9:37에서 '내 이름으로' 어린아이를 영접하는 문제를 언급하셨는데, 요한은 '주의 이름으로' 귀신을 내쫓는 자를 제어하였다고 보고하였고(9:38), 예수는 '내 이름을 의탁하여' 능한 일을 하는 그를 금하지 말라고 명령하신다(9:39).

본 단락은 예수의 제자들의 공동체 의식이 폐쇄적이어서는 안 되고 개방적이어야 한다는 원칙을 제시해 준다. 이 이야기는 마가복음과 누가복음에서는 나타나는데(눅 9:49~50), 마태복음에서는 나타나지 않는다. 또한 흥미롭게도 마가복음의 "우리를 반대하지 않는 자는 우리를 위하는 자니라"(9:40)는 수용적 말씀이 마태복음에서는 "나와 함께 아니하는 자는 나를 반대하는 자요 나와 함께 모으지 아니하는 자는 헤치는 자니라"(마 12:30)는 배타적 말씀으로 나타난다. 한편 누가는 이들 두 말씀을 모두 포함한다(눅 9: 50; 11:23). 그렇다면 적어도 누가는 이 두 말씀을 서로 상충되는 것으로 보지 않았던 것으로 보이며, 따라서 이러한 차이는 그 말씀의 상황과 대상의 차이에서 비롯된 것으로 이해해야 할 것이다.

사실 마태복음의 말씀은 예수의 기적을 바알세불의 활동으로 돌리려는 대적들에게 주어진 것인 데 비해, 마가복음의 말씀은 아마도 진정으로 예수를 따르지만 열두 제자 집단에는 속하지 않은 자들을 두고 주어진 말씀으로 보인다.[28] 그렇다면 예수와의 관계에서 중간 지대란 있을 수 없다. 누구든지 둘 중 하나의 입장을 취해야 한다. 즉 예수를 반대하든지 아니면 예수를 위하든지. 바로 이 기준이 예수께서 제시하신 공동체 일원의 기준이며, 따라서 제자들의 편협한 배타적 기준은 포기되어야 한다.

사실 지금까지 귀신 축출 기적을 행하는 것은 예수와 그의 열두 제자들의 독특한 활동이었다(참조. 3:14~15; 6:7, 13). 따라서 제자들은 이것이 예수를 제외하고 자신들에게만 한정된 고유한 활동이라고 생각했는지도 모른다. 그런데 자신들의 집단에 속하지 않은 한 낯선 사람이 예수의 이름으로 귀신을 쫓는 기적을 행하는 것을 보았을 때, 그들은 자신들의 고유한 지위와 영역이 침범 당한 것으로 생각했을 것이다.

그렇다면 본 단락에서도 9:33~37의 지위에 관한 주제가 암시적으로나마 지속된다고 볼 수 있다. 더욱이 얼마 전 자신들은 귀신 쫓는 기적을 이루는데 실패했는데(9:14~29), 전혀 이름도 없는 한 사람이 그러한 기적을 성공적으로 수행하였을 때, 그들의 정체성과 특권 의식에 심각한 손상이 되었을 것이다.[29] 그런데 예수는 바로 그들의 그러한 특권 의식과 폐쇄된 정체성에 문제 제기를 하신다.

3. 범죄의 심각성(9:42~50)

본 단락은 몇 가지 다양한 주제들에 대한 가르침들이 분명한 논지 흐름상의 일관성은 명확하지 않지만 그 중심 어휘들을 연결 고리로 하여 연결된다. 그 연결 중심 어휘들은 다음과 같다. '실족'－42절과 43~48절; '불'－43~48절과 49절; '소금'－49절과 50절. 이러한 주제 어휘를 연결 고리로 한 가르침 모음은 암송을 위한 것으로 보인다.

9:41과 9:42 사이의 연결은 마가복음의 형태로는 명확하지 않다. 하지만 마가가 9:41의 마태복음 형태를 알았다면, 그 연결점은 분명하다. 9:42의 '이 소자 중 하나'는 9:41의 평행구인 마태복음 10:42의 '이 소자 중 하나'와 연결될 수 있기 때문이다.

만일 마가가 9:41 마태복음 형태를 염두에 두지 않았다면, 9:42은 9:37과 연결되는 것으로 보아야 할 것이다.[30] 그럴 경우 그 주제상 연결은 분명하다. 9:37은 어린아이를 영접하는 문제를, 9:42은 소자를 실족케 하는 문제를 다룬다. 이 두 말씀은 세상적으로 무가치해 보이는 자들이 하나님 앞에서 지극히 소중하다는 원리를, 전자의 경우는 긍정적인 관점에서, 후자는 부정적인 관점에서 강조함으로써 그 원리의 심각성을 강조해 준다. 특히 9:42은 소자를 실족케 하는 자가 받을 형벌이 얼마나 중대한가를 수장형(水葬刑)에 비교함으로써 강조한다.

9:42이 다른 사람에게서 오는 실족의 문제를 다루었다면, 9:43~48은 자

기 자신 안에서 오는 실족의 문제를 다룬다. 스스로 실족하는 문제 역시 그 결과가 너무도 중대하기 때문에, 그것을 피하기 위해서는 가장 소중하게 여기는 것들(손, 발, 눈)이라도 포기해야 할 것을 촉구하신다. 본 구절들은 아직도 세상적인 가치관을 버리지 못하는 제자들의 위험이 얼마나 심각한 것인지를 적절히 지적해 준다(9:48). 따라서 제자들은 예수를 따르는 가운데 '불로써 소금 치듯 함을' 받는 것 같은 고난을 당하게 될지라도, 그것을 인내하며 잘 감당함으로써 서로 화목을 이루어가야 한다(9:49~50).

맺는 말

마가복음 8:27~9:50에 대한 위의 논의들에서 우리는 다음과 같은 몇 가지 적용적 질문들을 정리해 볼 수 있다. 첫째, 예수에 대한 나의 이해는 적절한가? 예수께 대한 세상 사람들의 이해와 나의 이해는 어떻게 구별되는가? 예수를 좋은 선생이나 훌륭한 지도자, 성인의 모습으로 이해하는 것은 비록 그것이 긍정적인 이해라 하더라도 진정한 이해에는 결코 미치지 못한다. 예수는 우리를 구원하시고 우리를 다스리시는 하나님의 아들, 메시아시다(8:29; 9:7).

둘째, 메시아에 대한 나의 기대는 적절한가? 예수 당시 유대인들은 분파마다 나름대로 다양한 메시아상과 기대를 가지고 있었다. 베드로를 비롯한 열두 제자들 역시 나름대로의 메시아에 대한 기대를 가지고 있었다. 그러나 예수께서 제시하신 진정한 메시아상은 그들의 기대와 달랐고, 여기에서 문제가 발생했던 것이다(8:32; 9:32). 그렇다면 나는 예수를 메시아로 고백할 때, 어떤 기대를 가지고 있는가? 나는 복음서에서 제시된 메시아상보다 내 나름대로의 메시아에 대한 기대에 사로잡혀 있지는 않는가? 그러한 기대를 포기하는 것이 그렇게 쉽지는 않지만(제자들도 그러했던 것처럼), 그렇게 하지 않는 한 진정한 제자가 될 수 없다.

셋째, 나는 메시아의 십자가의 길에 동참하는가? 진정한 제자는 메시아의 십자가에로의 길을 가로막아서는 안 되며, 오히려 그 자신도 그 십자가의 길을 따라가야 한다(8:34). 제자들은 메시아의 십자가의 길에 대해 반복해서 교육받았음에도 불구하고(8:31; 9:31), 그 길을 따르는 데는 관심을 기울이지 못하고, 오히려 자신들의 지위 향상에만 관심이 집중되어 있었다(9:34). 나도 지식적으로는 십자가의 길을 이해하며 익히 안다고 생각하면서도, 정작 자기를 부정하고 자신을 낮추어 남을 섬기는 그 길을 따르기보다는(9:35), 오히려 높아지고 타인 위에 군림하는 데만 관심이 집중되어 있지는 않는가?

넷째, 나는 나 자신이 교회 안에서 누리는 기득권에 너무 집착하지는 않는가? 제자들은 자신들의 고유한 특권이라고 생각한 영역을 지키기 위해, 진정으로 예수를 따르는 자들의 활동을 제어하는 실수를 범하였다(9:38). 나도 스스로 규정한 자신의 고유 영역을 지키기 위해 다른 주변 그리스도인들의 활동을 부적절하게 간섭하거나 방해하고 있지는 않는가? 내가 속한 공동체는 부적절한 배타성을 띄고 있지는 않는가?

다섯째, 나는 범죄의 가능성들에 대해 얼마나 심각하고 철저하게 조처를 취하고 있는가? 나에게 아무리 소중하고 필요불가결한 것들이라 하더라도, 그것들이 나를 그리고 타인을 실족케 할 수 있는 것들이라면, 나는 그것들을 결단력 있게 포기하고, 단절하고, 돌아서고, 버리는가(9:42~47)? 그러한 자들은 영생을 소유할 것이지만, 그렇지 않는 자는 지옥에 들어갈 수밖에 없다는 이 원리는 나에게도 예외가 아님을 기억해야 한다.

10

통념의 전복과 진리의 인각

마가복음 10장의 주해와 적용

마가복음 9장까지는 예수님의 갈릴리 사역을 기록하고, 10장부터의 기사는 유대의 수도 예루살렘을 향해 신속하게 움직이는 모습을 보인다(10:1, 32, 46). 예수님은 순례자들이 거룩한 도성 예루살렘을 향해 올라가는 통상적인 경로를 따라 가시다가(눅 9:51~53), 어느 지점에서는 요단강을 건너 헤롯 안디바(Herod Antipas)의 영토인 베뢰아로 가셨다. 10장은 예수님께서 예루살렘으로 가는 도중에 유대와 베뢰아에서 하신 사역을 기록한다.

10장의 구조

예수님께서 예루살렘을 향해 가실 때 바리새인들이 대답하기 곤란한 이혼 문제를 들고 예수님을 시험하는 질문을 했다(10:2). 사람들이 아이들을 데리고 와 축복을 요청했고(10:13), 어떤 부유한 구도자는 영생의 방법을 질문했다(10:17, 22, 23). 예수님의 두 제자 야고보와 요한이 각기 우정승과 좌정승의 자리를 요청했다(10:35~37). 소경 거지 바디매오는 시력 회복을 요청했다(10:46, 51).예수님은 이런 문제에 직면할 때마다 당시 사람들의 통념을 뒤집어엎는 반응을 보이셨다.

1. 이혼 문제(1~12절)

바리새인들은 모세의 이혼 증서 규정에 따라 아내를 쉽게 내어버릴 수 있다는 통념을 가지고 있었고, 심지어 제자들도 그런 통념에 영향을 받고 있었으나(10:2, 4, 10), 예수님은 하나님의 본래적 의도('한 몸 원리')로 그 통념을 전복시키셨다. 다시 말해서 예수님은 여인들을 무시하는 당시의 통념을 '한 몸 원리'로 깨어버리신 것이다.

2. 유아 축복 문제(13~16절)

사람들이 예수님의 축복을 받도록 어린아이들을 데리고 왔을 때 제자들이 그들을 꾸짖었다(10:13). 이것은 어린아이들을 무시하는 제자들의 통념을 암시한다. 예수님은 하나님의 나라가 유아들과 같은 자들의 것이라는 충격적인 진리를 통해 제자들(당시 사람들)의 유아 무시 통념을 깨셨다.

3. 재물과 구원 문제(17~31절)

부유한 구도자와 제자들은 재물이 천국 입성에 전혀 지장이 없을 것이라는 통념을 가지고 있었다. 부유한 구도자는 재물을 팔아 가난한 자들에게 주고 예수님을 따르라는 말씀에 근심하며 갔다(10:22). 제자들도 재물과 구원의 관계 문제에 대해서 놀라움을 금치 못했다(10:24). 예수님은 재물과 구원에 대한 당시의 통념을 약대와 바늘귀 비유로 깨뜨리셨다(10:25).

4. 천국의 지위 문제(32~45절)

야고보와 요한을 비롯하여 제자들은 천국에서 각기 높은 자리를 차지하고 싶었다. 야고보와 요한의 요청과 다른 제자들의 분노(10:41)로 드러난 대로 높은 지위를 차지하려는 통념을 예수님은 으뜸이 되고자 하는 자는 종이 되어야 한다는 진리(10:44)로 전복하셨다.

5. 치유 문제(46~52절)

많은 사람들은 소경 거지가 예수님의 도움을 요청하여 부르짖을 때 꾸짖으면서 잠잠하라고 했다(10:47~48). 그가 소경이 아니고 거지가 아니라 고위층이었다면 꾸짖었겠는가 하는 질문을 던져보면 많은 사람들이 소경 거지를 멸시하는 통념을 가지고 있었던 것을 금방 알 수 있다. 예수님은 소경 거지의 믿음을 칭찬하시고 그를 고쳐 주심으로써 그런 통념을 바꾸어 놓으셨다.

여인들을 천시하는 통념, 어린아이들을 무시하는 통념, 구원에서도 부자를 중시하는 통념, 높은 지위를 탐하는 통념, 소경 거지를 홀대하는 통념, 이런 통념을 예수님은 다 부숴뜨리신 것이다. 질문이나 요청, 거기에 숨어 있는 통념, 통념을 깨뜨리신 예수님의 반응, 사람들의 충격과 놀라움, 이런 방식으로 예수님은 천국의 진리를 전달해 주셨다. 예수님은 가진 자, 높은 자를 우대하고 못 가진 자, 낮은 자를 천대하는 당시의 통념을 깨실 때에 예수님 자신의 사명을 간추려 말씀하셨다. "인자의 온 것은 섬김을 받으려 함이 아니라 도리어 섬기려 하고 자기 목숨을 많은 사람의 대속물로 주려 함이니라"(10:45). 이 말씀은 마가복음 10장의 요절이고, 더 나아가 마가복음 전체의 요절이다.

이혼 문제(10:1~12)

예수님은 무리들이 모여 왔을 때 "전례대로 가르치"셨다(10:1). 교육의 전례는 예수님이 얼마나 꾸준하고 집요한 교사였던가를 시사한다. 예수님의 교육은 바리새인들 및 서기관들과 달리 놀라운 권세가 있었다(1:22, 27; 마 7:28~29).

바리새인들이 이혼 문제를 늘고 시험했을 때도 예수님은 그늘의 그릇된 고정관념을 무너뜨리시는 교육을 하셨다. 이혼에 관한 예수님의 교훈이 바

리새인들의 통념을 깨는 것이어서 예수님과 바리새인들간의 갈등은 점차
적으로 증폭되어 결국 십자가 사건에서 절정에 이른다. 바리새인들은 "아
내를 내어버리는 것이 옳으니이까" 하는 질문을 했다. 이것은 단순히 이혼
의 적법성을 묻는 질문이 아니었다. 바리새인들은 그 질문으로 예수님을
시험한 것이다(10:2). 이혼 문제가 시험거리가 된 것은 당시에 신명기 24:1
의 "수치되는 일"이 무엇이냐를 두고 상반된 입장으로 논쟁이 벌어졌기 때
문이다. 샤마이파는 "수치되는 일"을 도덕적으로 수치스러운 것(간통)과 유
대인 아내가 지켜야 할 법을 어긴 것으로 해석했다. 힐렐파는 남편을 곤란
하게 하는 것 전체를 포괄하여 그것을 해석했다.

이혼 문제는 율법해석의 문제만이 아니라 세례 요한이 헤롯 안디바의
부당 결혼을 책망한 것과도 관련되어 있었다(6:17 이하). 바리새인들은 예수
님의 답을 걸어 세례 요한이 빠졌던 죽음의 함정에 예수님을 빠뜨리려는
음모를 품고 있었던 것 같다. 세례 요한을 처형했던 헤롯 안디바가 갈릴리
건너편 베뢰아를 통치하고 있었는데 예수님의 일행이 그리로 통과하고 있
었기 때문이다. 제자들도 이혼 문제에 대한 당시의 통념에 많은 영향을 받
고 있었다. 이는 제자들이 "집에서" 그 문제에 대해 다시 질문한 것과 예수
님의 답변을 보면 알 수 있다(10:10~12).

예수님은 당시의 통념에서 나온 곤란한 질문을 받으셨을 때 바로 답변
하지 않으시고 반문하셨다. "모세가 어떻게 너희에게 명하였느냐"는 반문
에는 예수님의 지혜가 엿보인다. 가이사에게 세금을 바쳐야 하는가의 질문
을 받았을 때도 예수님은 "이 화상과 이 글이 뉘 것이냐"고 반문하셨다
(12:16). 반문은 상대방이 파놓은 함정을 빠져나가는 지혜로운 방법이다.

"모세는 이혼 증서를 써 주어 내어버리기를 허락하였나이다"는 바리새
인들의 답변(12:4)은 신명기 24:1~4에 근거한 것이다. 예수님은 모세의 이
혼 증서 규정에 대해서 "너희 마음의 완악함을 인하여 이 명령을 기록"하였
다고 지적하셨다(10:5). 예수님은 동시에 "창조시로부터"의 '한 몸 원리'를
제시하시면서 "하나님이 짝지어 주신 것을 사람이 나누지 못할찌니라"고

말씀하셨다(10:6~9). 예수님은 여기서 하나님의 본래의 결혼규범(창 1:27; 2:24)과 모세의 이혼 증서를 대조시켜 어느 한 쪽을 폐기하신 것이 아니다. 예수님은 하나님의 본래적 규범과 사람들의 실존적 상황을 둘 다 언급하셨다. 규범(norm)과 상황(situation)의 관계는 윤리의 원리와 실천에 결정적인 영향을 미친다. 결혼에서 규범은 '한 남자와 한 여자가 부모를 떠나 한 몸이 되고 하나님이 짝 지어 주신 것을 사람이 나누지 말라' 는 것이다. 상황은 인간 '마음의 완악함' 이다.

그렇다면 하나님이 주신 '한 몸 원리' 라는 규범이 마음이 완악한 인간의 상황 속에서 어떻게 지켜져야 하는가? 인간의 상황에 따라 하나님의 규범을 포기하는 '상황윤리'(situation ethics)로 인해 사실 하나님의 규범은 아무 구속력이 없는 것이 되어버리는 경우가 많다. 모세의 이혼 증서 규정이 이런 것인가? 아니다. 모세는 하나님의 규범을 지키지 않고 반역하는 완악한 인간의 상황에서 하나님의 규범을 최대한 지키는 방향으로 제시한다. 완악한 인간이 이혼 증서의 규정에 속박되어 마음대로 부인을 내어버리지 못하게 한 것이다.

이혼 증서의 규정이 없으면 본질상 완악한 인간은 이혼을 식은 죽 먹듯 할 것이고, 그 결과 '한 몸 원리' 는 산산조각이 날 것이다. 가령 "[남편인 네가] 가라고 하는데 가지 않으면 아내를 [한 몸에서] 잘라버리고 이혼 증서를 주라"(BC 200년 경 Joshua ben Sira)는 이런 사태를 막기 위해서 완악한 남편에게서 여인을 보호하면서 사람들로 하나님의 본래의 의도를 지키도록 끌어 올리는 이혼 증서라는 까다로운 법적인 규정이 필요했다. 더 큰 악을 막기 위해 덜 큰 악을 허용하는 것이었다.

그것은 최선이 아닐 경우 차선이라도 되도록 하기 위한 조치다. 모세의 이혼 증서 규정은 최선의 규범을 버릴 때 최악이 나타나지 않게 하기 위한 하나님의 조치다. 하나님의 의도와 인간의 실패라는 두 실재 앞에서 하나님의 의도가 최대한 지켜지도록 하기 위한 것이다. 이런 의미에서 모세의 규정은 괜찮은 것(ok)이지만 최선(less than the best)은 아니다.

하나님의 규범을 지키는 데 최선은 아니더라도 최대한 지킬 수 있는 길이 무엇인가? 이런 질문에 대한 답변이 모세의 이혼 증서다. 다시 말하지만, 이혼 증서의 방향은 어디까지나 하나님이 창조시부터 주신 '한 몸' 규범을 최대한 지키는 것이다. 인간의 편의를 위해서 규범을 깨기 위한 것이 아니라 완악한 인간의 상황 속에서 규범을 지키기 위한 것이다. 완악한 인간이 하나님의 규범을 버린 후에 '이왕 버린 몸 아무렇게나 살자'는 식으로 최악으로 가지 못하게 하는 것이다.

하나님은 본래적 규범과 실존적 상황을 다 고려하시는 분이시다. 일부일처제의 본래적 규범이 구약의 인물들(아브라함, 야곱, 다윗 등)에 의해 깨진 것을 놓고 일부 남성 신자들이 '나도 서울에 한 여인, 뉴욕에 한 여인을 두고 살겠다'는 식으로 결론을 내린다면 대단한 착각을 한 것이다. 그것은 하나님의 계시가 시작되던 초기, 구원역사에서 그림자 시대의 상황을 계시가 대낮처럼 밝은 지금에 그대로 적용하겠다는 편의적인 발상이기 때문이다. 하나님은 그림자 시대(구약)의 상황과 실체 시대(신약)의 상황을 고려하셔서 규범준수를 보신다는 것이다.

본문에는 나오지 않지만 예수님께서는 "음행의 연고"를 이혼사유로 인정하셨다(마 19:9). 이것도 하나님의 본래적 규범을 최대한 지키기 위한 허용 조치다. 결혼은 한 남자와 한 여자가 평생 상호신의를 지켜야 한다는 원리를 깔고 있다. 음행은 그 상호신의라는 기본 원리를 저버린 것이다. 따라서 음행이 이혼사유로 허용된 것이다. 이것은 어디까지나 허용이지 명령이 아니다. 음행이 있더라도 회개와 회복을 통해 '한 몸 원리'를 지키도록 노력하는 것이 옳다.

유아 축복(10:13~16)

당시 유대인들은 여자와 아이는 계수에도 치지 않을 정도로 무시했다(마

14:21; 15:38). 이혼 문제에서 여인들을 무시하던 유대인들이 본문의 유아 축복 문제에서 아이들을 무시하는 모습을 보였다.

사람들이 예수님의 만져 주심을 바라고 어린아이들을 데리고 왔을 때 제자들이 꾸짖었다(10:13). 예수님은 제자들의 그런 모습을 보시고 분히 여기시면서 "어린아이들의 내게 오는 것을 용납하고 금하지 말라 하나님의 나라가 이런 자의 것이니라"고 하셨다(10:14). 예수님은 "내가 진실로 너희에게 이르노니"라고 하심으로써 강조해서 말씀하셨다. "누구든지 하나님의 나라를 어린아이와 같이 받들지 않는 자는 결단코 들어가지 못하리라"(10:15). 예수님은 이런 말씀을 하시면서 "어린아이들을 안고 안수하시고 축복"하셨다(10:16).

예수님께서 이렇게 어린아이들을 안고 안수하시고 축복하신 것은 당시 어린아이들에 대한 제자들의 통념을 무너뜨리신 것이다. 예수님은 어린아이들의 유치성, 무계획성, 미숙성, 이기성, 무례성을 높이 평가하신 것이 아니라 어린아이들의 절대의존성과 겸허성을 높이 평가하셨다(마 18:1~4). 어린아이는 참된 제자의 특징을 소유하고 있다. 부모에 대한 겸손한 절대의존이 어린아이의 특징인 것이다. 어린아이는 하나님의 선물을 감사하게 받아들이고 그것으로 만족하는 자기포기적 신뢰성을 가지고 있다. 여기에 주님의 축복이 있는 것이다. 우리는 어린아이들을 제외시키거나 무시하지 말고 어린아이처럼 되어야 한다. 이것이 참된 제자의 신앙의 비결이다.

재물과 구원(10:17~31)

한 사람이 달려와서 꿇어앉아 "선한 선생님이여 내가 무엇을 하여야 영생을 얻으리이까" 하는 질문을 했다(10:17). 이 사람은 부자고(10:22) 청년이었으며(마 19:20) 관원이었다(눅 18:18). 요컨대 그는 부유한 젊은 관원(a rich young ruler)이었다. 그가 예수님께 달려와 꿇어앉아 영생에 대한 질문을 드린 것을 보면 그는 영생에 대해 뜨거운 관심을 가진 구도자였다. 또한 그는 영생(미래 천국의 복된 삶)을 목표로 삼고 그것을 얻기 위해 예리하고도 열정적인 관심을 가진 사람이었다. 그는 예수님을 "선한 선생님" 정도로 보았지만 그 선생님이 영생의 길을 가르치실 정도로 권위가 있는 것으로 보았다. 예수님은 그의 질문을 받으신 후에 "네가 어찌하여 나를 선하다 일컫느냐 하나님 한 분 외에는 선한 이가 없느니라"고 하셨다(10:18). 이것은 예수님은 선하지 않다는 뜻인가? 그렇지 않다. 만일 예수님이 선하지 않으시고 혹시 악하시다면 그는 구원자가 될 수 없다. 예수님이 그에게 "나를 따르라"고 하시고 죽은 지 삼 일 만에 부활하실 것을 말씀하신 것을 보면 예수님은 선하신 구원자라는 것을 알 수 있다(10:21, 34).

예수님께서 여기서 "하나님 한 분 외에 선한 이가 없느니라"고 하신 것은 문맥 속에 깊은 의미가 있다. 그 청년은 어려서부터 율법을 지킨 '선한' 사람이라는 자부심을 가지고 또 다른 '선한 사람'(예수님)에게서 영생을 얻기 위해서 인간이 쌓을 수 있는 구원의 방식이 무엇인가 질문한 것이다. 이런 상황에서 예수님이 그 청년의 '선' 개념을 그대로 받아 구원의 방식에 적용하면 선행 구원이라는 율법주의에 빠지게 된다. 그러나 예수님은 그의 개념을 깨면서 영생은 하나님에게서 오는 선물이라는 것을 밝히 제시하기 위하여 "하나님 한 분 외에는 선한 이가 없느니라"고 하셨다. 다른 각도에서 보면 예수님은 성부에게서 보냄받은 사명자로서 성부 하나님에게 영생을 주시는 영광의 초점을 기울이시기 위해 그러신 것이다.

예수님은 "선한 선생님"이란 말에 대해 예민한 반응을 보이실 뿐 아니라 "무엇을 하여야" 영생을 얻을 것인가 하는 데도 깊은 관심을 보이셨다. 예수님은 십계명의 일부를 영생을 얻기 위해 해야 할 무엇으로 지적하셨다. 십계명을 지켜야 영생을 얻는다는 식의 이런 답변은 얼른 보면 예수님이 복음주의자가 아니라 율법주의자인 것 같은 인상을 준다. 우리가 이런 인상을 받는 것은 복음과 율법의 대조에 익숙해 있기 때문이다. 율법은 복음이 아니고 복음은 율법이 아니라는 의식이 우리 안에 있는 것이다.

우리 속에 들어 있는 이런 율법과 복음의 이원론 때문에 그 부자 청년 관원이 예수님이 언급하신 율법을 "어려서부터 다 지키었나이다"고 할 때 예수님이 그를 보시고 "사랑"하셨다는 말씀도 이상하게 생각하는 경향이 있다. 예수님께서 영생을 얻기 위해 무엇을 하여야 하느냐는 질문에 '계명을 행하라' 고 암시하신 것이나 계명들을 다 지켰다고 하는 청년을 '사랑' 하셨다는 것이 이상하게 보이는 것이다.

이렇게 이상하게 보이는 것을 해결하기 위해서 '예수님이 계명들을 행하라고 하신 것이 아니고, 또 사실은 그를 사랑하신 것이 아니다' 라는 식으로 해명을 한다. 그러나 본문에는 그런 근거가 없다. 예수님은 진심으로 그에게 계명들을 행하도록 언급하셨고 그가 다 지켰다고 할 때 그를 사랑하신 것이다. 계명을 행하라는 것과 계명을 행하면 하나님의 사랑을 받는다는 것은 성경 전체의 진리다. 특별히 구약 전체와 신명기 전체는 '율법을 행하면 산다' 는 진리를 강조한다.

사실 하나님의 법을 다 행하면 산다. 아담이 선악과를 따먹지 말라는 하나님의 법을 지켰다면 영생을 얻었을 것이다. 사람들이 하나님의 법을 100% 완벽하게 지키면 영생을 얻는 것도 사실이다. 물론 구약의 율법, 율법의 핵심으로서의 십계명은 이미 애굽에서 구출되어 나온 하나님의 백성들에게 삶의 법으로 주신 것이지만, 가정적(假定的)으로 말해서 인간이 하나님의 법을 완벽하게 지킬 수만 있다면 구원을 얻을 수 있다. 그런데 문제는 어떤 인간도 하나님의 법을 완벽하게 지킬 수 없다는 데 있다. 인류의 조상 아담이 범죄한 이후 이미 인간들은 출발선에서 하나님의 법을 어긴 죄인으로 출발한 것이다. 따라서 아담 안에서 모든 사람들이 다 죄와 사망 안에 갇히게 된 것이다(롬 5:12 이하).

부자 청년 관원이 "다 지키었나이다"고 할 때 예수님은 지킨 것을 귀하게 보고 사랑하시면서도 "한 가지 부족한 것"을 지적하셨다. 그것은 "네 있는 것을 다 팔아 가난한 자들을 주라 그리하면 하늘에서 보화가 네게 있으리라 그리고 와서 나를 좇으라"고 하셨다(10:21). 예수님의 이 말씀은 그 청년이 하나님의 계명을 "다" 지킨 것이 아니라 "한 가지"를 못 지켰다는 것이다. 그것은 예수님을 따르는 것이다. 그는 예수님을 따르지 않고 있었다. 예수님께서 사람이 하나님의 계명을 지켜서 구원을 얻을 수 있다면 계명들을 더 완벽하게 지키라고 하셨을 것이다. 그러나 "나를 따르라"고 하신 것은 계명들을 지킬 때 그 계명들이 핵심적으로 지향하는 메시아를 따르지 않고서는 영생에 이를 수 없다는 것이다. 예수님은 율법의 완성자(마 5:17)로서 완벽한 구원자이시다. 따라서 예수님을 따르지 않고서는 구원 얻을 수 있는 길이 없다. 예수님을 따르는 것은 예수님을 구원자로 믿고 그분을 삶의 주인으로 모시고 사는 것이다.

그러면 예수님께서 그저 "나를 따르라"고 하시지, 왜 '재물을 다 팔아 가난한 자들에게 주고 나를 따르라' 고 하셨는가? 예수님께서 모든 부자들에게 이런 말씀을 하셨는가? 그렇지 않다. 예수님이 모든 사람들에게 그렇게 말씀하셨다면 "헤롯의 청지기 구사의 아내 요안나와 또 수산나와 다른 여러 여자"가 "자기들의 소유"로 예수님과 제자들을 섬기지 못했을 것이다(눅 8:3). 예수님께서 부자 청년 관원에게 '다 팔아 … 나를 따르라' 고 하신 것은 그의 경우에 예수님을 따르는 데 재물이 결정적인 방해가 되기 때문이었다. "재물이 많은 고로 이 말씀을 인하여 슬픈 기색을 띠고 근심하며 가니라"고 한 것을 보면 그것을 알 수 있다(10:22). 천국은 어린아이처럼 절대의존자의 것인데, 그 청년의 경우 메시아에 대한 절대의존을 재물이 가로막고 있었던 것이다. 메시아냐 재물이냐를 선택할 때 그는 재물을 택한 것이다.

예수님은 부자 청년 관원과의 대화에 이어 제자들에게 부자가 하나님나라에 들어가기가 약대가 바늘귀로 나가는 것보다 더 어렵다고 말씀하셨다(10:25). 제자들은 이런 교훈에 심히 놀랐다(10:26). 그것은 재물과 구원에 대한 제자들의 통념이 깨어지는 순간이었다. 제자들은 "그런즉 도대체 누가 구원을 얻을 수 있는가"라고 질문한다. 즉 부자만이 아니라 도대체 누가 구원을 얻을 수 있단 말인가 생각한 것이다. 예수님은 "사람으로는 할 수 없으되 하나님으로는 그렇지 아니하니 하나님으로서는 다 하실 수 있느니라"고

하셨다(10:27). 이것은 구원은 어떤 사람도 할 수 없는 것이지만 하나님은 능히 하실 수 있는 것이라는 교훈이다. 구원은 하나님만이 하실 수 있는, 하나님의 절대주권 영역에 속한 것이다. 인간에게 필요한 것은 하나님에 대한 겸허한 절대의존뿐이다. 그 청년은 재물에 대한 애착 때문에 하나님이 세우신 메시아에 대한 절대의존(total trust)을 할 수가 없었다.

예수님의 이런 말씀을 들은 베드로는 "보소서 우리가 모든 것을 버리고 주를 좇았나이다"고 했다(10:28). 이것은 '저 청년은 재물을 못 버리고 주님을 따르지 못했지만 우리는 대조적으로 모든 것을 버리고 주님을 따랐습니다' 하는 말이다. 예수님은 베드로의 이런 말을 들으시고 예수님과 복음을 위하여 그렇게 버린 자는 "금세에 있어 집과 형제와 자매와 모친과 자식과 전토를 백 배나 받되 핍박을 겸하여 받고 내세에 영생을 받지 못할 자가 없느니라"고 하셨다(10:30).

예수님은 예수님을 따르는 데 방해되는 모든 것을 버리고 예수님을 절대의존적으로 따른 자는 내세에 반드시 영생을 얻는다는 말씀을 하셨다. 예수님을 어린아이처럼 믿는 자는 영생을 얻는다는 것이다. 그러면서 "금세에 … 백 배나 받되 핍박을 겸하여" 받는다고 하셨는데, 이것이 도대체 무슨 말씀인가? 가장 쉬운 반문을 해 보자. 베드로와 제자들이 살아 있는 동안 "집과 형제와 자매와 모친과 자식과 전토를 백 배나" 받았는가? 사도행전을 보면 제자들이 받은 것은 고난뿐이라고 할 수 있는데, 어떻게 이런 말씀을 하셨는가?

이것은 하나님나라의 새로운 관점에서 보면 대답이 된다. 예수님을 절대의존하는 자들이 금세에 받는 하나님나라는 "집과 형제와 자매와 모친과 자식과 전토"의 백 배 정도가 아니라 그 이상을 포괄한다(3:31~35). 사도행전에 기록된 대로 제자들이 받은 하나님나라는 얼마나 많은 사람들과 얼마나 많은 재산(우주)을 포괄하고 있는가?

예수님은 '다 버리고 주님을 따랐다' 고 하는 베드로의 말에 이런 식으로 긍정적으로 응수하시면서 동시에 "먼저 된 자로서 나중 되고 나중 된 자로서 먼저 될 자가 많으니라”고 부정적으로 응수하셨다(10:31). 이것은 '다 버리고 주님을 따랐으니 누구보다 더 많이 받을 것이다' 는 베드로의 자기 공로, 교만, 타인 정죄, 복 독점 등의 사고방식을 물리치시는 말씀이다.

마태복음에서는 위치 전복(먼저가 나중, 나중이 먼저)의 말씀이 포도원 품꾼 비유를 중심으로 샌드위치 구조로 나타난다(마 19:30; 20:16). 예수님의 말씀은 다 버리고 주님을 따른 자들이 서로 '내가 먼저' 라는 의식을 갖기 쉬운데(사실 야고보와 요한의 청이 바로 그런 경우) 누가 먼저냐 하는 것은 인간이 판단할 문제가 아니라 하나님께서 판단하실 문제다. 하나님이 판단하실 때는 동기와 언어와 행위 등 인간이 보지 못하는 부분까지 총체적으로 완벽하게 보시기 때문에 인간의 판단에 따른 먼저와 나중이 많이 뒤바뀐다는 것이다. 따라서 다 버리고 주님을 따른 자들은 스스로 교만하지 말고 겸손하게 모든 판단을 하나님께 맡기고 주님을 따라야 한다는 것이다. 위치전복의 말씀은 제자의 교만을 잘라내는 수술도다.

천국의 지위(10:32~45)

예수님께서 예루살렘을 향해서 올라가실 때 “제자들 앞에” 서서 가셨다. 예수님은 예루살렘으로 올라가시는 길을 '리드'(lead)하셨다. 그 길은 “인자가 대제사장들과 서기관들에게 넘기우매 저희가 죽이기로 결안하고 이방인들에게 넘겨 주겠고 그들은 능욕하며 침 뱉으며 채찍질하고 죽일 것”을 내다보시는 길이었다(10:33~34). 예수님은 고난과 모독과 죽음의 길을 '리드' 하신 것이다. 예수님은 고난과 죽음의 길에 마지못해 '끌려' 가신 것이 아니라 그 길을 적극적으로 '리드' 하셨다.

예수님께서 예루살렘으로 올라가는 길은 제자들이 “놀라고” 추종자들이 “두려워하는” 길이었다. 그러나 예수님은 그 길을 적극적으로 앞서서 올라가셨다. 예수님은 “자기 목숨을 많은 사람의 대속물로 주셔서” 많은 사람들을 구원하시기(10:45) 위한 사명자의 길을 앞서 가신 것이다.

예루살렘으로 올라가는 그 길은 어둡기만 한 길이 아니었다. 그 길은 배신과 능욕과 침 뱉음과 채찍질과 죽음이 기다리는 길임에는 틀림이 없었으나 동시에 "삼 일만에 살아나리라"는 말씀대로 부활이 기다리는 길이었다. 고난과 죽음을 통해서 많은 사람들을 구출하는 구원의 길이었다.

예수님은 죽으러 앞서 가시는데 제자들은 한 자리 하러 따라갔다. 야고보와 요한이 예수님이 예루살렘에 올라가서 다윗 왕조를 회복하신 후 왕의 영광을 받게 되면 "하나는 주의 우편에, 하나는 좌편에 앉게 하여 주옵소서"라는 요청을 했다(10:37). 마태복음에는 그들의 어머니가 청한 것으로 되어 있는데(마 20:20) 어머니를 통해서 청한 것도 그들이 청한 것이다. 야고보와 요한의 높아지려는 소원은 그들의 소원만은 아니었다. 다른 제자들이 그들에게 분노한 것을 보면 다른 제자들도 같은 소원을 가지고 있었던 것이다(10:41). 그들은 이미 "누가 크냐" 하는 다툼을 벌였던 자들이다(9:36).

예수님은 야고보와 요한의 청을 받으시고 "너희 구하는 것을 너희가 알지 못하는도다 너희가 나의 마시는 잔을 마시며 나의 받는 세례를 받을 수 있느냐"고 말씀하신다(10:38). 그들이 잘못 구한 것은 예수님의 좌우편에 앉는 것은 예수님이 마음대로 주실 것이 아니라 "누구를 위하여 예비되었든지 그들이 얻을 것"이기 때문이다(10:40). 그것은 성부 하나님이 준비하신 대로 주실 것이다.

야고보와 요한이 잘못 구한 것은 또한 고난을 통과하지 않고 영광에 이르려 했기 때문이다. 예수님께서 '잔' 과 '세례'를 언급하신 것은 다 많은 사람들의 죄 때문에 마시게 될 심판의 잔과 세례를 말씀하신 것이다(눅 12:50). '잔' 과 '세례' 는 죄에 대한 심판의 고난(죽음 포함)을 다른 각도에서 표현한 것이다. '잔' 은 섞지 않은 포도주를 마시는 것처럼 죄에 대한 심판의 고난을 그대로 다 받는다는 상징이다. '세례' 는 재난이나 위험에 압도되는 것을 상징하는 것으로써 예수님께서 죄에 대한 심판의 고난을 그대로 다 당하신다는 상징이다.

예수님은 죽기까지 낮아지심으로써 더할 나위 없이 높은 곳으로 높아지시는 길을 가셨다(빌 2:5~11). 영광에 이르는 길은 고난이다. 야고보와 요한은 이것도 모르고 예수님의 잔과 세례를 받을 수 있다고 했다. 야고보와 요한은 후에 예수님과 하나님나라를 위한 고난을 당할 것이기 때문에 고난과 죽음의 잔을 마시고 고난과 죽음의 세례(과격한 죽음이 마치 물 속에 잠기는 것과 같다는 비유)를 받는 것이 맞다고 할 수 있지만, 이 단계에서 그들은 그런 생각을 하지 못하고 그렇게 말한 것이다. 예수님은 그런 점을 다 이해하시고 그들의 수준에서 응수해 주셨다. 예수님은 그들의 대답을 수용하신 것이지, 그 의미를 수용하신 것이 아니다. 제자들의 관심은 왕궁과 보좌였지만 예수님의 관심은 잔과 세례였다. 제자들의 관심은 영광이었지만 예수님의 관심은 고난이었다.

예수님은 크고자 하는 제자들에게 천국에서 크게 되는 비결을 말씀하셨다. 천국에서 높아지는 길은 이 세상 집권자들의 길과 정반대의 길이다. 이 세상 집권자들은 마음대로 주관하고 권세를 부리는 길을 가지만, 천국에서 높아지는 길은 오히려 낮아지는 것이다. 천국에서는 섬기는 자가 크게 되고 종이 으뜸이 된다(10:42~44). 이것은 당시 집권자들의 통념과 제자들의 고정관념에 철퇴를 가하는 교훈이었다. 세도(勢道)의 밭을 갈아엎고 거기에 섬김의 활주로를 여신 것이다.

예수님은 이어 자신을 섬김의 모델로 제시하셨다. "인자가 온 것은 섬김을 받으려 함이 아니라 도리어 섬기려 하고 자기 목숨을 많은 사람의 대속물로 주려 함이니라"(10:45). 대속물은 노예나 포로나 죄수를 석방할 때 지불하는 돈 곧 속전(ransom)이다. 예수님은 자신의 목숨을 내고 우리를 석방하신 것이다(눅 1:68; 2:38; 딛 2:14; 히 9:12; 벧전 1:18). 예수님의 이 말씀은 자신을 이사야 53장의 여호와의 고난당하는 종으로 보시고 하신 말씀이다(사 53:4~6).

예수님은 섬김을 받으려 온 것이 아니라 섬기려 오셨다고 할 때 그냥 해본 소리로 말씀하신 것이 아니다. 예수님은 하나님의 뜻에 죽기까지 복종하신 분(빌 2:8)이실 뿐 아니라 죽기까지 사람들을 섬기신 분이시다. 그러나 우리는 항상 높은 자리를 탐하는 자들이다. 주님의 말씀을 잘 알고 있는 우리는 가장 교묘하게, 안 그런 척하면서 자기 자신의 철옹성을 매일 단단하게 다지고 있다.

이런 우리가 항상 목숨을 버려 섬기신 주님의 모델을 본받으면 얼마나 좋겠는가. "자기 목숨을 많은 사람의 대속물"로 주러 오셨다는 이 말씀은 마치 목표물을 절대로 놓치지 않는 미사일처럼 우리의 교만과 야망의 철옹성을 여지없이 폭파시키는 것 같다. 이 말씀이 "나는 섬기는 자로 너희 중에 있노라"(눅 22:27) 하신 주님의 말씀과 함께 우리 속에 항상 메아리 친다면 우리는 얼마나 복 된 제자들이 되겠는가. 제자도는 세상의 구원을 위해서 자기를 부인하고, 자기를 모험하고, 자기를 주는 낮은 자리의 봉사를 의미한다.

소경의 개안(10:46~52)

예수님 일행과 허다한 무리가 여리고에서 나갈 때 소경 거지 바디매오가 길가에 앉았다가 "다윗의 자손 예수여 나를 불쌍히 여기소서" 하고 소리를 질렀다(10:46~47). 많은 사람들은 그 소경을 꾸짖어 잠잠하라고 했다. 여인에 대한 편견, 유아에 대한 편견, 부자에 대한 편견, 높은 자리에 대한 편견을 가진 사람들이 이제는 소경 거지에 대한 편견을 드러낸 것이다. 많은 사람들은 소경 거지는 무시해도 좋을 천덕꾸러기로 본 것이다.

많은 사람들은 그 소경 거지를 홀대했으나 예수님은 후대하셨다. 예수님은 예루살렘에 입성하시기 전에, 자신을 믿는 자들에게 긍휼을 베푸시는 자비로운 메시아로서의 면모를 그대로 드러내신 것이다. 예수님은 멈춰 서서 "저를 부르라"고 하셨다. 예수님은 소경에게 "네게 무엇을 하여 주기를 원하느냐"고 물으셨고 소경은 "선생님이여 보기를 원하나이다"고 대답했

다. 예수님은 "가라 네 믿음이 너를 구원하였느니라"고 하셨고 소경은 곧
보게 되어 길에서 예수님을 따라갔다(10:49~52).

예수님께서 보기를 원하는 소경에게 '그래, 네 소원대로 보라'고 하시면
될 것인데 왜 "네 믿음이 너를 구원하였느니라"고 하셨을까? 예수님은 소경
의 믿음을 제자들과 허다한 무리에게 드러내 지적하시기를 원하신 것이다.

놀라운 것은 10장 전체의 내용에서 예수님은 당시 종교 지도자들인 바
리새인들에게 그들의 믿음을 언급하시지 않았고, 유아들을 금지하는 제자
들과 영생에의 뜨거운 열정을 가진 구도자 청년과 천국의 높은 자리를 추
구하는 제자들에게도 그들의 믿음을 언급하시지 않았는데, 소경 거지의 경
우에만 그의 믿음을 언급하셨다는 점이다. 이 점 역시 제자들과 무리에게
충격적인 교훈이 아닐 수 없었고 오늘 우리에게도 충격적인 교훈이 아닐
수 없다. 믿음을 가장 기대하기 어려운 소경 거지에게서 발견된 믿음을 예
수님께서 긍정적으로 평가하시고 칭찬하신 것이다. 이것도 10장 전체의 말
씀과 사건과 맥을 같이 하여 당시인들의 통념을 깨는 점이었다.

예수님께서 특별히 언급하신 소경 거지의 믿음은 어떤 것이었는가? 그
것은 우선 예수님이면 자신의 문제가 해결된다는 것을 믿는 믿음이었다.
소경이 "예수여 나를 불쌍히 여기소서" 한 것은 돈 몇 푼을 달라는 것이 아
니라, 자신의 시력을 회복시켜 달라는 외침이었다. 그가 예수님의 메시아
성을 밝히 알았는가 하는 것을 본문에서 확인할 수 없지만, 예수님이 자신
의 문제를 해결해 주신다는 확신이 소리지르는 것으로 나타난 것은 분명하
다. 소경의 믿음은 해결자에 대한 확신이었다.

소경의 믿음은 많은 사람들이 꾸짖어 잠잠하라고 하여도 더욱 심히 소
리질러 "나를 불쌍히 여기소서"라고 한 집요한 간청에도 나타난다. 소경에
게는 문제 해결자를 발견한 이상 어떤 반대와 질책과 방해가 있어도 기어
이 그분을 만나고야 말겠다는 집념이 있었다. 누가복음 18장의 과부처럼.
소경의 믿음은 해결자를 기어이 만나려는 집념이었다.

소경의 믿음은 또한 "선생님이여 보기를 원하나이다"고 하는 선명하고

확실한 소원으로 드러났다. 해결자를 만났어도 '무엇을 해결해 줄까' 라고 할 때 우물쭈물 한다면 어떻게 되겠는가? 해결자가 "네게 무엇을 하여 주기를 원하느냐"고 하실 때 즉시 "보기를 원하나이다"고 할 정도로 정리된 소원이 표현된 것이다. 자나깨나 보기를 원하는 마음이 소경을 지배하고 있었다. 소경의 믿음은 해결자를 통해서 문제를 해결하기를 원하는, 한 맺힌 갈망이었다. 예수님은 해결자에 대한 확신과 집념과 갈망의 믿음, 소경의 그 믿음을 칭찬하시면서 소경의 시력을 회복시켜 주신 것이다.

예수님은 당시 사람들의 통념을 깨뜨리시고 진리를 인각시키는 교육을 하셨다. 죄로 인해 비뚤어진 생각, 즉 죄악된 편견이 한 시대와 한 민족을 압도하는 통념으로 똘똘 뭉쳐 있을 때 그것은 강하게 깨뜨려져야 한다. 그래야만 사고의 전환(paradigm shift)이 가능하다. 편견의 패러다임이 진리의 패러다임으로 바뀌는 데는 충격적인 격파의 과정이 필요한 것이다.

예수님은 충격적인 격파의 방식을 통해서 천국의 진리를 새겨 주셨다. 예수님은 '한 몸'의 진리, 천국은 어린아이들과 같은 자들의 것이라는 진리, 재물의 장애물을 제거하고 주님을 따라야 한다는 진리, 구원은 하나님 단독 사역이라는 진리, 섬기는 것이 높아지는 길이라는 진리, 믿음으로 문제 해결을 본다는 진리를 새겨 주셨다.

예수님에 대해 점증하는 오해와 갈등

마가복음 11장의 주해와 적용

예수님의 예루살렘 입성은 공관복음서 기자들(마 21:1~9; 막 11:1~11; 눅 19:29~38)뿐 아니라 요한복음(12:12~15)에서도 동일하게 밝히는 사건으로서 예수님의 생애와 사역을 이해하는 데 매우 의미심장한 사건이다. 예수님의 수난사건에 대한 기록이 상대적으로 많은 마가복음은 이 11장을 시점으로 수난사건을 보여 주기 위한 준비를 보다 구체적으로 시작한다. 이 내러티브(11:1~15:41) 안에 나오는 인물들 곧 예수님의 열두 제자들(11:11, 13; 14:17)을 포함하여 대제사장들, 서기관들과 장로들(11:18, 27; 12:28; 14:1; 14:43, 53; 15:1), 바리새인과 헤롯당(12:13) 그리고 사두개인(12:18)에게서 계속되는 '예수에 대한 이해'는 마가복음 내러티브 안에서 아이러니를 통해 오해와 반전의 갈등 속에서 진행된다.

이런 면에서 마가복음 내러티브 안의 예수님은 거기에 등장하는 다른 모든 인물들과의 관계에서 '철저한 이방인'으로 인물화되어 간다. 예수님의 예루살렘 입성을 환영했던 주민들도 일주일이 채 못 되어 "저를 십자가에 못 박게 하소서"(15:13~14)라고 고함치며 예수님께 등을 돌린다. 이에 앞서 예수님의 수제자들인 베드로와 야고보와 요한까지도 예수님께서 임박한 자신의 수난을 결여한 자세로 준비하시는 그 순간을 이해할 수 없었다(14:32~42). 아니 오히려 열두 제자의 대표격인 베드로는 예수님을 부인하고 저주하는(14:68, 71) 상태까지 나아간다.

이 가운데 '예수를 향하여 섰던 백부장'의 증언(15:39; "이 사람〈십자가 상에서 죽음 당하신 예수〉은 진실로 하나님의 아들이었도다")은 실로 마가복음의 수난 내러티브의 극적 반전을 가져옴으로써 마가복음의 첫머리 1:1("하나님의 아들 예수 그리스도 복음의 시작이라")을 확증하는 동시에 본 수난 내러티브의 갈등을 푸는 실마리를 제공한다. 이런 면에서 마가복음 11장은 예루살렘, 특히 성전을 중심으로 펼쳐지는 예수님의 마지막 이미지에서 더욱 점진되어 나타나는 예수님에 대한 오해와 갈등(3:6; 8:11; 10:2; 11:8, 27 참조)의 단락이 시작되는 본문이다.

마가복음 11장에 대한 내러티브적 관찰 및 구조

마가복음 11장의 주된 공간 곧 지리적 문맥은 감람산, 벳바게, 베다니(1, 11~12절)로서 주로 예루살렘과 성전(1, 11, 15~17, 27절)을 중심으로 되었으며, 발생되는 사건들은 최소한 약 3일(1, 11~12, 19~20절)간에 일어난 내용들로 소개된다. 여기서 묘사되는 주요 인물들은 예수님(1~11, 12~7; 22~25, 29~33절), 열두 제자들(1~7, 11, 15, 20~21절), 대제사장들과 서기관들과 장로들(18, 27절), 세례 요한(30~32절)이며, 주변 인물들로는 성전 안에서 매매하는 자들과 돈 바꾸는 자들(15절), 어떤 이들(5절)과 유대인 군중 또는 백성(8, 32절)이며, 인물은 아니지만 본 내러티브를 이해하는 데 주목해야 될 주요 소재가 되는 나귀 새끼(2, 4, 5, 7절)와 무화과나무(13~14, 20~21절)가 있다.

한편, 본 장의 내러티브는 나레이터(narrator: 마가 또는 내재적 저자)의 묘사와 해설(1, 4, 6~9a, 11~13, 14ac, 15~16, 18~21a, 27, 31~32절) 가운데, 예수님(2~3, 14b, 17, 22~25, 29~30, 33c절), 베드로(21b절), 예루살렘 주민들(9b~10절), 대제사장들과 서기관들과 장로들(28, 33a절)의 어법이 소개되며, 특히 '예수님과 제자들' 그리고 '예수님과 대제사장들, 서기관들, 장로들' 사이에 오고 가는 대화('예수님과 성전 안에서 매매하는 자들과 돈 바꾸는 자들' 간에서는 쌍방 대화가 아닌 일방적인 행위와 그에 따른 선언이 나타남: 15~17절)를 통해 마가의 내재적 독자들(the Markan implied reader)은 나레이터로서의 마가가 11장 이전에 이미 예시해 주었던 수난받아야 할 메시아 예수님(8:31; 9:9; 12~13, 31; 10:32~34, 45), 제자들의 깨닫지 못하는 무지함(4:40~41; 6:52; 8:17~21, 33; 9:6, 32; 10:35~41; 참조, 14:10~11, 44, 68, 70, 71) 그리고 유대 종교 지도자들의 외식과 교만함(2:6~7, 16; 3:6, 22; 7:5~6; 8:11; 10:2)을 회상하게 됨으로써, 메시아에 대한 예수님 자신의 이해가 대제사장들, 서기관들, 장로들, 예루살렘 주민들/무리들뿐 아니라 예수님의 열두 제자들의 메시아에 대한 이해와도 큰 차이가 있어 이들이 서로 각각 오해와 갈등 속에 묘사되고 있음을 인식하게 된다.

이런 점에서 우리는 이 11장과 마가복음 전체에서 내러티브 안에서 드러나는 나레이터로서의 마가의 이야기 관점과 함께 주요 인물(예, 예수님, 제자들, 유대 종교 지도자들)과 다른 인물(예, 사탄, 일반 백성들)의 관점들의 차이를 이해할 필요가 있다.

우리는 마가복음 11장에 대해 다음과 같은 구조 속에서 고려해 볼 수 있을 것이다.

(a) 1~11절: 예루살렘의 입성에서 명령과 순종(등장인물들 – 예수님과 동행했던 열두 제자들; 어떤 이들; 많은 사람의 무리들; 나귀 새끼) – 일요일(감람산 벳바게와 베다니; 예루살렘과 성전에 들어갔다가 베다니로).

(b) 12~14절: 무화과나무를 책망함(등장인물들 – 예수님과 열두 제자들; 한 무화과나무) – 월요일(베다니에서 나와 예루살렘 근처에서).

(c) 15~19절: 성전 심판에 대한 상징적 행위(등장인물들 – 예수님과 제자들; 성전 안에서 매매하는 자들; 돈 바꾸는 자들; 비둘기 파는 자들; 성전 안에서 기구들 갖고 다니던 자들; 대제사장들과 서기관들) – 월요일(예루살렘에 다시 들어와 성전 안으로; 성전 심판 이후에 예루살렘 성 밖으로 나옴).

(b)′ 20~21절 + 22~25절: 무화과나무의 마름 + 제자들을 향한 교훈(믿음, 기도, 용서; 등장인물들-예수님과 제자들, 특히 베드로) – 화요일(베다

니를 나와 예루살렘 근처에서).

(a)´ 27~33절: 예수님의 권위에 대한 질문과 답변(등장인물들 – 예수님과 제자
들; 대제사장들과 서기관들과 장로들) – 화요일(예루살렘 안으로 다시 들어가
성전 안에서).

마태복음(마 21:12~13, 18~21; 참조, 눅 19:45~46)과 달리 마가복음에서는 이른바 '성전 청결/정화' 로 불리는 이 사건(15~17절)이 예수님께서 무화과나무를 저주하시는 사건(마 21:18~19; 막 11:12~14, 20~21; 참조, 눅 13:6~9) 사이에 끼여 소개된다.[1] 마가의 문학적 특징 중 하나인 '샌드위치 기법'(막 3:20~35; 4:1~20; 5:21~43; 6:7~30; 11:12~21; 14:1~11, 17~31, 53~72; 15:40~16:8)[2]은 본 사건들('무화과나무 저주' 와 '성전 심판')뿐 아니라 본문에서 암시하고 드러내고자 하는 예수님에 대한 이해에서도 매우 중요한 역할을 담당한다. 즉 예루살렘 입성의 의미, 무화과나무 저주의 의미, 성전 심판의 의미 그리고 성전 심판을 하신 예수님의 권위에 대한 산헤드린 공회 대표자들의 질문은 하나하나가 서로 깊게 연결된 신학적 메시지를 담았다.

이것은 무엇보다 기독론, 구원론 및 종말론과 관련된 초점으로서(즉, 성전의 송말론적 심판에 대한 상징적 행위를 통한 예수님의 자기 이해와 마가복음 저자의 예수님에 대한 이해) 앞으로 펼쳐질 예수님의 수난, 특히 그의 십자가 죽으심과 그 결과에 따른 의미와 관련이 있다.

이와 함께 마가복음은 11장을 통해 예수님을 따르는 제자들을 향한 예수님의 여전한 가르침을 보여 줌으로써, 줄곧 이들에 대해 표현된 부정적 이미지(막 4:40~41; 6:52; 8:17~21, 33; 9:6, 32; 10:35~41)가 (마가복음 독자를 상대로) 그 자체가 목적이 아닌, 말하자면 이 복음서의 독자들에게 '부정을 통한 긍정' 의 제자도 메시지를 주고자 함도 고려해 볼 수 있을 것이다.[3] 이제 위에서 밝힌 마가복음 11장의 구조를 따라 각 구절을 살펴보자.

예루살렘 입성(11:1~11)

공관복음서에 따르면 예수님께서는 공생애 초기 사역의 대부분을 열두 제자들과 함께 갈릴리에서 보낸 것을 알 수 있다. 갈릴리에서 예루살렘으로 이동하시는 예수님과 그의 제자들의 묘사는 다음과 같다. 즉 마가복음에서는 가이사랴 빌립보에서 베드로의 예수님께 향한 신앙고백(8:27~30)과 변화산 사건(9:1~8) 이후 예수님께서 갈릴리 사역을 마치고(9:30), 가버나움에 들어가셨다가(9:33), 요단강 동편을 통해 유대 건너편 베레아 지역을 지나(10:1; 참조, 마 19:1~20:28; 요 10:40~42) 예루살렘을 향해 올라가시는 길(10:32)에 여리고에 도착해서(10:46) 감람산 벳바게와 베다니에 이르러서(11:1) 마침내 예루살렘에 입성하여 성전에(11:11) 들어가게 되심을 기록한다.

주목할 것은 제자들에게서 예수님에 대한 메시아 고백이 있고(비록 이들의 메시아 이해는 온전한 것이 아니었지만) 예수님에게서 자신의 수난 예고가 직접적으로 언급되면서(9:31~32; 10:33~34, 45; 참조, 막 12:6~11; 14:6~9, 18~21; 15:21~37), 이제 예수님은 필연적으로 예루살렘에 들어가야 하는 목적(8:31; 10:45)이 더욱 분명해진 것이다. 이 점에서 마가복음 11장은 예수님의 수난 내러티브(11~16장)가 마침내 예루살렘에서 시작됨을 보여 주는 마가복음 전환점 단락의 첫 장이다.

예루살렘에 들어가시기 전 예수님께서는 제자 둘을 벳바게로 추정되는 '맞은 편 마을'에 보내 아직 아무 사람도 타지 않은 매어 있는 나귀새끼를 가져올 것을 명하시는데, 나귀 새끼 주인이나 그 집 근처 사람들(5절 참조)에게 마땅히 무례하게 보일 이 행동과 관련하여 예수님께서는 "주가 쓰시겠다 하라 그리하면 주께서 그것(나귀 새끼)을 이용하신 후 곧 다시 돌려보낼 것이다"(3절: The Lord needs it and will send it back here shortly – NIV)라는 일방적 명령과 약속을 일러 주신다. 비록 마가복음에서 예수님이 자신을 '주'로 표현하지는 않지만(2:28; 5:19; 12:36; 13:35 참조) 여기서 주는 예수님으로 보는 것이 가장 자연스럽다.

예수님의 명령에 순종하여 건너편 마을로 갔던 두 제자들은 '문 앞거리에 매여 있는 나귀 새끼를 발견하고 주저함 없이 풀기'(4절) 시작했다. 이때 나귀 새끼 주인의 이웃들에게서 의심을 받으며 질문을 받게 된 제자들은 다시 한 번 주저함 없이 예수님께서 자신들에게 당부하신 대로의 말씀(3절의 내용)을 대신하고 의기양양하게 나귀 새끼를 예수님께로 끌고 온다.

이런 문맥에서 예수님과 함께했던 모든 제자들은 나귀 새끼를 타고 예루살렘에 입성하실 예수님이야말로 지금까지 고대해 왔던 '승리와 영광의 메시아'를 떠올리게 해 주었을 것이다(창 49:10~11; 슥 9:9 참조). 말하자면, 이제 비로소 이 이스라엘의 땅에서 로마 황제의 권력을 전복시키고 영원한 '하나님의 나라'를 새롭게 건설하고 회복하실 다윗 왕의 후손으로서의 메시아로 잔뜩 기대가 부풀었을 것이다(막 10:47; 삼하 7:10~17 참조). 제자들은 자신들의 겉옷을 나귀 새끼 위에, 예수님과 제자들을 맞는 이스라엘의 적지 않은 주민들은 자신들의 겉옷과 밭에서 벤 (종려) 나뭇가지(요 12:13 참조)를 깔았는데, 이 상황은 기름부음을 받아 이스라엘 왕으로 등극한 예후에게 그 예우를 갖추는 이스라엘 백성의 행위를 떠올리게 한다(왕하 9:12~13).

한편, 9~10절에서는 입성하시는 예수님을 바라보며 제자들과 주민들을 중심으로 시편 118:25~26의 구절이 불려지는데, 118편은 시편의 다른 찬양시편들과(Hallel psalms: 104~106; 111~118; 135; 146~150) 함께 유대인의 절기 행사 때 공동체적으로 함께 부르며 하나님을 찬양하고 감사하는 내용으로 짜여져 있다. 이 시편들은 그 당시 매년 유월절이 다가오면 예루살렘 성전을 향하여 유대 순례자들이 모여들었고, 벳바게와 베다니의 주민들을 중심으로 예루살렘을 향해 원근 각지에서 찾아온 순례자들을 맞이하는 환영 인사의 구실을 하기도 했다. 말하자면 "호산나 찬송하리로다 주의 이름으로 오시는 이여 찬송하리로다 오는 우리 조상 다윗의 나라여 가장 높은 곳에서 호산나 하더라"(9~10절)는 유대 중간기를 거치면서 점점 더 메시아적 도래를 소망하게 한 것도 사실이지만, 이는 동시에 예수님 당시의 유대인들의 큰 연중 행사 시기에 예루살렘 성전을 방문하는 순례자들을 향한 일종의 환영

가로서 순례자들과 함께 하나님을 찬양하는 표현이기도 했던 것이다.

이런 면에서 우리는 마가복음에 암묵적으로 깔려 있는 아이러니를 읽게 된다. 즉 다른 순례자들처럼 환영을 받는(그래서 예루살렘 주민들에게서 그 당시 갈망하던 메시아로 인정받든 아니든 관계없이), 그러나 다른 한편, 그의 제자들에게서는 왜곡된 메시아로 인정받게 된 예수님께서는, 실제로 그들의 입에서(무의식 가운데 또는 의미의 심각성 없이) 쏟아낸 표현처럼, '주의 이름으로 오셔서 자신의 대속의 십자가 죽음을 통해(10:45) 언약의 피로 하나님의 나라를 영원히 세울 바로 하나님의 그 메시아' 이심을 내재적 독자들에게 보여 주기 때문이다.

그러나 한편, 다른 복음서에 비해(마 21:1~9; 눅 19:28~40; 요 12:12~19 참조) 예수님의 예루살렘 입성이 무리들로부터 '상대적으로' 큰 환영과 열광을 받지 못함은, 마가복음이 장차 있을 예수님께 향한 수난 기사의 중요성과 그 의미를 이 예루살렘 입성과 관련하여 의식적으로 보도하고자 하는 나레이터의 관점에 기인하는 것으로 보인다. 마태복음 21:5에 인용된 스가랴 9:9(민 19:2; 신 21:3; 삼상 6:7 참조)이 – 물론 이 구약의 배경이 암묵적으로 중요한 구실을 한 것은 틀림없겠지만 – 마가복음 11장에 직접적으로 언급되지 않은 사실도 이와 무관해 보이지 않는다. 이 사실과 관련하여, 로버트 스타인은 마치 하나님나라에 대한 비유적 가르침과 인자라는 호칭의 암묵적 계시처럼, 마가복음에서의 예수님의 메시아적 예루살렘 입성이 비밀스럽게 감추어져 소개됨을 지적한다.[4]

다시 한 번 11절을 통해 유월절에 예루살렘으로 올라오신 예수님의 최종 목적지가 단순한 예루살렘이 아닌 이 예루살렘에 위치한 성전이었음을 보여 준다. 성전에서 '모든 것을 둘러보신' 예수님께서 날이 이미 어두워지자, 그의 열두 제자들과 함께 다시 베다니로 나가셨다. 마침내 성전에 들어가신 예수님께서 기도나 다른 어떤 경건한 예식을 했다는 보도 없이, 성전의 모든 것을 둘러보시고 나가셨다는 구절을 통해 우리는 다음 날 펼쳐실 성전에서의 예수님의 활동이 단순히 무의식 가운데 행한 행동과 말씀이 아님을 고려할 수 있다. 마가복음 1:2에서 이사야 40:3과 함께 인용되던 말라기 3:1a이 세례 요한에게 성취된 것이라면, 이제 말라기 3:1b 이하가 예수님을 통해 성취되는 것임을 시사해 준다. "만군의 여호와가 이르노라 보라 내가 내 사자를 보내리니 그(세례 요한)가 내 앞에서 길을 예비할 것이요 또 너희의 구하는 바 주(예수님)가 홀연히 그 전에 임하리니 곧 너희의 사모하는 바 언약의 사자가 임할 것이라 그의 임하는 날을 누가 능히 당하며 그의 나타나는 때에 누가 능히 서리요"(말 3:1~2a).

무화과나무 책망(11:12~14), 성전 심판(11:15~19), 무화과나무 마름(11:20~21)

앞에서 보았듯이, 12~21절은 예수님께서 무화과나무를 책망/저주하시는 선언(12~14절)에 기인하여 무화과나무가 저주받은 결과(20~21절)를 보도하는데, 이 문맥 사이에 이른바 '성전 청결'이라고 알려진 사건이 샌드위치 구조로 소개된다. 이 구조에 대한 관찰과 해석이 그 동안 상당히 난제로 알려졌던 '무화과나무 저주'에 대한 예수님의 '파괴적 기적'(miracle of destruction)[5]을 이해하는 데 큰 통찰력을 더해 주었다.[6]

먼저 이 두 사건들은 예루살렘에 입성하신 그 다음 날, 즉 같은 월요일에 예루살렘과 성전에서 의도적인 짧은 시차 가운데 예수님께로부터 기인하여 발생된 사건들로 소개된다. 본문이 오랫동안 성경 독자들을 당혹하게 만들었던 것은 시장하셨던 예수님께서 무화과나무에 열매가 없이 그저 잎사귀만 있다는 이유로 무화과나무를 저주한다는 점이다. 말하자면, 이 사건은 실제로 예수님의 저주가 실현된 이른바 '파괴적 기적'으로서 메시아이신 예수님의 인품에 잘 어울리지 못하는 이미지가 농후하다. 뿐만 아니라, 마가복음에서는 이 시기가 무화과나무의 열매가 맺힐 자연의 계절이 아님을 밝히고 있다는 점에서 더욱 독자들을 당혹하게 했다. 이제 이 '당혹스런 구절들'을 제한적으로 관찰하면서, 마가의 의도된 메시지를 추적해 보도록 하자.

먼저, 무화과나무가 구약에서는 종종 포도원과 함께 하나님의 백성인 이스라엘을 상징했다는 점을 인식할 필요가 있다. 그리고 이 무화과나무 잎의 무성한 가지는 이스라엘 백성의 하나님과의 건강한 영적 관계에 따른 하나님의 축복을 대변하는 동시에, 열매를 맺지 못한 무화과나무는 하나님과의 관계에서 신실치 못한 이스라엘 백성, 특히 그 종교/사회적 지도자들의 위선과 외식을 비유함으로써 하나님의 심판의 대상으로 그려지기도 한다(렘 8:13; 29:17; 호 9:10, 16~17; 합 3:17; 학 2:19; 욜 1:6~7; 미 4:4; 7:1~6; 슥 3:10; 참조, 사 34:4; 호 2:12; 눅 13:6~9).

이런 무화과나무가 지금 둘째 날 아침 예루살렘 성전을 재차 출입하시고자 하는 예수님에게서 주목받는 장면이 12~14절의 문맥인 셈이다. 즉 무화과나무(하나님의 언약 백성인 이스라엘)에 무엇이 있을까 하여 다가가신(예루살렘과 성전 입성) 예수님께서 이 나무를 보신즉(발견한 것은), 달려 있는 것이 열매 없는 잎사귀뿐(성전에 출입하는 이스라엘 종교 지도자들과 백성들의 형식적이고 외식적인 삶)이었다는 사실이다.

이런 점에서 예루살렘에 입성하여 성전에서 행하신 예수님의 의도적 행위는 무화과나무 저주 사건의 앞뒤와의 깊은 상호 관련성 속에서 서로가 서로를 이해하는 데 일종의 의미론적/해석학적 거울 역할을 더욱 극적으로 보여 주는 경우다. 즉 잎만 무성하고 정작 있어야 할 열매를 갖추지 못한 무화과나무 같은 이스라엘의 열매 없는 외식적 삶과 이런 삶의 종교 – 형식적 중심 처소가 된 성전이 무화과나무가 저주받은 것처럼 멀지 않아 곧 몰락할 것임을 더욱 효과 있게 제시해 주고 있는 상징적 메시지다(13:1~2 참조).

이런 점에서 성전 안에서 행하신 예수님의 행위는 성전에 대한 '단순한 청결 내지 정화'라기보다는 메시아적 권위 가운데 앞으로 있을 '성전 심판 / 몰락'에 대한 상징적 행위로 보아야 한다. 그렇다면 '무화과나무 저수'는 처음부터, 다가올 '성전 심판'에 대한 예수님의 깊은 의식과 메시아적 자기 이해 속에서 행해진 '상징적 기적'인 셈이다. 즉 이 두 사건은 구약의 단단한 배경에 기초하여 표출된 예수님의 '보여 주는 비유들'(showing parables) 내지 '행동된 비유들'(enacted parables)로 이해될 필요가 있다.[7]

그렇다면 마가가 증언하는 "이는 무화과의 때가 아님이라"(because it was not the season for figs: NIV; 미 7:1; 렘 8:13 참조)는 예수님의 두 상징적 사건들을 가일층 고조시켜 주는 구절로서, 참 이스라엘 백성의 영적 회복을 위해 마지막 때에 이 땅에 오신 메시아 예수님을 깨닫지도 못하고 또 그분의 가르침에 순종치도 못하여 – 하나님나라 법도에 맞는 합당하고 온전한 열매를 맺어야 할 때(참조, 막 12:2)임에도 불구하고 – 이 시기를 분별치 못하고, 자신들의 전통과 아집 속에서 벗어나지 못하는 이스라엘 백성, 특히 이들의 지도자들의 무지와 어리석음을 자연의 계절에 유비시킴으로 '무화과나무'뿐 아니라 '무화과나무의 때'를 함께 상징적 의미로 드러내고자 한 것이다.[8] 예수님께서 '무화과나무에게' 책망과 저주("이제부터 영원토록 사람이 네게서 열매를 따먹지 못하리라")로 (인격체에게 하듯이) 응답하시는(14a절) 것도 이 사건이 상징적 사건임을 더욱 보강시켜 준다.[9]

우리의 본문 14절 마지막은 '그(예수)의 제자들이 (무화과나무를 향해 하신 예수님의 저주를) 들었다'고 함으로써, 이 사건들을 담는 내러티브에 제자도에 대한 메시지(22~25절 참조)가 깔려 있음도 보게 된다. 그리고 이 말씀을 들은 제자들이 예수님과 함께 예루살렘 시내를 거쳐 성전에 들어가면서 '성전 심판'을 알리는 예수님의 상징적 행위를 '보고 또 듣게' 되는 것이다. 실제로 우리의 본문은 월요일 오전에 성전에 들어가시는 예수님의 목적이 바로 이것 때문인 것으로 묘사된다.

말하자면, 성전 안으로 들어가신 예수님의 다른 행위(가령 기도나 찬양)는 전혀 언급되지 않은 반면, 성전에 들어가신 예수님께서는 바로 성전 안에서(즉, 이방인의 뜰에서) 제사용 제물을 사고파는 자들을 내어 쫓으시며, 성전세금을 내기 위해 환전을 하는 자들의 상(출 30:11~16 참조)과 비둘기 파는 자들의 의자를 둘러엎으시면서(레 12:6; 14:22; 15:14, 29; 눅 2:22~24 참조), 성전 제사에 쓰일 기구들을 들고 성전 안에서 오가는 사람들(사 52:11 참조)을 내어 쫓으시는 행위를 우리 본문은 즉각적으로 소개해 준다(15~16절).[10] 그리고 그곳 성전에서 (구약)성경 말씀을 인용하시면서 그들을 향해 매서운 질타를 퍼부으셨다. "기록된 바 내 집은 만민의 기도하는 집이라 칭함을 받으리라고 하지 아니하였느냐 너희는 강도의 굴혈을 만들었도다"(17절).

그 당시 성전 북서쪽에 자리 잡았던 안토니아 요새에는 로마 특별 군인들과 유대 성전 경찰들이 상주하면서, 특히 유대 절기 때에 운집한 이스라엘 민중들의 소요가 일어날 것을 대비하여 경계를 소홀히 하지 않았다. 그런데 예수님의 이런 성전에서의 행위가 이것을 현장에서 목도한 자들에게는 적지 않은 놀람과 충격을 안겨 주었겠지만, 성전에 상주하면서 경비를 서는 로마 군인들과 유대 경찰들의 개입이 없었던 것으로 볼 때, 예수님의 행위가 성전에 모여든 사람들이 자극을 받아 성전 안에서 소동을 일으켜 그야말로 성전과 그 제사 제도를 개혁시키고자 의도했다고 보기에는 설득력이 없어 보인다.

그러므로 '성전 청결'이란 제목으로 더 잘 알려진 이 사건(막 11:15~18; 막 21:12~16; 눅 19:45~47; 요 2:13~16)은 앞에서 무화과나무 저주 사건과 관련하여 언급했듯이 예루살렘 성전에 대해 하나님의 대리자로서 하나님의 권세를 위임받은 메시아 되신 예수님께서 오히려 이곳을 심판하시는 상징적 몸·언어로 보아야 한다(막 13:2; 14:58; 15:29~30, 38; 행 6:13~15 참조). 앞에서 나오는 무화과나무에 대한 저주(막 11:12~14, 20~21)뿐 아니라 이 사건 뒤에 나오는 '악한 농부의 비유'(막 12:1~11)와 종말론 강화(막 13장)로 인해 예수님의 성전에서의 행위(막 11:15~17)는 예루살렘과 성전의 파괴/심판을 상징적으로 보여 준다는 점을 더욱 공고히 한다.

"만민의 기도하는 집"과 "강도의 굴혈"(17절)은 각각 이사야 56:7과 예레미야 7:11에 근거한다. 성전이 '만민이 기도하는 집'이란 것은 마땅히 영적 열매를 맺어야 할 때가 되었음에도 무화과나무처럼, 여전히 열매를 생산치 못하는 민족적 이스라엘의 맥 빠진 성전 중심의 시대가 종결되고 이제 예수님을 중심으로 우주적 이스라엘 백성들의 새 성전 생활이 시작됨을 하나님의 구원 역사 속에서 증거하는 셈이다(참조, 사 2:1~3; 롬 11:11). 성전을 '강도의 굴혈'로 소개하는 것은 이 성전(즉, 성전의 책임을 맡은 종교 지도자들과 이 성전에 들어와 제사 드리는 이스라엘 백성들)이 형식화되어지고 타락함으로 성전 본래의 의미와 가치를 잃은, 즉 성전의 내적 정신과 기능을 상실했음을 밝혀 준다.

이것은 성전의 한 구석인 이방인의 뜰이 도저히 하나님께 기도할 수 없는 장사 터가 되었기 때문에 의한 것만은 아닌 것 같다. 오히려 성전의 가치가 상실된 진정한 이유는 이 성전의 중심 책임자들인 대제사장들과 서기관들과 장로들이 하나님께 부여받은 자신들의 소임(과 결국 하나님 자신)을 만홀히 여기며 이미 참 기능을 상실한 성전에서 백성들에게 거짓 죄 사함과 거짓 평안을 남발하는 거짓 제사/예배에 있었다.[11]

성전에서 행한 예수님의 이런 행위와 말씀이 대제사장들과 서기관들과 장로들의 마음을 찌르고 그들의 심사를 불쾌하게 했음은 두 말할 나위가 없을 것이다(18, 27절). 이들이 자신들의 종교적 특권과 경제적 이권에 방해가 될 예수님을 죽이기로 모의한다는 사실이 다시 한 빈 '잎사귀 외에는 아무 열매도 갖고 있지 못한 무화과나무'(13절)를 떠올리게 한다. 그리고 내재된 독자들은 이들이 성전과 함께 몰락해 갈 것이라는 사실을 20~21절을 통해 다시 한 번 확인받는다. 그것은 바로 그 다음 날 화요일이 되어 예수님의 제자들이 "아침에 지나갈 때에 무화과나무가 뿌리로부터 마른 것을 보고" 베드로가 예수님의 말씀을 기억하고 "랍비여 보소서 저주하신 무화과나무가 (벌써) 말랐나이다"고 진술해 주고 있기 때문이다.

제자들을 향한 교훈(11:22~25)

베드로와 제자들은 무화과나무가 이미 뿌리 채 말라버린 기적과 관련하여 예수님으로부터 어떤 '직접적인 설명'을 기대했을지 모른다. 그러나 이들의(그리고/ 또는 독자들의) 기대와는 다소 달리 예수님께서는 위의 두 사건(무화과나무 저주와 성전에 대한 상징적 심판)들과 관련하여 '간접적으로' 그 의미를 풀이해 주고(!) 계신다. 여기서 22~25절을 통해 상호 연계되어 나타나는 제자들을 향한 예수님의 '표면적' 가르침은 믿음(22~24절), 기도(24~25절) 그리고 용서(25절)다.[12] 그러나 이 '표면적' 가르침은 그 자체로서도 의미가 있겠지만, 이 주제가 소개된 문맥을 고려할 때 여기에 있는 '이면적' 가르침의 메시지를 포착할 필요가 있다. 그것은 성전의 심판으로 인해 야기될 새 영적 원리와 질서에 대한 가르침으로써, 이 내용은 특별히 예수님의 제자들이 숙지할 필요가 있는 기독론적이며 종말론적 교훈인 셈이다.

구약에서는 산을 옮기는 것이 하나님 자신만의 일(출 19:18; 욥 9:5~6; 시 68:8; 90:2; 97:5; 114:4~7; 144:5; 렘 4:24; 나 1:5)이며, 산이 옮겨지는 것은 마지막 때에 일어날 특징으로 예언(시 6:2; 사 40:4; 49:11; 54:10; 64:1~3; 겔 38:20; 미 1:4; 합 3:6; 슥 14:1~4)되었다. 또한 대부분의 유대인들은 성전을 특별히 기도의 처소로 간주했다(삼상 1:1~28; 왕상 8:27~30, 31~51; 왕하 19:14~33; 요나 2:7; 사 56:7; 참조, 마카비 3서 2:10). 그리고 이 성전에서는 백성들의 기도를 응답하시는 것뿐 아니라 백성들의 죄를 용서하시는 곳이기도 했다(대표적으로 솔로몬의 성전 봉헌 기도가 있는 왕상 8:27~53을 보라).

그런데 구약 시대에 역사하셨던 하나님은 다른 하나님이 아닌 과거와 동일하신 하나님으로서 이제 예수님을 통해 구원의 새 계획 ─ 즉 그의 죽으심을 통해 이스라엘 백성의 새 성전을 건축하심 ─ 을 열고 계시는 것이다.[13] 이런 점에서 예수님의 제자들은 먼저 "하나님을 믿는 믿음을 가지고 있으라"(22절)는 명령을 받는다. 그리고 나서 23절에서 예수님께서는 독특한 권위의 메시지 형식구인 '아멘 레고 휘민'("내가 진실로 너희에게 이르노니")의 어법을 통해 누구든지 믿음을 갖고 의심치 않으면서 '이 산'에게 말하여 바다에 들어갈 것을 명하면, 그대로 될 것을 선언함으로써 예수님과 제자들이 있는 예루살렘 '성전의 터가 자리 잡은 시온 산' 바로 '이 산'이 심판의 바다 사해 속으로 파멸될 것을 비유적으로 풀이하신다. 이로써, 21절에 대한 베드로의 질문에 간접적으로 답하면서, 15~16절에 행한 자신의 상징적 행위를 또 다른 차원에서 해석해 주는 셈이다.

그렇다면 이 사실을 믿고 여전히 동일하신 그 하나님께 의심치 않고 (성전에 대한 미련을 떨쳐 버리고) 믿음으로 기도할 수 있다면, 하나님께서 이제 옛 성전에서 드린 제사와 비교가 안 되는 '모든 사람의 대속물 되신 예수'(막 10:45)로 말미암아 우리의 죄와 허물을 용서해 주신다는(막 2:5~12 참조), 종말론적 시대에 따른 기독론적 메시지를 이 마가복음의 문맥 속에서 고려하게 되는 것이다.[14]

예수님의 권위에 대한 질문과 답변(11:27~33)

대제사장들과 서기관들은 성전 안에서 행한 예수님의 행위와 선언을 직접 목격하면서 그리고 적지 않은 무리가 예수님의 가르침에 동요되는 듯한 분위기를 느끼면서, '예수라는 인물을 어떻게 처치할까'를 음모한나(18절; 막 3:6; 8:31 참조). 그리고 최소한 하루가 지난 다음 날 예수님과 그의 제자들이 예루살렘 성전에 '다시' 들어갔을 때, 산헤드린 공회(막 14:53~65; 15:1 참조)의 대표성을 띤 대제사장들과 서기관들과 장로들이 예수님께로 나아와 먼저 질문한다.

"무슨 권세(엑수시아)로 이런 일을 하느뇨 누가 이런 일 할 이 권세(엑수시아)를 주었느뇨"(28절). 이 질문의 초점은 지난 번 성전에서 행했던 예수님의 행위와 선언('이런 일')과 관련된 예수님의 권세(엑수시아)에 대한 자격과 출처('무슨 권세로,' '누가 … 이 권세를')에 대한 것이었다(참조, 막 1:22, 27; 2:10; 3:15; 6:7; 11:28 x 2; 11:29, 33; 13:34). 즉 이것은 당시 성전과 관련해 거의 모든 권한을 소유하던 대제사장들, 서기관들 그리고 장로들로 구성된 산헤드린 공회의 허락을 받지 않고 행했던 예수님을 질타하는 비난과 경고인 셈이다. 이 장면은 예수님께서 자신이 사람들의 죄를 용서할 수 있다는 권세(엑수시아)를 주장했을 때 이 권세를 부인했던 서기관들의 반응을 내재적 독자들에게 상기시켜 준다(막 2:1~12).

이들의 질문에 대해 예수님께서는 그들에게 '요한의 세례'에 대하여 권세의 출처를 역으로 질문함으로써 자신이 행한 행동의 권세의 출처와 합법성에 대하여 대답한다. 즉 이스라엘 백성들로 하여금 회개와 죄 사함을 허락하는 요한의 세례(막 1:4)가 하늘/하나님에게서 온 것처럼 성전에서 행한 예수님 자신의 행위와 선언 역시 동일하신 하나님에게서 온 것임(막 1:14~15 참조)을 예수님께서는 간접적인 방법으로 논증한다.

대제사장들과 서기관들과 장로들에게 "요한의 세례가 하늘(하나님)로서냐 사람에게로서냐 내게 대답하라"(30절)라는 예수님의 질문에 따른 이들의 내적·외적 입장은 실로 이들이 하나님의 집인 성전을 관리하고 다스릴 만한 권세가 없는 자들임을 보여 준다. 즉 예수님의 질문에 대한 이들의 답변은 "저희가 백성을 무서워하는지라"(32절)에 따른 무책임한 입장 표명이라는 점에서 이들이 마땅히 하나님을 두려워하면서 성전을 책임져야 하는 자신들의 소임과 거리가 먼 자들임을 읽게 된다.

이들이 예수님께 답변한 "우리가 알지 못하노라"(욱크 오이다멘, 33절)라는 짧은 두 단어는 마가의 전체 내러티브 문맥상 단지 요한의 세례에 대한 권세의 출처뿐 아니라 이들 앞에 서 계신 예수님에 대한 오해와 이분의 권세 그리고 장차 이분의 수난받으심과 죽음에 대해 전혀 알지 못한다(막 14:62~65 참조)는 사실을 아이러니컬하게 실토하는 것으로 읽을 수 있다. 말하자면, 이들이 궁여지책으로 예수님의 질문을 피하려고 한 이 두 단어는 실제로 하나님 앞에서 자신들의 영적 무지함과 어리석음뿐 아니라 이들이 메시아로 오신 예수님과 장차 올 성전의 심판을 전혀 깨닫지 못하는 자들임을 드러내 준 표현이기도 하다.

한편, 이들의 질문에 대해 예수님께서는 '또 다른 답변'을 그들에게 할 필요를 느끼지 못하시는 것 같다. 그러나 마가복음의 내재된 독자들은 이

11장 이전의 내러티브 문맥과 시간 가운데 예수님께서 자신의 권세를 이미 말씀하시고 보여 주신 '답변들'(예, 막 1:11; 9:7)이 있었음을 알기 때문에 마가복음 12장 이후에 말씀하시고 보여 주실 계속되는 '답변들'(예, 막 12:35~37; 14:62; 15:39)을 통해, 하나님에게서 기인하는 예수님의 말씀과 행위의 권세를 계속적으로 대적하는 이스라엘 종교/사회 지도자들이 받을 심판을 함께 예견할 수 있도록 한다.

맺음말

오늘날 교회의 거룩성과 정직성 그리고 신성한 권위의 회복은 나와 우리 안에 늘 함께 성령으로 거하시며, 또 날마다 새롭게 거하기 원하시는 예수님에 대한 우리의 새로운 깨달음과 그분과의 신실한 교제를 통한 회개와 죄 용서(즉, 참 구원)의 감사와 감격이 있는 복음으로 시작해야 한다.

우리는 '천국의 제자들로 부름받은 오늘의 대제사장들과 서기관들과 장로들'(마 13:52 참조)로서 우리들의 종말론적 – 선교적 삶 가운데 우리가 날마다 말하고 행하는 것들과 관련하여 우리가 하나님 앞에서 대답해야[5] 할 진실한 이유들이 잘 준비되어 있는지(벧전 3:13~16 참조) 스스로 물어보아야 할 일이다.

12
성전에서의 논쟁과 가르침

마가복음 12장의 주해와 적용

마가복음 12장은 11장과 함께 예루살렘 성전에서 일어난 사건의 기록들로서 비록 외관상으로 그 형태(대화형식이 아니라 독백형식)는 차이가 있는 것처럼 보여도 엄연히 논쟁기사의 연속이다.[1] 특별히 11~12장은 사건이 일어난 장소가 주로 '성전'으로 한정된다(11:11, 15, 27; 13:1). 예루살렘 입성(11:1~10) → 성전을 둘러봄(11:11) → 성전청결(11:15~18) → 성전에서 논쟁과 가르침(11:27~12:40) → 성전을 떠남(13:1).

예루살렘 입성(入城)으로 시작된 성전에서의 이야기는 무화과나무의 저주 사건기사(11:12~14; 11:20~25)와 성전청결기사(11:15~18)가 샌드위치 기법으로 나타나며, 성전청결 사건 이후에 마가의 스토리는 자연스럽게 성전에서의 논쟁기사(11:27~12:37)로 이어진다. 특별히 우리가 다룰 12장의 비유는 마가복음 11:27~35의 권세논쟁의 답변으로 주어졌다. 예루살렘 성전에서의 논쟁과 가르침에 대한 기사가 12장의 주된 내용이며 여기서부터 예수님에 대한 종교 지도자들의 반대와 배척은 보다 적극적으로 가시화된다(12:12~13; 참조 11:18). 이 일로 인해 예수님의 수난(죽음)과 함께 성전멸망에 대한 당위성이 잘 제시된다(12:10; 13:1~2).

앙쪽 메시아로서 나귀새끼를 타고 예루살렘에 입성하신 나사렛 예수는 성전에서 3일간을 보내는 동안 불신과 외식으로 가득한 형식적 성전예배와 그에 종사하는 지도자들의 타락을 보시면서 성전을 청결케 하시며 또한 가르치심으로 종말론적인 선지자와 제사장으로서의 메시아의 모습을 보여주셨다. 이러한 예수님의 보다 저돌적인 성전에서의 활동은 종교 지도자들의 눈에 가시가 되어 그들에 의해 살해모의가 계획되고(11:18), 결국 이 일로 예루살렘 성전에서 예수님과 종교 지도자들간에 마지막 논쟁의 시위가 당겨진다.

갈릴리 논쟁 기사(막 2:1~3:6)에서 언급된 대로 예수님은 성전의 제사제도 없이도 '믿음을 보시고 죄사함'(2:5)을 선언하실 뿐만 아니라 '인자가 땅에서 죄를 사하여 주는 권세'(2:10)를 가졌다고 선언하심으로써 논쟁이 촉발되었던 것에 이어서, 이제는 자신이 부패한 성전(의 제사제도)을 청결케 함으로써 마지막 논쟁에 휘말리게 된다(11:27~12:37).

과연 예수는 어떠한 권세를 가졌기에 제사제도 없이도 죄를 용서해 줄 수 있는가? 과연 예수가 누구기에 성전에서 이런 일들을 행하는가? 이러한 질문에 대한 답변으로 주님은 비유로 자신의 권세(신분)와 운명을 계시하셨을 뿐만 아니라 여러 논쟁들(조공논쟁; 부활논쟁; 계명논쟁)을 통해서와 시편에서의 다윗의 말을 인용한 가르침가운데에서 자신의 주되심을 입증한다(12:35~37). 결국 마가복음에서 예수의 이야기는 포도원 비유 가운데 제시된 대로(12:8) 종교 지도자들의 불신앙(사악함)과 그에 따른 심판의 폭로와 함께 하나님의 아들 주 예수 그리스도는 잡혀서 죽임을 당하고 버려진다.

우리가 다룰 12장의 이야기는 앞 기사에 대한 이야기와 함께 13장의 종말론 강화와 연결되며 또한 마가복음의 전체 문맥 안에서 예수님의 신분(하나님의 아들)의 계시와 그 운명(죽음)에 대한 주제를 중심으로 논의되어야 함을 본다. 이러한 문맥적 이해에 비추어서 12장을 자세히 살펴보자.

포도원의 악한 농부에 대한 비유(12:1~12)

이 비유는 예수님(또한 세례요한)의 성전청결로 인해 발생한 '권세'에 대한 논쟁(11:27~33)의 결론적인 대답으로 주어졌다. 이 비유를 통해서 예수님은 종교 지도자들의 심중을 간파하시고 자신을 멸하려고 하는 그들의 의도를 적절하게 드러내신다. 결과적으로 이 비유는 하나님의 아들로서 예수님의 수난(배척/버림)받음에 대한 계시임과 동시에 종교 지도자들의 불신과 불순종에 대한 구속사의 비극적 모습과 그들에 대한 심판의 비유기도 하다.

먼저 우리는 이 비유에 대한 청중이 누구인지를 이해해야 한다. 첫째, 이 비유의 청중은 스토리상(story level)에서는 예수님의 대적자들인 예루살렘 종교 지도자들이지만 마가의 강화(discourse level)에서는 마가의 청중들이기도 하다. 이 비유는 분명히 종교 지도자들에게 주어진 비유다(1절, "저희에게 말씀하시되"). 그들은 이 비유를 통해 주님의 의도를 간파한 것으로 보여진다(12절).

주님은 세례 요한의 기원과 권세(하늘로부터의 기원과 권세)에 대한 자신의 질문(11:30)에 "알지 못한다"는 말로 답변(33절)한 이들에게 비유를 가지고 그들의 불신과 불순종을 지적하고 그에 따른 심판을 선언하신다. 결국 이 비유는 마가의 청중들에게 종교 지도자들의 불신과 불순종의 모습을 역사적인 맥락 가운데 제시함으로써 '하나님의 아들' 예수의 오심과 죽으심의 당위성을 소개할 뿐만 아니라 성전멸망의 당위성을 제시하고 있다. 특히 '아들'에서 '돌'로 전환되는 영상은 이 점을 잘 뒷받침한다.

'포도원의 노래'로 알려진 이사야 5:1~7과 어느 정도 유사성을 지닌 이 비유는 다음과 같이 이해될 수 있다. 포도원 주인은 은혜로우시며 의로우신 하나님을, 포도원은 이 세상에 구원(하나님의 축복)을 알리기 위해 은혜로 택하신 이스라엘을, 농부들은 이스라엘의 종교 지도자들을, 종들은 핍박과 배척과 죽음의 길을 간 보냄받은 이스라엘의 선지자들(마지막 선지자 세례 요한까지)을 의미한다. 그리고 비유에서 극적으로 제시된 아들은 하나님의 아들 예수 그리스도를 가리키는 것(1:11; 9:7)으로써 그에게 핍박과 배척과 죽음의 길이 예시된다. 끝으로 이 비유에서 농부들에 대한 심판의 선언과 함께 언급된 '다른 사람들'이란 제자들 혹은 이방인들을 가리킨다.

여기서 우리는 포도원 주인(하나님)이 종들을 통해 포도원의 열매(소출)를 원하시는 것을 볼 수 있다. 하나님께서 우리에게 구원/축복의 베풂은 우리(구원/축복의 도구)가 구원/축복의 선한 열매들을 맺어 하나님을 기쁘시게 하는 데 있다. 이 점에서 무화과나무의 열매를 찾으시는 예수님과 성전을 둘러보시며 참다운 성전예배의 결실(이방인의 구원)을 구하는 것과는 깊은 관계가 있다.

결국 이 비유는 아들의 죽음과 함께 종교 지도자들의 불신과 불순종에 대한 하나님의 심판을 보여 준다. "포도원 주인이 어떻게 하겠느뇨"(9절). 사실 본문에 언급된 농부들이란 세를 준 소작인에 불과하다(1절). 그러므로 농부들은 성실한 봉사와 그 결실(소출)로 주인의 칭찬과 상급을 기다려야 한다. 마치 자신이 주인인양 행세하는 사람은 참된 일꾼이 아니라 삯꾼이며 '강도들'이다(11:17). 삯꾼은 포도원과 그 소출을 자기 것인양 생각하여 그것을 가로채는 사람들이다. 오늘날 교회에도 이러한 일꾼들이 있다면 이것은 정말 9절의 선언처럼 비극적인 결말이 주어짐을 알아야 한다. 잘못된 야심(7절)을 버려야 한다.

이제 비유는 포도원 비유에서 시편 118:22~23을 인용하며 건축의 비유로 나아간다(10~11절). "건축자들의 버린 돌이 모퉁이의 머릿돌이 되었나니 이것이 주로 말미암아 된 것이요 우리 눈에 기이하도다." 학자들이 지적한 것처럼, 이제 '아들'(בֵּן 벤)에 대한 계시는 '돌'(אֶבֶן 에벤)에 대한 계시로 전환된다. 분명 '건축자들의 버린 돌'이란 비유에서 언급된 아들인 예수 그리스도를 가리키는 것으로 이것은 예수 그리스도의 배척과 죽음을 의미한다. 그러므로 이 말은 하나님의 아들이신 예수 그리스도의 죽음과 부활을 통해 건설될 새로운 성전을 예시한다(막 14:58; 15:29; 참조. 마 26:61; 요 2:19~21). 이것은 놀라운 주의 능력으로 이루어진 일이다. 그러나 슬프게도 이 비유의 결말은 종교 지도자들의 적의와 거절로 묘사된다(12:12). "예수를 버려 두고 가니라."

조세(조공)논쟁: 가이사의 것과 하나님의 것(12:13~17)

비유를 통해 '하나님의 아들'로서 자신을 제시한 예수를 "버려 두고 간"(참조. 10:22) 유대종교 지도자들은 이제 다시 바리새인(율법전문가)과 헤롯당(정치전문가)의 사람들(참조. 3:6; 8:15)을 보내어 세금(조공) 문제를 질문함으로써 예수님을 정치적인 궁지로 몰아 넣어 죽이려고 한다. 종교 지도자들에 의해 야기된 공적 논쟁의 단락(13~34절)은 이 조세(조공)논쟁에서 시작하여 부활논쟁(18~27절)과 함께 계명논쟁(28~34절)으로 이어지면서 본문은 주님께서 종교 지도자들과의 논쟁에서 자신의 권위를 드러내는 것으로 끝맺고 있다(34절). "그 후에 감히 묻는 자가 없더라."

즉 살해모의의 일환으로 그들은 바리새인(법률전문가)과 헤롯당(정치전문가)을 보내어 조세(조공) 문제를 변론하지만 예수의 지혜로운 답변에 놀라 물러가고, 다시 사두개인들을 보내어 부활논쟁을 하지만 여기서도 주님은 지혜로우신 답변을 통해 승리하시며, 마지막 논쟁인 서기관의 율법에 대한 질문에서도 완전한 승리로 더 이상 감히 묻는 자가 없게 된다(34절). 논쟁을 통해 그의 탁월한 지혜와 가르침의 신적 권세와 기원(주되심)이 드러난 순간이다(참조. 막 1:22). 그리고 예수는 끝으로 자신의 메시아(主)로서의 왕적 신분과 권위를 최종적으로 확증하신다(12:35~37).

세금(조공)에 대한 논쟁기사는 로마 정부에 대한 예수님의 태도를 알려 주는 유일한 기사로서 예수님의 사회 · 정치적 모습을 잘 보여 준다. 특히 "가이사의 것은 가이사에게, [그러나] 하나님의 것은 하나님께 바치라"(막 12:17)는 말씀은 이 논쟁을 결정짓는 답변으로 주어졌다. 우리는 이 답변을 단순히 예수님께서 바리새인과 헤롯당이 자신을 책잡으려는 질문을 피하기 위한 수사학적 답변 정도로 이해해서는 안 된다. 그리고 이 구절은 그 의도가 하나님의 통치를 떠난 그 자체의 독립뒤 영역이 로마 제국(세속국가)에게 있다는 것을 말하려는 것이 아니라 오히려 하나님의 주권의 우월성(유일성)을 강조한다. 이 경우 17절의 헬라어 카이는 "그리고"(and)보다는 "그러나"(but)로 번역하는 것이 적절하다(김세윤, 2001:78).

17절의 예수님의 답변은 로마 제국에 대한 자신의 입장을 최초로 밝히고 있기 때문에 이 답변은 기독교(종교)와 정치의 관계에 대한 윤리적 방향을 제시하는 데 결정적 역할을 하였다. 주로 정교분리의 원칙을 주장하는 성경적 근거로 이해되어 왔다. 이 구절은 대체로 세속정치에 대하여 다소 타협적이고 무관심한 중립성 내지 비정치성의 의미로 이해되어졌다. 결과적으로 이 구절은 정교분리의 원칙을 단순히 기독교가 세속정치 권력에 묵인(동조)하거나 그것에 복종(타협)하는 것으로 오해함으로써 사실은 '정교 분리'가 아니라 실제적으로는 '정교 유착'의 결과를 초래하는 잘못을 범하게 되었다(김세윤, 2001:76~77). 즉, 교회는 정치의 전 영역을 세속적 권위인 가이사에게로만 돌리고 교회의 역할은 소위 영적인 일에만 집중한 것이다.

그러나 예수님의 답변은 결코 그런 의미가 아니다. 복음서에서 예수님은 하나님나라 주권의 절대성을 주장하는 데 주저하지 않았고, 타락한 기존 지배세력을 존경하거나 두둔하지 않았으며, 그들을 비판하는 것을 망설이지 않았다(참조. 눅 22:24~27). 제자들에게도 하나님나라의 복음을 전하고 이로 인해 고난이 와도 거기에 단호히 맞설 것을 말하였다(눅 12:11~12; 21:12~15).

13절에서 그들은 '예수를 책잡기 위해' 조세(조공)제도의 합법성에 대해 물었다. 특히 14절의 예수님에 대한 그들의 표현은 아첨의 말로 그들의 악한 의중(위선)을 드러낸다. "선생님이여 우리가 아노니 당신은 참되시고 아무라도 꺼리는 일이 없으시니 이는 사람을 외모로 보지 않고 오직 참으로써 하나님의 도를 가르치심이니이다." 그들은 예수님이 사람의 견해에 상관치 않고 오직 하나님의 도(진리)를 말하는 '율법'(토라)의 참된 교사로 언급함으로써 은근히 조공에 대한 반대를 표명하게끔 유도한다.

여기서 그들이 말한 '하나님의 도'란 로마에 세금을 바치지 않는 것이라고 대답하기를 기대하면서 가이사에게 세금(조공)을 바치는 것이 합당하느냐고 질문하였다. 사실 이들은 로마정책에 동조하거나 적어도 묵인한 자들로서 자신들(의 부패한 행위)에 대해 도전하는(2:1~3:6; 11:15~18) 예수를 로마 제국에 대한 과격한 저항세력으로 몰아넣기 위해 조세(조공)제도[2] 문제로 예수를 곤경에 빠뜨려 잡아죽이기로 작정한 것 같다. 이러한 그들의 질문에 대한 예수님의 답변은 데나리온의 화상과 글을 언급함으로 시작하여 매우 지혜롭게 답변한다(15~17절).

데나리온의 화상과 글(15b~16절)은 조세(조공)제도에 대한 예수님의 의도를 이해하는 단초가 된다(논쟁의 중심에 위치). 로마는 조공(조세)을 로마의 주화를 통해 거두어 들였는데 여기에 언급된 주화(데나리온)에는 로마황제 가이사(Tiberius)의 신적 통치를 말해 주는 화상과 글이 새겨져 있다. 앞면에는 황제의 화상과 함께 "TI[berius] CAESAR DIV[i] AUG[usti] F[ilius] AUGUSTUS"라는 글이 새겨져 있고 뒷면에는 "Pontifex Maximus"라는 글과 함께 황제의 어머니인 리비아가 오른손에 올림피아의 홀을 쥐고 왼손에는 감람나무 가지를 들고 신들의 보좌에 앉아 하늘의 평화를 주는 인물로 그려져 있는데, 이 주화는 그의 지배 하에 있는 모든 사람들(나라들)에게 신적 권력을 가진 가이사의 현존과 그에 따른 경배를 요구하는 특별한 주화다(Garland 1996:462). 이 주화는 하나님을 섬기는 이스라엘 백성들에게 로마의 경제적 수탈과 정치적 압제(예속)와 종교적 우상숭배를 의미하는 것으로 유대인들을 격노케 하는 요인이었다. 그러므로 종교 지도자들의 손에 있는 이 데나리온은 그들의 정치적 입장을 잘 지적해 준다.

17절에서 말하는 '가이사의 것'과 '하나님의 것'은 무엇을 의미하는가? '가이사의 것'은 정치, 경제와 같은 '세속적인 일'이고, '하나님의 것'은 소위 '영적인 일', 즉 교회에서 기도하고 성경 읽고 전도(선교)하며 구제하는 일이나 개인윤리를 의미하는가(Tannehill, 1975:173)? 아니면 상호 인정되는 두 가지 다른 주권의 영역(대등한 관계)을 말하는가? 아니면 양자 택일을 촉구하는가? 이 답변을 통하여 예수님은 정교 유착이 된(로마의 정책에 동조하고 묵인함으로써 특권[기득권]을 누리는) 바리새인과 헤롯당(로마의 꼭두각시)을 두둔하는 입장을 취하는가? 달리 말하면 이 구절은 로마 제국의 정책과 타협하여 권력과 특권을 누리는 지배특권층의 안보 이념을 두둔하는 말인가?

Tannehill(1975:173이하)은 예수님의 이 표현을 '대조적 경구'(antithetical aphorism)의 형태로 이해하였고, Crossan(1983)은 '이중적 변증'(double dialectic[질문/대답과 계책/탈출])으로 그들의 질문에 대응하여 그들을 재곤경에 빠뜨리는 수사학(counter rhetoric)으로 이해하였다.

이 구절에 대한 다양한 해석들을 정리해 보면 첫째, 이것을 좁은 의미의 성속(聖俗)의 구분으로 이해한다. 즉 정치·경제의 문제는 세속적인 일(가이사의 것)로 교회는 여기에 관여하지 말고 오직 영적인 일(하나님의 일)에만 전념해야 한다는 견해를 뒷받침해 주는 언급으로 이해하였다(영화 '로메로'[Romero]에서 보여 준 모습). 둘째, 이 본문을 권위에 대한 맹목적 순종(권력과 부에 야합하는 행동)을 강조하는 단순한 정교분리의 의미로 이해되기도 하였다. 바리새인들은 로마제국이 '토라'(율법)의 문제들에 대한 타협(어김?)을 강요하지 않는다면 그들의 지배와 통치에 대해 순종하고 협조할 수 있다고 생각하였다. 셋째, 세금에 대한 이슈로 이해하여 인두세(가이사의 것)와 성전세(하나님의 것)의 구분으로 이해하였다. 뿐만 아니라 이 본문을 납세의 의무에 대한 원리를 제공해 주는 말씀으로 이해하여 '가이사의 것'과 '하나님의 것'은 이 세상과 하나님나라의 공존하는 (재림 전까지의) 두 세계(주권)를 의미하는 것('카이'를 "그리고"로 해석)으로, 신자는 이 세상에 살면서 이 세상의 법을 무조건 충실히 따라야 한다고 주장하는 구절로 이해하였다.

그러나 이러한 해석들은 별로 설득력이 없는 해석들이다. 오히려 해석의 단초를 카이에 대한 해석('but'의 의미로 뒷부분에 대한 강조)과 그 당시 동전에 그려진 주상과 글의 의미에 두어야 한다. 문맥상 예수님의 대답은 가이사를 결코 신적인 존재나 주로서 받아들이지 않음을 알 수 있다. 그러면서도 "가이사의 것은 가이사에게"라는 답변은 청중의 입장에 따라 다양하게 받아들일 수 있는 모호성을 가진다. 불결한 주화를 그들에게 돌려 주라는 의미나 그들이 주조한 이 주화는 그의 것이므로 돌려 주라는 의미 또는 어느 정도 가이사의 주권에 대한 인정으로 이해할 수 있다.

Herzog(1994:349~350)는 이 본문을 충돌 혹은 대립하는 두 세계로 예수님은 조공(조세)의 문제를 주권(lordship)의 이슈로 전환하여 하나님의 것은 이 세상 모든 것, 즉 땅과 지구와 거기에 속한 것들과 하늘과 거기에 충만한 모든 것이 다 하나님의 것인데 비해 여기서 말하는 가이사의 것은 자기의 형상과 글로 주조한 이 주화로 이것을 통해 이스라엘 온 땅이 우상숭배의 더러움으로 물들었기 때문에 이것들을 가이사에게로 되돌려서 이 땅을 깨끗이 해야 한다고 생각하였다. 그러므로 이 구절은 세금(조공)을 바치라는 요청이라기보다는 이 땅으로부터 우상숭배의 더러운 주화를 축출해야 한다는 말로 이해되었다. 곧 저항과 거절에 대한 말로 이해하였다(참조. 눅 23:2). 이 해석은 다소 급진적인 면이 있지만 주권에 대한 강조는 매우 흥미롭다.

결국 조세(조공)논쟁을 통하여 하나님은 만물을 다스리시는 유일한 주이심이 입증되었다(막 12:29). 그러므로 신자는 마음을 다하고 목숨을 다하고 뜻을 다하고 힘을 다하여 유일하신 주 하나님을 사랑(순종)하여야 한다(12:30, 33). 여기에 다른 여지가 없다. 가이사의 것인 이 주화는 가이사의 것(이념)이므로 가이사에게로 돌려져야 한다. 우리는 결코 이 문제가 단순히 세금 문제를 합법화하거나 비(탈)정치성을 강조하는 구절로 남용되어서는 안 된다. 기독교는 결코 무력으로 사회적 전복을 꾀하는 혁명적 그룹이 아니지만 그렇다고 단순히 영적이고 개인적인 일에만 국한된 종교도 아니다. 하나님의 주권은 세상의 어떤 주권보다 더 우선적이다.

부활논쟁과 율법논쟁(12:18~37)

두 번째의 논쟁(부활논쟁)으로 보내진 논쟁자인 사두개인들은 쿰란 공동체나 열심당과는 달리 개혁운동이나 혁명운동에는 공감치 않고 헤롯왕과 로마 정부와의 타협과 제휴(충성)를 통해 예루살렘 내에서의 자기들의 정치적 야심과 이익을 챙기는 집단이다. 정치집단인 이들은 종교 영역에서는 아주 보수적 성향을 띄었다. 이들은 주로 성전을 장악하여 활동하였으며, 오직 오경(Pentateuch)을 그들의 정경으로 간주하였고, 오경을 토대로 하여 부활의 교리를 거부하였다(18절; 행 23:8). 아마도 여기에 출현한 사두개인들은 사두개파의 서기관들로 이들은 성경해석의 전문가들로 추측된다(Lane 1974:427).

이들은 모세의 글인 신명기 25:5~10에서의 죽은 사람의 형제가 가족의 유업을 잇기 위해서 그 미망인과 결혼하는 관례인 수혼법(levirate marriage law)을 인용하여(19절) 아들이 없이 죽었던 일곱 형제와 차례로 결혼한 한 미망인의 예를 들어 다음과 같은 확신에 찬 질문을 통해 부활의 신앙을 조롱하며 예수님께 논쟁을 시작하였다. "일곱 사람이 다 그(녀)를 아내로 취하였으니 부활을 당하여 저희가 살아날 때에 (그녀는) 그 중에 뉘 아내가 되리이까"(23절)

이들 사두개인들은 오경 외의 다른 것에서 유래된 어떠한 신학적 혁신과 논의도 거절하였다. 이 점에서 그들은 모세의 전통에 뿌리박은 보수주의자들이었지만 정치 영역에 기회주의자로서 타협과 실리를 챙겨갔다. 즉 종교적 보수주의와 정치적 기회주의의 두 얼굴을 가진 사람들이 이들이다. 그들의 종교적 보수주의는 무엇(누구)을 위한 보수주의인가? 부활을 믿지 않는 보수주의란 지극한 현실(기회)주의가 아닌가?

여기에 대한 예수님의 답변(24~27절)은 이들이 절대적으로 믿는 모세의 글(출 3:6)에서 시작하여 그들이 성경도, 하나님의 능력도 바르게 알지 못하고 있음을 공격한다. 그리고 모세에게 "나는 아브라함의 하나님이요 이삭의 하나님이요 야곱의 하나님이로라"(I am the God of Abraham …)라고 하신 말씀은 "하나님은 죽은 자의 하나님이 아니요 산 자의 하나님(God of the living)이시라"는 것을 의미한다는 예수님의 해석은 우리의 신앙과 삶에 놀라운 의미를 던져 준다. 과연 우리는 이러한 예수님의 말씀을 그대로 믿는가? 그렇다면 우리의 삶은 어떠한 모습으로 나타나야 하는가?

부활기사는 마가복음에 완연히 드러난 사건은 아니지만 그렇다고 마가복음 내에서 그 의미가 결코 약화될 수는 없다. 부활에 대한 바른 깨달음은 제자도와 밀접하게 관련된다. 이미 우리가 아는 대로 베드로와 야고보와 요한은 예수님께서 야이로의 죽은 딸을 일으키심을 목도하였고(5:37~42), 엘리야와 모세가 다시 산 모습으로 나타나 예수와 대화하는 것을 보았지만, 그들은 죽은 자의 부활이 무엇을 의미하는 것인지를 깨닫지 못한다(9:10). 헤롯도 예수를 죽은 세례 요한이 살아난 것으로 생각한 것(6:14, 16)을 볼 때 부활의 교리는 그 당시 보편적인 이해였던 것을 알 수 있다.

갈릴리의 이러한 보편적 이해 가운데서도 제자들은 예수의 죽음과 부활이 무엇을 의미하는지 깨닫지 못함으로써 예수의 수난에 참여하지 못하고 모두 도망하고 부인하고 저주하는 길로 갔다. 그러나 부활의 의미가 깨달아졌을 때(9:9) 그들은 정말 세상이 감당치 못할 "예수와 복음을 부끄러워하지 않는" 증인(순교자)이 되었다. 부활의 소문이 무성하고 부활의 모습을 목도하였다 해도 문제는 '내가 정말 부활을 믿는가?' 하는 것이다. "네가 믿느냐?"는 질문에 우리의 대답은 "나의 믿음 없는 것을 도와 주소서"라는 대답이 있어야 한다. 공의가 가려지고 복음이 빛을 바랜 지금의 어두운 현실 가운데서 죽어 있는(잠자는) 우리의 믿음이 부활의 신앙 가운데 소생되어야 한다.

이어지는 계명논쟁(12:28~34)은 사두개인들과의 논쟁에서 예수님의 지혜로우신 답변을 들었던 한 서기관이 나아와 '모든 계명 중 첫째가는 계명이 무엇인가?'를 질문함으로 시작된다. 주님은 신명기 6:4~5과 레위기 19:18을 인용함으로써 '하나님 사랑'과 '이웃 사랑'을 가장 중요한 계명으로 제시한다. 그 당시 유대인들은 율법을 큰 것, 작은 것, 가벼운 것 그리고 무거운 것으로 분류하여 약 613개의 계명을 가졌다고 한다. 여기에 예수님은 하나님 사랑(신 6:4~5)과 이웃 사랑(레 19:18)을 최고의 율법으로 제시하였다. 마음과 목숨과 뜻과 힘을 다하여 하나님을 사랑하는 일은 이웃 사랑의 동기이며, 이웃을 네 몸과 같이 사랑하는 것은 하나님 사랑의 척도며 표현이다(참조. 막 9:37).

이 두 계명은 하나님 앞에서의 개인윤리(동기)와 사람들 가운데서의 사회윤리(척도)를 표현한 것으로 특히 후자의 이웃 사랑은 성육된 하나님 사랑을 의미한다. 이것은 예수님의 구속적 사랑을 통해서 가장 잘 입증되었다. 여기에는 오직 유일하신 주(the only Lord)이신 하나님이 그 중심에 놓여 있으며(29절) 이 두 계명의 실행은 다함의 사랑과 관계성의 원리를 가진다. 계명에 대한 순종은 의식법에 대한 순종이나 의문(儀文)으로서의 계명 자체에 대한 순종이 아니라 계명을 주신 하나님에 대한 순종이 되어야 한다.

결국 종교 지도자들은 예수님의 놀라우신 지혜와 가르침의 권세에 눌려 더 이상 질문을 못한 채 논쟁에서 완전히 패하였다(34절). 이제 예수님은 시편 110:1의 말씀을 인용하여 자신을 메시아(주)로 제시함으로써 권세에 대한 논쟁에 확정적 답변을 하신다(35~37절). 예수는 하나님의 아들이시며 주(메시아)시다.

성전에서 서기관들과 가난한 과부(12:38~44)

이제 예수님은 두 종류의 극단적인 종교적 실천의 모습을 소개하심으로써 성전에서의 그의 사역을 종결짓는다. 하나는 종교를 빙자한 서기관들의 그릇된 행동(중한 심판을 받을 행동)이라면 다른 하나는 무명의 가난한 과부의 헌신된 모습(칭찬 받는 기억될 행동)이다. 마가는 그리스도의 신분에 대한 서기관들의 잘못된(인간적) 가르침(12:35~37)에 이어 그들의 잘못된 행동(12:38~40)을 지적함으로써 그들에 대한 하나님의 심판이 있을 수밖에 없음을 선언한다(12:40). 이들에 대한 심판은 이미 비유를 통해 제시되어졌다. 그리고 연이어 종교 지도자들과는 달리 성전에서 자기 모든 소유(삶) 곧 생활비 전부를 바친한 가난한 과부의 헌신된 모습을 소개함으로써 다가올 예수의 희생(죽음)의 참다운 의미를 예시한다. 결과적으로 이 여인의 행동은 기독론(예수의 죽음)의 예시임과 동시에 제자도의 모델로 제시되고 있다.

특히 이 여인의 모습은 서기관들의 모습(막 12:38~40)과 극명한 대조를 이룬다. 서기관들의 모습은 성전제도의 타락한 모습(11~12장)과 관련된다. 결과적으로 성전 멸망의 요인은 이들의 모습 속에서 찾을 수 있다(12:3~9, 40; 13:1~2). 이들의 모습은 긴 옷을 입고 다니는 것, 시장에서 문안 받는 것, 회당의 상석과 잔치의 상좌를 원하는 것, 과부의 가산까지도 삼키는 것 그리고 외식으로 길게 기도하는 것이다. 이들 서기관들은 성전에서 올바른 예배의 시행과 함께 율법을 백성들에게 바르게 해석하고 설명함으로써 하나님 사랑과 이웃 사랑을 실천하는 도구가 되어야 하는데 오히려 성전예배와 율법을 자신들의 기득권을 유지하며 확장하는 도구로 오용(남용)하였다.

이처럼 성전에서의 예수님의 사역 중 마지막으로 소개된 가난한 과부의 모습은 11~12장에 나타난 종교 지도자들의 모습과는 너무도 대조적이다. 성전을 섬기는 이들은 오히려 성전(종교)을 이용하여 자신들의 기득권을 채우는 데(과부의 가산[家産]까지 삼킴) 혈안이 되어 있지만 이 가난한 과부는 그들과는 달리 자신의 '모든 소유 곧 생활비 전부'를 연보궤에 넣어 구제에 힘썼다.

사실 이 여인의 모습은 사람들의 눈에 띄지 않는 미천한 행동에 불과하였다. 그녀의 신분(과부)이나 경제적 형편(가난함) 그리고 연보궤에 넣은 돈(두 렙돈 = 한 고드란트)은 사람들의 관심을 끌 만한 것들이 아니었다. 오히려 지나칠 수 있거나 무시해도 좋은 것들이었다. 그러나 예수님은 서기관들과 같은 사람들의 관심이나 행동(눈에 띄는 긴 옷; 시장에서의 문안; 회당에서의 상좌; 잔치의 상석)과는 판이하게 달리 행동했다. 주님은 사람들의 눈에 별로 띄지 않는 한 가난한 과부의 헌신에 시선을 집중함으로써 다가올 자신의 희생을 예시한다.

우리는 이 여인의 행동을 보면서 과연 이런 아름나운 모습이 '강도의 굴혈'과 같은 성전에서도 나타날 수 있는가 하고 생각하게 된다. 우리가 기억할 것은 타락한 성전의 예배 가운데에서도 정결하고 헌신된 사람은 있다는 것이다. 사사기의 시대에도, 아합의 시대에도 그리고 암흑기의 포로 후기 시대에도 신실한 사람은 있다. 오늘날도 마찬가지다. 어두운 시대에 살면서 어두움을 한탄하기보다는 한 자루 촛불이 되어 어두움을 밝히는 사람이 필요하다. 말없이 헌신하는 가난한 과부와 같은 사람 말이다.

성전을 떠나시기 전에 끝으로 예수님은 제자들을 불러 그들에게 이 가난한 과부의 행동을 언급하면서 그것의 참된 의미를 생각해 보도록 한 것(43~44절)은 과히 이례적이었다. 모든 사람들에게는 무가치하고 보잘것없어 보이는 이 가난한 과부의 놀라운(?) 행동, 즉 그녀의 전적 헌신과 희생("자기 모든 소유"(her whole life))을 주지시킴으로써 다가올 자신의 희생의 의미를 제자들에게 – 실은 저자가 독자들에게 – 알리고자 하였다. 사실 '자신의 모든 삶'(생계)을 연보궤에 던진 이 여인의 헌신적 희생의 행동은, 어느 학자(Wright, 1982)의 지적처럼 '과부의 가산을 삼키는'(40절) 타락한 성전 제도와 기득권자들의 희생물일 수 있는 것처럼 예수 역시도 역사의 지평 위에서는 성전의 기득권자들(종교 지도자들)의 희생물이었다. 그러나 예수의 죽음은 단순한 희생물이 아니라 모든 사람의 대속물로 자신을 주신 구원의 놀라운 행동이있다(10:45).

외관상으로 보기에는 이렇게 타락한 제도 속에 가난한 과부가 자신의 생계 모두를 바쳐야 하는 것(자발적이라 할지라도)은 결코 합리적인 행동일 수가 없다. 이 점은 예수의 수난("많은 고난을 받고 [불의한/타락한] 장로들과 대제사장들과 서기관들에게 버린 바 되어 죽임을 당하고")의 예언에 대하여 베드로가 반응한 것(책망)과 동일하다(8:31~33). 그러나 성경은 예수의 이와 같은 죽음이 우리를 위한 놀라운 하나님의 계획이었으며, 예수는 이 계획에 자발적으로 순종하셔서 희생의 길을 가셨다고 선언한다. 여기서 독자의 귀에 메아리쳐 남아 있는 것은 단락의 마지막에 언급된 (그녀의 마지막 남은 두 렙돈을 의미하는) '홀론 톤 비온 아우테스'(her whole life)라는 표현이다.

끝으로 제자들을 불러 이 여인의 행동을 그들에게 주지한 것(43절)은 제자도의 특별한 교훈으로 취급되어야 한다. 이 여인의 행동(과 예수님의 행동)

과는 달리 제자들은 어리석은 제도적 희생물이 되지 않기 위하여 오히려 그를 배반(가룟 유다)하거나 부인(베드로)하거나 도주(다른 제자들)함으로써 자기들의 살 길을 찾았다. 그러나 사실 불의한 세상에서 예수님과 복음을 위해 산다는 것은 제도적 희생물(부끄러움의 대상)이 되기 십상이다. 그럼에도 주님을 따르는 자는 복음을 위한 희생의 길을 걸어가야 한다. "누구든 제 목숨을 구원코자 하면 잃을 것이요 누구든지 나와 복음을 위하여 제 목숨을 잃으면 구원하리라"(8:35). 가난한 과부는 불의한 제도 속에서도 자기의 생계 전부 곧 그녀의 모든 삶을 (다른 사람을 위해)연보궤에 던졌다. 이것은 과부들의 가산까지도 삼키는 당시의 기득권자들(종교 지도자들)의 행동과는 너무도 다른 행동이었다. 이 점은 앞에서 이미 언급한 예수님의 모습(막 10:45) 속에서도 나타났다.

이 과부의 아름다운 헌신의 행동은 앞으로 다룰 향유 부은 여인의 모습(14:3~9) 속에서도 찾아볼 수 있다. 물론 이 둘의 헌신에서 바친 것들의 외관적 가치는 너무도 다르지만 - 하나는 두 렙돈이고 다른 하나는 300데나리온 이상의 가치를 지닌 것이지만 - 그러나 그것은 모두 '자기부인'(self-denial)의 행동이었다(Malbon, 1991:599. 참조. 막 8:34). 특별히 마가복음에서 무명의 여인들의 모습들(혈류증 여인[5:24~34]이나 수로보니게 여인[7:24~34] 그리고 가난한 과부[12:41~44]와 향유 부은 여인[14:3~9])은 제자도의 아름다운 모습으로 소개되는데 그것은 '예수님의 생명을 주시는 능력에 대한 담대한 믿음'에서부터 '예수님의 자기부인의 희생적 죽음에 대한 자기부인과 희생의 삶'을 보여 준다. 비록 그 당시에 천한 여인들이지만 그들의 '믿음'과 '헌신'은 정말 고귀한 것이 아닐 수 없다. 정말 그들의 제자도는 "나중된 자가 먼저 된다"(10:31)는 말씀을 여실히 입증하였다.

12장은 종교 지도자들의 논쟁기사를 다루면서 주님의 권세를 입증하지만 결국 수난의 길로 가야 힐 운명임을 암시하며 끝을 맺고 있다. 그리고 이어지는 성전멸망의 예언은 종교 지도자들의 타락으로 되어진 것이며 주님은 새로운 성전을 일으키실 분이심을 암시한다(12:10~11).

13

감람산에서의 경고적 설교

마가복음 13장의 주해와 적용

마가복음 13장은 그 형식과 표현에서 독특한 장이다. 마가복음의 다른 곳에서는 간단한 이적 이야기와 선언 이야기 혹은 비유의 말씀들로 기록되어 있는데 비해, 여기서는 예수의 긴 강화(discourse)가 나타난다. 다른 데서는 묵시적인 사항들이 단편적으로(8:38, 9:1, 14:62) 나와 있는데 비해, 여기서는 미래에 일어날 묵시적인 사건들이 도식화되었으며, 다른 데서는 구약성경이나 묵시문서들의 용어와 구절들이 함께 꿰어져 있지 않는 데 비해 여기서는 구약성경이나 묵시문서들의 용어와 구절들이 함께 꿰어져 있다(8절은 사 8:21; 13:13; 14:30; 19:2; 12절은 미 7:6; 14절은 단 7:27; 11:31; 12:11; 19절은 단 12:1; 22절은 13:1ff; 24f절은 사 13:10; 34:4; 26절은 단 7:13; 27절은 슥 2:6 등). 다른 데서는 미래형 동사와 명령형 동사들이 단편적으로 나타나 있는데 비해(1:15,17, 4:3, 9, 23, 24 등), 이 장에는 27개의 미래형 동사와 19개의 명령형 동사가 나와 있다. 다른 데서는 경고어(블레페테 혹은 그레고레이테)가 간혹 나오는데(4:24, 8:15, 14:38 등), 여기서는 경고어들이 집중적으로 나온다(5b, 9, 23, 33, 35, 37절).

마가복음 어디에서도 마가는 독자에게 직접적인 호소를 하지 않는데, 여기서는 직접적으로 호소한다. "읽는 자는 깨달을찐저"(14절). 이같이 이 장에 명령형들이 그렇게 많이 나타나고, "끝이 아직 아니다"라는 사상이 반복되며(7, 8절), "주의하라"는 경고가 자주 나오는 현상은 이 강화의 관심이 종말에 일어날 징조들을 알리는 데 있지 않고, 그런 종말의 사실들을 보여 줌으로 공동체로 하여금 교훈과 경고를 받도록 함에 있음을 보여 준다.

만일 13장에 있는 예수의 강화가 단지 묵시적 사건들을 예견하는 것에 목적을 두었다면 그렇게 많은 경고, 그렇게 많은 명령적 권면들이 필요치 않았을 것이다. 다른 데서 볼 수 없는 묵시적인 주제를 가진 자료들을 수난 사화 바로 앞에 위치시킨 것은 그 강화의 관심이 묵시에 있지 않고, 묵시에 근거한 권면에 있음을 알려 준다. 그러므로 13장에 있는 강화는 '소묵시록'(Colani) 혹은 '종말론적인 강화'(Beasley-Murray)라기보다 일종의 '경고적 설교문'(L. Gaston)이라 할 수 있다.

마가복음 13장이 경고적 설교문이라 할 때, 이 장은 우리에게 많은 것을 제공한다. 그것은 우리에게 마가 공동체의 상황을 보여 주며, 마가가 그의 공동체에게 절실하게 전해 주고자 하는 메시지를 파악하게 하며, 그리하여 우리가 마가복음을 어떤 빛 아래에서 풀이해야 함을 알게 한다. 경고적 설교문을 실을 만큼 다급한 상황이라면, 그는 그 메시지 외에 다른 메시지들을 그의 복음서에서 말하지는 않을 것이기 때문이다. 13장은 이런 의미에서 마가복음에서 열쇠가 되는 장이다.

13장은 대체로 네 부분으로 나눠진다. 즉 도입부(1~5a절), 재림의 징조들(5b~23절), 재림(24~27절), 재림의 임박함(28~37절)이다. 도입부를 제외한 설교 부분은 재림이란 주제 하에 ABA′의 구조로 배열된다. 그리고 각 부분은 교차대구법적인 구조로서 주제들이 배열된다.

먼저 도입부는 두 부분으로 나눠지는 바(1~2, 3~5a절), 1~3절까지는 어휘에 의해 교차대구법을 이룬다. '성전'(1a절) - '돌'(1b절) - '건물'(1b절) - '건물들'(2b절) - '돌'(2c절) - '성전'(3a절). 설교의 제1부(5b~23절)는 경고어(블레페테)로 시작하여(5b절) 경고어로 마친다(23a절). 그리고 역시 교차대구법적인 구조로 주제들이 배열된다. 거짓 선지자(5b~6절) - 전쟁(7~8절) - 배교(9~13절) - 전쟁(14~20절) - 거짓 선지자(21~23절). 설교의 제2부(24~27절) 역시 같은 구조로 되어 있다. 재림시의 천체이상(24~25절) - 재림(26절) - 재림의 결과(27

절). 설교의 제3부(28~37절) 역시 같은 구조로 되어 있다. 무화과나무 비유(28~29절) – 재림의 시기에 관한 말씀(30절) – 확신에 관한 말씀(31절) – 재림의 시기에 관한 말씀(32절) – 출타한 집주인 비유("깨어 있으라", 33~37절).

이러한 13장의 정교한 교차대구법적인 구조는 확실히 13장이 네 부분으로 나눠질 수 있음을 보이며, 저자의 어떤 의도가 있음을 알려 준다. 그러면 각 부분별로 주해와 적용을 살펴 보자.

첫째 단락: 도입부(13:1~5a)

주해

1절. "성전에서 나가실 때에": 예수는 11:27 이후부터 줄곧 머물러 있던 성전을 이제야 비로소 떠나신다. 그의 이런 성전 떠남의 행위는 이미 앞에 나왔던 예수의 반 성전(anti – Temple) 사역과 교훈의 말씀들(11~12장)을 생각할 때 아주 중요한 의미를 지닌다. 그는 유대교의 정신의 고향인 성전과 완전히 결별을 선언하고 등을 돌리신다.

2절. "돌 하나도 돌 위에 남지 않고": 성전의 완전한 멸망을 보여 준다. 그것은 마치 뿌리로부터 마른 무화과나무같이 되리란 것이다(11:20). 1~2절은 선언 이야기 혹은 전기적 아포프데그마(경구)로서, 성전 멸망에 대한 예수님의 예언에 그 핵심이 있다.

3절. "감람산에서": 감람산은 마가복음에서 예수의 예루살렘 반 성전 사역의 본부다. 그는 감람산 벳바게와 베다니를 그의 기지로 삼고 성전에 들어갔다가 물러가시며(11:11), 성전에 들어갔다가(11:15) 물러가시며(성전숙청, 11:19), 성전에 들어갔다가(11:27) 물러가셨다(13:1). 감람산은 구약에서 성전산에 대항하는 종말론적인 반 성전산(counter mountain)이었다. 그것은 예루살렘을 공격하는 대적자들의 본부로 여겨졌다(슥 14:1~4). 여호와께서는 말일에 예루살렘에서부터 나와 감람산으로 그의 거처를 옮길 것이며(겔

11:23), 예루살렘을 공격하는 원수의 무리를 심판하시기 위해 맞은편인 감람산에 임하시어 그 산을 두 쪽으로 갈라놓으실 것이다(슥 14:4).

"성전을 마주 대하여": 이는 예수의 강한 반 성전 자세(opposite)를 보여 준다. 감람산은 지리적으로 성전 경치를 한 눈에 내려다 볼 수 있는 위치에 있었다. 예수께서 반 성전산에서 이처럼 반 성전 자세를 취하셨다는 것은 이 부분의 강한 반 성전 모티프를 보여 준다.

적용

1. 예수께서는 단지 성전의 멸망을 예언만 하지 않으시고 선언하셨다. 그는 자신이 성전보다 크심을 공포하셨으며(마 12:6, 8), 자신의 몸이 곧 성전인 것도 말씀하시며, 손으로 지은 성전을 헐고 손으로 짓지 아니한 다른 성전을 사흘에 지으리라고 하셨다(요 2:19; 막 14:58). 그는 예루살렘 성전을 숙청(폐기)하셨으며(막 11:15~18), 성전의 또 다른 모습인 율법을 새로운 빛 아래에서 해석하셨다(막 2:1~3:6; 7:1~23; 11:27~12:34). 그는 이렇게 하심으로 성전의 시대는 이미 그 유효기간이 만료되었으며, 성전세력은 율법세력과 더불어 허물어졌음을 보이셨다. 과연 그리스도의 죽음과 부활을 통하여 예루살렘 성전의 휘장은 위에서부터 아래로 찢어졌으며(막 15:38), 모세의 율법은 개정 혹은 폐기되었다(마 5:21~48; 막 7:19).

그리스도는 옛 성전을 새로운 성전으로 대치하기 위해 오셨다. 그는 이 사명을 완수하기 위해 죽으셨다. 예루살렘 성전은 예수의 죽으심과 부활로 그 끝을 맺었다. 기간이 만료되었기에 그것은 보다 더 좋은 것으로 대치되어야 한다. 그것은 새로운 장소와 새로운 때를 생겨나게 했다. 그리스도인들이 바로 새 성전인 것이다(고전 3:16; 6:19). 우리는 양과 염소와 송아지의 피로 제사드리지 않고, 신령과 진리로 하나님께 예배해야 한다(요 4:24).

2. 제사제도가 변역되면 율법도 반드시 변역해야 한다(히 7:12). 제사제도가 변하였는데도 아직도 구약의 율법만을 고집하는 것은 시대착오적인 생각이다. 그리스도는 율법을 완성하러 오셨다(마 5:17). 우리는 완전하신 예수

의 말씀을 우리의 삶의 표준으로 삼아야 한다. 그분의 말씀의 빛 아래에서 모세의 율법을 해석해야 한다. 그리스도로 말미암아 이미 하나님의 나라가 임하였으며, 그리스도께서 오셔서 율법을 개정하고 가신 지가 2000년이 넘었는데도 아직도 개정되기 전의 옛 법만을 고집하는 것은 생베조각을 낡은 옷에 붙이는 것과 같다(막 2:21). 우리는 구약을 읽을 때에 그 수건이 벗어져야 한다(고후 3:14). 우리는 다 수건을 벗은 얼굴로 거울을 보는 것 같이 주의 영광을 볼 수 있어야 한다(고후 3:18).

둘째 단락: 재림의 징조들(3:5b~23)

주해

5절. "너희가 사람의 미혹을 받지 않도록 주의하라": 성전멸망의 시기와 재림의 징조를 묻는 제자들에게 예수는 오히려 경고의 말씀으로 시작하신다. 이런 질문과 답변의 빗나감은 본 강화의 관심이 묵시에 있지 않고 권고에 있음을 보여 준다(복음서에서 질문에 대하여 직접적인 대답에 그치지 않고 질문에 포함된 것 이상의 것을 대답하는 경우, 전자보다 후자에 더 강조점이 있다. 막 12:17 참조). 묵시적 시간계획과 징조 계시는 이차적인 것이고, 권면 및 경고가 일차적인 것이다. 종말론적 호기심을 충족시키는 것이 중요한 것이 아니라 종말론적인 각성이 중요한 것이다.

6절. "내가 그로라 하여 많은 사람을 미혹케 하리라": 예수의 이름을 빙자하여 자신들을 그리스도라 하는 거짓 메시아들이 출현한다.

7절. "난리와 난리": 국제전보다는 국내전을 가리킨다. 누가는 "난리와 소란"이라 했다(21:9). 말세에 혁명과 내란이 성행하는 것은 요한계시록에서도 예언된 바다(계 6:3~4). 네로가 죽은 후 일 년 사이에 세 왕이 서로 죽이고 죽는 일이 있었다.

8절. "민족이 민족을, 나라가 나라를 대적하여 일어나겠고": 국제전쟁이 많아지겠다는 것이다(계 6:1~2).

"지진이 있으며 기근이 있으리니": 말세에 지진과 기근이 일어난다는 것은 구약에도(사 8:21; 13:13; 겔 5:12), 묵시문학에서도(시빌린의 신탁 3:635; 에스라 4서 6:22~24; 바룩의 묵시 27:7; 계 6:8; 11:13 등) 예언된 바다. 이런 지진과 기근은 마가 당시 클라디우스 시대에도(행 11:28), 네로 시대에도 있었다. 그리고 기원 61년 라오디게아에서, 62년 폼페이에서 각각 큰 지진이 있었다. 예루살렘이 함락되었을 때는 수십만 명이 주려 죽었으며, 기원 61년 소아시아의 지진시에는 하룻밤 사이에 열두 도시가 파괴되었다고 한다(Plinius, nat. hist. 2,84).

9절. "너희는 스스로 조심하라": 경고어 "주의하라"가 다시 나와, 새로운 하위 단락이 시작됨을 보인다.

"사람들이 너희를 공회에 넘겨 주겠고": "공회"는 예루살렘 공회가 아닌, 지방에 산재해 있는 공회들이다. 예루살렘 공회가 71인으로 구성된 데 비해, 지방 도시 공회들은 33인으로 구성되었다. 예수께서 디아스포라 유대적 상황을 배경해서 말씀하셨음을 암시한다. "넘겨 주다"는 초대 교회가 그리스도인의 수난을 가리킬 때 사용하던 전문용어로서(행 3:3; 12:4; 15:26; 21:11 등), 마가복음에서는 세례 요한, 예수에 이어 제자들과 관련해서는 여기서만 사용되었다. 그리스도인의 고난이 있을 것을 말씀하신 것이다.

"회당에서 매질하겠으며": 매질은 유대인의 체형으로서(신 25:1~3), 사십까지가 그 한계였다. 그리하여 그 한계를 넘기지 않기 위해 집행자는 사십에 감한 매를 때렸다. 바울은 이런 매를 다섯 번이나 맞았다(고후 11:24).

"관장들과": 로마의 지방 총독을 가리킨다. 이로써 유대인의 법정, 이방인의 법정이 다 언급된 셈이다. 그들은 피지배민의 생사권을 갖고 있었다. 바울은 이런 관장들 앞에 많이 섰었다(행 13:7f; 12:18; 19:38; 20:27; 23:24).

"임금들": 가이사나 아그립바 같은 로마제국의 황제들과 분봉왕들을 가리킨다. 바울은 아그립바 왕 앞에(행 25:13) 그리고 가이사 앞에(행 27:24) 섰다.

"이는 저희에게 증거되려 함이라": 문자적으로는, "저희에게 증거하기 위해서." 제자들이 이방의 관장들과 임금들 앞에 서서 자신을 변호할 때 그들은 그들의 말을 통해서 자신을 변호할 뿐 아니라 그리스도를 증거하게 된다. 예수께서는 이로써 법정에서 재판받을 때도 그것을 복음 전파의 기회로 삼으라고 하신다.

10절. "또 복음이 먼저 만국에 전파되어야 할 것이니라": 수난에 관한 말씀들(9절과 11절) 사이에 삽입되어 고난과 선교를 관련시켜 이해하도록 한다. 그리스도인은 고난과 순교를 각오하고 복음을 만국에 전파해야 하며 그러한 이방선교의 빛 아래에서 그리스도인의 고난이 해석되어야 한다는 것이다. 그리스도인은 고난의 시간을 복음증거의 기회로 삼아야 한다. 순교는 전도의 좋은 방법이다. 이런 예수의 교훈은 6장의 제자 파송 기사 사이에 세례 요한의 순교담이 삽입된 데서도 읽을 수 있다.

"복음이 먼저 … 전파되어야": 종말에 앞서, 종말적인 사건과 재림 사이에 비록 짧지만 교회가 세상에 복음을 증거하는 시기가 있어야 한다(데이)는 것이다. 이방에 복음을 전파하는 것은 하나님나라가 오기 전에 반드시 있어야 하는 필연적인 사건이다.

11절. "성령이시니라": 예수께서 성령의 소지자이시듯(3:29), 그리스도인도 성령의 소지자임을 보인다. 성령은 승귀된 예수의 대리자로서(다른 보혜사) 그리스도인이 어려움에 처할 때 그를 돕는다.

12절. "형제가 형제를 … 죽는 데 내어주며": 가족간의 불화와 배신이 있겠다는 것이다. 이런 것은 예언자들도(미 7:3) 유대 묵시가들도(에녹 1서 99:5; 희년서 23:59) 이미 언급한 것이었다. 그리고 예수께서도 이미 경험하셨고(3:20~35) 또 경험하실 것이었다. 그는 과연 사랑하는 자신의 제자 중 한 사람인 가룟 유다에 의해 죄인들의 손에 넘겨졌다(14:18, 43).

13절. "나중까지 견디는 자": 닉오 됨이 없이 예수를 믿는 자를 말한다. 예수께서는 나중까지 견디심으로 하나님 보좌 우편에 앉을 수 있으셨다.

14절. "멸망의 가증한 것": 다니엘 9:27, 11:31, 12:11(LXX)에 나오는 어

구다. 거기서는 기원전 168년 수리아 왕 안티오커스 에피파네스가 성전에 세웠던 이방의 우상제단을 가리켰다(참조. 1Mac. 1:54ff). 그러나 본문에서는 기원전 70년 예루살렘이 멸망하고 로마가 성전 폐허 지역 위에 세운 우상의 제단 혹은 신상 혹은 로마 군기를, 혹은 성전을 멸망시킨 로마의 세력 자체를 가리킬 것이다. 뒤에 나오는 "선 것"(헤스테코타)이 남성분사로 되어 있어 후자가 더 가능성이 있다. 오히려 마가는 그 이방의 제단이나 신상 혹은 군기 속에서 로마의 가증한 세력(power)을 본 것이다.

"서지 못할 곳": 성전을 가리킨다.

"선 것": "내가 세우다"(히스테미)의 남성완료형 분사로서, 로마의 세력을 남성으로 인격화한 것이다. 따라서 "멸망의 가증한 것이 서지 못할 곳에 선 것"은 로마가 성전을 완전히 멸망시켰음을 의미한다. 성전의 멸망을 이토록 묵시적인 상징어로 나타낸 것은 역시 박해자 로마를 의식했기 때문일 것이다. 누가의 병행구는 다만 "예루살렘이 군대들에게 에워싸이는 것을 보거든"으로 되어 있을 뿐이다. 그만큼 마가의 예수는 성전멸망에 관심을 보인다.

"읽는 자는 깨달을찐지": 마가 자신의 긱성어라 본다. 이런 각성어는 묵시문서의 특색이다(단 1:17; 2:21~23; 9:25; 12:3; 계 1:7, 11, 17; 13:9, 18 등).

"산으로 도망할찌어다": 예루살렘으로 들어가지 말고 산으로 도망하라는 데 의미가 있다. 예루살렘은 메시아 왕국의 도읍지이고 종말론적인 피난처인데(사 16:3; 렘 4:6; 슥 2:10), 그 곳이 아닌 산으로 도망하라는 것은 예루살렘이 위협받고 있고 더 이상 피난처가 되지 못함을 암시한다.

15~20절. 이하 위급한 환난의 상황을 말씀한다.

21~23절. 다시 거짓 그리스도들과 거짓 선지자들에 대한 경고를 주신다. 그리하여 5~6절과 수미쌍관(inclusion)을 이룬다.

적용

1. 예수께서는 재림의 징조들로 거짓 선지자와 거짓 그리스도의 출현,

내란, 국제전쟁, 지진, 기근, 성도의 박해와 환난을 제시하셨다. 이런 현상들은 오늘날 우리 주위에 두드러지게 나타나고 있다.

먼저 거짓 선지자와 거짓 그리스도의 출현이다. 오늘날 자신을 재림주로 자처하는 자들이 있다. 또한 한 어린아이를 재림주로 보는 자들도 있었다. 1967년 엘톤 스산돌 라베이(Anton Szandor LaVey)는 사탄 시대의 도래를 선언하고 샌프란시스코에서 사탄 교회를 시작했다. 놀랍게도 사람들이 너무 몰려들어 전부 수용할 수 없게 되어 회원권을 팔기까지 했다. 1972년 6월 19일자 「타임」지는 "잡신주의의 부흥"(A Cult Revival)이라는 주제와 "사탄의 도래"(Satan Returns)라는 부주제를 표지에 내놓고 사탄 교회에 대한 기사를 실었다. 이 모두 오늘날의 거짓 선지자와 거짓 그리스도들이다. 우리는 이런 현상들을 볼수록 주님의 재림이 가까왔음을 알아야 한다.

또한 내란과 내전이 증가하고 있다. 20세기 들어 보스니아 내전, 소말리아 내전, 르완다 내전, 쿠르트 내전, 코소보 내전, 알바니아 내전 등 많은 내전들과 혁명, 쿠테타 등이 일어났다. 세계는 하나의 세계가 되고 있는데(a global village) 지구촌은 더욱 분열되어 정치적으로 분산되는 역설현상(global paradox)이 심화되고 있으며, 민족간, 종교간, 부족간의 분쟁이 더욱 심해지고 있다. 우리는 이런 내란과 혁명과 분열이 도처에 일어나고 있는 것을 볼 때 주의 재림이 임박한 것을 깨달아야 한다.

게다가 20세기 들어 특히 눈에 띠게 달라진 현상 가운데 하나는 전쟁의 양상이 전과 달리 국제전의 양상을 띤다는 것이다. 전에는 한 민족 대 한 민족의 국지전이었으나, 20세기부터의 전쟁들은 세계 대전(아마겟돈 전쟁)의 모습을 취한다는 것이다. 즉 한 곳에 전쟁이 일어나면 전세계의 나라들이 그 전쟁에 참가한다는 것이다. 1, 2차 세계 대전, 한국 동란, 이스라엘과 아랍제국간의 전쟁, 중동전, 월남전, 걸프전이 바로 그러했다. 각국의 핵무기 적재는 충분히 이 지구를 국제전쟁의 전쟁터로 만들 가능성을 보여 준다.

언젠가 미국의 「타임」지는 지난 20년간 있었던 지진이 그 이전의 100년간의 지진과 같은 정도의 피해를 주었다는 기사를 실었다. 이 지진 현상은 날이 갈수록 더 심해지고 있다. 학자들의 조사에 의하면, 역사상 14세기에는 137번의 큰 지진이, 15세기에는 174번, 16세기에는 253번 그리고 20세기에는 2,250번 이상의 지진이 있었다. 우리 나라의 경우, 1년에 평균 10회 정도이던 것이 1999년 1월만도 4회의 지진이 일어났다.

오늘날 지구의 적도를 둘러싼 띠는 굶주림의 띠라 할 수 있다. 후진 세계의 25억의 대부분이 적도권에 살고 있다. 언젠가 「타임」지는 그들 중 대부분이 형편없는 생활을 하고 있으며, 적어도 65%가 영양실조에 걸려 있고, 20% 이상이 기아에 허덕이고 있다고 했다. 오늘날 기근이 방글라데시, 에디오피아, 챠드, 말리, 모라타니아, 니제르, 세네갈, 잠바니아, 탄자니아와 케냐 부근에 극심하게 번성하고 있다. 또한 유사 기근이 볼리비아, 시리아, 예멘, 북부 나이지리아 부근을 괴롭히고 있다. 한 UN 보고서는 인간의 긴 역사에서 "이러한 식량 위기 상태가 전세계에 걸쳐 한 번이라도 있었는지 의심스럽다"고까지 언급했다. 인도의 보건 및 가족계획 장관은 "우리는 어떤 나라든지 해결해야 할 가장 심각한 문제인 절박한 기근과 싸우고 있다"고 했다.

성도에 대한 박해는 지금도 계속되고 있다. 회교도들을 비롯한 공산권 국가들은 오늘날도 그리스도인들을 박해하고 있다. 중국 공산당은 그들의 인민들에게 다음과 같은 모택동 찬가를 부르게 했다. "하늘이 동녘에 빨갛게 물들며 이 해가 떠오를 때 모택동은 중국에 나타나셔서 그가 민족을 돌보시니 그는 민족의 구세주이시네."

2. 예수께서는 그리스도인이 고난을 받을 것이라고 말씀하셨다. 그리스도인들은 예수를 따르는 일이 언제나 수난을 내포한다는 사실에 유의해야 한다(8:34). 예수는 세례 요한과 더불어 그리스도인의 모델이다. 세례 요한이 전파하다가 넘겨지고(1:14), 예수께서 전파하다가 넘겨지고(8:31; 9:31; 10:33~34), 그리스도인이 전파하다가 넘겨져야 한다(13:9).

그리스도인은 예수를 따라가야 한다. 그를 따르는 데는 어떤 편안하고 쉬운 길이 없다. 십자가의 길만이 영광에 이르는 유일한 길이다. 그러나 성도는 그러한 수난 뒤에 하나님나라에서 기쁨을 맛볼 것이다. 그들은 참고 끝까지 인내해야 한다.

3. 예수께서는 교회가 이방에 복음을 전파할 것을 명령하셨다. 왕국의 복음은 어디서나 전파되어야 한다(5:1; 7:24, 31). 부활과 재림 사이의 중간시기는 이방선교의 시기다. 그리스도인들의 죽음은 왕국을 이방민족에게로 향하게 한다. 그리스도인들은 순교를 무릅쓰고 복음을 전해야 한다(13:10).

셋째 단락: 재림(13:24~27)

주해

24절. "그 환난 후": 성도는 환난을 면제받지 않고 환난을 통과하게 되어 있다. 이 때문에 하나님은 성도를 위하여 환난의 때를 감하신다고 했다(13:20).

24~25절. "해가 어두워지며 달이 … 별들이 …": 이사야 13:10과 아주 흡사하다. "하늘의 별들과 별 떨기가 그 빛을 내지 아니하며 해가 돋아도 어두우며 달이 그 빛을 비취지 아니할 것이로다."

"하늘에 있는 권능들이": 이는 에베소서 3:10과 6:12이 말하는 공중권세 잡은 악한 천사들을 가리키기보다, 앞의 것들을 포함하는 모든 천체들을 가리킨다(A. B. Bruce).

"흔들리리라": 휘젓듯이 하늘의 천체들이 완전히 질서를 잃을 것을 가리킨다.

26절. "구름을 타고 … 오는 것을": 구름 타고 오는 것은 그가 천상적이고 신적인 존재임을 나타낸다(사 19:1; 시 18:12; 출 34:5).

27절. "택하신 자들을 … 모으리라": 인자가 오는 것은 알곡(성도)을 모으기 위한 것이다. 그것은 성도의 승귀를 함축한다.

"땅 끝으로부터 하늘 끝까지": 인자의 구원이 전세계적임을 나타낸다.

적용

1. 예수께서는 재림을 말씀하셨다. 주님은 곧 오실 것이며, 그의 택한 자들을 보상하실 것이다. 재림은 어떤 거짓 선지자들의 말처럼 예루살렘 성전 멸망으로 이루어진 것이 아니라, 미래에 따로 있을 것이다.

오늘날 재림의 지연과 시한부 종말론자들의 거짓 예언으로 재림을 아예 부인하는 자들이 있다. 그러나 주님은 때가 되면 반드시 다시 오신다. 하나님의 나라는 비록 그것이 지금은 숨겨져 있지만 곧 완전히 나타날 것이다(4:21~22). 그때까지 교회는 "제 길을"(on the way) 가야 한다.

2. 예수께서는 재림의 직접적인 징조로 천체의 이상을 말씀하셨다. 오늘날 천체의 직접적인 이상은 보이지 않으나, 대기 오염(스모그 현상)으로 인한 천체의 어두워짐은 이 예언을 충분히 성취하고 있다 하겠다.

대기 오염은 오늘날 나라마다 큰 문제가 되고 있다. 워싱턴은 세계에서 제일 대기 오염이 심한 도시가 되고 있으며, 캐나다와 같이 인구밀도가 희박한 나라에서도 전국적으로는 6%, 도론토에서는 17.2%의 오염도를 보이고 있다. 달과 태양이 금속성분이 많은 심하게 오염된 대기에 가려 있음으로 인해 노란 색깔로 보이는데 이를 필터를 통해 보면 핏빛 색깔이 된다. 이는 모두 지구에 검은 연기가 가득 차며(욜 2:30, 31), 달이 핏빛으로 되리라는(계 6:12) 성경의 예언을 이룬 것이라 할 수 있다.

3. 예수께서는 성도가 환난을 당할 것을 말씀하셨다. 성도는 오늘날 세대주의자들의 주장처럼 환난 전에 휴거하는 것이 아니라 환난을 통과함을 알아야 한다. 요한계시록 3:10, "네가 나의 인내의 말씀을 지켰은즉 내가 또한 너를 지키어 시험의 때를 면케 하리니"는 환난의 면제를 뜻하지 않고, 환난 중에도 보호하심을 뜻한다('I will keep from").

성도가 환난을 통과함은 신약이 분명히 보여 주는 바다(막 13:20; 요 17:15; 살후 1:7; 벧전 4:13; 계 7:3; 9:4; 11:7; 13:5~10). 대환난을 언급하는 어떤 구절에서도 교회가 환난 전에 휴거한다는 암시가 없다. 성경은 어디를 보아도 성도가 환난받는다고 말씀한다.

넷째 단락: 재림의 임박함(13:28~37)

주해

28절. "여름이 가까운 줄을 아나니": 무화과나무는 다른 나무들에 비해 늦게 잎사귀를 내는 나무이므로 무화과나무에 잎사귀가 있다는 것은 여름이 가까왔다는 증거가 된다.

30절. "이 세대가 지나가기 전에 이 일이 다 이루리라": "이 세대"는 예수님과 마가 당시의 세대를 가리킨다(Taylor, Lane, Cranfield, Anderson). 이런 예언이 문자적으로 이루어지지 않은 것은 이 말이 시간적으로 하는 말이 아니라 예언의 성취의 빠름을 나타내는 입장에서 하는 말이기 때문이다.

31절. "천지는 없어지겠으나 내 말은 없어지지 아니하리라": 천지의 없어짐에 강조가 있지 않고, 예수의 말씀의 신실성, 즉 없어지지 아니함에 강조가 있다. 천지가 없어지는 일이 있더라도 예수의 말씀이 없어지는 일은 없다는 것이다. 그만큼 예수가 말씀하신 재림의 약속은 확실하다는 것이다.

32절. "아들도 모르고": 이는 성자의 능력의 제한성을 가리키기보다 신성의 질서(직무)면에서 하는 말이다. 성부는 계획하시고 성자는 성취하시고 성령은 이를 적용하신다. 이런 삼위의 기능면에서 볼 때 재림의 날짜는 아들의 영역에 들어가는 사항이 아니다. 아들은 전능하기는 하나, 재림의 날짜는 알지 못한다. 여기에 신성의 신비가 있다. 주님은 우리에게 재림의 징조를 알려 주셨으나, 재림의 날짜는 엄비로 하셨다.

33절. "주의하라 깨어 있으라": 경고적 설교의 서두가 그랬듯이 마지막 부분도 "주의하라"는 말로 시작한다. 본 설교가 경고에 목적이 있음을 분명히 보여 준다. "깨어 있음"은 재림을 앞둔 초대 교회가 교인들을 권면하는 중요한 주제였다(행 20:31; 고전 16:13; 골 4:2; 살전 5:6; 벧전 5:8; 계 3:2~3; 16:15).
"경건한 사람의 생활은 졸거나 꿈꾸거나 도취하지 않고 마음이 언제나 깨어 있고 각성된 긴장 속에 있어야 한다"(Lohmeyer).

34절. "타국으로 갈 때에": 주인의 부재(absence)를 나타낸다. 부활과 재림 사이는 그리스도가 타국에 계신 부재의 시기다. 그리스도는 재림 전까지는 그의 공동체를 구원하러 오시지 않는다. 그리하여 그리스도 재세시의 비천함과 나약함이 부활 후에도 계속된다(2:20; 6:48; 8:34ff; 10:29; 13:9, 11~13; 16:8).

"그 종들에게 권한을 주어": 여기 "권한"(엑수시아)은 "권세"("권위")로 번역되어야 한다. 이 말은 마가복음에서 반(反) 성전 맥락에서 언제나 나온다(1:22, 28; 2:10; 11:28). 예수께서는 승천 시에 그의 권세를 자신의 교회에게 주고 가셨다.

35절. "혹 저물 때엘는지, 밤중 … 닭 울 때 … 새벽 …": 로마의 시간 계산법에 의한 밤의 네 경점으로서, 예수께서 고난 당하신 시점이다. 예수께서는 저물 때 자기를 팔 자와 함께 저녁을 먹고(14:17~21), 밤중에 악당들에게 체포되며(14:43), 닭 울 때 공회에 서서 재판받고 사랑하는 제자에게 배신 당하시며(14:53~72), 새벽에 빌라도에게 넘겨지신다(15:1). 예수는 이런 고난이 찾아올 때 깨어 있어 승리했으나, 제자들은 이 고난의 시간에 깨어 있지 못해 시험에 들어 주를 부인하며 모두 도망했던 것이다.

36절. "그가 홀연히 와서 너희의 자는 것을 보지 않도록 하라": 예수께서 홀연히 성전에 나타나시어 부패한 성전을 둘러보신 것처럼(11:11), 인자가 홀연히 재림해서 그리스도인의 자는 것을 보지 않도록 하라는 것이다. 그러나 제자들은 이 경고를 망각하고 무시해서 겟세마네 동산에서 깨어 있지 못하고 세 번이나 그 자는 것을 예수가 보게 한다(14:32~47).

적용

1. 예수께서는 제자들에게 경성할 것을 요구하셨다. 그리스도인은 재림

에 대비해 깨어 있어야 한다. 제자들은 방심하다가 마침내 미혹받는 그리스도인들의 모델이다. 그들은 처음에는 잘 시작했으나(마가복음의 전반부) 나중에는 실패했다(마가복음의 후반부). 그들은 그리스도의 경고를 중요하게 생각하지 않았다. 그들은 모두 예수의 참된 신분을 이해하지 못하고, 오해했다(8:14~21). 그들은 겟세마네 동산에서 깨어 있지 못했으며(14:37~40), 결국 배신하고 떠나갔다(14:50). 그리스도인들은 제자들의 본을 따라가서는 안 되며 제자들처럼 미혹을 받아서는 안 된다. 예수께서 오실 때 잠자는 상태로 발견되어서는 안 된다.

2. 예수께서는 자신을 타국에 간 주인에 비유하셨다. 부활과 재림 사이는 또한 예수가 그의 공동체에서 떠나 있는 시기다. 예수의 부활은 그리스도인들의 상황을 조금도 변화시키지 않았다. 오직 재림만이 하나님나라의 권세와 영광을 가져올 것이며 그리스도인의 상황을 바꾸어 놓을 것이다. 고난, 두려움, 이단운동, 전쟁 등의 사건들이 부활 이전처럼 계속 일어날 것이다. 예수의 권능은 부활 이전에 감추었던 것과 똑같이 부활 이후의 시기에도 감추어져 있을 것이다. 재림 전에는 예수가 결코 그의 백성들을 위태함에서 구원하기 위해 유령이 나타나듯 나타나지는 않을 것이다. 그리스도의 재림시까지 그리스도인들은 약함과 비천, 고난과 떨림, 비겁함과 두려움을 경험해야 한다(16:8).

14

성공한 기도, 실패한 기도

마가복음 14장의 주해와 적용

전통적으로 학자들은 14~15장(14:1~15:47)을 수난 사화(passtion narrative)라 부른다. 마틴 켈러가 마가복음을 "길게 연장된 수난 사화 서론"이라고 명명할 정도로 마가복음의 핵심을 구성하는 단원이 이 수난 이야기다. 그 중에서 14장은 종교 지도자들이 음모했던 예수 체포의 계획을 실행하는 시간대에 발생한 몇 가지 중요한 사건들을 기록한다.

그래서 14장을 표면적으로 묶어 주는 무대는 종교 지도자들이 예수를 체포하기 위해 세운 음모를 실행하여 성공을 거두는 과정이다. 유월절/무교절[1]을 앞에 두고 서기관들과 대제사장들은 예수를 잡아 죽여야겠다는 음모를 꾸민다(1절). 물론 이 음모는 예수의 사역 초기부터 진행되어 발전되어 온 것이었다(3:6; 11:18; 12:12). 가룟인 유다가 저들의 포섭 대상이 되어 돈을 받는다(10~11절). 예수께서는 그 사실을 알고 계셨고 미리 예고도 하신다(17~21절). 결국 이 계획은 겟세마네 동산에서 실행되어 예수가 체포되고 대제사장에게 심문을 받는다(43~50절). 이러한 사건의 진행 중에 후대 교회에 귀감 또는 교훈이 될 수 있는 몇 가지 사건들이 발생한다.

그리스도의 아름다운 취임식(14:3~9)

1. 한 미묘한 사건의 진행

1) 베다니 문둥이 시몬의 집에서 발생한 일이 기록된다. 아마 나병 환자였다가 고침을 받았던 시몬이기에 이런 별명이 붙었던 것 같다. 예수의 은혜를 입었던 사람의 집에서 베풀어진 연찬이었던 것으로 보인다. 어느 익명의 여인이 매우 값진 향유인 순전한 나드 한 옥합을 가져와 깨뜨려 예수의 머리에 부었다.[2] 나드는 인디아산 식물의 뿌리에서 채취한 고급 향유로서 대개는 1회분이 알라바스터로 만들어진 작은 용기에 들어 있었다.[3] 여기에 담겨진 나드향은 그 알라바스터를 깼을 때 한 번 사용할 수 있을 만큼의 양이었다. 그 가격은 대략 300데나리온이 넘었다고 한다. 당시 일용 근로자의 하루 일당이 1데나리온 정도였으니(마 20:1~16) 이 여인이 깨뜨려 예수께 부은 나드를 사려면 1년 내내 일해서 받은 돈을 사용하지 않고 그대로 저축해서 모은 돈을 쏟아 부어야 했다. 보수적으로 잡아 현재 국내 노동자가 하루에 5만원을 벌 수 있다고 치면 약 1500만원에 해당하는 거액이다.

2) 조금만 현실적 상상력을 동원하여 보자. 이런 거액의 보물을 단번에 예수께 쏟아 부은 이 익명의 여인의 마음은 어떤 것이었을까? 하나님 아들에 대한 예배? 흠모할 만한 지도자에 대한 정성의 집약? 아니면 사랑하지만 욕심대로 취할 수는 없는 어떤 존귀한 인물에 대한 다분히 이성적인 연모를 승화한 종교적 헌신의 발로였을까? 본문은 여인의 의도가 무엇이었는지 밝히지 않는다. 예수께서 여인의 행동에 대해 내리신 해석은 있지만 그 여인이 그런 행동을 할 때 자신의 의도가 무엇이었는지는 확인되지 않았다.

그러나 이것 한 가지는 분명하다. 이 여인의 행위는 가장 귀한 것을 내놓아도 전혀 아까움이 느껴지지 않는 사랑의 마음에서 나온 것이었다. 이것은 분명히 사랑의 표현이었다. 그 종류가 어떤 것이었는지는 모르나 엄청난 사랑이 있지 않으면 나올 수 없는 행동이었다. 존경할 만한 인품에 당당한 리더십과 매력적인 인간성을 지닌 30대의 젊은 유대 남자를 향한 연모

(戀慕)가 미묘하게 섞인 한 여인의 사랑 표현이었을 가능성도 전혀 배제할 수는 없다.

3) 자리에 같이 있던 일부의 사람들이 표출한 분노는 충분한 이유가 있었다. "무슨 의사로 이 향유를 허비하였는가"(4b절, 직역하면 "왜 이런 향유의 허비가 발생했는가?")? 도대체 무슨 마음을 품고 이런 엄청난 낭비를 하느냐는 의문이다. 필자가 그곳에 있었더라도 그들과 동일한 불평을 했을 것이다. 예수는 항상 가난한 사람들을 돌볼 것을 가르쳤다. 그러니 이렇게 무의미해 보이는 허비에 대한 이들의 비판은 부당한 것이 아니었다. 이 향유를 팔아서 돈으로 바꾸었다면 어려운 지경에 놓인 사람들에게 큰 도움이 될 수 있었다(5절). 이러한 반응은 예수의 가르침에 충실한 사람이라면 당연히 갖게 되는 논리적 귀결이었다.

4) 그러나 예수께서는 엄청난 낭비에 입각한 이 사랑의 표현을 그냥 받아들이셨다. "놔두십시오. 왜 이 여인을 괴롭히십니까? 이 여인이 내게 아주 좋은 일을 했습니다"(6절). 이 여인이 한 의아스럽기 그지없는 행동을 그대로 받아 주셨다. 더구나 이것을 '좋은 일'이라고 정의했다. 그리고 예수께서는 그 비판에 대한 답변까지 곁들이셨다. "가난한 사람들은 항상 여러분 주변에 있을 것입니다. 아무 때라도 가난한 사람을 돕는 것은 할 수 있습니다. 그러나 나는 여러분들과 항상 함께 있는 것이 아닙니다"(7절).

여기서 문제는 '가난한 자에게 하는 것'이냐 아니면 '예수에게 하는 것'이냐'의 대조가 아니다. 마태복음에서 소개하는 예수의 비유에 따르면(마 25:31~46), 가난한 자들에게 좋은 일을 하는 것은 곧 하나님께 또는 예수께 좋은 일을 하는 것이다. 지극히 작은 자들에게 한 섬김이 곧 하나님께 한 섬김이다. 그런데 여기에서 예수의 말씀을 피상적으로 잘못 읽게 되면, 마치 가난한 자에 대한 봉사와 예수 그리스도에 대한 사랑이 서로 구분되어 나뉜 것 같이 보인다. 가난한 자들과 예수 중 어느 것을 택할 것이냐고 묻는 것으로 예수의 질문을 이해하면 그것은 심각한 오역이다. 여기서 대조되는 것은 '가난한 자들'과 '예수'가 아니라 '항상'(always)과 '단 한 번의 특별한 때'(not always)다. 여기서 이 여인은 예수를 위해 단 한 번밖에 없는 특별한 경우를 위해 특별한 일을 한 것이다.

2. 여인이 한 행위의 의미

1) 예수께서는 여인이 한 일이 자신의 죽음을 위한 예비라고 했다(8절). 예수의 죽음을 위한 특별한 예식을 거행했다는 말이다. 곧 죽음을 앞둔 지도자에 대한 슬픔을 이렇게 표현한 것일까? 그럴 수도 있다. 돌아가는 주변의 분위기를 보고(1~2절) 죽음의 그림자를 감지한 한 여인이 존경하는 선생의 갈 길을 위해 마지막 선물을 한 것일 수 있다.

이미 언급한 바와 같은 가능성도 배제할 수 없다. 존경과 흠모를 받기에 조금도 부족할 것이 없던 청년 예수에 대한 사랑을 먼 발치에서 느끼던 한 익명의 여인이 아무 말 없이 애정의 표현으로 일을 저질렀는지도 모른다. 실상이 무엇이었는지 그 여인의 마음과 의도는 우리가 단정할 수 없다.

그러나 어쨌든 한 가지는 분명하다. 그 성격과 종류가 무엇이었든간에 예수를 지극하게 사랑하지 않고는 이런 일을 할 수 없다는 것이다.

2) 여기서 예수께서는 의미 있는 해석의 사역을 하신다. 구설수에 오르거나 이상한 말을 들을 수도 있는 이 여인의 행위를 너그럽게 포용하면서 아주 중요한 해석을 내리신다. 이런 데서 인간 예수의 멋을 본다. 정말 멋지다. 여인의 마음의 실상이 무엇이었든간에 예수께서는 분명하게 선언을 하신다. "이 여인이 한 일은 나의 죽음을 위한 장례식이다." 혹시 다소 미묘한 정서를 갖고 있던 여인이었더라도 예수께서 이렇게 말씀하셨을 때 오히려 자신이 한 행위가 무엇이었는지 비로소 깨달았을 것이다.

적지 않은 경우 해석이 실제다. 어떤 일들의 경우 사실이 해석을 낳기보다는 해석이 사실을 결정짓는다. 예수의 죽음에 대한 해석이 그렇다. 적절하게 권위 있는 해석이 없으면 예수의 죽음은 수다한 다른 죽음과 크게 다를 바가 없을 것이다. 그래서 복음은 하나님께서 예수의 죽음에 대해 내리신 최종적 권위의 해석이라 할 수 있다(고전 15:3).

또 한편, 해석이 전문(專門)인 목회자의 입장에서 예수를 모델로 생각해 본다. 목회자는 좋은 해석을 해야 된다. 해석을 잘 해 주는 사람이 좋은 사람이다. 마음이 비뚤어져 있으면 모든 것을 악의로 처리한다. 마음이 선하고 넓고 크면 조금 이상하게 갈 수 있는 것도 해석을 바로 해 줌으로써 방향을 바로잡을 수 있다. 이것이 큰 사람의 특성이 아닌가 싶다. 여기서 우리의 스승 예수의 도량이 얼마나 컸나를 새삼 느낀다.

3) 예수께서는 이 여인의 행위를 죽으러 온 그리스도로서의 자신을 위한 취임식으로 해석해 버렸다. 실제 여인이 어떤 마음을 갖고 있었는지에 대해서는 그냥 못 본 척 하시면서 그것을 '그리스도를 위한 기름부음' 으로 해석해 버린 것이다. 예수는 그리스도였다. 즉 유대인들이 그렇게 고대하던 메시아였다. 물론 그리스도(=히브리어 '메시아' 의 헬라어 직역)는 '기름부음을 받은 자' 라는 뜻이다. 하나님께서는 특별한 목적으로 불러 세우는 사람을 제사장이나 선지자를 통해 기름을 부어 그 직분에 임명한다. 사람들은 예수를 그리스도라 믿었다. 베드로의 고백은 틀림이 없었다(막 8:29).

그러나 그가 어떤 의미의 그리스도인지에 대해서는 예수와 제자들 사이에도 의견의 일치를 보지 못했다. 그들은 예수를 정치적, 군사적 승리를 가져다 줄 권능의 그리스도로 생각했다. 그러나 예수는 자신이 고난을 받고 죽임을 당하는 그리스도라는 것을 알려 주었다(8:31). 제자들에게는 그것이 용납되지 않았고 결국 베드로와 예수 사이에 설전이 붙는가 하면 베드로는 '사단' 이라는 험한 말까지 들어야 했다(8:33). 이 관점의 갈등이 아직도 풀리지 않았을 때 이 사건이 발생했다.

가만히 생각해 보자. 지금 여인이 무엇을 했는가? 그렇다. 예수께 기름을 부었다. 예수께서 그리스도라면 기름부음을 받아야 하는데 누구도 아직 예수에게 기름을 붓지 않았다. 제사장이 그에게 기름을 부은 적이 없었다. 물론 하나님께서 예수에게 직접 기름을 부었다고 할 수 있다. 예수께서 세례를 받고 올라오실 때에 성령이 비둘기 같이 그에게 임하고 하늘에서 소리가 있음으로써 하나님의 위임은 분명하게 이루어졌다(막 1:9~11). 그러나 사람 중에서는 누구도 예수에게 기름을 붓지 않았다.

그런데 여기서 예수는 기름부음을 받는다. 제사장도 아니고 왕도 아닌 어느 익명의 가련한 여인에게 기름부음을 받는다. 예수께서는 이 여인이 자신을 위해 기름을 붓도록 허락했다. 아니 여인의 행위를 기름부음으로 해석했다. 그리고 그 기름부음은 정치적 승리의 메시아로서가 아니었다. 이 기름부음은 예수의 장례를 위한 것이라 했다. 드디어 예수께서는 여기서 '고난받고 만인의 죄를 위하여 죽는 그리스도' 로 기름부음을 받은 것이 되었다. 이것이 예수의 기발한 영감이며 멋이다. 예수께서는 여인의 이 엄청난 사랑의 표현을 죽는 메시아로서 기름부음을 받는 취임식으로 해석해 버린 것이다.

4) 예수께서는 이 여인이 한 일이 복음이 전파되는 곳마다 같이 따라다니면서 기념될 것이라 했다. 예수의 해석에 따르면 이 여인만이 예수가 어떤 그리스도인지 바로 알아 기름을 부었으니 복음의 핵심과 정곡을 찌른 유일한 인물이었다. 그러니 당연하다. 여인이 한 일이 온 천하를 다니며 복음이 전파될 때 기억되어야 한다. 그 여인은 고난 당하고 죽을 메시아를 기름 부어 취임시켰기 때문이다. 우리 모두를 대속하기 위하여 돌아가시는 그리스도를 취임하도록 도왔기 때문이다. 이 여인의 행위는 결과적으로 복음에 대한 기름 부음이었다.

예수의 마지막 잔을 위하여(14:12~25)

1. 유월절의 긴장, 그리고 숙연함

1) 계획된 음모는 그대로 자기 길을 간다. 열둘 중에 가룟 사람 유다가 대제장들과 금전적 연계를 가졌다. 이제 언제 어디서 그를 확인하여 체포하는지의 문제만 남았다(10~11절). 한편에서 이렇게 음산한 계획이 진행되는 중에 예수는 유대인의 관행대로 유월절 식사를 준비시킨다. 첩보 영화

의 은밀한 접선을 연상시키는 것 같은 지시를 제자들에게 내리신다. 예루
살렘 성내에 들어가면 물동이를 이고 가는 사람을 만날 것이다. 조용히 그
가 들어가는 집에 가서 장소를 부탁하라. 그곳에서 우리는 유월절 식사를
갖는다(12~16절). 음모의 진행을 알고 있는 예수로서는 거동을 무작정 노출
시킬 수 없었다. 일단 안전한 곳에서의 유월절 식사를 원하셨던 것 같다.

식사시의 분위기를 상상해 보라. 이미 예수를 죽이려는 음모의 분위기
가 감지되고 있었다. 병자들이 일어나고 귀신이 쫓겨 나가고 군중들이 환
호하며 몰려들던 그 시절의 흥분은 이미 옛날 이야기였다. 분위기가 깊이
가라앉았을 것이다. 제자들은 불안으로 가득 차 있었다. 같이 다니던 열둘
중에 예수를 배반할 사람이 있다는 지적까지 있어 "근심하여 하나씩 하나
씩" 되물어 왔다(19절). 뭐라 형언할 수 없는 슬픔과 공포가 이들을 지배하
고 있었다. 원래 출애굽 때에 모든 것을 준비하고 밤을 지새다시피 했던 이
스라엘 백성의 불안과 긴장과 비밀스러움이 이곳 예수의 유월절 만찬에서
도 유사하게 드리웠다. 죽음의 사자가 애굽 전체를 휩쓸던 그 음산한 밤이
연상되는 분위기였다.

2) 유월절 식사가 항상 그렇듯이, 하나님께서 어떻게 이스라엘 백성을
애굽에서 구해내셨는지가 상기되었을 것이다. 그때 그 위기와 어려움에서
저들을 건져내신 하나님은 이 암울한 현실에서도 여전히 우리의 하나님이
시라는 것이 다시 강조되었을 것이다. 그리고 예수께서는 비유의 귀재답게
매년 먹어 오던 빵과 포도주를 가지고 엄청난 영적 진리를 선언하신다.

"여러분들이 먹는 이 유월절의 무교병이 바로 나입니다. 여러분, 나를
먹어서 그 안에 영원히 보전하십시오. 이것은 나입니다…." 제자들이 어떻
게 느꼈을까? 주님께서 나를 위해 내가 먹는 유월절 빵이 되시는구나. 스승
님께서는 나를 위해 내가 마시는 유월절 포도주가 되시는구나. 이제 죽음
을 앞두고 계신 주님께서 떼어 주는 떡을 받아 먹는 그들의 마음은 신비의
숙연함 속에 빠져 들어갔을 것이다. '이것이 내 몸이다' 라는 아람어 표현은
'이것이 나다' (=person, self)라는 뜻이다.[4] 적포도주는 그 빛깔로 인해 주님

의 보혈로 상징되었다.

2. 새 언약의 수립과 마지막 잔의 유보

1) 피는 언약을 위해 필요한 제사를 가리킨다. 일찍이 옛 언약, 즉 시내산 언약도 짐승의 피를 통해 세워졌다(출 24:1~8). 짐승의 피를 받아 그 반은 단에 뿌리고 나머지 반은 백성에게 뿌렸다(출 24:6~8). 그렇게 피의 제사를 통해 하나님과 이스라엘은 특별한 관계에 들어갔다. 하나님은 이스라엘을 돌보시면서 저들의 왕이 되셨다. 이스라엘은 하나님 말씀을 준행하여 그 뜻을 행하는 그 나라의 백성들이 되는 것이다.

그런데 이 언약이 깨졌다. 하나님의 말씀을 준행하겠다고 약속했지만 이스라엘은 반복하여 범죄하고 우상을 섬기며, 약하고 가난한 사람들을 압제하면서 그 마음이 하나님을 떠났다. 결국 북이스라엘은 주전 722년 앗수르에 멸망하고 남유다는 주전 586년 바벨론에 멸망했다. 왕이 눈을 뽑힌 채 포로로 잡혀가고, 약속의 땅을 빼앗겼으며, 하나님과 그들 사이의 중개자들인 제사장들도 끌려가고, 절대로 범할 수 없는 성전마저 무너져 버렸다. 남은 것이 없었다. 언약이 깨졌다. 그러나 하나님께서는 언약이 깨진 바로 그 위치에서 예레미야를 통해 새 언약을 세우겠다고 약속하셨다(렘 31:31~34).

그런데 예수께서 자신의 피가 그 약속된 새 언약을 위한 것이라고 선언하신다(막 14:24; 고전 11:25). 십자가에서 예수께서 흘리신 피의 절반은 하나님의 단에 그리고 절반은 믿는 우리들을 향해 뿌려져 하나님과 우리 사이에 화목을 이루시고 그로 말미암아 새 언약이 세워질 것이라는 말씀이다. 신약(新約)이 만들어진다.

2) 이렇게 새 언약의 피를 말씀하시고 나서 예수께서는 하나님나라의 때가 오기 전에는 다시는 포도나무에서 난 것을 마시지 않겠다는 결의를 보이셨다(25절). 이것은 유월절 잔의 관행을 염두에 두고 그 의미를 풀어야 할 것 같다. 원래 유월절 만찬에서는 식사 중 잔을 네 번 들어 포도주를 마신

다. 그리고 이 네 번의 잔은 각기 출애굽기 6:6~7에서 언급된 사중의 구속 약속을 상징했다.[5]

"그러므로 이스라엘 자손에게 말하기를 나는 여호와라. ①내가 애굽 사람의 무거운 짐 밑에서 너희를 빼어 내며 ②그 고역에서 너희를 건지며 ③편 팔과 큰 재앙으로 너희를 구속하여 ④너희로 내 백성을 삼고 나는 너희 하나님이 되리니 나는 애굽 사람의 무거운 짐 밑에서 너희를 빼어낸 너희 하나님 여호와인 줄 너희가 알찌라"(출 6:6~7, 개역)

예수께서 24절에 하신 언약의 피에 대한 언급은 '구속'의 개념이 들어간 세 번째 잔을 들 때 이루어졌을 가능성이 높다. 그리고 예수께서는 원래 이어졌어야 할 마지막 잔을 들지 않은 것으로 보인다. 그 마지막 잔은 하나님나라가 완성되는 때에 들겠다는 결연한 의지의 다짐이었다. 하나님나라가 임하면 잔치가 벌어질 것이다. 그때는 기쁨과 지복(至福)의 향연이 될 것이다. 그 메시아의 잔치에서 축제의 포도주를 마시기 전에는 다시 잔을 들지 않겠다 하시면서 마지막 잔을 거두어 미래를 향해 열어두신 것이다. 그 중간에 예수께서 마실 잔은 겟세마네의 기도에서 언급한 "이 잔"(36절), 즉 십자가의 죽음밖에는 없다는 결연한 자세이다. 겟세마네 동산에서 언급한 그 쓴잔을 마셔야만 예수께서는 먼 미래에 메시아 잔치에서 다시 포도주 잔을 기울일 것이다.

이러한 배경을 염두에 두면 바울이 전해받은 주의 만찬 전승이 재림을 언급하면서 그때까지 이 일을 행하며 전해야 한다는 점을 강조한 이유에 대한 설명이 가능해진다. "너희가 이 떡을 먹으며 이 잔을 마실 때마다 주의 죽으심을 오실 때까지 전하는 것이니라"(고전 11:26). 우리는 남겨진 예수 그리스도의 마지막 잔을 위하여 그분이 오실 때까지 성찬식을 행하며 이 성찬이 담고 있는 구속의 소식을 땅 끝까지 전하는 것이다. 우리가 주의 제사라면 주님께서 마지막 잔을 드시는 날을 위해 최선을 다해 복음을 전해야 할 것이다.

하나님의 침묵, 그리고 어느 실패한 기도(14:32~42)

안전한 장소를 찾아서 가졌던 유월절 식사가 예수의 일행이 누릴 수 있던 마지막 평안이었다. 이제 이곳을 나가면 예수는 적들의 추적에 노출되는 과녁이 된다. 그런 의미에서 26절은 죽음에의 행진이다. "이에 저희가 찬미하고 감람산으로 나가니라"(막 14:26). 영적 전투를 위한 출정의 비장함이 서려 있다. 가면서 예수와 제자들 사이에는 곧 닥칠 두려운 현실에 대한 대화가 진행된다(27~31절). 두 가지가 예고되었다. 제자들의 도망(27절), 그리고 부활이다(28일). 공포로 인한 제자들의 흩어짐에 대한 예고 중 베드로가 한 장담은 후에 있게 될 그의 '세 번 부인'을 현저하게 부각시키는 배경을 제공한다(29~31절). 이런 이야기를 나누면서 예수와 제자들은 겟세마네에 도달했다. 예수께서는 여기서 마지막으로 하나님과 씨름을 할 생각이시다. 브니엘의 야곱을 생각나게 한다(창 32:24~32). 하지만 그 결과는 정 반대다.

1. 겟세마네의 침묵

1) 겟세마네의 히브리어 뜻은 '기름 짜는 틀'이다. 감람산 기슭의 낮은 경사인 기드론 계곡 동쪽 편의 지명으로 원래 올리브(감람) 농장이 있던 곳으로 추정된다. 예수께서 피땀을 흘리신 고뇌의 기도 현장에 꼭 어울리는 이름이다. 마가복음에서는 언급이 없으나 누가의 경우 장소와 연관해서 예수가 기도할 때 "땀이 땅에 떨어지는 피 방울같이 되더라"고 묘사했다.

후대의 모범이 되는 이 예수의 기도에는 예수 자신의 바램이 있었다. 그의 육신과 영혼은 마셔야 되는 마지막 잔(또는 중간 잔: 위의 12~15절에 대한 설명 참조)을 원치 않았다(36절). 그가 겪어야 할 정신적, 육체적 고통에 대한 두려움은 예수로 하여금 "내 마음이 심히 고민하여 죽게 되었"다는 나약한 발언을 낳게까지 만들었다(34절). 종종 제자들을 믿음이 없다 하여 꾸짖던 선생의 모습으로서는 민망하기 그지없는 마지막 연약함이었다. 제자들에게 같이 기도해 달라고 애걸하기까지 한다(34절). 같이 동참하지 못하고 잠들어

버린 제자들 모습에 원망하는 것 같은 비탄마저 서슴지 않으신다(37절).

2) 가장 기가 막힌 것은 아바 아버지 되신 하나님의 침묵으로 일관되어 예수의 기도가 세인이 볼 때 철저하게 실패한 기도로 귀결되었다는 점이다. 세례 받으실 때 하늘을 열어 사랑하는 아들이라 선언하시던 하나님, 변화산 상에서 모세와 엘리야 및 모든 제자들에게 오직 예수의 말만 들으라고 선언하심으로 예수께 모든 권위를 부여하셨던 하나님께서 그 간절한 아들의 기도에 왜 이리 침묵하시는가. 후일 주의 형제 야고보는 의인의 간구에 역사하는 힘이 많다고 하지 않았던가(약 5:16). 예수에게는 실로 엘리야에 비할 바 아닌 강력한 카리스마가 뒤따랐었다. 말씀하시면 병자가 낫고 귀신이 쫓겨 나가고 거센 풍랑조차도 잔잔해졌었다. 하늘 아버지는 예수의 발언 자체가 능력이 되게끔 그의 요청에 즉각적인 응답들을 보내셨다.

그런데 여기서 예수는 정작 자신의 신상에 관련된 문제를 놓고 세 번씩이나 동일한 말로 기도했으나 마음의 소원을 이루지 못하셨다. 하나님께서는 그 고적한 겟세마네의 밤에 칠흑보다 더 어두운 침묵으로 일관하셨다. 예수는 겟세마네에서 하나님의 응답을 받지 못한 실패한 기도의 주인공으로 낙인 찍혔다. 그의 적들이 이를 놓고 무어라 비난을 했을까 상상해 보라. "저 친구가 남은 구원한다 하면서 자기 자신은 구원할 수 없구나 …"(막 15:31).

2. 성공한 기도와 실패한 기도

1) 그러나 우리는 잘 알고 있다. 응답을 못 받은 것 같은 기도, 하나님의 깊은 침묵만이 대답이던 예수의 이 기도는 모든 신자가 본 받아야 할 '모범 기도' 다. "아버지의 뜻을 이루소서. 저는 죽기 싫어요. 그러나 아버지의 뜻대로 하소서. 제가 죽어야만 한다면 죽겠습니다. 아버지의 뜻을 이루소서." 이것이 인류 구원을 위한 십자가 고난의 심리적 고뇌었다.

이 겟세마네에서 하나님의 침묵은 '엘리 엘리 라마 사박다니'를 외치는 예수의 절규로 이어졌고 그것이 우리가 지금 이렇게 살아 있게 된 구원의 통로로 기능했다. 이것은 외양상 실패했으나 내면으로 볼 때 성공한 기도다. 성공적인 기도는 하나님의 뜻이 이루어지는 것이다. 후에 히브리서 기자는, 이에 대해 예수께서 "육체에 계실 때에 자기를 죽음에서 능히 구원하실 이에게 심한 통곡과 눈물로 간구와 소원을 올렸고 그의 경외하심을 인하여 들으심을 얻었느니라"고 해석을 내린다(히 5:7).

2) 마음의 원대로 이루어졌다고 해서 그것이 성공이요 진정한 축복이 아닌 경우도 있다. 기도는 내 고집을 관철했다고 성공한 것으로 알고 간증하고 다닐 일만은 아니다. 이스라엘이 반복하여 인간 왕을 달라고 했을 때 하나님께서는 기뻐하지 않으셨다(삼상 8:6). 그것은 하나님의 뜻이 아니었기 때문이다. 그러나 그들이 끝까지 고집하자 하나님은 결국 이를 허락하셨다(삼상 8:19~22). 원하는 바를 얻어낸 성공적인 기도라고 할 수 있을지 모른다. 그러나 아니었다.

기도자의 마음의 긴급함과 간절함이 겟세마네와 유사했던 브니엘 기도의 경우는 조금은 색깔이 묘연하다(창 32:24~32). 밤새워 씨름을 했다는 상징으로 설명되지만 이것은 분명히 야곱이 하나님께 매달려 기도했던 행위를 가리킨다(24절). 그는 자기 뜻을 관철시켜 하나님을 이겼다. "그 사람이 가로되 날이 새려하니 나로 가게 하라 … 당신이 내게 축복하지 아니하면 가게 하지 아니하겠나이다"(26절). 마음의 소원을 아뢰되 하나님의 원대로 하시기를 구했던 예수의 기도와는 대조적이다. 기어이 소원 성취를 했다. 그래서 야곱은 '하나님과 겨루어 이기었다' 는 뜻으로 '이스라엘' 이 되었다.

하나님과 겨루어 이기고 환도뼈를 다치는 사람 이스라엘. 여기에 유대민족의 양면성이 있다. 긍정적으로는 하나님께 달라붙어 있어 그분에게서 원하는 것을 반드시 얻어낸다는 의미가 있다. 그러나 항상 이런 식으로 목이 곧아 자기가 하고 싶은 대로만 하다가 결국은 매 맞는 이스라엘 역사의 전조기도 하다. 하나님과 겨루어 자기 뜻대로 이기고 마는 '이스라엘' 은 삶의 힘이기도 하지만 하나님과 인간의 관계를 그르치는 심각한 문제기도 하다.

3) 성경에서 실패한(그러나 성공한) 기도 셋이 모두 대표적인 인물에게서 나온다. 모세는 요단을 건너갈 수 있기를 간절히 기도했다. 반복해서 구했다. 이에 대해 하나님께서는, "그만해도 족하니 이 일로 다시 내게 말하지 말라"(신 3:26)고 냉정하게 거절하셨다. 그리고 모세는 순종하여 여호수아에게 가나안 입성을 맡기고 자신은 신명기를 선포한다.

바울은 몸에 고통스러운 병이 있어 세 번을 간절히 기도했다.[6] 그러나 하나님께서는 들어 주시지 않으셨다. 결국 바울의 그 애절한 요청은 들어 주시지 않으시고 "내 은혜가 네게 족하도다 이는 내 능력이 약한 데서 온전하여짐이라"는 말씀 한 마디로 때우시고 말았다(고후 12:9). 이렇게 해서 실패한 바울의 기도는 겟세마네 동산의 기도를 모델로 삼아 진리의 깨달음으로 이행한다. "그리스도께서 약하심으로 십자가에 못박히셨으나 오직 하나님의 능력으로 살으셨으니 우리도 저의 안에서 약하나 너희를 향하여 하나님의 능력으로 저와 함께 살리라"(고후 13:4).

그리스도의 겟세마네는 부활로 응답되었다. 바울의 치유 요청에 대한 하나님의 거절은 사역에의 능력으로 응답되었다.

주의 뜻은 우리의 생각보다 훨씬 광대하다. 성숙한 기도, 하나님나라를 이루는 기도는 "주의 뜻이 이루어지이다"를 피땀흘려 고백하는 것이다. 내 뜻은 이루어지지 않아도 좋사오니 하나님의 뜻이 이루어지게 하소서. 주님께서 영광을 받으소서. 저의 돌무덤 위에 당신의 아름다운 꽃을 피우소서. 자 너희는 갈 길을 가라 내 때가 왔구나. "일어나라 함께 가자 보라 나를 파는 자가 가까이 왔느니라"(42절).

베드로의 선악과와 그리스도의 은혜(14:43~72)

극명하게 대립되는 두 가지 모습이 등장한다. 제자들 중의 하나는 예수를 팔아 배신하고(44~45절), 나머지는 옷까지 벗어 던지면서 다 도망하였으며(50~52절), 제자들 중에 수장이라 여겨지던 한 사람은 저주까지 해 가면서 예수를 모른다고 부인했다(71절). 제자들이 이렇게 형편없이 망가져 가고 있을 때 예수께서는 그들을 위하여 하나님의 뜻대로 대속적 고난을 당당하게 대면하고 계셨다. 훗날 바울의 신학적 고백을 빌어 설명하자면, "우리가 아직 죄인 되었을 때에 그리스도께서 우리를 위하여 죽으심으로 하나님께서 우리에게 대한 자기의 사랑을 확증하"시는 역사(롬 5:8)가 진행되는 시점에도 그 죄인들은 자신들을 위하여 고난을 겪으시는 그분을 처참하게 부인하는 중이다.

그렇게 제자들은 비참하게 도망가고 예수는 잡혀서 모함을 받고 수모를 당한다. 예수는 권력자들의 심문에 용기 있게 진리를 선언하고 죽음을 향하여 의연하게 진입할 때 제자들을 대표하는 베드로는 한 여성 노예와 별 것 아닌 방관자들의 질문에 기겁하여 예수를 부인하고 비참하게 무너져 버린다.[7]

1. 예수 정체의 공개적 선언

1) 기룟 유다는 가장 친밀한 애정의 표시를 통해 가장 치사한 배신을 실행에 옮겼다(45절). 그리고 예수는 흉악범처럼 체포되는 수모를 겪는다(48절). 잠깐 가벼운 저항이 있었으나(47절) 분위기에 압도되어 공포에 사로잡힌 제자들은 산산이 흩어져버린다. 벗은 몸으로 도망하는 청년에 대해서 구구한 해석이 많지만 정황은 너무 분명하다. 그는 무서워서 옷까지 벗어버리고 도망한 것일 뿐이다(51~52절). 여호와의 심판 때에 용사라도 벌거벗고 도망하는 공포의 상황을 그리는 아모스 2:16의 모습이 암시되어 있다고 보아야 한다.

2) 대제사장의 심문에 응하는 예수의 묘사는 독자들에게 두 가지를 보여 주기 위함이다. 첫째, 제자들의 나약함에 대조되는 예수의 자기 고백의 당당함이다. 근거 없는 풍설에 입각한 기소에는 일체의 침묵으로 일관하시지만 '네가 하나님의 아들이며 그리스도이냐' 라는 질문에 대해서는 당당하

게 시편 110:1과 다니엘 7:3의 이미지를 인용하여 긍정적 선포를 하신다(62절). 이 대답은 대제사장을 격노하게 만들었다.

둘째, 이러한 당당한 선포는 그 동안 마가복음에서 메시아로서의 예수의 정체가 공중(公衆)에게 퍼지는 것을 억제하던 것을(1:34, 44; 8:30 등 여러 곳) 풀어 놓는 효과를 갖는다. 이제 예수는 자신이 하나님의 아들 메시아임을 자신의 입으로 유대의 최고 지도자들 앞에서 공표를 한다. 이것이 진리다. 신자들의 정확한 신앙고백은 예수의 답변에서 그 정답을 발견하게 된다. 예수의 제자들도 이제 권력과 공중 앞에서 이 고백을 해야 된다. 그러나 이 시점에서도 제자들은 이러한 기대에 부응하지 못한다.

2. 베드로의 실패와 그리스도의 회복

1) 제자들의 실패는 생생하게 기록된 베드로의 이야기로 사안의 정곡을 찌른다. 모든 복음서가 기록하고 있는 베드로의 부인(否認) 사건은 대제사장의 뜰에서 발생한 은밀한 사건이었기 때문에 본인이 털어놓기 전에는 그냥 묻혀질 수도 있던 일이었다. 당시 이 이야기가 구전될 때 베드로는 초대 교회의 핵심적인 지도자였기 때문에 이 정도의 약점이라면 권위에 손상이 가 리더십 구사에 치명적일 수도 있었다. 과거 우리나라에서도 국무총리 지명자들이 과거에 전혀 문제가 되지 않았던 자식 병역 문제나, 부동산 문제 등으로 곤욕을 치르다가 결국 자리에 앉아보지도 못하고 물러나는 경우가 있었다. 그런데 베드로가 이러한 치부를 자발적으로 드러낸 것은 그만한 이유가 있어서였다.

2) 우선 베드로는 이 일로 큰 충격을 받았다. 아마 영원히 잊을 수 없는 사건이 되었을 것이다. 다른 사람이 다 주를 버린다 해도 자신은 죽을지언정 그러하지 않겠다고 장담을 했으나(14:29~31) 가장 비참하게 예수를 부인했다. 그렇게 큰소리를 진 베드로가 다른 사람도 아니고 어린 여자 종 앞에서 "도대체 무슨 소리를 하는지 모르겠다"며 시치미를 떼고 세 번째 사람이 물어왔을 때는 아예 저주와 맹세까지 하면서 예수를 모른다고 했다(71절).

더구나 마태복음의 전승에 따르면 예수께서, "누구든지 사람 앞에서 나를 부인하면 나도 하늘에 계신 내 아버지 앞에서 저를 부인하리라"(마 10:33)고 하셨다.

치명적인 잘못을 저지른 베드로였다. 베드로는 예수의 말씀을 생각하고는 울었다. 회한의 눈물이었다. 누가는, 그가 밖에 나가 심히 통곡을 했다고 적는다(눅 22:62). 전설에 의하면 베드로가 설교를 하려고 단에만 서면 어디선가 닭 우는 소리가 환청으로 들려왔다고 한다. 오죽하면 이런 전설이 나왔을까? 무척이나 고통스러운 기억이었다. 가히 신약에서 읽는 선악과의 원죄와 같은 사건이라 할 수 있었다.

3) 그러나 단지 여기서 끝났다면 베드로는 이 부끄러운 원죄를 가슴 깊이 묻어두고 말았을 것이다. 하나님의 사랑은 이 수치스러운 실패를 덮을 만큼 충분하게 넓고 컸다. 죄가 더한 곳에 은혜가 더욱 넘쳤다는 바울의 말이 여기서 다시 적용된다(롬 5:20). 예수께서는 베드로가 이 실패로 지난 모든 것을 마감하여 회한의 일생을 살도록 내버려 두시지 않으셨다. 베드로가 되어 생각해 보라. 이제 모든 것이 끝났다고 생각했을 것 같다. 끝나도 아주 비참하게 끝났다고 생각했을 것이다.

그런데 예수께서 다시 살아나셨다. 무덤가의 흰 옷 입은 청년이 예수의 시신을 찾아왔던 여인들에게 말했다. "가서 그의 제자들과 베드로에게 이르기를 예수께서 너희보다 먼저 갈릴리로 가시나니 전에 너희에게 말씀하신 대로 너희가 거기서 뵈오리라 하라 하는지라"(막 16:7). 예수 부활의 소식을 누구보다도 먼저 베드로에게 전하라는 것이었다. 바울이 고린도전서에서 부활의 목격자들을 순서대로 나열하는 곳에서도 그 첫 번째가 '게바'였다. "성경대로 사흘 만에 다시 살아나사 게바에게 보이시고 후에 열두 제자에게와…"(고전 15:4b~5). 예수께서는 비참하게 선악과를 따먹은 베드로에게 자신을 먼저 보이셨다.

4) 이것은 상상을 불허하는 사랑이었다. 자신을 저주하며 부인한 제자에게 제일 먼저 나타나 당신을 보이신 것은 꾸중을 하고 '네가 어찌 그럴 수

있느냐'고 따지기 위한 것이 아니었다. 아마 베드로는 다시 사신 주님을 뵈올 면목이 없었고 그 안에 두려움이 가득 차 있었을 것이다. 그러나 다시 사신 그리스도께서 베드로를 찾으신 것은 따지고 꾸중하기 위한 것이 아니라 그를 다시 돌이켜 품으시기 위한 것이었다.

이것은 요한복음의 전승에서, 갈릴리(디베랴) 호숫가에 나타나신 부활 예수의 이야기에서도 극명하게 드러난다. 여기서 예수께서는 베드로의 영원한 상처인 '세 번 부인'을 '세 번의 사랑 고백'으로 상쇄시켜 그의 죄의식과 상처를 어루만지시고 그 안에 숨어 있던 주님에 대한 사랑을 다시 끄집어 낸 뒤 "내 양을 치라"고 명하여 그의 사명과 권위를 회복시켰다(요 21:15~17). 부활의 그리스도가 보여 주신 이 사랑이 있었기에 베드로는 과거의 수치를 끄집어 내 후대에 알리기를 꺼려하지 않았던 것이다. 그 큰 주님의 사랑을 말하지 않을 수 없었기 때문이었다. 실패를 극복하게 한 예수 그리스도가 있었기 때문에 그는 이 아픈 선악과 이야기를 끄집어 내어 세상에 공표를 한 것이다.

이렇게 가장 아픈 인간 실패의 이야기는, 상한 갈대를 꺾지 않으시고 꺼져 가는 심지를 끄지 않으시는 하나님의 사랑으로 포장되어 해피엔드의 마감을 향한다. 뒤에 올 부활의 이야기를 이렇게 미리 하지 않을 수 없는 이유가 여기에 있다.

15

이 사람은 진실로
하나님의 아들이었도다

마가복음 15장의 주해와 적용

십자가형을 집행했던 백부장이 "그렇게 운명하심을 보고 가로되 이 사람은 진실로 하나님의 아들이었도다"고 고백한 사실에 주목해야 한다. 예수의 죽음을 지켜보는 것만으로도 그는 예수님을 하나님의 아들로 고백할 수 있었다(그가 말한 하나님의 아들이 어떤 의미를 지닌 것이었는지는 논란의 대상이지만 말이다). 우리는 지금 예수님의 죽음에 대해 백부장보다 더 많은 것을 알고 있다. 그러므로 우리는 본 장을 살피는 것만으로도 백부장이 했던 것보다 더 나은 고백을 할 수 있어야 한다. 하나님께서 이 본문을 우리에게 남겨 주신 이유는 우리가 이것을 읽음으로써 그 백부장보다 더 나은 고백을 하게 되기를 원하시기 때문일 것이다.

빌라도에게 예수님을 고소함(15:1~5)

이 단락은 십자가의 죽음에서 주도권을 쥐고 있는 것이 누구인가 하는 것을 보여 준다. 유대인들은 자신들이 모든 것을 주도한다고 생각했을 것이다. 그런데 예수께서는 그들의 심문에 대해 적극적인 반론을 제기하지 않으셨다. 빌라도에 대해서도 마찬가지다. 2절에서 빌라도가 "네가 유대인의 왕이냐?"라고 물었을 때, 예수께서는 그저 선선히 "네 말이 옳도다"라고 하신다. 원어로 보면 '쉬 레게이스', 즉 '네가 말하고 있다'다. '유대인의 왕'이라는 것은 유대인들의 고소의 주된 내용을 이루었을 것이고, 이에 대한 태연스러운 인정은 빌라도를 당황케 하였을 것이다. 빌라도는 자신이 심문을 시작했을 때, 예수가 좀 더 적극적으로 스스로를 변호할 것을 기대했을 것이다. 왜냐하면 자신이 이 재판의 주도권을 쥐었다고 생각했기 때문이다. 대제사장들이 예수를 여러 가지로 고소했을 때도 예수님은 이에 대해 반론을 제기하지 않으셨다. 빌라도는 이런 태도를 기이하게 생각했다. 그러나 우리가 볼 때 이것은 당연한 일이다. 예수님의 침묵은 이 십자가 사건의 주도권을 유대인들이나 빌라도가 아닌 예수님 자신이 쥐고 있다는 선언이었던 것이다. 그는 자진해서 이 길을 택하셨고, 자진해서 이 길을 가고 계시다.

예수님의 침묵을 십자가 사건에 대한 주도권의 선언으로 보는 해석에 대해 다음과 같은 반론이 있을 수 있다. '그 침묵은 체념의 침묵이 아니었겠는가? 이미 예수의 반론이 별 의미를 지닐 수 없을 정도로 상황이 악화되어 있었기 때문에 예수는 저항을 포기했던 것이 아닌가? 그것은 어쩔 수 없는 약자의 침묵이 아니었는가?' 그러나 그런 침묵은 분명히 아니었다. 본문은 빌라도가 예수의 침묵을 기이하게 여겼다고 말한다. 그것이 무엇을 반증하는가? 아직 체념할 상황은 아니었다는 것이다. 모든 것이 결정된 상황이었다면 예수의 침묵은 빌라도가 보기에도 당연한 것이어야 했다. 그러나 예수님은 아직도 충분히 희망이 있는 상황에서도 그 희망의 가능성을 사용하지 않으셨기에 빌라도가 보기에 예수의 태도는 이상한 것이었다. 예수께서는 지금 십자가의 길을 자진해서 가고 계셨다. 침묵을 통해 예수께서는 '이 사건의 주도권을 쥐고 있는 것은 너희가 아니라 바로 나 자신이다'라고 외치신 것이다.

유대인들이 새벽에 빌라도를 찾아온 것은 그들이 예수의 처형을 몹시 서두른다는 것을 보여 준다. 그들은 목요일에서 금요일로 넘어가는 밤에 기습적으로 예수님을 체포했다. 이제 금요일 새벽이 밝았다. 유대인 지도자들은 오늘 안으로 예수님을 십자가에 못 박아야 했다. 왜냐하면 그 날 예수님을 처리하지 못하면 그 다음날은 안식일이었기 때문이다. 안식일에는 예수님에 대한 건을 처리할 수 없었다. 만약 안식일 다음날로 일이 미루어지면 그 사이에 백성들 사이에 예수님의 체포에 대한 소문이 다 퍼지게 될 것이고, 그럴 경우 일이 그들의 생각대로 진행되지 못할 가능성이 높아진다. 그러므로 지금 유대 지도자들에게는 시간이 없었다. 그래서 그들은 예수님을 체포한 후, 급히 밤에 두 차례에 걸쳐 불법집회를 열어 예수님을 심문하고, 다시 새벽에 빌라도에게 예수님을 끌고 온 것이다.

아마 빌라도가 있던 곳은 안토니아 요새였을 것이다. 로마 총독은 성전 건물 북서쪽에 있던 안토니아 요새 혹은 헤롯 궁전에 머물렀다. 하지만 원문에서 사용된 단어는 빌라도가 있던 곳이 안토니아 요새였음을 시사한다. 8절은 "무리가 나아가서"라고 말하는데, 여기서 사용된 헬라어 동사의 원형은 '아나바이노' 다. 이 단어의 문자적 의미는 '올라가다' 며, 따라서 예루살렘에서 가장 높은 곳에 있던 안토니아 요새를 시사한다. '아나바이노' 는 높은 곳에 위치한 도시인 예루살렘으로 올라가는 것을 뜻하는 숙어적 표현으로도 사용되었다. 사도행전 18:22에서 바울이 제2차 전도여행을 끝냈을 때, 본문에 예루살렘이라는 단어가 등장하지 않지만 해석자들이 그가 예루살렘에 들렀던 것으로 보는 것은 바로 그 구절에 이 단어가 등장하기 때문이다(요 12:20 참조).

헤롯대왕이 건축한 안토니아 요새는 비록 이방인인 로마 총독이 머물기는 했지만 법적으로는 이방인의 집이 아니라 이방인에게 임대해 준 곳으로 간주되었다. 그 이유는 안전상의 이유 때문에 그곳에 대제사장의 의복을 보관했기 때문이다. 유대인들은 성전과 인접해 있으면서 대제사장의 의복을 보관하는 이곳을 이방인의 집으로 분류할 수도 없었고, 실제로 로마 총독이 그곳에 거주한다는 사실을 부인할 수도 없었기 때문에 그곳의 성격을 '유대인의 집이지만 이방인에게 다만 빌려준 곳' 으로 보았다. 유대인들이 이방인의 집에 들어갔을 경우 칠 일간 부정함을 입었는데, 빌라도를 수시로 만나야 했던 유대 지도자들로서는 이런 편법적인 해석을 고안해 낼 수밖에 없었을 것이다.

예수님을 십자가에 못 박히게 함(15:6~15)

이 장면에서 예수님은 전면에 등장하지 않는다. 다른 사람들만이 이곳에 등장함으로써 예수님의 십자가가 인간들의 책임이라는 것이 강조된다. 우선 가장 큰 책임은 유대 지도자들에게 있다. 그들은 시기심 때문에(디아 프쏘논) 예수를 빌라도에게 넘겼다. 유대인들 자신은 다른 핑계들을 대고 있었지만 제3자인 빌라도가 보기에는 시기심이 그들의 행위의 가장 정확한 이유였다.

무리들도 예수님의 죽음에 대해 책임을 져야 했다. 그들에게는 예수님 대신 바라바의 석방을 요구함으로써 예수님의 생명을 구할 수 있는 기회가 있었다. 빌라도도 그 기회를 활용할 것을 은근히 권했다. 그러나 그들은 그렇게 하지 않았다. 거기에는 몇 가지 원인이 있었다. 우선 그들의 어리석음을 들 수 있다. 그들은 대제사장들의 충동질에 쉽게 넘어갔다. 그들은 스스로 사리를 판단할 수 있는 능력을 갖추고 있지 못했다. 이런 어리석은 무리들은 세계 역사를 통해 항상 악한 지도자들에 의해 이용을 당해 왔다. 그들을 순진한 자들이라고 부를 수 있을지는 모른다. 그러나 우리가 추구해야 하는 것은 순진함이 아니라 순수함이다. 순진함은 뭘 몰라서 단순한 것을 말하고, 순수함이라는 것은 세상이 어떻다는 것을 다 알면서도 그럼에도 불구하고 정당한 길을 택하는 것이다.

두 번째는 그들의 민족적 자존심이 방해가 되었다. 빌라도가 초라한 몰골의 예수를 그들 앞에 내세운 후, 그를 '유대인의 왕'이라고 부른 것은 그들의 민족적 자존심을 크게 자극했을 것이다. 그러나 예수가 자기 민족의 왕이 아니라고 주장하는 것과 그를 십자가에 못 박으라고 외치는 것은 서로 다른 문제다. 그들은 피지배 민족의 상처받은 자존심을 예수를 공격함으로써 해결하려 했다. 이것은 대단히 비겁한 처사였다. 그들은 지금 빌라도에 대해, 로마에 대해 열등감을 느끼고 분노한다. 그렇다면 로마 황제를 십자가에 못 박으라고 외치든지 아니면 빌라도에게 돌을 던졌어야 한다. 그러나 그럴 힘과 용기가 없으니, 예수를 그들의 자존심을 살리기 위한 희생양으로 선택한 것이다. 그들 자신은 '그를 십자가에 못 박으라' 는 외침이 빌라도에 의해 상처받은 민족적 자존심을 회복하기 위한 절규라고 믿었겠지만, 사실 그것은 약할 뿐 아니라 어리석기까지 한 유대 겁쟁이들의 대단히 비겁한 외침에 불과한 것이었다.

빌라도 역시 예수의 십자가에 대해 중요한 책임을 져야 한다. 그는 예수의 무죄를 확신하고 있었다. 본문 14절에서의 "어찜이뇨 무슨 악한 일을 하였느냐"라는 질문이 그것을 증거한다. 그러나 그는 유대인들이 예수의 처형을 강하게 요구하자 이에 굴복하고 만다. 자신의 자리에 위협을 느끼면서까지 정의를 세우는 것을 원하지 않았기 때문이다.

예수님이 십자가에 넘겨지기까지는 이렇게 여러 종류의 사람들의 공동 작업이 이루어졌다. 대제사장들의 시기와 무리의 무지, 맹목적이고 비겁한 민족적 자존심, 빌라도의 직무유기 등이 그것이다. 하나님의 구원역사는 하나님께서 직접 역사 가운데 적극적으로 개입하심을 통해서만 이루어지는 것이 아님을 볼 수 있다. 때로는 악인들의 행동을 가만히 내버려 두시는 것을 통해서도 하나님의 뜻은 이루어진다.

성경은 빌라도가 예수님을 풀어 주려 애썼다는 사실을 기록한다. 그런데 이에 대해 친 유대적 학자들은 불만을 표시한다. 그들에 따르자면 실제로 예수를 처형한 것은 로마인들인데, 초대 교회가 기독교와 로마와의 관계를 개선시키기 위해 역사를 왜곡시키면서까지 예수님의 죽음에 대한 모든 책임을 유대인에게 떠넘겼다는 것이다. 친 유대적 학자들은 주장하기를 초대 교회에서는 심지어 빌라도를 성인으로 추대할 가능성도 있었다는 것이다.

이와 관련하여 논란이 되는 쟁점들 가운데 하나는 당시 산헤드린이 유대인에 대한 사형을 언도하고 집행할 권한을 가지고 있었느냐 하는 것이다. 이것은 매우 복잡한 논제지만 본문 해석에서는 큰 의미를 지니지 않는다. 왜냐하면 산헤드린은 자신들에게 사형집행권이 있었다고 해도 자신들의 사형방법인 석형(石刑)에 의해서가 아니라 십자가에 못 박음을 통해 예수를 죽이기를 원했기 때문이다. 그래야만 예수를 저주받은 자로 선포할 수 있었고, 예수가 추종자들에 의해 순교자로 선전되는 것을 막을 수 있었다.

예수님의 처형 날짜에 대하여 공관복음의 기술과 요한복음의 기술이 차이가 난다는 설명이 상당히 널리 받아들여지고 있다. 그러나 공관복음과 요한복음 모두 예수님이 처형 당하신 날은 유월절 첫 날, 즉 아빕월(니산월) 15일이었다. 흔히 해석자들은 요한복음 19:14의 "이 날은 유월절의 예비일이요(파라스큐에 투 파스카) …"라는 부분 때문에 요한복음은 유월절 하루 전날, 즉 14일을 십자가 처형의 날짜로 본다고 해석하지만, 이 부분은 다른 해석이 가능하다. '파라스큐에'는 '준비, 예비'라는 의미도 가지지만 '금요일'이라는 뜻도 있다. 42절은 '이 날은 예비일 곧 안식일 전날이므로'라고 말하는데, 거기서는 '파라스큐에'가 분명하게 금요일이라는 뜻으로 사용된다(현대 그리스어에서도 '파라스큐에'는 금요일이다). 그러므로 요한복음 19:14의 해당 부분은 '유월절 기간 중의 금요일이요'라는 해석이 가능하다. 이것은 공관복음과 요한복음의 십자가 처형 날짜가 서로 다르다는 주장에 대한 반박의 한 예일 뿐이다.

예수님 대신 풀려난 바라바는 평범한 범죄자로 간주되어야 한다. 그를 민족주의자였던 셀롯인으로 보는 것은 근거가 없다. 만약에 그가 셀롯인이었다면 사도행전 3:14에서 베드로가 "너희가 거룩하고 의로운 자를 부인하고 도리어 살인한 사람을 놓아주기를 구하여"라고 말하지는 않았을 것이다. 누가복음 23:19도 "이 바라바는 성중에서 일어난 민란과 살인을 인하여 옥에 갇힌 자러라"라고 말한다. 두 강도에 대해서도 같은 말을 할 수 있다(27절 참조).

로마 군병들의 괴롭힘(15:16~20)

이 군병들은 팔레스타인의 비유대계 주민들 중에서 자원한 자들로 이루어진 용병들로서 빌라도를 가이사랴에서 예루살렘까지 호송한 자들이었다. 예수님은 이들에 의해 희롱과 고문을 당하셨다. 우리가 물어야 하는 것은 이런 질문이다. 하나님께서는 왜 이런 고통을 허락하셨을까? 십자가의 죽음이 우리의 죄의 용서와 구원을 위한 것이라면 십자가만 있으면 되는 것 아닌가? 왜 그 전에 이런 고통을 당하게 하셨을까? 십자가형을 당하기 전에 그런 고통을 당하는 것이 미리 제도로 정해져 있던 것이라는 것은 답이 될 수 없다. 왜냐하면 하나님이 그 전에 얼마든지 제도를 바꾸실 수 있었을 것이기 때문이다. 하나님의 뜻을 벗어나서 우연히 발생하는 일은 없다. 때로는 그렇기 때문에 우리 자신의 삶의 해석이 더욱 어려워지기는 하지만 말이다.

이 고통의 의미는 우선 하나님께서 본문을 통해 십자가의 고난에 대한 예수님의 주도권을 강조하고 계시다는 것에서 찾아볼 수 있다. 예수께서 십자가를 지시기로 하시고 유대인들에게 몸을 맡기신 후에도 십자가에 못 박힘이 곧장 찾아온 것은 아니었다. 예수께서는 그 이전에 이와 같은 모욕과 육체적 고통을 당하셔야 했다.

그런데 모욕을 당하시고 매를 맞으시는 모든 순간들은 예수님께 새로운 결단을 요구하는 순간들이었다. 예수님께서는 겟세마네에서 베드로에게 자신이 언제든지 원하기만 하면 열두 영 더 되는 천사들을 부를 수 있다고 말씀하신 적이 있다(마 26:53). 다시 말해서 지금 당하는 이 모든 고통의 순간들은 그 어느 때건 예수께서 그만두시려고만 하면 그만두실 수 있는 그런 고통이었다는 것이다. 보통의 인간들에게는 체념 후의 자유라는 것이 주어질 수 있었지만, 예수님께는 그것이 허락되지 않았다. 십자가에서 마지막 숨을 거두시는 그 순간까지 예수님께는 결단의 자유라는 고통스러운 짐이 지워져 있었다. 그분께는 매 순간이 새로운 결단의 순간이었다.

사람들은 흔히 십자가의 고통이라고 하면 십자가에 못 박혀 계시던 그 여섯 시간 혹은 고난주간 일 주일 정도의 고통을 생각한다. 하지만 필자가 볼 때는 예수님의 그 이전 생애 전체가 더 견디기 힘들었을 것 같다. 십자가는 모르고 있다가 당하는 일이 아니었다. 예수님은 처음부터 그 일을 아셨다. 그분은 십자가 때문에 육신을 입고 세상에 오셨기 때문이다. 생의 마지막에 십자가가 기다리고 있다는 것을 아시면서 어떻게 예수님은 삶의 무게를 견디셨을까? 보통 사람들 같으면 십자가 생각에 벌써 공생애를 시작하기도 전에 미쳐 버리고 말았을 것이다. 지금 군병들에게 당하는 고통이 물론 엄청난 것이기는 했지만, 그래도 앞으로 십자가에 못 박혀 당하게 되실 고통에 비하면 경미한 것이었다. 예수께서는 군병들에게 매를 맞으실 때마다 이것보다 훨씬 더한 고통을 정말로 견딜 준비가 되어 있는지 스스로에게 물으셔야 했고 결단을 새롭게 하셔야 했다.

두 번째로 우리가 생각할 수 있는 것은 이 고통은 구약 예언의 성취를 위한 것이었다는 것이다. 특히 이사야 53장이 이에 해당된다. "그가 찔림은 우리의 허물을 인함이요 그가 상함은 우리의 죄악을 인함이라 그가 징계를 받음으로 우리가 평화를 누리고 그가 채찍에 맞음으로 우리가 나음을 입었도다"(사 53:5). 군병들은 예수를 마음껏 조롱하고 있었을 것이다. 그러나 하나님의 뜻은 그 모든 것을 통하여서도 이루어졌다. 하나님의 뜻에 따르기로 순종한 자, 하나님의 뜻을 자신의 인생의 길로 삼기로 결심한 자에게는 모든 것이 다 하나님의 뜻을 이루는 방법이 된다. 원수들의 시기심, 그들의 잔인함 그리고 그들의 무지함까지도 말이다. 마귀는 자신이 하나님의 뜻에 대항하여 일진일퇴를 거듭한다고 생각하겠지만 역사가 다 지난 후 과거를 돌이켜 볼 때, 그는 단 한 순간도 하나님의 뜻이 마귀에 의해 밀려났던 적이 없었음을 알게 될 것이다.

하지만 왜 하필이면 로마군병들에 의해 매를 맞으셨어야 했을까? 이방인에 의해 고통을 당하신 것이 이방인들의 구원과 어떤 연관을 가지는 것일까? 성경은 이에 대해 분명한 연관성을 제시하지 않는다. 그러나 위의 문제와 관련하여 생각해 보자면, 로마군병들에 의해 매를 맞으신 것은 다음과 같은 의미를 지녔다고 볼 수 있다. 즉 예수께서 로마군병들이 아니라 유대인들의 손에 의해 직접 죽임을 당하셨을 경우, 본문이 보여 주는 것과 같은 장시간에 걸친 매질과 희롱은 생략되었을 가능성이 매우 높다는 것이다. 왜냐하면 유대인들이 일차적으로 원하던 것은 예수를 희롱하고 그에게 고통을 주는 것보다는 그를 신속히 제거하는 일이었기 때문이다.

빌라도 앞에서의 심리는 오전 여섯 시쯤에 시작되었고, 예수님이 십자가에 못 박히신 것은 오전 9시경이었다. 유대인들이라면 시간을 그렇게 오래 끌지 않았을 것이다. 만약 유대인들에 의해 신속히 처형이 이루어졌다면 위에 인용한 이사야서의 예언은 이루어지지 못했을지 모른다. 그들이 예수를 로마인들의 손에 넘긴 것은 결국 하나님의 뜻이 남김없이 성취되는 동기가 되었던 것이다.

예수님을 십자가에 못박음(15:21~27)

이 단락은 의미전달에서 특징들을 가지고 있다. 바로 이 본문 중에 예수께서 십자가에 못 박히시는 장면이 포함된다. 다시 말해 이곳은 마가복음의 클라이맥스이자 신구약 성경 전체의 클라이맥스로서 구약성경이 수천 년에 걸쳐 예언했던 그분이 드디어 세상에 오셔서 십자가에 못 박히시는 장면을 설명한다. 그런데 이상한 것은 본문이 너무 간단하게 십자가에 대해 언급한다는 것이다. 일곱 개의 절 속에는 거의 매 절들마다 산만할 정도로 서로 다른 에피소드들이 등장하고, 주님께서 십자가에 못 박히시는 장면은 짧게 소개된다. 24절은 군병들이 옷을 나눈다는 설명과 함께 그리고 25절은 그때가 시간이 언제였느냐는 설명과 함께 아주 간단히 십자가에 대해 언급한다.

이런 간결성을 단지 마가의 문체라고 설명하고 지나가기에는 무리가 있다. 왜냐하면 다른 복음서들도 이 장면에서 마찬가지의 기술형태를 보이기 때문이다. 모든 복음서들은 예수께서 십자가에 못 박히시는 장면을 그저 짧게 사실적으로 기록하고 지나갈 뿐이다(마 27:35; 눅 23:33; 요 19:23). 성경 가운데서 웅장한 찬송시 혹은 우리의 가슴을 찢는 비탄과 회개의 기도문이 등장해야 한다면 바로 이 장면이 아니겠는가? 그런데 왜 하나님께서는 이 부분을 이토록 간결하게 처리하게 하셨을까? 복음서 기자들이 나름대로 가슴에서 터져나오는 신앙고백과 회개시를 써넣고자 하는 충동을 가장 강하게 느꼈던 부분이 바로 이곳이었을 텐데, 왜 그들은 이 부분을 이렇게 간단하게 묘사하고 있을까? 그들은 왜 그 흔한 초대 교회의 찬송시 하나 이곳에 인용하지 않고 있을까?

그러나 아무 다른 설명 없이 담백하게 십자가 사건을 기록하게 하신 것은 하나님의 큰 은혜다. 왜냐하면 만약 십자가 옆에 어떤 찬송시나 나름대로의 설명이 붙어 있었다면, 십자가의 의미는 복음서에 등장하는 그 설명에 의해 갇히게 되었을 것이기 때문이다. 십자가의 의미의 깊이와 넓이는 무한하다. 십자가는 우리의 평생의 묵상의 주제이자, 쉼 없는 찬송의 제목이다. 십자가의 의미를 설명하는 곳은 다른 곳이어야 했다. 그곳은 이사야서의 종의 노래여야 했고, 사도행전에서의 베드로의 설교여야 했으며, 바울서신의 여러 부분들이어야 했다. 그것이 복음서의 이 장면이 되어서는 안 되었다. 만약 그랬다면 사람들은 틀림없이 십자가의 의미를 그곳의 설명으로 가두려 했을 것이다.

십자가에 대한 기술을 이렇게 담백하게 처리하게 만드신 하나님의 은혜가 얼마나 놀라운가! 복음서 기자들은 이 장면을 기록할 때, 주님의 십자가를 생각하며 도저히 손을 놀릴 수 없어 어쩌면 며칠을 울고 금식을 했을지도 모른다. 예수님의 십자가를 바로 곁에서 지켜보았던 요한이 이제는 노인이 되어 자신의 복음서를 기록하면서 주님의 십자가에 대해 글을 쓰게 되었을 때의 감격을 생각해 보라. 그가 결국 마음을 진정시키고 예수님의 십자가를 기록할 수 있었다는 사실 자체가 놀라운 일이 아니겠는가? 자신들의 모든 경험과 재주를 다해 십자가를 묘사하려고 했던 각 복음서 기자들의 마음을 억누르셔서 결국은 아무런 다른 설명도 기록하지 못하게 하신 성령님의 역사를 찬양해야 한다. 복음서들에는 오직 '예수께서 십자가에 못 박히셨다' 는 기술만이 나올 뿐이다. 결국 그렇기 때문에 십자가는 우리에게 영원한 찬양의 주제, 영원한 묵상의 주제, 영원한 신학적 탐구의 주제가 되고 있다.

예수께서 몰약을 탄 포도주를 거부하신 것은 대속을 위한 고난을 온전히 당하시기 위한 것이었고, 또 십자가 위에서의 일곱 가지 말씀을 또렷한 정신을 가지고 말씀하시기 위한 것이었을 것이다. 열두 영 되는 천사들은 이때도 대기중이었을 것이다. 예수님은 고난을 받으시되 그 고난에 의해 묶이신 적이 없다. 그분은 고난의 주도권을 한시라도 남에게 혹은 고통 자체의 무게에 넘기신 적이 없다. 언제라도 고통에서 벗어날 자유가 있었다는 것은 그분에게 얼마나 큰 유혹이자 짐이었을까? 그런데도 그 모든 순간 나를 위해 십자가의 고통을 시시각각 선택해 주셨다는 것은 얼마나, 그 얼마나 놀라운 은혜인가?

25절은 예수께서 십자가에 못 박히신 시간이 제3시라고 말한다. 이것은 유대시(時)다. 유대시를 오늘날 우리가 쓰는 로마시로 바꾸려면 대략 여섯 시간을 더해야 한다. 즉 아침 아홉 시경이었다는 것이다. 대략이라고 한 것은 유대시의 시간 개념이 유동적인 것이기 때문이다. 즉 해가 떠 있는 시간을 열둘로 나눈 것이 한 시간이었다. 따라서 해가 긴 여름의 한 시간은 해가 짧은 겨울의 한 시간보다 길이가 길었다. 복음서들이 모두 유대시를 사용한 것은 아니다. 요한복음은 로마시를 사용한다. 요한복음 19:14은 빌라도가 예수님을 재판하기 시작할 때가 육 시경이었다고 말한다. 즉 아침 6시에서 6시 30분 사이였다는 것이다. 이와 같이 요한복음이 유대시가 아니라 로마시를 사용하기 때문에, 사마리아 여인과의 대화를 소개하는 요한복음 4:6의 육 시를 정오로 해석하는 것은 잘못이다.

십자가 위에 붙인 죄패의 내용이 각 복음서마다 틀린 듯이 보인다. 마태복음은 '이는 유대인의 왕 예수', 마가복음은 '유대인의 왕', 누가복음은 '이는 유대인의 왕이라', 그리고 요한복음은 '나사렛 예수, 유대인의 왕'이라고 한다(요한복음의 표현을 라틴어로 옮긴 것, 즉 Iesus Nazarenus, Rex Iudaeorum의 첫 자를 따서 보통 예수님의 죄패를 약자 INRI로 쓴다). 이것은 다음과 같이 설명할 수 있을 것이다. 즉 각 복음서 기자들은 히브리어, 헬라어, 라틴어로 쓰인 것들 중 하나를 줄여서 기록했는데, 각 언어마다 내용이 조금씩 달랐다는 것이다.

십자가 위에서의 고통(15:29~36)

십자가를 바라보는 자들은 예수님을 모욕했다. 예수님은 자신이 메시아라고 말씀하셨지만 그들은 아니라고 주장했다. 그런데 이제 예수가 십자가에 무력하게 매달려 있는 것을 보니 자신들의 판단이 옳았다는 것이다. 그러므로 십자가에서 내려와 보라는 저들의 조롱은 예수님의 현상태에 대한 조롱을 넘어서서 그가 주장하고 가르쳤던 모든 것들에 대한 부정이었다. '역시 우리가 옳았다. 이제 우리가 이겼다. 너에게 남겨진 몫은 그 위에서의 고통뿐이다.'

지금 당하는 고통의 의미를 아셨다 해도, 예수께서도 그들이 말하는 대로 자신의 옳음을 증명해 보이고 싶은 충동을 느끼시지 않았을까? 십자가는 인간의 눈으로 볼 때는 패배자의 자리다. 패배자의 자리에서 육체를 가진 인간으로서 가장 고통스러워하는 모습을 원수들 앞에서 보이고 있는데, 다시 그가 평생토록 한 모든 일들이 무의미한 일로 평가될 때 그 분노가 어떠했겠는가? 예수님이 성육신하신 하나님이라는 사실로 모든 고통을 덮으려 하면 안 된다. 겟세마네의 처절한 기도가 그분의 완전한 인성을 증거한다. 34절에 등장하는 "엘리 엘리 라마 사박다니" 역시 예수께서 당하셨던 고통이 매우 실제적인 것이었음을 보여 준다.

사람들은 흔히 고통의 원인과 결과를 성경적으로 정확히 설명할 수만 있다면, 설사 고통이 온다 해도 우리가 그토록 힘없이 무너지지는 않을 것이라고 생각한다. 하지만 그것은 아직 고통을 경험하지 못했을 때의 이야기다. 고통의 해석, 고난의 의미에 대한 문제라면 예수님처럼 잘 아는 분이 어디 또 있겠는가? 그러나 그분도 고통 때문에 신음하셨다. 고통에는 고통 자체의 무게가 있다. 우리는 이론적으로 무엇을 몰라서가 아니라, 그 무게 자체 때문에 주저앉게 되고 만다.

어떤 사람들은 고통 때문에 무너져 있는 다른 사람들을 보면서, 자신도 과거에 그런 고통을 당했었지만 무너지지 않고 기도와 말씀으로 그 고통을 이겨냈다고 말한다. 그러나 그것은 때로 정확한 설명이 아니다. 대부분의 경우 그들은 아직 무너질 만한 고통을 경험하지 못했을 뿐이다. 무너질 만한 고통이 오면 누구나 다 무너질 수밖에 없다. 고통에는 고통 자체의 무게가 있기 때문이다.

29절은 사람들이 예수님에 대해 "아하 성전을 헐고 사흘에 짓는 자여"라고 놀렸다고 말씀한다. 그런데 성전을 사흘에 짓겠다는, 이 소위 말하는 성전말씀(temple saying)은 요한복음에만 등장한다. 요한복음은 예수님의 공생애 초기에 이 말씀을 하신 것으로 기록한다. 예수님의 이 말씀은 성전에 대한 엄중한 모욕으로서 유대인들이 예수를 정죄할 증거를 찾을 때 두 증인이 제시했던 내용이다. 그런데 마가복음 14:59은 그들의 말이 서로 부합하지 않았다고 말한다. 이것은 시사하는 바가 크다. 만약 예수께서 공생애 마지막 기간에 성전말씀을 하셨다면 이 말씀에 대한 증인을 구하기가 쉬운 정도가 아니라 모든 사람이 다 증인이기 때문에 증인을 구할 필요도 없었을 것이다. 그런데 증인이 둘밖에 없었고 그들의 말이 서로 부합하지 않았다는 것은 성전말씀이 공생애 초기에 말씀된 것임을 시사하는 것이다. 아마도 유대 지도자들은 예수의 유죄성을 증명하기 위하여 그 날 아침에 대대적으로 예수의 이 모욕적 발언(성전말씀)을 사람들에게 선전했던 모양이다.

육 시에 임한 어두움의 의미는 두 가지로 볼 수 있다. 첫째, 그것은 하나님에 의해 버림받으신 예수님의 무시무시한 고독을 뜻한다고 볼 수 있다. 어둠은 단절을 뜻하고 33절에서 어둠이 임한 후 34절에서 예수님의 '엘리 엘리 …' 라는 부르짖음이 있었다는 것은 이런 해석의 타당성을 보여 준다. 둘째, 하나님께서 운명이 임박한 시기의 예수님의 고통의 모습을 사람들의 눈에서 감추시려 했다는 것이다. 예수님의 고통과 죽음은 하나님의 공의를 위한 것이었지 사람들의 놀림감이 되기 위한 것이 아니었다. 그러므로 하나님께서는 어둠을 세상에 보내셔서 아들 예수의 고통스러운 모습을 사람들의 눈에서 가리셨다고 말할 수 있다.

이 어둠의 물리적 정체가 무엇인가에 대해서는 정설이 없다. 그러나 그것이 일식현상이었다는 생각은 버려야 한다. 유월절은 아빕월(니산월) 15~21일까지 계속되던 축제였고, 유대인들의 달력은 음력이었다. 그들의 달력에 따르자면 15일은 만월이었으므로 그 날 일식이 발생하는 것은 불가능하다. 즉 일식을 위해서는 태양, 달, 지구의 순서로 천체가 정렬해 있어야 하는데, 만월인 15일의 경우에는 그 순서가 태양, 지구, 달이었던 것이다.

예수님의 죽음(15:37~41)

예수님이 운명하시자 성전의 휘장이 찢어져 둘이 되었다. 성전의 휘장은 지성소와 성소를 구별하는 것 외에도 성소와 외부를 구별하는 것의 두 가지가 있었다. 히브리서 10:19~20은 우리가 예수님을 힘입어 성소에 들어갈 담력을 얻었다고 말씀한다. 이 말씀은 외부와 성소를 구별해 주는 휘장을 시사한다. 그러나 어쨌든 이 말씀이 뜻하는 것은 예수의 죽음을 통하여 하나님을 향한 길이 환하게 열렸다는 것이다.

백부장은 '그렇게' (원문에는 '이렇게') 운명하심을 보고 "이 사람은 진실로 하나님의 아들이었도다"라고 고백했다. 십자가에서 죽으시는 과정에서의 예수님의 역할은 지극히 수동적인 것이었으므로, '이렇게' 의 내용은 예수께서 자신을 저주하는 자들을 대적치 않으신 것을 의미할 것이다. 부활을 보지 않고도 예수님이 하나님의 아들이심을 믿은 자가 있었다는 것이 우리의 주의를 끈다. 의미 있는 고통에 대해 의연히 대처하는 모습을 보이는 것만으로도 우리는 다른 사람들을 전도할 수 있는 것이다.

예수님을 장사 지냄(15:42~47)

아리마대 사람 요셉의 헌신은 특이한 것이었다. 그는 예수님의 시신을 장사지내기 위해 빌라도를 찾아갔다. 시신의 양도를 부탁하기 위해 빌라도에게 찾아간다는 것은 자신이 예수님의 제자임을 만천하에 드러내는 행동이었다. 그는 보통 사람이 아닌 존귀한 공회원으로 그의 행동은 자신의 탁월한 지위에 심각한 손상이 올 것을 각오한 혹은 그 모든 것을 잃을 것을 각오한 행동이었다. 도대체 그는 무엇을 바라보고 그런 위험한 일을 했을까? 그가 예수의 부활을 믿었기 때문이라고 볼 수도 없다. 그때는 예수의 제자들마저도 부활에 대해서는 아직 생각하지 못했던 시기였다. 그리고 그가 부활을 믿었다면 세마포로 예수님의 몸을 싸서(문자적으로 '감싸서') 무덤에 두지는 않았을 것이다.

열쇠는 그가 '하나님의 나라를 기다리는 자' 였다는 데서 찾아야 할 것이다. 그가 기다렸던 하나님의 나라가 어떤 성격을 지닌 것이었는지 우리가 자세히 알 수는 없다. 그러나 어쨌든 그는 예수의 십자가가 사건의 마지막이 아님을 믿었던 것이다. 그가 믿기에 예수는 하나님 편에 선 자였고, 그렇기 때문에 십자가는 모든 것의 마지막이 될 수 없었다. 또한 그런 이유 때문에 그가 예수를 장사지내는 것은 하나님이 보시기에 훌륭한 의미를 지닌 일이있다. 그는 이 행동의 반내급부가 어떤 섯일지 분녕히 알지 못했지만, 자신이 세상적으로 가지고 있던 모든 것을 그것을 위해 거는 신앙의 모험을 단행했다.

그 결과는 물론 엄청난 것이었다. 그의 이름은 앞으로도 영원히 칭송거리로 남을 것이다. 그리고 자신의 부와 명예를 적절히 사용할 줄 알았고, 무엇을 위해 그것들을 희생할 수 있는지를 분별할 줄 알았던 한 위대한 인물에 의해 예수님에 대한 한 가지 예언이 또다시 이루어지고 있었다. "…그 묘실이 부자와 함께 되었도다"(사 53:9).

16

부활의 증인들

마가복음 16장의 주해와 적용

마가복음 16장은 예수님의 지상생애를 마감하는 사건들에 대한 기록이다. 본문은 여섯 부분으로 구성되어 있다. 1) 부활절 새벽에 무덤을 찾아간 세 여인의 이야기(1~8절), 2) 막달라 마리아의 이야기(9~11절), 3) 시골로 가던 두 제자의 이야기(12~13절), 4) 열한 제자에게 나타나신 예수님 이야기(14~18절), 5) 승천 기사(19절), 6) 마가복음의 끝(20절)이다.

그러나 주해로 들어가기 전에 다루어야 할 큰 과제가 두 가지 있다. 본문비평, 즉 본문을 확인하는 일과 다른 복음서의 병행 기사와 비교하는 일, 즉 공관복음서 문제다.

마가복음은 어떻게 끝나는가

20세기 들어 현대어로 번역된 마가복음에는 대개 16:9 이하(9~20)의 내용이 괄호로 묶여 있고 "어떤 사본에는 9~20절이 빠져 있다"는 각주가 붙어 있다. 대부분의 주석들은 이 부분이 원래 마가복음에 없었는데 후대에 첨가되었다고 설명한다.

20절 끝에 "어떤 사본에는 '그 여자들이 이 모든 소식들을 베드로 주변에 있는 사람들에게 급히 전했다. 이 일들 후에 예수님 자신도 거룩하고 썩지 않는 영원한 구원의 가르침을 동쪽에서부터 서쪽에까지 그들을 보내 전하게 하셨다 아멘'(짧은 끝이라 부른다)이 첨가되어 있다"고 소개하는 번역 성경도 있다.

이러한 상황은 19세기 이후 원문에 가장 근접한 본문을 제공한다는 이른바 네슬-알란트 26/27판의 헬라어 본문을 현대어로 번역한 데서 온 것이다. 이 헬라어 인쇄본에는 8절 뒤에 겹 괄호(〚 〛)에 쌓여서 위에 소개한 짧은 끝이 나오고 그 다음에 9~20절이 역시 같은 겹 괄호에 쌓여 나온다. 이 겹 괄호는 그 안의 내용이 원문에 명백하게 없었다는 것을 뜻한다. 마가복음이 8절에서 끝나는 것으로 본 것이다.

적지 않은 신학자들이 네슬-알란트 26/27판의 겹괄호와 비평 자료에 제시된 사본상의 증거들이 부합하지 않다고 생각한다. 본문에는 '짧은 끝'과 '긴 끝'(9~20절)이 동일한 무게로 소개되지만 사실은 그렇지 않기 때문이다. 비평 자료를 참고하면 적어도 네 종류의 사본 형태가 존재한다.

> 1) 짧은 끝만 가진 사본: 소문자 사본 중 k 한 개.
> 2) 짧은 끝과 긴 끝을 모두 가진 사본: 대문자 사본 중 L, Y, 083, 099와 소문자 사본 중 274, 579.
> 3) 긴 끝만 가진 사본: 대문자 사본 중 A C D W Q와 소문자 사본 대부분
> 4) 짧은 끝과 긴 끝이 모두 없는 사본: 대문자 사본 중 a B와 소문자 304

짧은 끝이 포함된 사본들은 7세기 이후에 필사된 것이다. 따라서 후대의 첨가요 원문에 없던 것으로 본 판단은 옳다.

그러나 긴 끝은 대부분의 대문자 사본과 소문자 사본에 포함되어 있을 뿐만 아니라 5세기에 필사된 사본들도 다수 있어서 4세기에 만들어진 사본 a와 B에 결코 뒤떨어지지 않는다. 고대 번역본과 교부들의 증거까지 종합하면 긴 끝이 포함된 마가복음이 사본 증거상 훨씬 우세하다는 결론이 나온다. 다만 신약 사본학에서 최상의 자료로 간주되는 두 사본, 즉 시내 사

본(a)과 바티칸 사본(B)에만 아무것도 없다.

그렇다면 네슬-알란트 26/27에 인쇄된 마가복음 16:9~20 앞/뒤의 겹괄호는 과중한 판단이다. 원문이었음이 확실하지만 그렇지 않을 수도 있음을 뜻하는 괄호(〔〕)가 더 적당하다. 번역 성경에 이런 부분을 소개할 때는 괄호 없이 번역하여 이 부분이 원문임을 독자들이 명백히 알게 하고 각주에 다른 사본이 있음을 알리는 것이 통례다.

내용으로 볼 때 마가복음은 8절에서 끝나는 것이 틀림없다는 주장도 있다. 첫째, 9~20절에 사용된 용어들 중 마가복음 어디에서도 발견되지 않는 것이 꽤 있어 필체가 다르며, 둘째, 부활절 새벽이 16:1의 세 여인의 이야기에 언급되는데 이때부터 얼마 지나지 않은 시간에 일어난 막달라 마리아의 이야기에 다시 "안식일 후 첫날 이른 아침"이 언급되어 부자연스럽다는 것이다.

1) 9~20절은 마가복음 전체에 비추어 볼 때 아주 짧은 단락에 지나지 않는다. 이 짧은 단락에 새로운 단어가 몇 개 포함되었다고 이 부분이 마가복음의 끝이 될 자격을 박탈하는 것은 설득력이 약하다. 우리는 이 부분에 새로운 사건이 소개되어 있는 것을 잊어서는 안 된다. 새로운 사건의 소개에는 새로운 용어들이 등장할 수 있기 때문이다.

더욱이 마가복음은 마가가 기록하기는 했지만 그 원천은 베드로 사도에게 있었다. 마가가 마가복음을 기록하며 어느 정도나 자신의 용어와 표현력으로 바꾸었는지는 아직 아무도 모른다. 그러므로 적어도 마가복음을 마치 그의 전적인 창작으로 취급하여 일관성 있는 단어와 표현법을 기대하는 것은 무리일 것이다. 많은 자료들이 증인들에 의해 발생하고 베드로를 통해 마가에게 전달된 마가복음과 같은 문서에서 그 한 부분을 절단하여 마가복음의 다른 부분과 대조하면 그곳에만 언급된 단어나 구문법을 어렵지 않게 발견할 수 있을 것이나.

2) 마가복음에는 비단 16:1과 9절에서뿐만이 아니라 여러 곳에 시간이나 사건이 반복적으로 기록되어 있어서 매끄러운 글의 흐름을 방해한다.

즉 9절의 "안식일 후 첫날 이른 아침"이란 표현은 오히려 마가복음 전체에 잘 어울리는 표현이라고 할 수 있다.

이 글은 이러한 판단에 따라 9~20절을 마가복음의 본문으로 인정하고 주석해 가려고 한다.

다른 복음서의 증거와 충돌하는가

두 번째로 다룰 것은 다른 복음서와의 연관성 문제다. 네 복음서는 모두 부활절 이후의 여러 이야기들로 각 복음서를 끝낸다. 이 이야기들 중에는 전혀 다른 사건도 있고, 같은 사건 혹은 비슷한 사건도 있다.

복음서들이 전혀 다른 사건에 대한 이야기를 수록할 때 각 사건들의 순서, 장소 등 예수님의 생애에서의 위치를 설정하는 것이 좀 까다롭기는 하지만 큰 신학적, 역사적 문제는 발생하지 않는다. 예수님의 전체 생애와 각 사건의 전부를 누구도 모르는 상황에서 다른 사건들을 합쳐 놓으면 – 종합이라고 부른다 – 예수님의 생애에 대한 더 큰 그림을 얻을 수 있기 때문이다. 마가복음 16장에서 이러한 범주에 드는 기록이 열한 제자들이 음식을 먹을 때 예수님이 나타나신 이야기(14~18절)다. 이 이야기는 다른 복음서에는 나타나지 않는다.

막달라 마리아의 이야기(9~11절)와 시골로 가던 두 제자의 이야기(12~13절)와 승천 기사(19절)는 마가복음에는 간단하게 요약되어서 더 자세한 기록인 요한복음(20:11~18)이나 누가복음(24:13~35)과의 충돌 문제가 발생하지 않는다. 요약과 상세 설명 사이의 몇 가지 접촉점 문제는 주석에서 충분히 다룰 수 있다.

그러나 부활절 새벽에 무덤을 찾아간 세 여인의 이야기(1~8)에서는 적지 않은 신학자들이 다음과 같은 차이점 내지 충돌을 지적한다.

1) 이 사건에 가담한 여인으로 마가는 막달라 마리아, 야고보의 어머니

마리아, 살로메 세 명을 소개하지만(16:1), 마태는 막달라 마리아와 다른 마리아(28:1) 두 명을, 누가는 막달라 마리아, 요안나, 야고보의 어머니 마리아(24:10)를 소개해 놓았다.

2) 여인들이 가지고 간 향품에 대해 마태는 아무런 언급을 하지 않았는데 비해 마가는 여인들이 향품을 안식일 후에 샀다고 하고(16:1) 누가는 안식일 전에 예비해 놓았다고(23:56) 한다.

3) 여인들이 무덤을 찾은 시간을 마태는 "동틀 때"(28:1), 마가는 "아주 일찍" 그리고 "해뜰 때"(16:2), 누가는 "어두운 새벽"(24:1)이라고 소개하여 서로 일치하지 않을 뿐만 아니라 막달라 마리아가 혼자 무덤을 찾은 시간을 요한은 "새벽 어두울 때"(20:1)라고 하는데 세 여인의 이야기는 이 시간보다 조금이라도 앞서야 하므로 서로 잘 맞지 않는다고 한다.

4) 마가와 누가는 여인들이 무덤 입구에서 돌이 이미 굴려져 있는 것을 발견했다고 하는데(막 16:4; 눅 24:2) 마태는 천사가 내려와서 돌을 굴려내는 것을 본 것처럼 기록해 놓았다(28:2).

5) 마태는 천사가 그 돌 위에 앉아 있었다고 하는데(28:2) 비해 마가는 여인들이 무덤 안에서 한 청년이 "오른 편에" 앉아 있는 것을 보았다(16:5)고 하고 누가는 두 사람이 여인들 곁에 서 있었다고 한다(24:4).

6) 천사가 여인들에게 한 말이 정확하게 일치하지 않는다.

7) 마가는 돌아온 여인들이 아무에게 아무 말도 하지 않았다고 하는데(16:8) 비해 누가는 여인들이 돌아와서 사람들에게 이 소식을 알렸다고 한다(24:9).

이러한 공관복음서 문제는 복음서의 기록이 믿을 수 없다는 증거일까? 한 둘 아니면 모든 복음서가 정확한 기록이 될 수 없고 따라서 우리는 역사적 진실을 찾아가기 위하여 하나 아니면 모든 복음서를 읽고 사용하기를 잠정적으로 중지해야 하는가?

많은 신학자들이 복음서의 기록이 마치 그런 부정확한 허위 보도 내지 전승의 과정에서나 기록의 과정에서 신학적으로 창작된 것인 양 취급한다.

그 결과 복음서를 읽고 신앙과 신학의 기초를 쌓는 모든 사람들이 정도는 다르지만 조금씩 제각기 흔들리고 있다. 뿐만 아니라 앞서 가는 신학자들의 손에서 만들어진 – 복음서의 보도와는 상당히 – 다른 예수에 대한 책들이 서점에서 인기를 끌고 신자들에게 영향력을 행사하고 있다.

하지만 이것은 너무나 성급한 판단이다. 초대 교회 시절부터 교회는 복음서의 모든 기록의 조화와 종합을 찾기 위해 노력했지만 지난 세기에 발표된 여러 학설들을 말한 적은 없었다. 그 이유는 어디에 있을까? 현대 문서설이나 양식비평 내지 편집비평 등 현대적 이론을 고안하거나 수용할 머리가 없어서는 아닐 것이다.

교회의 오랜 노력과 3세기 전에 출범한 현대의 새로운 이론의 차이는 무엇보다도 복음서를 긍정적으로 보느냐 부정적으로 보느냐에 그 근본적인 뿌리가 놓여 있다. 처음부터 교회는 네 복음서를 지상의 예수님에 대한 믿을 만한 증거라고 생각했다. 많은 사람들의 많은 증거가 모였기 때문에 복잡할 뿐 그 모두를 모으면 완전하지는 않겠지만 예수님의 삶에 대한 더 큰 그림을 얻을 수 있다고 생각했다. 그러나 지난 3세기 동안 복음서는 예수님의 생애에 대한 정보를 더 줄이고 극도로 제한하는 방식으로 사용되었다. 역사적 예수란 이름으로 복음서의 상당 부분은 잘려 나가고 각종 이름으로 제자들/교회의 채색 작업으로 명명되고 말았다.

교회가 예수님에 대한 복음을 만들어낸 것이 아니라, 복음이 교회를 낳았다는 사실을 잊어서는 안 된다. 이 점 곧 복음이 교회를 낳았고 복음서는 기록된 복음일 뿐이라는 점에서 출발하면 공관복음서 혹은 사복음서 문제는 복음서의 신실성을 약화시키거나 이에 기초한 신앙/신학을 결코 파괴하지 않는다.

긍정적인 방향에서 이 기사들을 종합하거나 조화를 시도해 보면 다음과 같다.

1) 예수님이 부활하신 날 새벽에 최초로 무덤을 찾은 여인들은 예상밖으로 많았다. 그들은 갈릴리에서 예수님을 따라와 헌신적으로 주님을 섬겼고

제자들의 삶의 필요를 공급했다. 명확하게 알려진 여인들로는 예수님의 어머니와 이모(=다른 야고보와 요세의 어머니 마리아), 막달라 마리아, 사도 야고보의 어머니(= 살로메), 구사의 아내 요안나가 그 중에 있었다. 누가는 이름을 언급하지 않았지만 더 많은 여인들이 함께 무덤에 갔다고 적어 놓았다 (24:10). 이 복수형을 두 명 이상으로 계산하면 적어도 여섯 명 이상의 여인이 그 새벽에 무덤을 찾아갔다는 결론이 나온다. 마가는 그 중 세 명만을 언급한 것이다.

이들이 같은 곳에 있었고 같이 행동했으며 같은 각도에서 똑같은 것을 보고 느꼈으며 하나의 통일된 경험담을 증언했다고 할 수 있을까? 그것은 어느 모로 보나 불가능하다. 사진기의 위치와 각도에 따라 사진도 달라지지 않는가? 밝은 정신으로 이것저것을 짜 맞추어야 비로소 더 큰 사진이 만들어진다. 그런 사진을 계속 연결해야 사건을 보여 줄 수 있는 동영상이 된다. 그렇다 하더라도 한 사건의 전체라고는 할 수 없을 것이다.

복음서는 전체 사건의 모든 움직임을 보여 주지 않는다. 그것은 요약적이고 부분적인 기록일 수밖에 없다. 복음서 저자들은 그들이 받은 정보를 정리하여 앞뒤를 재고 배열해 놓았지만 한 사람이 모든 정보를 다 수록하지는 못했다. 복음서 저자들은 자신과 독자의 필요에 따라서 복음서에 수록하기도 하고 빠뜨리기도 했다. 듣지 못한 것은 기록할 수 없다. 들은 것이라 하더라도 생략할 수 있다. 무덤을 찾은 여인들의 경험과 증언에 관한 기록에도 얼마든지 이런 가능성이 개입해 있는 것이다.

2) 모든 여인들이 한 장소에서 안식일을 보내며 함께 의논한 끝에 돈을 모아 향품을 한 번만 샀을까? 향품이 어느 정도 준비되어 있었지만 행여나 모자랄 것을 염려하여 누가 더 사러 갔을 수도 있고, 다른 곳에서 안식일을 보낸 여인들이 안식일을 보내고 다시 예루살렘으로 오면서 나름대로 향품을 더 사 왔을 수도 있다고 말하는 것은 억지일까? 그렇지는 않다. 충분히 가능한 일이다.

누가복음 23:56의 "예비했다"는 것은 꼭 샀음을 뜻하지 않는다. 마가복음 16:1의 "샀다"는 향품이 그들에게 전혀 없었음을 암시하지 않는다. 향품에 관한 한 두 기록은 다 옳을 수 있다. 굳이 충돌을 일으킨다고 보는 것은 복음서의 기록을 너무 획일화하고 단순화시키려는 것이다.

마태는 향품에 대해서는 한 마디도 하지 않았다. 그렇다고 마태가 향품 준비/구입을 몰랐다거나 부정한다고 보아서는 안 될 것이다. 새벽에 무덤을 찾은 것은 향품을 바르려는 의도 말고 무엇이 있었겠는가? 그러나 그렇게 사용되지 못한 향품에 대하여 침묵하는 것은 마태의 잘못이라기보다는 권리라고 말해야 할 것이다.

3) 아침은 서서히 밝아오고 해는 천천히 뜬다. 갑자기 밝아지는 그런 아침은 어디에도 없다. 여인들이 함께 예루살렘의 어떤 집에서 출발하여 무덤까지 어느 정도의 거리였을까? 10분? 30분? 그들이 집을 나설 때는 캄캄했지만 무덤에 도착할 때쯤에는 동이 터오고 있었다고 설명할 수는 없을까? 충분히 가능한 추측이다. 최초에 막달라 마리아도 함께 있었다. 그녀가 예수님을 만난 사건은 최초의 사건 후에 있었다 하더라도 아직 캄캄할 때 집을 나섰다는 기록이 잘못된 것이라거나 충돌을 일으킨다고 볼 수 없다.

사건은 움직인다. 증인의 말에는 움직임을 알리는 부분도 있지만 사실 자체와 비교하면 그것은 대개 정지된 한 편의 사진과 같은 것이다. 복음서의 기록은 비디오 촬영이나 녹음과 같지 않다. 말하기 위하여 시점을 고정시켜야 하고 시각을 고정시켜야 한다. 증인이나 복음서 기자가 어떤 시점, 어떤 시각을 고정시켜 말하느냐 하는 것은 그들의 자유다.

4) 마태는 여인들이 무덤에 찾아간 이야기에 천사가 하늘에서 내려와 돌을 옮기고 그 위에 앉아 있는 기사를 첨가해 놓았다. 이것은 누가 본 광경일까? 사건의 진행상 마치 여인들이 본 것처럼 느껴지지만 본문을 자세히 관찰하면 무덤을 지키던 군인들의 경험이라고 보아야 할 것이다. 마태는 그 군인들에 관한 얘기를 더 많이 수집하여 복음서에 수록해 놓지 않았는가(27:62~66; 28:4, 11~15)! 그는 군인들이 돈을 받은 비밀도 알고 있었다. 그들이 "천사를 보고 떨며 죽은 사람처럼 되었다"(28:4)고 한다.

마태복음에서 여인들의 이야기는 마태복음 28:1의 "무덤을 보러 갔다"에서 5절의 "천사가 여인들에게 말했다"로 연결된다. 그 사이에는 천사와 군인들의 이야기가 있을 뿐 여인들이 무덤에 도착했다거나, 그들이 천사를 보았다거나, 무덤에 들어갔다는 사건의 진행은 기록되어 있지 않다. 그럼에도 5절에 새로운 장면이 시작된다. 여인들에게 천사가 한 말 "와서 그가 누우셨던 곳을 보라"는 그 사이에 여인들이 이미 무덤에 도착했을 뿐만 아니라 무덤 안에 들어갔음을 암시한다. 마태는 군인들의 경험을 기록하며 여인들의 행동을 생략한 것이다. 즉 천사와 관련된 여자들의 경험에서 마가의 기록은 마태복음의 기록과 충돌을 일으키는 부분이 아니다.

5) 예수님의 몸을 두었던 "바위를 뚫어 판 그 무덤은 얼마나 컸을까? 또 얼마나 깊은 곳에 예수님의 몸을 두었을까? 굴 속의 구체적인 구조는? 이런 질문은 몰려 들어간 여인들이 무덤 안에서 경험한 것을 이해하는 데 중요한 열쇠다. 그러나 답은 누구도 알지 못한다.

왕의 묘실이 아닌 바에야 이렇게 추측해 볼 수 있다. 그 무덤은 기껏해야 두세 명이 함께 들어갈 수 있는 그런 정도일 것이다. 어쩌면 두 명이 길게 서서 겨우 시신을 운구할 수 있는 그런 무덤이었을지도 모른다. 돌을 굴러 입구를 막을 정도라면 이 이상이었을 것이라고 추측하기 어렵다.

우리가 알고 있는 방문자는 최소한 여섯 명 이상이다. 어떤 일이 벌어졌을까? 좁은 무덤에 많은 여인들이 들이닥쳤다. 조금 밝아지기 시작했지만 무덤 안은 어두웠고 여인들로 인해 그런 빛마저 차단되었다. 여인들은 어떤 심리 상태에 빠져 있었을까? 등이나 횃불을 사용했을까? 어쨌든간에 예수님의 몸은 없었다. 새 무덤은 비어 있었다. 그들은 예수님을 찾아 두리번 거렸다.

그때 마가는 한 청년이 오른 편에 앉아 있는 것을 여자들이 보았다고 한다. 어디에 앉아 있었다는 것일까? 누가는 두 남자가 여인늘 가까이 서 있었다고 한다. 이것은 누가가 당시의 상황을 설정한 설명이다. 하지만 누군가가 누가에게 알려 주었어야 한다. 역시 본 사람이 있을 것이다.

무덤 안에서 있었던 일은 사건의 허구성이나 진실성과 관계된 것이 아니고 사건의 경이성과 여인들의 경이로운 경험과 관계되어 있다. 무덤 안은 천사들이 입고 있던 옷으로 환하게 밝아졌다. 천사(들)는 빛나서 감히 눈을 뜨고 보기 어려운 눈부신 흰 옷을 입고 있었다. 무덤 안은 좁았고 여인들은 앞뒤로 바짝 좁혀 서 있었다. 여인들은 모두 놀라고 두려워하고 있었다.

그런 놀라운 상황에서 한 여인은 두 명의 천사를 봤다고 말하고 한 여인은 한 명의 천사를 봤다고 했다면 이들의 증언 중 하나는 무가치하다고 해야 하는가? 뒤에 있던 사람은 한 명을 봤을 수도 있고 앞에 있던 사람은 좀 더 분명하게 두 명을 보았을 수도 있다.

"앉아 있었다", "서 있었다"고 서로 다른 증언을 했다면 한 사람은 틀렸다고 해야만 할까? 천사들이 움직였을 수도 있다. 앉아 있다가 설 수도 있고 서 있다가 앉아 있을 수도 있다. 눈부신 빛나는 광경에서 천사가 앉아 있었는지 서 있었는지를 누가 뚜렷이 구분할 수 있었을는지도 의문이다.

어떤 이유에서건 한 사람은 한 명의 천사가 앉아 있는 것을 보았고 다른 사람은 두 명의 천사가 서 있는 것을 보았다면 두 사람의 증언은 모두 옳은 것이다. 충돌을 일으킨다고 말하며 어느 한 증언을 배제하기보다는 두 증언을 합칠 수 있는 가능성을 찾는 조화의 방법은 결코 어리석은 작업이 아니다.

6) 여인들이 들었던 말의 차이는 어떤가? 세 복음서의 기록을 합친 것을 더 큰 사진으로 취급한다면 각 복음서에는 각기 빠진 문장이 있다. 없다는 것은 아무것도 말해 주지 않지만 가능성을 따진다면 아무도 이것을 복음서 기자들에게 얘기해 주지 않았거나 복음서 기자가 생략했을 것이다.

신학자들은 여인들은 아람어를 사용했을 것이므로 천사도 그들이 알아들을 수 있는 아람어로 말했을 것이라고 추측한다. 그렇다면 복음서에 기록된 말은 번역의 과정을 거친 것이다. 형식의 차이에 대한 이유는 어느 정도 밝혀진 셈이다. 그 내용을 비교해 보면 여인들이 들은 말 가운데 상충되는 부분은 없다.

7) 무덤에서 돌아오는 여인들은 마음속에 상반된 감정을 가지고 있었다. 마태는 그 여자들이 "무서움과 큰 기쁨을" 가지고 있었다고 기록했다(28:8). 마가는 여자들이 "심히 놀라고 떨고 있었다"(16:8)고 한다. 감정은 복합적이었음이 분명하다.

여자들이 아무에게 아무 말도 하지 않았다는 마가의 기록은 어느 시점까지의 상태를 말하는 것일까? 그들이 그날 종일 그렇게 있었고 부활의 소식은 다른 사람들에 의해 알려지게 되었다고 말하려는 것일까? 그렇다면 마가복음의 그 기사는 도대체 어디에서 온 것이며 왜 그것을 마가가 그의 복음서에 수록했을까? 여인들이 입을 끝까지 열지 않았다면 그도 몰랐어야 하지 않는가? 그러나 그는 베드로 사도에게 복음을 들어서 그 여인들이 그런 경험을 했다는 사실을 알고 있었다. 즉 여인들은 놀라고 떨기는 했지만 그들의 감정 상태가 어느 정도 가라앉았을 때 다른 사람들에게 알렸음이 분명하다.

다만 마가는 그 다음의 기사를 기록하지 않았을 뿐이다. 이에 비해 누가는 그들이 알린 사실만을 기록해 두었다. 감정이 가라앉기는 했지만 여인들의 얘기는 여전히 감정적이었다. 그래서 이 이야기를 제자들이 진실된 정보로 받아들이지 못했음을 누가도 적어 놓았다(24:22~23).

부활의 첫 증인들(16:1~8)

죽음과 부활에 관한 예수님의 예언을 귀담아 듣고 부활을 기다린 사람은 아무도 없었다. 예수님의 체포와 함께 뿔뿔이 흩어진 제자들도 – 예수님의 예고를 서너 번 가장 가까이서 들었지만 – 기적을 기대하지 않았다. 반대로 그들은 극도의 공포와 슬픔에 사로 잡혀 있었다. 죽음은 그들에게도 인생의 종말을 의미했다.

막달라 마리아, 예수님의 이모 마리아(= 야고보와 요세의 어머니), 살로메(= 사도 야고보와 요한의 어머니)를 비롯한 예닐곱 명의 여인들도 같은 심정이었다. 안식일이 지나자마자 새벽에 그들이 예수님의 시신을 둔 무덤을 찾았던 것은 그들이 유독 예수님의 말씀을 깊숙이 간직하고 있었고 독실한 믿음을 가지고 있었기에 기적을 기대하다가 부활하신 예수님을 맞으려고 했기 때문이 아니었다. 안식일의 시작에 임박하여 급히 예수님의 장례가 진행되었기 때문에 제대로 표현할 수 없었던 예수님에 대한 마지막 사랑과 존경을 마저 표하기 위해서였다. 죽음을 초월한 믿음을 가진 사람은 아무도 없었다. 그것은 사람이 믿을 수 있는 그런 종류의 것이 아니었다.

그러나 하나님은 이 여인들의 순수하고 아름다운 행동을 사용하셔서 독생자 예수님의 부활 사실을 목격하고 알릴 증인들이 되게 하셨다. 하나님의 기적은 아무도 기대하지 않을 때 힘 있게 나타났던 것이다.

안식일이 지나서 – 아마 토요일 밤쯤에 – 그들은 향품을 사 두었을 것이다. 어느 정도의 향품은 이미 준비되어 있었지만(눅 24:56) 예수님을 향한 그들의 사랑과 존경이 행여 모자랄 것을 염려하고 더 많은 향품을 위해 돈을 사용하게 했다. 오랫동안 예수님을 따르고 봉사하고 헌신하던 이 여인들이 이제 예수님을 위해 더 할 수 있는 일이라곤 이것밖에 남아 있지 않았다.

밤이 지나고 안식일 후 첫 날의 아침이 다가오고 있었다. 그 이른 새벽에 여인들은 향품을 챙겨(눅 24:1) 집을 나섰다. 무덤을 보아 두었던 막달라 마리아, 야고보와 요세의 어머니가(막 15:47) 길을 알고 있었다. 그들은 아직 어두운 길을 조심스레 재촉하였고 그들이 무덤에 도달할 때쯤 어스레히 날이 밝아 오고 있었다.

굴 무덤이 큰 돌로 막혀 있다는 사실을 두 여인은 깜빡 잊고 있었을까? 예수님을 향한 근심과 슬픔, 존경과 설레는 마음이 이 중요한 사실을 잊게 만들었을까? 그들은 돌을 옮길 아무 계획도 없이 길을 떠났던 것이다. 무덤에 거의 도달해서야 이 사실을 기억하고서는 모두가 걱정에 휩싸였다. 도대체 누가 돌을 굴려내어 줄 것인가? 그 돌은 여인들의 힘으로 굴리기에는 너무 큰 것이었다(16:4).

여인들이 모르는 다른 방해물도 있었다. 무덤을 군인들이 지키고 있었고 돌문을 빌라도의 이름으로 인봉해 놓았다는 사실이었다. 마태가 정보를 수집하여 기록해 놓은 이 긴급조치는 굴이 막히는 것을 본 여인들이 돌아간 다음에 일어난 일이어서(마 27:62~66) 누구도 알지 못했고 걱정조차 할 수 없었다.

그러나 그런 걱정은 기우였다. 하나님은 이미 천사를 보내서 여인들 앞에 놓인 단 하나의 장애를 제거하심으로(마 28:2) 자신의 일을 진행하셨다. 땅을 살피고 길을 찾으며 근심에 잠겨 아래만 보고 걷던 여인들이 무덤 앞에 도착하여 막 고개를 들었을 때 그들은 자리가 옮겨진 바위문과 입을 떡 벌리고 있는 컴컴한 굴 입구만을 볼 수 있었다.

여인들의 심리는 어떠했을까? 놀라고 기뻐하면서도 막상 들어가기는 주저하다가 여인들은 한 순간에 앞서거니 뒤서거니 굴 안으로 몰려들어 갔을 것이다. 하지만 여인들은 아무도 무덤의 구조나 시신을 두었던 정확한 위치를 알고 있지는 않았다. 그들은 들어가면서 구조를 익히고 시신이 안치된 곳을 찾아야 했다.

여인들이 입구로 쏟아져 들어가는 바람에 굴은 더욱 캄캄해졌다. 그래서 예수님의 시신을 찾는 것이 쉽지 않았다. 눈이 다시 어둠에 적응하는 데도 시간이 걸렸다. 하지만 굴은 텅 비어 있었다. 누가는 그때의 상황을 이렇게 보도한다. "예수의 시체가 보이지 않아 근심하였다"(눅 24:3~4). 짧은 순간이 그렇게 지나갔다.

갑자기 그들은 굴의 오른편 벽 쪽에―아마 예수님의 시신을 두었던 곳 부근에―한 청년이 앉아 있는 것을 보았다. 누가는 두 남자가 그들 가까이서 있었다고 적어 놓았다. 시신을 찾던 여인들은 소스라치게 놀랐다. 누가는 여인들이 "두려워서 얼굴을 땅에 대고" 엎드렸다고 한다(눅 24:5). 감히 눈을 떠 바라보기 어려울 정도로 눈부시게 빛나는 옷을 입고 있었다.

그들은 청년의 모습으로 나타난 하나님의 천사를 만난 것이다. 마태는 그를 곧바로 천사라고 불렀으며 그가 바로 바위를 굴려내었다고 소개했다.

누가도 엠마오로 가던 두 청년의 입으로 "천사들"이 나타난 것임을 밝힌다 (눅 24:23). 이런 설명이 없더라도 천사가 나타난 것임을 말하는 것은 어렵지 않다. 보통 사람들과 외모가 판이하게 달랐기 때문이다. 그는 그 무덤이 십자가에 못 박히신 나사렛 예수를 둔 곳임을 알고 있었다. 뿐만 아니라 여인들이 바로 그 시신을 찾는다는 사실도 알고 있었다.

그 천사는 여인들을 향해 "놀라지 말라"고 말하며 여인들이 찾는 예수님은 살아나셨다고 알려 주었다. 부활의 첫 소식은 천사의 입에서 터져 나온 것이다. 그리고 여인들이 그 소식을 최초로 들었다. 이 부활의 소식은 조금 전에 있었던 여인들의 행동과 의혹, 놀람에 대한 답이었다. 예수님은 부활하셨으므로 이 무덤 안에 계시지 않다. 여인들이 찾았어도 그의 시신을 보지 못한 것은 바로 그 때문이다. 그 증거로 천사는 – 한국의 매장법과 비교한다면 관이라고 할 수 있는 – "예수의 시신을 두었던 곳"을 보라고 하였다. 천사는 아마도 벽의 오른 편에 한 사람이 들어갈 수 있을 정도로 움푹 들어가게 판 빈 자리를 가리켰을 것이다.

여인들은 천사를 만나기 전에 아마도 이미 그곳을 관찰했었다. 그러나 그들은 어느 곳이 예수님의 시신이 있던 곳인지 알지 못했기에 두리번거리며 다른 곳으로 눈을 돌릴 수밖에 없었다. 천사가 보라고 지적해 주자 그들은 비로소 그곳이 예수님의 시신이 있던 곳임을 알게 되었다. 당연히 그곳은 비어 있었다. 빈 무덤과 빈 자리에 대한 설명은 천사의 말뿐이었다. 시신이 돌을 굴리고 나갈 수는 없다. 누가 시신이 필요해서 훔쳐 가겠는가? 마태는 부활에 대한 유대인들의 악의에 찬 비방 "제자들이 훔쳐갔다"가 유대 지도부에서 지어낸 말이며 군인들이 돈을 받고 퍼뜨린 말임을 밝혀 놓았다.

천사는 마가복음 14:28에서 예수님이 하셨던 예고를 상기시키며 여인들이 부활의 증인으로 제자들 앞에 나설 것을 지시했다. 무덤에 간 여인들이 부활의 소식을 전하는 사람으로 변한 것은 천사의 지시를 따른 것이다. 여인들이 전해야 할 내용은 물론 예수님의 부활에 관한 것과 "예수님이 먼저 갈릴리로 갈 것이고 제자들을 그곳에서 만날 것"이었다.

여인들은 심히 놀라며 떨고 있었다. 갑자기 벌어진 광경과 그들이 경험한 경이는 너무 놀라운 것이어서 인간으로서는 감당하기 어려웠다. 어쩌면 천사의 말을 그들 스스로도 믿지 못하고 있었다. 마가는 그들이 무덤에서 달아났다고 기록해 놓았다. 어디로 갔는지에 대해서도 말이 없다. 갈 때와는 달리 뿔뿔이 흩어져 도망쳤고 출발했던 그 집에 모였을 것이다. 여인들은 당분간 어느 누구에게도 아무 말도 하지 못했다고 한다.

다른 복음서와 비교해 보면 어느 정도 시간이 지난 후 누군지는 모르지만 그들은 제자들이 모여 있던 곳으로 갔고 그들의 경험을 제자들에게 알렸다. 마태복음에는 도망친 여인들 중 몇 사람이 예수님을 만났다는 기록이 남아 있다. 하지만 마가는 여자들이 아무에게 아무런 말도 못하였다는 지점에서 이 여인들의 얘기를 끝마쳤다. 그러나 예수님은 사람들이 천사의 말, 사람들의 말을 듣고도 믿지 않는 것 때문에 갈릴리가 아니라 예루살렘에서 제자들에게 먼저 나타나셔서 불신을 꾸짖으시고 그들이 부활 사실을 믿도록 배려해 주셨다. 갈릴리로 가신 것은 그 이후였다.

마가는 제자들의 불신과 이 불신을 해소하고 믿음에 이르게 해 주신 예수님의 마지막 사역, 즉 갈릴리에서 만나려던 계획의 변경을 부각시키기 위하여 여인들의 침묵과 불신에서 이 이야기를 끝맺음한 것으로 보인다. 그래서 그는 연이어 제자들의 불신을 소개했고 그와 함께 부활하신 예수님의 출현을 소개했을 것이다.

마리아에게 나타나심(16:9~11)

마리아가 예수님을 만난 사건은 요한복음에 자세하게 기록되어 있나(요 20:1~2, 11~18). 여인들의 이야기를 최초의 사건으로 본다면 그리고 요한이 이 사건을 생략하고 마리아에게만 초점을 맞추었다고 본다면 다음과 같은 순서를 말해 볼 수 있을 것이다.

막달라 마리아는 다른 여인들과 함께 무덤에서 도망쳤다가 마음이 다소 안정된 다음에 – 아마 다른 여인들과 함께 – 사도들에게로 갔다. 무덤이 비었다는 소리에 요한과 베드로가 벌떡 일어나 무덤으로 서둘러 갔다. 이때 막달라 마리아를 비롯한 몇 여인이 그들과 함께 다시 무덤으로 가지 않았을까? 두 사도는 무덤의 정확한 위치를 알지 못했기 때문에 안내자가 필요했을 것이다. 무덤이 보이는 곳에 이르렀을 때 두 사도는 더 이상 여인들을 따르지 못하고 뛰어 갔다. 그들이 빈 무덤을 보는 동안이나 아니면 그들이 돌아간 다음에 빈 무덤 앞에 서서 울고 있다가 예수님을 만난 것이다. 그때 좀 떨어진 곳이기는 하지만 여인들이 이 광경을 목격했을 수도 있다.

마가는 예수님이 살아나신 후 최초로 막달라 마리아에게 나타나셨다는 사실만을 적어 놓았다. 그것은 이른 새벽이었고 막달라 마리아는 이 사실을 예수님의 제자들에게 곧 알렸다. 그때 제자들은 슬퍼하고 울고 있었으며 누구도 마리아의 말을 믿지 않았다.

부활은 사람들이 믿을 수 있거나 기대하는 그런 주제가 아니다. 그들도 현대인들과 다름없이 보이는 것을 믿고 들리는 것을 인정하는 정상적인 사람들이었다. 그들의 불신은 다른 복음서에도 명확하게 기록되어 있지만(마 28:17; 눅 24:11) 마가복음에서처럼 강조되어 있지는 않다.

두 제자에게 나타나심(16:12~13)

같은 날 오후 이름이 기록되지 않은 두 제자가 걸어서 예루살렘에서 엠마오로 갈 때(눅 24:13~33) 예수님이 다른 모습으로 나타나셨다. 저녁때가 되어 음식을 먹다가 이 사실을 알게 된 두 사람은 급히 예루살렘으로 돌아가 다른 제자들에게 알렸으나 "역시 믿지 않았다." 예수님을 직접 만난 사람이 막달라 마리아, 두 제자 그리고 베드로(눅 24:34)로 늘어났지만 이것이 제자들 전체의 공통된 믿음을 낳지는 못했다. 대다수가 여전히 믿지 않고 있었다. 그때 예수님이 그들에게 나타나셔서 불신을 꾸짖으시지만 제자들은 예수님을 만나고도 부활하신 예수님이 아니라 영이라고 생각했다고 한다(눅 24:37). 십자가에 못 박히신 예수님이 부활하셨다고 믿는 데는 적지 않은 시간이 필요했음이 분명하다.

열한 사도에게 나타나심(16:14~18)

열한 사도가 음식을 먹을 때 예수님이 나타나셨다는 이 사건은 부활절 저녁에 열한 사도와 다른 여러 제자들이 모여 있을 때의 일(눅 24:36~43; 요 20:19~23)이나 여드레 후의 일(요 20:24~29)과는 다른 것으로 보인다. 천사의 말이나 예수님의 부활을 본 사람들의 말을 믿지 못한 열한 제자의 불신과 완고한 마음을 꾸짖으신 것을 보면 부활 후 지상에 더 계셨던 사십 일 중 아주 이른 시기에 있었던 일로 판단된다.

예수님은 천사들을 통해 전한 부활 소식을 제자들이 믿을 것으로 기대하셨다. 그랬다면 부활하신 예수님과 사도들의 첫 만남은 예수님이 예고하셨고 천사들이 알린 그대로 갈릴리에서 이루어졌을 것이다. 그러나 제자들은 누구의 말도 믿지 않았다. 심지어 예수님을 직접 보고서도 믿지 못했다.

이 날 제자들에게 나타나신 예수님은 우선 제자들을 꾸중하셨다. 제자들이 예수님의 기대치에 미치지 못했기 때문이다. 예수님의 기대에 어긋나게 그들은 불신에 사로잡혀 있었다. 그 원인은 자신의 눈으로 보고 귀로 들은 것만을 믿으려는 완고함, 다른 사람들의 경험에 마음을 열지 않는 폐쇄성에 있었다.

자신의 직접적인 경험만을 고집하지 않는다면, 이 최초 증인들의 경험과 그들의 증언을 참된 것으로 받아들일 수만 있다면 부활하신 예수님을 직접 만나지 않아도 아니 직접 만날 필요도 없이 예수님의 부활을 확신할 수 있다. 그들이 보았다면 같은 인간인 내가 본 것이나 전혀 다를 바 없다. 우리는 직접 보고 듣고 난 후 믿는 과정을 밟을 수는 없지만－같은 인간이요 같은 기능, 같은 위치에 놓여진 인간이기에 이렇게 말할 수 있다－최초 목격자들을 통하여 부활하신 예수님을 만난다. 우리가 그 자리에 있었다면 다른 사람들이 이런 방식, 즉 우리의 경험을 통하여 부활하신 주님을 만나야만 하지 않겠는가! 예수님은 모두가 직접 보고 믿는 방법이 아니라 듣고 믿는 방법을 원하셨다. 그렇지 않다면－제자들에게 예수님이 직접 나타나야만 하셨던 것처럼－예수님은 믿을 후보생이 등장할 때마다 이천 년 동안 끊임없이 이곳저곳에 나타나셔서 자신을 보여야만 하셨을 것이다. 이것은 번잡한 방법이며 사실은 불필요한 방법이다.

제자들이 예수님의 방식을 이해하지 못하고 기대에 미치자 못하자 갈릴리로 가시기 전에 친히 제자들에게 나타나신 것이다. 불신과 완고함, 닫힌 마음을 꾸중하셨다. 이것은 그들이 잘못했을 뿐만 아니라 그것이 잘못된 방식임을 뜻한다. 다른 사람들의 말을 믿지 못한다면 제자들이 복음을 전할 때 다른 사람들도 이것을 믿어 주지 않을 것이다.

듣고 믿는 방식의 토대 위에서 예수님은 이제 복음을 전할 것을 명령하신다. 제자들은 땅위에 사는 모든 사람들에게 복음을 전해야 한다. 부활하신 예수님을 만나지 않고도 믿는 것은 가능하다. 아니 바른 방법이다. 바울사도의 글을 빌리면 "복음은 모든 믿는 자에게 구원을 주시는 하나님의 능력이다"(롬 1:16). 복음을 받고 복음을 믿을 뿐만 아니라 이 복음이 알려 주는 예수님을 신뢰하여 그 이름으로 세례를 받는 사람은 "구원에 이른다." 그러나 믿지 않으면 "정죄에 이른다." 하나님을 배반하고 멋대로 살아가는 죄도 크지만 이제 복음을 받고도 믿지 않는 것은 더 막중한 죄가 된다. 예수님에 관한 복음을 전하는 것 그리고 복음을 받아들이는 것은 사람들에게 구원을 실어 나르는 하나님의 능력이다.

이 방식이 확실하다는 것은 어떻게 증명할 수 있는가? 예수님은 "표식"(17절)이란 단어로 이것을 표현하셨다. 첫째, 지상에 계신 예수님이 귀신을 쫓아내셨듯이 믿는 자들이 예수님의 이름으로 귀신을 쫓아낼 것이다. 둘째, 새 방언을 말할 것이다. 셋째, 뱀을 집고 독을 마셔도 해를 받지 않을 것이다. 넷째, 병든 사람에게 손을 얹으면 나을 것이다.

이것이 표식이라면 이러한 일들은 모든 신자나 전도자에게 항상 어디서나 꼭 모두 나타나야 할 필요는 없다. 표식은 한 사람에게 하나만 나타나도 충분하다. 한 지역에 하나만 일어날 수도 있다. 아니 이천여 년 전에 한두 번 일어나고 지금 더 이상 나타나지 않는다 하더라도 표식으로서의 기능은 조금도 빛이 바래지 않는다. 믿는 누구에게나 이 네 가지가 모두 나타나야만 한다는 식으로 축귀와 방언과 무해와 치유를 기대하는 것은 표식을 법칙으로 만드는 잘못을 범하는 것이다.

사도행전에서 우리는 예수님이 말씀하신 이 표식들이 복음은 진리며 진정한 하나님의 방식이라는 것을 어김없이 증명했음을 읽을 수 있다. 복음이 전파되고 교회가 세워지는 곳에는 이런 표식이 계속 일어났음을 교회사가 알려 준다. 표식이 필요할 때마다 하나님께서 이러한 일들이 사람들의 눈앞에서 더 일어나게 하신다면 우리는 감사할 따름이다. 그러나 더 이상 표식이 나타나지 않아도 이천여 년 교회사에 등장한 표식들이 충분함을 절대로 잊어서는 안 될 것이다. 이적은 우리의 기대 때문이 아니라 하나님의 필요 때문에 발생하는 것이다.

마가복음 후기(16:19~20)

마가는 서론 만큼 간단한 결론을 남겼다. 말씀을 마치신 예수님은 하늘로 승천하셨고 하나님의 권능의 우편에 앉으셨다. 물론 앞의 사건과 승천 사이에는 많은 일들이 있었고 많은 날들이 흘러갔다. 그러나 마가는 복음 전파를 부탁하신 예수님의 말씀을 소개하자 더 이상 다른 것을 적을 필요를 느끼지 못했다. 예수님의 지상 사역은 끝났기 때문이다. 그렇게 예수님의 복음이 시작되었기 때문이다.

이제 주님은 하늘에서 자신의 일을 하신다. 주님은 쉬지 않으신다. 창조주 하나님과 마찬가지로 보좌에 앉아 세상을 다스리신다. 자신이 땅에서 시작하신 일, 복음 전파를 하늘에서 계속하신다. 하나님의 우편이란 하나님나라의 왕이 되셔서 하나님과 함께 이 세상을 다스리시는 것에 대한 상징적 표현이다. 땅에서는 제자들이 나가서 복음을 두루 전파하고 있다. 하늘에서는 보좌에 앉으신 예수님이 필요할 때 표식을 일으키셔서 복음이 정확한 하나님의 방법임을 증명해 주셨다. 이것이 마가복음의 끝이라면 20절에 기록된 땅의 일과 하늘의 일은 아직 끝나지 않았고 계속 이어져 가고 있다고 말할 수 있을 것이다.

주(註)

1부

2장

1. Robert C. Tannehill, "The Disciples in Mark: The Function of a Narrative Role," *JR* 57~4 (October 1977): 391~392.
2. 박수암, 「성서주석 마가복음」 (서울: 대한기독교서회, 1993), 482~483.
3. Marcus, *Mark 1~8* (New York: Doubleday, 2000), 184~185.
4. Marcus, *Mark 1~8*, 175~176.
5. Werner H. Kelber, *The Kingdom in Mark* (Philadelphia: Fortress Press, 1974), 16.
6. J. M. Robinson, *The Problem of History in Mark* (London: SCM Press, 1962)를 보라.
7. 자세한 내용은 졸고 "마가복음과 마태복음의 기도" 「그말씀」 2009년 2월호, 19~21을 보라.
8. 켈버, 「마가의 예수 이야기」, 서중석 옮김(서울: 한국신학연구소, 1987), 120~121.

3장

1. 물론 이 둘(본문 자체에 대한 연구와 본문에 대한 배경과 정황 연구)은 본문의 의미를 파악하는 데 모두 필요하다. 어느 하나를 위해 다른 것을 배제해서는 안 된다. 이 문제에 대해서는 필자의 논문 제2장을 참조하라. 논문에 대한 간결한 소개는 「목회와신학」 1996년 9월호 180~185쪽을 참조하라.
2. 이러한 연구에 대해서는 브루스 말리나(Bruce Malina)의 「신약의 세계」라는 책이 많은 도움을 줄 것이다.

참고문헌

* Bauchham, Check(ed), *The Gospel for All Christians: Rethinking the Gospels Origins* (Grand Rapids: Eerdmans, 1988).
* Donahue, J. R., "Windows and Mirrors: The Setting of Marks Gospel," *CBQ 57* (1995), pp. 1~26.
* Galand, D. E. Mark, *The NIV Application Commentary* (Grand Rapids: Zondervan, 1996).
* Iersel, B. M. F. van., "The Gospel according to Mark: Written for a Persecuted Community?" *NedTT 34* (1980), pp. 15~36.
* Malina, B. L., *The New Testament World: Insights from Cultural Anthropology* (Revised Edition. Louisville: Westminster/John Knox Press, 1993).
* Malina, B. L. & Rohrbaugh R., *Social-Science Commentary on the Synoptic Gospels*

(Minneapolis: Fortress, 1992).

- Neyrey, J. H., "The Idea of Purity in Mark's Gospel," *Semeia* 35 (1986), pp. 91~128.
- -------- "Clean/Unclean, Pure/Polluted, and Holy/Profane: The Idea and the System of Purity," in Rohrbaugh, R(ed). *The Social Sciences and New Testament Interpretation* (Peabody: Hendrickson, 1996), pp. 80~104.
- Rhoads, D., "Social Criticism: Crossing Boundaries," in Anderson, J C & Moore, S. D.(eds). *Mark & Method: New Approaches in Biblical Studies* (Minneapolis: Fortress, 1992), pp. 135~161.
- Scroggs, R., "Can New Testament Theology be Saved?: The Threat of Contextualisms," *USQR* 42 (1988), pp. 1~2: pp. 17~31.
- Shim, E. S-B., "The Transfiguration of Jesus according to Mark: A Narrative Reading," *Unpublished D Th Thesis* (University of Stellenbosch, 1994).
- Telford, W. R., "The barren temple and the Withered Tree; A Redaction-critical Analysis of the Cursing of the Fig-Tree pericope in mark's Gospel and its Relation to the Cleansing of the Temple Tradition," 2nd Ed. *JSNTSS* 1 (Sheffield: JSOT Press, 1995).
- Ulansey, D., "Heavens Torn Open," *Bible Review* 7/4 (1991), pp. 32~37.
- Weeden, T. H., "The Heresy that Necessitated Marks Gospel," *ZNW* 59 (1968), pp. 145~158.
- Witherington III, B., *The Gospel of mark: A Socio-Rhetorical Commentary* (Grand rapids: Eerdmans, 2001).
- 심상법, "복음서의 그림과 이미지네이션의 설교,"「그말씀」41권 (1995), pp. 113~123.
- ----- "사회-과학적 해석과 마가복음 설교,"「신학지남」254권 (1998), pp. 223~247.

4장

1. 성경의 본문해석과 관련한 세 가지 방식의 읽기(readings)를 들라 하면, 크게 contextual reading과 intratextual reading 그리고 intertextual reading을 들 수 있다. 먼저, contextual 읽기는 본문을 이해하기 위해서 현재의 독자가 필요로 하는 정보들에 관심을 두는 본문 읽기다. 둘째, intratextual 읽기는 특정한 본문을 본문이 속해 있는 책의 다른 본문들에 비추어서 읽는 본문 읽기를 말한다. 셋째, intertextual 읽기는 해석하려는 본문을 구약과 다른 관련된 고대문헌들과의 관계 속에서 읽어나가는 본문 읽기를 말한다. 보다 자세한 설명을 위해서, John R. Donahue & Daniel Harrionton, *The Gospel of Mark*, *Sacra Pagina Series* 2 (Minnesota: A Michael Glazier Book, 2002), p. 2 이하를 참조.

2. 마가복음과 당시 1세기 유대교 사이의 연관관계에 대한 설명을 위해서, H. C. Kee, *Community of the New Age: Studies in Mark's Gospel* (London: SCM Press LTD, 1977), 특히 pp. 77~105를 보라.

3. 마가복음과 당시 1세기의 유대종파인 에세네 파(the Essenes) 사이에 다음과 같은 유사점 은 특히 주목할 만하다. 즉 구약성경 해석 방식, 자신의 공동체를 당시의 주도적 공동체와

354

구별된 언약 공동체로 인식하려는 경향, 예루살렘 성전과 제의를 타락하고 부패한 것으로 평가하는 일, 자신의 공동체를 신원하시고자 가까운 장래에 하나님의 초자연적인 간섭이 있으리라는 기대, 이와 함께 도래할 새로운 시대 속에서, 특히 하나님의 종말론적인 통치 가운데 자신들이 주도적 역할을 하게 될 것이라는 기대 등을 들 수 있다. 물론 근본적인 차이점들은 에세네파는 주류 사회에서 자신들을 분리해서 광야 지역에 분리된 공동체를 만들었으며, 공동체와 구성원의 제의적 성결에 집착했고, 비구성원들에 대한 배타적 입장을 견지했던 반면에, 마가 공동체는 사회 속의 일원으로 남아 있었고, 성결에 대한 이해와 공동체의 배타성, 그리고 죄에 대한 이해 등에서 에세네파와 대립적 입장을 취하고 있었다.

4. 실제로 마가복음 서막에서 인용되는 구약본문은 출애굽기 23:20, 말라기 3:1, 이사야 40:3의 결합된 형태다. 그러나 인용을 오직 이사야로 명시하는 것은 단지 당시의 주요 선지자에게 인용을 돌리는 관행정도가 아니라, 정작 마가의 구성적 차원의 주요한 구약적 배경이 이사야임을 보여 주는 보다 중요한 차원이 내포되어 있다. 특별히 출애굽기 23:20과 말라기 3:1은 종말론적 심판의 의미로 이사야 40:3은 종말론적 구원의 의미로 마가복음 구성에 기여한다고 언급한 Rikki E. Watts(*Isaiah's New Exodus and Mark* (Tübingen: Mohr Siebeck, 1997))의 연구는 이사야서가 마가복음 구성에 미친 영향에 대한 가장 포괄적인 연구로 생각된다.

5. "이사야 40:1~5는 하나님께로부터 오는 위로를 담고 있는 고전적 본문이었으며, 특별히 하나님의 종말론적 위로라는 문맥 속에서 이해되었다"(K. R. Snodgrass, "Streams of Tradition Emerging from Isaiah 40:1~5 and Their Adaption in the New Testament," *JSNT* 8 [1980], p. 31).

6. 물론 하늘의 음성이 창세기 22장의 기초한 이삭 – 모형/예표론과 연관되어 있음도 전혀 배제할 수 없는 사실이다.

7. 이러한 해석의 대표적 예를 위해, Joel Marcus, *The Way of the Lord: Christological Exegesis of the Old Testament in the Gospel of Mark* (Westminster Press, 1992), p. 26 이하를 참조하라.

8. 이러한 입장을 주도하는 보다 자세한 설명을 위해서, Joel Marcus의 두 주요 저서를 참조하라. *The Way of the Lord: Christological Exegesis of the Old Testament in the Gospel of Mark* (Louisville: Westminster/John Knox Press, 1992), pp. 26~29; *Mark 1~8: A New Translation with Introduction and Commentary*, *The Anchor Bible 27* (New York: Doubleday, 1999), pp. 70~73.

9. Anthropological Eschatology와 Cosmological Eschatology에 대한 자세한 설명을 위해서, Martin de Boer, "Paul and the Two Patterns of Jewish Apocalyptic Eschatology," in *Apocalyptic and the New Testament* (Sheffield Academic Press, 1989)를 참조하라.

10. 이 글의 저자의 이해에 따르면, 마가복음에 대한 이러한 두 가지의 특징적인 접근은 크게 James Robinson과 Ernst Best에 의해서 대변되는데, 이에 대한 주요 저서는 다음과 같나. J. Robinson, *The Problem of History in Mark* (London: SCM Press, 1957); E. Best, *The Temptation and the Passion: the Markan Soteriology* (Cambridge: Cambridge Univ. Press, 1990). Robinson은 그의 마가복음 연구에서, 이러한 우주적 갈등의 요소를 해석학적인 원리로 삼는데 반해, Best는 제자들이 보이는 몰이해와 마음의 강팍함을 마가의 핵

심 주제인 제자도의 일환으로 취급한다. 이러한 Best의 이해에서 중요한 사실은 3:27에서 마가가 사탄의 결박을 강하게 암시한다고 주장한 점이다. 그러므로 결박된 사탄이 아니라, 지속되는 제자들의 몰이해와 영적 소경 됨이 정작 예수의 뒤 따르는 사역이 씨름하여야 할 대상이라는 것이다.

이러한 두 학자의 대립적인 주장은 이 글 저자의 마가복음 이해와 학위 논문 작성에도 실질적인 문제를 노정시켰는데, 저자의 학위 논문의 처음 지도교수였던, Joel Marcus는 James Robinson의 강력한 옹호자였고, 다음 번 지도교수였던, John Riches는 Ernst Best의 강력한 지지자였기 때문이다. 물론 이 양자 구도가 반드시 대립적인 관점에 놓여져 있는 것은 아니지만, 저자는 마가복음에 대한 오랜 동안의 연구와 성찰의 결과, 이 둘은 상호보완적인 것임을 알게 되었다. 저자가 이해한 바에 따르면, 마가의 공동체를 염두에 둔 마가의 저작은 결국 우주적 갈등에서 그리스도를 통해 결정적인 승리를 이루신 하나님의 복음을 '근본적으로 그리고 지속적으로 성찰하는 중에', 예수의 제자들과 마가 공동체 구성원들 그리고 후대의 모든 크리스천 공동체의 몰이해와 영적 소경 됨이 극복된다는 것을 보여 주고 있다.

11. 하나의 문학적 저작의 통일성을 보여 주는 문학적 장치인 동시에, 중요한 해석기법으로서의 수미상관법 대한 설명을 위해서, 류호영 역, 「성경해석학 총론」 (생명의 말씀사, 1996), 특히 "해석학의 일반법칙들 – 구약 시"(pp. 469~470)를 참조하라.

12. '찢어짐'에 대해 다른 복음서에서 ἀνοίγω가 사용되는데 반해(참조. 마 3:16; 눅 3:21), 여기서는 σχιζω가 나타난다…. 이것은 이 사건에 대한 마가의 묵시론적 이해를 보여 주는 중요한 단서들 중 하나다. 이것은 돌이킬 수 없는 우주적 변혁을 암시한다. 왜냐하면 열린 것은 다시 닫혀질 가능성을 내포하지만, 찢어진 것은 원래의 상태로 쉽게 돌아가기 어렵기 때문이다(참조. D. H. Juel, *Mark*, Augsburg Commentary on NT [Augsburg, 1990], p. 33).

13. 마가복음 내에서 세례요한은 엘리야를 상징한다(참조. 9:13). 또한 예수의 십자가 처형 장면에서 예수의 부르짖음의 소리가 엘리야로 오해되고 있다(참조. 15:35).

14. J. Marcus, *The Way*, p. 57; Donald Senior, *The Passion of Jesus in the Gospel of Mark* (Michael Glazier, Inc,1984).

15. 70인역의 ἀνοιγω 사용은 70인역에 더 친밀해 있던 필로가 σχιζω를 사용한 적이 거의 없으며, 언제나 보다 약한 의미를 지닌 '나누다' 혹은 '분배하다'란 동사를 사용했다는 사실에 비추어볼 때 쉽게 이해할 수 있다(참조. C. Maurer, *TDNT VII*, 960).

16. 이 단어는 70인역에서 모두 11번 나타나는데, 이들 모두는 "찢어 버리다"란 강한 의미를 지닌다: 참조. 창세기 22:3; 출애굽기 14:21; 전도서 10:9; 이사야 48:21 [바위를 쪼갬]; 스가랴 14:4 (감람산의 쪼개짐). 신약의 경우 복음서에서 9번, 사도행전에서 2번 나타난다: 참조. Maurer, *TDNT VII*, pp. 959~960.

17. Ibid, p. 959.

18. 참조. οἱ καταρράκται του οὐρανου ἠνεῴχθησαν in Gn 7:11; θύρας οὐρανου ἀνέῳξεν in Ps 77:23; θυριδες ἐκ του οὐρανου ἀνεῳχθησαν in Is 24:18. 예외적인 경우들로는 에스겔 1:1; 사도행전 7:56, 10:11 등이 있다. 참조. Rikki E. Watts, *Isaiah's New Exodus and Mark*, (Mohr Siebeck, 1997), p. 103.

19. Marcus, *The Way*, pp. 49~50; Richard Schneck, *Isaiah in the Gospel of Mark I~VIII* (Bibal Press, 1994), p. 45.

20. 미래시제의 사용을 주목하라.

21. 참조. James R. Edwards, *The Gospel According to Mark, The Pillar New Testament Commentary* (Eerdmans; Apolos, 2002), pp. 35~36.

22. 여기서 성전휘장이 성전과 성전마당 사이의 외면커튼을 가리키는지 아니면 지성소와 성소 사이의 내면커튼을 말하는지에 대한 자세한 논의를 위해, Matera, *Kingship*, p. 138와 p. 197의 각주 63을 참조하라. 또한 다음을 참조하라. Marcus, *Mystery*, p. 148; V. Taylor, *The Gospel According to St. Mark* (1955). Matera와 특히 Juel이 지적하듯이 성전에 대한 용어가 11~13장까지의 ἱερον에서 예수의 수난 기사 내에서 ναος로 바뀌고 있다는 점, 또한 11~13장에 묘사되는 하나님의 임박한 심판의 대상인 ἱερον과 15:38의 성전 용어 사이에 불일치가 있다는 점에 비추어 우리는 마가의 신학구조 속에선 성전휘장의 갈라짐은 성전멸망 이상을 보여 준다고 생각한다. 참조. Matera, *Kingship*, p. 138.

23. Contra Maurer: 참조. p. 961. 그러나 Maurer는 성전휘장의 갈라짐에 대한 다른 해석의 가능성, 즉 지성소에 대한 새로운 접근이란 측면을 열어놓고 있으나, 이 해석을 마가복음에 적용치 않고 오직 히브리서(특히 히브리서 6:19f; 9:8; 10:19f)에만 적용하고 있다 (Ibid).

24. 참조. Marcus, *Mystery*, p. 148.

25. 참조. Maurer, p. 961, 각주 15.

26. 마태와 누가에 의해 인용되는 이사야 64:1(70인역)의 "하늘의 열림"이란 표현과 비교하라.

27. 참조. *Abba*, (Gottingen: Vandenhoeck & Ruprecht, 1996), 16n. אב란 표현은 구약에서 모두 15번밖에 나타나지 않는다.

28. 참조. Claus Westermann, *Isaiah 40~66*, OTL (Philadelphia: Westminster, 1969), p. 392; Schneck, *Isaiah*, p. 44.

29. Ibid, p. 61.

30. Maurer, p. 962.

31. 참조. R. T. France, *The Gospel of Mark*, p. 77.

32. J. H. Charlesworth, *Old Testament Pseudepigrapha*, 1. p. 801. 이 번역은 James R. Edwards에게서 기인한다: *The Gospel According to Mark*, p. 35.

33. Ibid.

34. C. K. Barrett, *Jesus and The Gospel Tradition*, (S.P.C.K. 1967), p. 153.

35. 이러한 새로움에 관해, Bultmann은 창세기 8:8이하를 근거로 한 비둘기는 심판을 뒤따르게 될 은혜의 새 시대의 사신이라는 H. von Baer의 주장을 주목했지만, 이 주장은 신약 내에서 아무런 지지 기반을 갖지 못한다는 이유를 들어, von Baer의 견해를 받아들이지 않는다(참조. *History*, p. 250, 각수 3).

36. 참조. Helmut Traub, *TDNT* V, p. 531.

37. 이 해석방법론에 대한 보다 자세한 설명을 위해, Gordon Fee, *New Testament Exegesis: A Handbook for Students and Pastors* (the Westminster Press, 1983), pp. 60~77를 보라

(「성경해석방법론」, 기독교문서 선교회 간, pp. 227~248).

38. 이러한 본문의 구조분석에 대한 또 하나의 중요한 대안으로, H. L. Chronis는 A(37절)-
    B(38절)-A´(39절)의 교차대구 구조를 제시한다. Chronis와 본 글의 저자가 비록 다른 결
    과의 구조에 이르긴 했지만, 두 구조분석의 최초 동인은 38절이 39절로 자연스럽게 이어
    지는 37절의 흐름을 끊고 있다는 점에서의 돌출적 성격에 대한 인식이다. Chronis는 교차
    대구법의 구조이해를 통해서, 37절은 마가 전편에 흐르는 핵심적 주제인 예수의 거절과
    수난의 절정인 예수의 죽음을, 39절은 마가 전편에 흐르는 또 하나의 핵심적 주제인 예수
    의 정체성에 대한 드러남과 인식의 절정을 말하며(참조. "The Torn Veil," p. 99), 이 경우
    38절은 단순히 37절에 나오는 예수의 죽음의 실질적인 결과를 말하는 것이 아니라, 예수
    의 죽음(Chrsto-phany)이 지닌 자기-계시적인 힘, 즉 하나님의 신현(theo-phany)을 말
    하고 있다는 것이다. 또한 마가에게 하나님의 현존과 임재의 참된 좌소는 성전의 지성소
    가 아니라, 고난받고 죽임 당하시며 부활하신 예수임을 38절이 보여 주고 있다고 Chronis
    는 주장한다(참조. "The Torn Veil," 110~111). 보다 자세한 설명을 위해 다음을 참조하
    라. Harry L. Chronis, "The Torn Veil: Cultus and Christology in Mark 15:37~39,"
    JBL 101/1 (1982), p. 97~114.

39. 참조. BDF, ㎣ 442 (2), pp. 458, 471.

40. H. Jackson, "The Death of Jesus in Mark," 27~28; Taylor, *St. Mark*, p. 49.

41. 참조. BDF, p. 251.

42. BDF, p. 418.

43. H. Jackson, "The Death of Jesus," p. 29.

44. Ibid, p. 26.

45. Lagrange, *Evangile selon Saint Marc*, p. 436; Schenk, *Der Passionsbericht nach
    Markus*, p. 45, quoted from H. Jackson, "The Death of Jesus in Mark," p. 27 and
    n.27; Taylor, *St. Mark*, p. 596.

46. 참조. H. Jackson, "The Death of Jesus," p. 28.

47. 큰소리를 하나의 실행자로 삼아 이루어진 예수의 죽음 시의 내쉰 숨/영은 성령의 강력한
    내쉼으로 이해하는데, 이것은 구약의 예언전승 속에 있는 매우 친숙한 이미지다. 그러나
    지면 관계상 여기서는 특별히 숨/영이 여호와의 의로운 심판과 갱생의 역동적 힘의 종말
    론적 도구로서 나타나는 중요 구약 본문 두 개를 간단히 열거하고자 한다. 이사야
    11:3~4LXX(… "καὶ ἐν πνεύματι διὰ χειλέων ἀνελεῖ ἀσεβῆ"); 에스겔 37:5~14. 여
    기서 주목할 사실은 종말론적 시기에 이루어질 하나님의 통치는 묵시론적인 옛 시대의 종
    막과 새 시대의 시작과 서로 함께 간다는 점이다. 이런 점에서 하나님의 심판과 갱생은 하
    나님의 동일한 종말론적인 역사의 양면이라고 볼 수 있다.

48. 참조. Jackson, "The Death of Jesus," p. 28.

49. R. Brown, *Death of the Messiah*, pp. 438~439.

50. J. Jackson, "The Death of Jesus in Mark," p. 25.

2부

1장

1. 서언의 범위를 1~13절로 할 것인가 아니면 14~15절도 포함시킬 것인가에 대해서는 상당한 이견들이 있다. 전자의 견해는 Cranfield, France, Hooker, Lane, Lohmeyer, Schniewind, Schweizer, Taylor 등에 의해 받아들여지고 있으며, 후자의 견해는 Anderson, Gnilka, Grundmann, Guelich, Mann, Pesch 등에 의해 받아들여지고 있다.

2. 이런 관점에서 볼 때, 본 단락은 요한복음 1:1~18의 역할과 유사하다고 할 수 있다. 물론 본 서언은 이야기체로 되어 있고 요한복음의 서언은 철학적 진술로 되어 있지만, 그럼에도 불구하고 이 서언들은 공히 앞으로 두 복음서들이 제시할 예수의 모습을 이해하는 데 중요한 단서들을 제공해 주는 것이다(예. 하나님의 아들/로고스; 「세례 요한과의 비교 및 우월성」). 참조. M. D. Hooker, "The Gospel according to Mark," *BNTC* (London: A & C Black, 1991), p. 31.

3. 물론 1:35, 45; 6:31, 32, 35에서도 에레모스가 사용되지만, 그곳들에서는 명사형('광야') 으로서가 아니라 형용사형('한적한', '외딴')으로 사용되고 있다. 본 서언에서 '광야'가 갖는 신학적 의미에 대해서는 R. T. France, "The Gospel of Mark," *NIGTC* (Carlisle: Paternoster Press, 2002), pp. 56~59를 보라.

4. 다른 구약 인용들은 대개 예수님 자신의 인용들(예. 4:12; 7:6~7; 11:17; 12:10~11; 13:24~25; 14:26)이거나 다른 사람들에 의한 인용들(예. 11:9~10)이다.

5. 참조. Hooker, *Mark*, pp. 31~32.

6. 속격 예수 크리스투는 주어적 용법이나 목적어적 용법으로 공히 이해될 수 있다. 혹자들은 이 두 용법 중 하나를 선택해야 할 필요성을 느끼지만(예. R. A. Guelich, "Mark 1~8:26," *WBC*, 34a [Dallas: Word Books, 1989], p. 9), 상당수의 학자들은 이중적 용법의 타당성을 설득력 있게 제안한다. H. Anderson, "The Gospel of Mark," *NCBC* (London: Marshall, Morgan & Scott, 1976), p. 67; France, *Mark*, p. 53.

7. 마태복음과 누가복음의 묘사들은 신명기 6~8장을 보다 명시적으로 반향함으로써, 예수의 광야 시험과 이스라엘의 광야 생활 사이의 관계를 보다 인상적으로 강조해 준다.

8. 참조. C. E. B. Cranfield, "The Gospel according to St Mark," *The Cambridge Greek Testament Commentary* (Cambridge: Cambridge University Press, 1977 [1959]), p. 33.

9. 본 단락이 이끄는 대단락이 어디까지인지에 대해서도 의견들이 나뉘어 있다. 1:14~3:6 – Cranfield, *Mark*, pp. 11~12, 61; 복음서 전체(1:14~16:8) – Guelich, *Mark*, pp. 41~42; 참조. A. M. Ambrozic, "The Hidden Kingdom. A Redaction – Critical Study of the References to the Kingdom of God in Mark's Gospel," *CBQMS* 2 (Washington: The Catholic Biblical Association of America, 1972), pp. 3~31.

10. 참조. Ambrozic, *Kingdom*, pp. 3~31; France, *Mark*, p. 90.

11. 페플레로타이에 대한 한글개역의 '찼다'라는 번역은 오역은 아닐지라도, 구약 예언의 '성취'라는 개념을 반영하는 데는 미흡한 번역이다.

12. 하나님나라에 대한 근대적 논의에 대해서는 많은 책들이 나와 있는데, 한국어로 번역되거

나 집필된 것들로 다음을 들 수 있다. 죠오지 래드, 「예수와 하나님의 나라」(이태훈 역; 서울: 엠마오, 1985 [1974]); 헤르만 리델보스, 「하나님 나라」(오광만 역; 서울: 엠마오, 1987 [1950]); G. R. 비슬리 – 머리, 「예수와 하나님 나라」(박문재 역; 서울: 크리스챤 다이제스트, 1991 [1986]); 노먼 페린, 「예수의 가르침 속에 나타난 하나님의 나라」(이훈영, 조호연 역; 서울: 솔로몬, 1992 [1963]); 김균진, 「역사의 예수와 하나님의 나라」(서울: 연세대학교 출판부, 1994) 등.

13. Ambrozic, *Kingdom*, p. 23; Guelich, *Mark*, pp. 43~44; France, *Mark*, pp. 91~93. 사실 이 동사가 이미 현존하는 상황을 진행적으로 묘사하는 데 사용되는 다른 예를 마가복음14:42~43에서 찾아볼 수 있다. "보라 나를 파는 자가 가까이 왔느니라 말씀하실 때에 곧 열둘 중의 하나인 유다가 왔는데 …." 이 경우 예수께서 '가까이 왔다'고 말씀하시는 시점과 유다가 '온' 시점이 실제로 겹치고 있음을 주목하라.

14. Guelich, *Mark*, pp. 44~45; France, *Mark*, pp. 93~94.

15. 사실 죄인들과 병든 자들을 포함한 무리들은 예수의 사역에 대해 놀람과 더불어 어느 정도 긍정적인 반응을 한 것으로 보인다(1:22, 27~28, 32~33, 37, 39, 45; 2:1~2, 12, 15~16).

16. 참조. Hooker, *Mark*, pp. 52~53.

17. 참조. France, *Mark*, pp. 94~95.

18. Guelich, *Mark*, pp. 52~53.

19. 예수의 기적은 크게 네 가지 종류로 분류될 수 있다. 귀신 축출, 치유, 죽은 자를 살리심, 자연 기적 등이다. 마가복음에서 기적은 매우 중요하게 다루어지고 있는데, 이는 그 처음 10장의 47% 정도가 기적들과 직 · 간접적으로 연관되어 있다는 사실에 의해서 분명해진다. 참조. Cranfield, *Mark*, p. 82.

20. 마가는 이들 네 개의 이야기들 외에도 보다 일반적인 귀신 축출 기적들에 대한 언급들을 제공해 준다. 1:32~34, 39; 3:11~12; 참조. 3:22~30.

21. 참조. France, *Mark*, p. 106.

22. 참조. France, *Mark*, p. 107.

23. 3:1~6에 대한 필자의 자세한 논의에 대해서는 양용의, 「예수와 안식일 그리고 주일」(서울: 이레서원, 2000), pp. 297~327을 보라.

24. 양용의, 「예수와 안식일 그리고 주일」, pp. 378~381.

25. 참조. 양용의, 「예수와 안식일 그리고 주일」, pp. 382~384.

26. France, *Mark*, p. 111.

27. Guelich, *Mark*, p. 73.

28. Guelich, *Mark*, pp. 74, 78.

2장

1. Robert A. Guelich, "Mark 1~8:26," *WBC* (Dallas: Word Books, 1989), p. 85.

2. 로마 제국의 징세관은 기사 계급에 속한 관리였다. 복음서에서 말하는 '텔로네스' (세리)는 지방 토호의 관세를 거두어 주는 하급관리였을 것이다. 레위의 경우 갈릴리의 분봉왕인 헤

롯 안티파스에게 고용되었을 것이다.

3. 이 단원은 필자가 「2001 예배와 강단」을 위해 집필한 내용을 약간 변경한 것이다. 같은 본
문에 대한 주석이기 때문에 크게 바꾸어야 할 필요를 느끼지 않았다.

4. 율법에 따르면, 이삭을 자른 것이 낫으로 이루어지지 않을 경우 하자가 없다(신 23:25). 누
가복음에서는 제자들이 분명히 손으로 이삭을 잘라 비비어 먹은 것으로 되어 있다(눅 6:1).

5. 사무엘상 21:1~9에 등장하는 제사장은 아히멜렉이다. 그러나 마가의 예수는 그의 아들 아
비아달을 언급한다. 그 이유는 정확하게 알 길이 없다. 하지만 아비아달은 아히멜렉의 아들
로서 뒤이어지는 역사 기록에서 자주 등장하면서 아버지보다 중요한 역할을 하고 있었기
때문이 아닐까 짐작된다.

3장

1. 반면 누가는 분명 예루살렘 중심의 관점을 가지고 있다. 예수님의 예루살렘에서의 현현(눅
24:50~53)과 예수님의 선교명령은 예루살렘을 중심으로 시작된다(눅 24:47; 행 1:8). 그리
고 교회도 예루살렘에서 시작된다(행 2:5).

2. P. Vielhauer, *Geschichte der Urchristlichen Literatur* (Walter de Gruyter: Berlin/New
York 1975/1985), p. 340.

3. U. Luz, "Das Evangelium nach Mattaeus I," *EKK* 1/I – IV (Neukirchen – Vluyen:
Neukirchener Verlag, 1985ff), p. 131f.

4. G. Theissen, 「사도적 정당성과 생계」 in: G. Theissen, 박명수 역, 「원시 그리스도교에 대
한 사회학적 연구」(서울:대한 기독교서회, 1986), p. 274(각주 53).

5. 마태복음에서도 이러한 사상은 더욱 강하게 부각될 수 있다. 참조. U. Luz, 박정수 역, 「마태
의 예수 이야기(Die Jesusgeschichte des Matthaeus)」, (서울:대한기독교서회, 2002 근간).

6. G. F. Moore, *Judaism in the First Centuries of the Christian Era I* (Cambridge, 1927),
pp. 465~467; J. Gnilka, "Das Evangelium nach Markus," *EKK* 2/I, p. 151.

4장

1. 마가복음에서 제자들은 단순히 역사적 인물들에 그치는 것이 아니라, 독자들로 하여금 복
음의 진리에 이르게 하는 데 독특한 역할이 주어지고 있다. 그들의 무지나 오해, 믿음 없음
이나 실패 등을 넘어 어떻게 참 제자의 길을 가야 할지를 보여 주는 잣대의 역할을 한다. 마
가복음에서의 제자들의 역할에 대해서는 참조, Pheme Perkins, "The Synoptic Gospels
and Acts of the Apostles," in *The Cambridge Companion to Biblical Interpretation*, ed.
John Barton (Cambridge: Cambridge University Press, 1998), pp. 246~248; Ernest
Best, "Mark's Narrative Technique," *JSNT* 37 (1989), pp. 43~58.

2. 마가복음에서의 구약의 인용은 대부분 예수님의 직접 담화 속에 담겨 있다. W. S. Vorster
는 이것이 독자들로 하여금 관련 인물들이나 상황을 어떤 시각에서 보아야 할지를 지시해
주는 주석적(narrative commentary) 성격을 가진다고 지적한다. 참조, Willem S. Vorster,
"Meaning and Reference: The Parables of Jesus in Mark 4," in B. C. Lategan and W.

S. Vorster, *Text and Reality: Aspects of Reference in Biblical Texts* (Atlanta: Scholars Press, 1985), pp. 41~43.

3. Paul Ricoeur, "The Bible and the Imagination," in *Figuring the Sacred* (Minneapolis: Fortress Press, 1995), p. 159. 이 논문의 첫 출전은 *The Bible as a Document of the University*, ed. Hans Dieter Betz (Chico: Scholars Press, 1981), pp. 49~75.

4. 이에 관해서는 참조, W. H. Kelber, *The Kingdom in Mark: A New Place and a New Time* (Philadelphia: Fortress Press, 1974), p. 33.

5. R. C. Sproul은 이런 사람의 실제적인 예를 언급하고 있다. 보라, 「쉽게 쓴 성경해석학」, 이세구 역(서울: 아가페 출판사, 1993), p. 52.

6. 참조, George Eldon Ladd, *A Theology of the New Testament* (Grand Rapids: Eerdmans, 1974), p. 98.

7. Robert A. Guelich, "Mark 1~8:26," *WBC* 34A (Dallas: Word Books, 1989), p. 235.

5장

1. 마태복음의 관점에 대하여는 필자의 "마태복음 8~9장의 주해와 적용," 「그말씀」(2001년 2월), pp. 28~39를 참조하기 바람.

2. 누가복음의 관점에 대하여는 필자의 「설교를 돕는 분석 누가복음」(서울: 규장, 1998), pp. 136~150을 참조하기 바람.

3. 네 가지 비유는 씨뿌리는 자의 비유, 등불의 비유, 스스로 자라는 씨의 비유, 겨자씨의 비유이다.

4. 네 가지 기적 사건은 예수께서 풍랑을 잠잠하게 하신 사건, 거라사 군대귀신 들린 사람을 구원하신 사건, 혈루병 걸린 여인의 기적적인 치유 사건, 야이로의 딸 회생 사건 등이다.

5. 마태복음과 누가복음의 기록 특성에 대하여는 각각 필자의 *Jesus' Holy War Against Satan: The Gadarene Demoniac Story* (Seoul: Solomon, 1999), pp. 367~474와 설교를 돕는 「분석 누가복음」, pp. 145~148을 참조하기 바람.

6. 이에 대한 다양하고 상세한 견해에 대하여 필자의 *Jesus' Holy War Against Satan*, pp. 415~447을 참조하기 바람.

7. 이러한 관점은 마가복음의 기록보다는 마태의 기록에 더욱 분명하게 나타난다.

8. 마가복음 7:31에 나오는 "데가볼리 지역을 통과하여"라고 나오는 한글개역성경의 번역은 오역이다. 이것은 "데가볼리의 지역 중에 있는"으로 새롭게 교정되어야 한다(NASB, NRSV).

9. 표준새번역과 개정개정판도 이를 오역했으나 공동번역은 그 뜻을 풀어서 "이 말을 들은 체도 아니하시고"라고 바르게 번역한다.

8장

1. M. A. Beavis 구조에 의하면 9개의 Narrative-Teaching 구조 가운데 중심(7:24~9:29)에 위치한 narrative 'revelations'에 속한 것으로 그 중요성이 있다. M. A. Beavis, "The

Mark's Audience: The Literary and Social Setting of Mark 4:11~12," *JSNT* 33 (Sheffield: JSOT Press, 1989), pp. 163~164. 이에 대해 E. S-B Shim, *The Transfiguration of Jesus According to Mark: A Narrative Reading*, (D. Th. Dissertation, Stellenbosch, 1994), pp. 102~103을 보라.

2. 실제로 마가와 함께 마태(15:32~39)는 이 사건을 다루었지만, 누가나 요한은 그렇지 않았다. 이것이 마가복음 14:13~21, 마가복음 6:32~44, 누가복음 9:10~17, 요한복음 6:1~13 등 네 복음서 모두에 출현하는 오병이어 사건과 다른 점이다.

3. '오병이어'와 짝을 맞추기 위해 이 사건을 '칠병이삼어'라 하자. Kilgallen은 이 두 사건을 비교하면서, 숫자 5(다섯 개의 떡, 오천 명의 5)는 이스라엘을, 숫자 7(일곱 개의 떡과 남은 일곱 광주리의 떡)은 이방인을 뜻하는 심볼이라 말한다. 그래서 칠병이삼어의 사건은 숫자 7의 사용으로 인해 앞의 이스라엘을 위한 기적에 이방인을 위한 기적으로 보충하는 사건이라는 논리를 폈다. John J Kilgallen, *A New Testament Guide to the Holy Land* (Chicago: Loyola Press, 1998), p. 43. 그런데 문제는 오병이어의 물고기 두 마리의 숫자 2, 칠병이삼어의 4,000명과 관련된 숫자 4 등에 대한 설명이 없는 것이다. 그가 말하는 그런 측면에서 보충적인 사건이라기보다는 허기진 사람들에 대한 그리스도의 사랑의 동기와 제자들을 철저히 가르치려는 교육적인 동기에서 비롯된 사건이라 봐야 옳다. 다만, 8장 사건은 그 지역적 특성(데가볼리 지경과 가까운 갈릴리 호수 부근으로 요단강 우편 지역, 7:31)으로 인해 이방인들이 주 대상이 되었을 가능성이 있다는 점은 부인할 수 없다.

4. Louw-Nida에 의하면 이 단어는 뭔가 해결점을 찾고자 하는 그런 목적 없이 단지 의견의 다른 점을 강하게 표현하며 말다툼하려는 행위를 뜻한다. Johannes Louw & Eugene Nida, *Greek-English Lexicon of the New Testament Based on Semantic Domains*, 2 Vols (Bible Society of South Africa), pp. 33.440.

5. Martin은 U. W. Mauser를 의지하여 마가복음에서 반복된 주제로서 예수의 시험과 이때의 '시험하다'라는 용어의 나쁜 의미에 대해 설명한다. Ralph Martin, *Mark Evangelist and Theologian* (Grand Rapids: Zondervan, 1972), pp. 168~169.

6. 제자들에게는 배고픈 4천 명에 대한 대책이 없는 것이다. 주님이 이곳에 계신데도 그랬다. 바리새인들이 주님의 능력에 대해 의심을 가졌던 것은 그들의 불신앙 때문이었던 반면, 제자들이 주님의 역사하심에 대해 기대하지 못했던 것은 그분에 대한 믿음과 이해와 지식이 부족했던 것임을 뜻할 수 있다.

7. 물론 이런 고백을 제자들에게 공개적으로 요구하신 것은 주님께서 십자가 사건으로 향해 나아가시기 위한 본격적인 때가 되었기 때문이다. 그리고 한편으로 제자들은 주님에 대한 분명한 고백과 함께 그분이 누구신지 확실히 인식하게 된 시점이 된다. 따라서 이 사건을 마가복음의 전환점으로 보는 학자들이 많다. 예를 들어, Brevard S Childs, *The New Testament as Canon: An Introduction* (Philadelphia: Fortress Press), p. 89. Guelich는 마가복음을 크게 두 부분으로 나누고 8:27 이하를 그 두 번째 부분으로 본다. R. A. Guelich, 'Mark, Gospel of', *Dictionary of Jesus and the Gospels* (Downers Grove, Illinois: IVP), pp. 516~517. 그런데 여기서 앞의 부분들(8:27 이전 사건들)이 있기 때문에 이런 고백이 가능했다는 점을 강조하고 싶다.

8. Williams는 두 사건이 서로 병행적 관계며 모두 영적인 치유, 즉 영적인 깨달음을 상징적으

로 나타낸다는 점을 적절하게 강조한다. Joel F. Williams, "Other Followers of Jesus: Minor Characters as Major Figures in Mark's Gospel," *JSNTS* 102 (Sheffield: JSOT Press, 1994), pp. 121~124, 127~130. 시각 장애인의 치유를 영적인 시각 장애의 치유로 연계시킨 주장은 Elizabeth S. Malbon, "Narrative Criticism: How Does the Story Mean," in Janice C. Anderson and Stephen D. Moore (eds), *Mark and Method: New Approaches Biblical Studies* (Minneapolis: Fortress Press, 1992), p. 47에서도 보인다. 그런데 Malbon은 이 사건을 제자들과의 대화(14~21절) 부분과 연결하지 않고 눈먼 자 치유의 두 단계를 베드로의 고백(성공)과 책망받음(실패)과 연계시켰다. 이것은 바른 이해라 할 수 없다. 시각 장애인은 두 단계를 거쳐 더 나아진 반면, 베드로는 두 번째 단계에서 나빠졌기 때문이다. 이보다는 처음 베드로의 고백과 책망받은 것을 첫 단계(불완전한 이해)로 그리고 예수의 변화산 사건이나 부활 이후의 깨달음(온전한 이해)을 두 번째 단계로 보는 견해가 더 타당할 것이다. J. F. Williams, op. cit., pp. 131~132를 참조하라.

9. 이런 이해는 주님께서 바리새인과 헤롯의 누룩에 대해 경계를 주시는 말씀 가운데 특히 17~18절에 "아직도 알지 못하며(not percieve) 깨닫지 못하느냐(not understand) 너희 마음이 둔하냐 너희가 눈이 있어도 보지 못하며(not see) 귀가 있어도 듣지 못하느냐(not hear) 또 기억지 못하느냐"고 하신 부분과도 깊은 관계를 가진다. 이 말씀 다음에 바로 나타난 사건이 시각 장애인을 고치신 사건임에 다시 주목하자. 제자들은 육체적, 외적인 것을 '보고 듣지' 못한 것이 아니라 사건들의 영적, 내면적인 의미를 '보고 듣지' 못한 것이다. Mitzi Minor, *The Spirituality of Mark, Responding to God* (Louisville: Westminstrer John Knox Press, 1996), pp. 20~21을 참조하라.

10. 마태(16:18~19)에 의하면, 이 고백은 주님의 교회를 이 땅에서 시작하는 계기로 쓰임받은 고백이었다. 사실 그 이전에도 제자들이 예수를 그리스도로 고백한 적이 있긴 했다(마 14:33; 요 1:41; 4:29; 6:69). 그러나 그때는 주님 자신이 메시아 되심을 공개적으로 알리는 것을 꺼려하셨던 때로, 상황이 조금 다르고 이 베드로의 고백과는 그 비중의 차이가 있다고 말할 수 있다. 참조, Archibald T. Robertson, "The Gospel According to Matthew and The Gospel According to Mark," *Word Pictures in the New Testament* Vol 1 (Nashville: Broadman Press), pp. 334~335.

11. 그러나 그리스도에 대한 고백은 그것으로 끝나는 것이 아니다. 그리스도에 대한 순종과 그의 뒤를 따르는 삶으로 뒷받침되어야 했다. 주님은 베드로의 고백 후에 바로 "인자가 많은 고난을 받고 장로들과 대제사장들과 서기관들에게 버린 바 되어 죽임을 당하고 사흘만에 살아나야 할 것"(31절)을 제자들에게 가르치기 시작하시며 그들도 십자가를 지고 뒤따를 것을 요구하셨다(34~36절). 그리스도에 대한 고백과 주님과 그 복음에 대한 헌신은 함께 간다. 그리스도의 죽으심은 우리의 모델이 된다. 죽지 않고자 할 때, 남는 것이 없다. 고백에서 끝난 신앙은 없다. 고백은 삶을 뒤따르게 한다. 나의 눈을 바꾸고 삶의 목표를 바로 세우게 한다. 이 부분에 대해서는 범위를 넘어가기 때문에 더 다루지는 않겠다.

12. 예수의 대적자들의 눈 먼 상태에 대해선, David Rhoads and Donald Michie, *Mark as Story: An Introduction to the Narrative of a Gospel* (Philadelphia: Fortress Press, 1982), pp. 118~119를 참조하라.

9장

1. 본 단락에 대한 유익한 연구서로 E. Best, "Following Jesus. Discipleship in the Gospel of Mark," *JSNTS* 4 (Sheffield: JSOT Press, 1981)이 있다. R. T. France, *Divine Government. God's Kingship in the Gospel of Mark* (London: SPCK, 1990), ch. 3도 본 단락의 이해에 좋은 통찰력을 제공해 준다.

2. 즉, 가이사랴 빌립보(8:27) – 갈릴리(9:30) – (가버나움, 9:33) – 유대 지경/요단강 건너편 (10:1) – 예루살렘으로(10:32) – (여리고 경유, 10:46).

3. 본 단락에서는 ἡ ὁδός('길')가 특징적으로 사용된다. 8:27; 9:33; 10:17, 32, 52. 참조. Best, *Following Jesus*, pp. 15~18.

4. 예. E. Schweizer, *Mark* (London: SPCK, 1978), p. 224; Best, *Following Jesus*, pp. 134~145. 그래서 R. T. France, "The Gospel of Mark," *NIGTC* (Carlisle: Paternoster Press, 2002), pp. 320~323은 양쪽을 감싸는 두 단락을 아예 본 대단락에 포함시켜서, 마가복음 8:22~10:52을 마가복음의 중앙 단락으로 구분한다. 그러나 France는 8:22~26이 앞 대단락에도 연관되어 있음을 인정한다. 그래서 그는 본 단락을 앞 대단락의 결론이자 뒤이어 나오는 대단락의 서론이라고 규정한다(pp. 321~322); 참조. C. A. Evans, *Mark 8:27~16:20* (Nashville: Thomas Nelson Publishers, 2001), p. 10. 사실 France는 제2막의 실질적인 시작이 8:27부터임을 인정한다(*Mark*, p. 327).

5. 사실 이 이야기도 예수의 치유 능력에 초점이 맞추어져 있다기보다는 오히려 제자들의 믿음 없음에 초점이 맞추어져 있음을 주목할 수 있다. 아래 1~(4) 논의 참조.

6. 참조. Best, *Following Jesus*, pp. 134~139; France, *Mark*, pp. 322~323.

7. 참조. Best, *Following Jesus*, p. 143.

8. 아래 도표는 C. Myers, *Binding the Strong Man. A Political Reading of Mark's Story of Jesus* (Maryknoll, NY: Orbis Books, 1988), p. 237에서 온 것이다.

9. 참조. France, *Mark*, p. 326.

10. 물론 마가복음의 독자들은 이미 1:1~13에서 예수의 정체에 대한 확고한 지식을 제공받는다. 그러나 그의 제자들은 그와 같은 정보를 아직 제공받지 못하였다.

11. 7:28에서는 '주'라는 호칭이 사용되지만, 이는 제자들이 아닌 이방 여인에 의해 사용되었다. 참조. France, *Mark*, p. 327.

12. 9:41의 예수의 말씀은 자신이 그리스도이심을 전제하기는 하지만, 이를 주장하거나 확인해 주는 언급으로 보기는 힘들다.

13. 9:41에서도 간접적으로 사용하실 뿐이다.

14. France, *Mark*, p. 329. 베드로가 다른 제자들의 대표로 나타나는 다른 경우들은 다음과 같다. 9:5; 10:28; 11:21; 14:37.

15. 참조. Evans, *Mark*, p. 15; France, *Mark*, pp. 330~331.

16. 한글 개역의 '간하다'라는 번역은 본 동사의 의미를 충분히 전달하지 못한다. 본 동사는 33절에서 예수께서 베드로를 꾸짖으시는 데에서도 반복해서 사용된다. 즉, 베드로의 꾸짖음을 예수께서 되꾸짖고 계시는 것이다. 마가복음 안에서 본 동사는 더러운 영(1:25; 9:25), 풍랑(4:39) 등과 같은 대상들에게도 사용된다. 참조. 3:12; 8:30.

17. 참조. Evans, *Mark*, pp. 18~19.

18. 8:38에서 '인자가 아버지의 영광으로 올 때' 와, 9:1에서 '하나님나라가 권능으로 임하는 때' 가 언제인가에 대해서는 많은 논의가 있어 왔지만, 학자들 사이에 의견의 일치가 이루어져 있지는 못하다. 이 문제에 대한 유용한 논의가 France, *Government*, pp. 64~84에서 발견된다. 그밖의 다른 제안들에 대해서는 R. H. Gundry, *Mark. A Commentary on His Apology for the Cross* (Grand Rapids: Eerdmans, 1993), pp. 466~470을 보라.

19. 어쩌면 '엿새 후에' 의 구약적 배경으로 출애굽기 24:16을 들 수 있을지 모른다. 특히 두 경우 모두에 모세가 등장한다는 사실은 이러한 가능성을 더 높여 준다. Evans, *Mark*, p. 35. '엿새 후에' 에 대한 다양한 해석들에 대해서는 Gundry, *Mark*, pp. 473~474를 참조하라.

20. '그의 말을 들으라' (ἀκούετε αὐτοῦ)는 명령은 신명기 18:15("네 하나님 여호와께서 너의 중 네 형제 중에서 나(즉, 모세)와 같은 선지자 하나를 너를 위하여 일으키시리니 너희는 그를 들을지니라")을 반향하는 것으로 보인다. 그렇다면 하나님께서는 예수를 자신이 약속하신 '모세와 같은 선지자' 로 선언하시는 것으로 보인다. 참조. France, *Mark*, p. 355.

21. 물론 11장에 무화과나무 저주 기적이 있지만, 이는 상징적 목적을 가진 기적으로서 그 성격이 다른 기적들과 좀 다르다.

22. 참조. France, *Mark*, p. 361.

23. Gundry, *Mark*, pp. 487~488. 사실 마가가 예수의 옷이 이전 상태로 돌아갔다는 언급을 하지 않았다는 점으로 미루어 Gundry의 제안은 어느 정도 가능성이 있다.

24. Evans, *Mark*, p. 48.

25. 다른 사본들에는 '기도와 금식' 으로 되어 있다. 이 경우 해석은 좀 더 복잡해진다. 참조. France, *Mark*, pp. 369~370.

26. 9:35과 9:36~37의 말씀들이 다루는 주제의 논점상의 차이에 대해서는 Evans, *Mark*, p. 60을 보라. 적지 않은 학자들은 9:33~50에 나타나는 예수의 가르침들이 그 논지의 흐름상 일관성이 분명치 않다는 점에 비추어, 마가가 흩어져 있는 예수의 가르침들을 이 문맥 속에 모아 놓았다고 제안한다(사실 이러한 경향은 마태의 경우 아주 두드러진다); 참조. W. L. Lane, "The Gospel of Mark," *NICNT* (Grand Rapids: Eerdmans, 1974), p. 338; France, *Mark*, p. 370. 하지만 Gundry는 이 단락이 예수께서 한 자리에서 생각이 흘러가는대로 행하신 가르침들이라고 제안한다(*Mark*, pp. 507~508); 참조. Evans, *Mark*, pp. 59~60.

27. 10장에서는 세상의 길과 반대되는 제자의 길의 가치 기준이 세 가지 구체적인 경우들을 들어 예시된다: 이혼(10:2~12), 어린아이(10:13~16), 부(10:17~27). 참조. France, *Government*, pp. 45~63.

28. 한편 본 단락의 교훈과 사도행전 19:13~16의 이야기에서도 긴장 관계가 발견되는데, 이 긴장 역시도 예수와의 관계의 진실성과 관련하여 해소될 수 있을 것이다(또한 비교. 마 7:21~23). 참조. Lane, *Mark*, p. 343.

29. 참조. France, *Mark*, p. 376.

30. 그럴 경우 9:38~41은 9:37의 가르침을 보충하기 위한 삽입으로 보아야 할 것이다.

11장

1. 본 사건들과 관련하여 마태복음(21:1~27)과 마가복음(11:1~33)의 보도 차이 때문에 학자들의 관심과 질문들이 적지 않았다. 예를 들어, 무화과나무 저주와 성전 심판이 예루살렘 입성을 기점으로 마가복음은 3일간에 벌어진 것으로 소개(첫째 날: 예루살렘 입성하신 후 다시 베다니로 돌아오심; 둘째 날: 무화과나무 저주하신 후 성전을 청결케 하심; 셋째 날: 무화과나무가 뿌리까지 마름을 발견한 후 제자들에게 가르치심)되는 반면, 마태복음에서는 이 두 사건이 2일간에 걸친 것으로 묘사(첫째 날: 예루살렘 입성하시자마자 성전을 청결케 하심, 그리고 베다니로 돌아오심; 둘째 날: 무화과나무를 저주하시자 곧 마름, 그리고 이에 따른 가르침)된다. 한편, 누가복음에서는 무화과나무 저주 사건이 언급되어 있지 않다. 이 공관복음서 본문들은 소위 '공관복음서의 문제'의 이름으로 그 이슈들을 고려해 볼 수 있는 대표적인 병행 본문들 중 하나일 것이다. 우리가 여기서 언급할 필요가 있는 것은, 각 복음서가 증언하는 예수님에 대한 사역들이 대략적인 연대순으로 기록하는 동일한 원칙을 따르면서도, 경우에 따라 각 복음서 저자의 신학적 관심(지리적 관심을 포함)과 메시지의 강조가 연대적 사건들을 문학–주제적 관점으로 소개된다는 점이다. 본 이슈에 대한 일반적 이해에 대해서는 「목회와신학」 146호(2001년 8월), 특집: "복음서간의 차이, 어떻게 볼 것인가," pp. 46~135를, 본문과 관련하여 편집비평적 관점으로 무화과나무 사건을 정밀하게 연구한 W. R. Telford, "The Barren Temple and the Withered Tree: A Redaction – Critical Analysis of the Cursing of the Fig – Tree Pericope in Mark' s Gospel and Its Relation to the Cleansing of the Temple," *JSNTSS* 1 (Sheffield: JSOT Press, 1980), 특히 pp. 69~94를 참조하라. 국내에서 발표된 양용의, "열매 없는 성전(막 11:12~21)," 「신약신학 저널」 2호 (2000), pp. 166~185도 유익하다.

2. J. R. Edwards, "Markan Sandwiches: The Significance of Interpolations in Markan Narratives," *Novum Testamentum* 31 (1989): pp. 193~216, 특히 pp. 197~198을 보라.

3. W. R. Telford, *The Barren Temple and the Withered Tree*, pp. 161~163; 양용의, "열매 없는 성전(마가복음 11:12~21)," pp. 177, 182~183을 참조 · 비교해 보라. 필자는 마가복음 11장 본문이 기독론과 종말론뿐 아니라 구원론과 제자도의 메시지를 함께 드러내고 있음을 지적하고 싶다.

4. 로버트 스타인, 「메시아 예수」(황영철 옮김; 서울: IVP, 2001), p. 213.

5. 마가복음 5:11~13도 종종 함께 이 '파괴적 기적'에 고려 대상이 되곤 하지만, 마가복음 5장의 몰사하는 이천 마리의 돼지 떼는 그 직접적 원인이 '더러운 귀신'(막 5:2, 8, 12~13)임을 확인할 수 있다.

6. 이런 면에서 Telford는 이 분야에 귀한 공헌을 한 셈이다. 앞에서 소개한 저서와 함께 동일한 저자가 쓴 *Mark* (New Testament Guides; Sheffield: Sheffield Academic Press, 1995), pp. 137~138을 보라.

7. 예수님의 이 같은 상징적 행동에 의한 메시지 전달 기법은 구약의 몇몇 대표적인 선지자들에게도 발견된다(사 20:1~6; 렘 13:1~11; 19:1~3, 10~11; 27:1~15; 28:10~17, 참조, 대하 18:10; 겔 4~5장).

8. 팔레스틴 무화과나무의 잎사귀는 겨울의 세 달(12~2월) 기간 동안을 제외하고 발견되는데, 이 나무가 열매를 맺히는 계절은 6월에서 11월 사이의 기간인 것으로 알려져 있다. 예

수님께서 예루살렘 성전에 이르시던 때가 유월절, 즉 4월에 일어난 사건이라는 점에서 이 본문이 예수님의 상징적 메시지를 담고 있음을 보게 된다. Brooks, *Mark* (Nashville: Broadman Press, 1991), p. 182을 보라.

9. 즉, 여기서 예수님께서 무화과나무에게 '답변했다'(to answer)는 것은 무화과나무가 예수님께 '열매 없는 잎사귀'로 말한 것에 대한 반응이라는 의미를 고려할 수 있는 중요한 단서도 되는 셈이다. 이에 대한 관찰에 대해서는 R. Gundry, *Mark: A Commentary on His Apology for the Cross* (Grand Rapids: Eerdmans, 1993), p. 638을 보라.

10. "기구(σκεῦος 영어 NIV는 merchandise로 번역함)를 가지고 성전 안으로 지나다님"과 관련하여 로버트 스타인(2001: 217)을 비롯한 몇몇 주석가들은 다른 유대 문헌(Jesephus, *Against Apion 2:8; m. Berakot.* 9:5)에 도움을 받아, 유대인들이 그 당시 물건들을 들고 어떤 시내나 지역으로 통과하는 데 성전을 하나의 '지름길'(a shortcut)처럼 이용한 것에 대한 예수님의 분노하심으로 보고 있으나, 본문에서 이것을 뒷받침할 만한 근거가 매우 약하기 때문에, 일반 도구가 아닌 성전 제사용 도구들을 들고 자신들의 일상적 소임을 하고 있는 사람들을 향한, 즉 이미 성전의 기능을 상실한 차원에서 형식적이고 무의미하게 성전 제사를 준비하는 자들을 향한 심판적 메시지로 보는 것이 더 자연스럽다고 판단된다. 이에 대해서는, D. E. Garland, *Mark* (Grand Rapids: Zondervan, 1996), p. 437, n. 15를 보라.

11. 이런 점에서 '강도의 굴혈'이란 표현이 나오는 예레미야 7:11의 전후 문맥인 예레미야 7:1~15을 주의 깊게 살펴볼 필요가 있다. "너희는 이것이 여호와의 전이라, 여호와의 전이라, 여호와의 전이라 하는 거짓말을 믿지 말라(4절) … 너희가 무익한 거짓말을 의뢰하는도다(8절) … 내 이름으로 일컬음을 받는 이 집에 들어와서 내 앞에 서서 말하기를 우리가 구원을 얻었나이다 하느냐 이는 이 모든 가증한 일을 행하려 함이로다 내 이름으로 일컬음을 받는 이 집이 너희 눈에는 도적의 굴혈로 보이느냐 보라 나 곧 내가 그것을 보았노라 여호와의 말이니라(10~11절)." 11절 하에 나오는 "내가 그것을 보았노라"는 마가복음 11:11의 성전에 들어가신 "예수께서 … 모든 것을 둘러보시고"를 어느 정도 관련시켜 고려해 볼 수 있다. Garland, *Mark*, pp. 438~439를 보라.

12. 참고로 마가복음 11:23은 마태복음 17:20과 누가복음 17:6과, 마가복음 11:24는 마태복음 7:7; 18:19, 누가복음 11:9과, 마가복음 11:25은 마태복음 6:14~15과 각각 병행되거나 유사한 구절들이다.

13. 이 논지에 대한 구체적 설명에 대해서는 김세윤, "예수와 성전," 「예수와 바울」(서울: 도서출판 두란노, 2000), pp. 133~180, 특히, pp. 166~175과 p. 171 각주 97에서 같은 주장을 갖고 있는 학자들의 문헌을 참조해 보라.

14. M. D. Hooker, *The Gospel According to Saint Mark* (Peabody, Mass.: Hendrickson, 1991), p. 270; C. D. Marshall, 'Faith as a Theme in Mark's Narrative," *SNTSMS* 64 (Cambridge: Cambridge University Press, 1989), pp. 162~169; Garland, *Mark*, pp. 441~442을 비교하여 참조하라.

15. 예수님께서 대제사장들과 서기관들과 장로들에게 직접적인 질문을 하는 가운데 그들에게 두 번씩 자기 자신(예수님)에게 "대답하라"(ἀποκρίθητε 29, 30절)고 다그치신다.

12장

1. 마가복음 2:1~3:6의 '갈릴리 논쟁기사'와 함께 마가복음 11:27~12:37은 '예루살렘 논쟁기사'로 취급되어 왔다. 이 두 논쟁기사는 예수님의 수난(죽음)의 당위성을 알리는 역할을 한다. 이들 두 논쟁기사에 대한 관련성과 구조적 이해에 대해서는 Jonna Dewey의 학위논문인, "Markan Public Debate"(1980)를 보라.
2. 조세(조공) 제도는 63 BCE 폼페이우스가 로마를 점령하면서 실시한 것으로 이것은 신정국의 이스라엘 사람들에게 아주 민감한 사회적 – 정치적 – 종교적 문제(정치 – 사회적으로는 로마의 지배와 예속을 의미하며, 종교적으로는 황제 숭배를 의미하는 우상숭배)로 로마와의 갈등을 일으키게 하는 태풍의 눈과 같은 이슈로 이스라엘 백성은 이 조세(조공) 제도에 반대하여 자주 민중봉기로 항거하였다. 두 가지 큰 사건이 발생하였는데 하나는 CE 6년의 갈릴리 유다가 조세(조공)를 위한 인구조사에 반대하여 일으킨 봉기였고, 또 다른 하나는 조세(조공) 제도에 반대하여 CE 66년에 일어난 무력 항거(혁명)였다.

참고문헌

- 김세윤, 「예수와 바울」(서울: 두란노, 2001)
- Crossan, J. D., "Mark 12:13~17," *Interpretation* 37 (1983/4), pp. 397~401.
- Dewey, J., *Markan public Debate* (Chico: Scholars Press, 1980).
- Garland, D. A., *Mark. The NIV Application Commentary* (Grand rapids: Zondervan, 1996).
- Herzog II, W., "Dissembling, A Weapon of the Weak; The Case of Christ and Caesar in Mark 12:13~17 and Romans 13:1~7," *Perspectives in Religious Studies 21* (1994/4), pp. 339~360.
- Lane, W., "The Gospel of Mark," *NICNT* (Grand rapids: Eerdman, 1974).
- Malbon, E. S., "The poor Widow in Mark and Her poor Rich Readers," *CBQ* 53 (1991), pp. 589~604.
- Tannehill, R. C., *The Sword of His Mouth* (Philadelphia: Fortress, 1975).

14장

1. 유월절은 니산월 14일이고 무교절은 15일에서 21일까지 이어진다(출 12:6~20; 민 9:2~14; 신 16:1). 하지만 유월절이 15일이 시작되는 저녁에서(유대의 하루는 해가 지면서 시작된다) 자정까지 이어져 무교절과 겹치고 사실상 한 사건에 대한 명절이기 때문에 양자는 거의 구분되지 않았다.
2. 그레코 – 로마 시대의 식사는 주로 비스듬히 누운 자세로 이루어졌다. 식사를 나누면서 중요한 주제를 갖고 대화를 나누었다. 여인은 이와 같은 상황에서 비스듬히 누워 있는 예수의 뒤쪽에서 기름을 부었을 것이나. 앨버트 벨, 「신약 시대의 사회와 문화」, 오광민 역('생명의 말씀사, 2001), p. 364.
3. 여기서 옥합이라 하는 용기(容器)는 '알라바스터'다. 오늘날의 알라바스터는 매끄럽고 흰 설화석고를 말한다. 하지만 신약 시대의 알라바스터는 동굴에서 형성된 종류석이었다. 차

가운 동굴에서 물이 떨어지면서 만들어진 하얀 종류석으로서 1년에 약 0.25 mm가 자란다고 한다.

4. L. W. Hurtado, *Mark. A Good News Commentary* (San Francisco: Harper & Row, 1983), p. 226.

5. T. J. Pesachim X.37b. William Lane, *The Gospel According to Mark* (Grand Rapids: Wm. B. Eerdmans, 1974), p. 508에서 재인용.

6. 여기서 세 번이라 함은 요청을 세 번 했다기보다는 특정한 기간 동안 작정하고 지속한 기도가 세 번이나 되었다는 의미로 보아야 할 것이다.

7. L. W. Hurtado, *Mark. A Good News Commentary* (San Francisco: Harper & Row, 1983), p. 238.

P. 74

스키조메누스 σχιζομένους
에스키스테 ἐσχίσθη
프뉴마 πνεῦμα
엑세프뉴센 ἐξέπνευσεν
수 에이 호 휘오스 무
  σὺ εἶ ὁ υἱός μου
후토스 휘오스 테우 엔
  οὗτος υἱός θεοῦ ἦν
에이텐 εἶδεν
이돈 ἰδών
루아흐 רוח

P. 75

에이스 아우톤 εἰς αὐτόν

P. 76

라브도스 ῥάβδος
스키조 σχίζω
스키스마 σχίσμα
아노이고 ἀνοίγω
카라 קרע
바카 בקע
에이스 아우톤 εἰς αὐτόν
아우톤 αὐτόν
베키르보 בקרבו
엔 아우토이스 ἐν αὐτοῖς

P. 77

아노이고 ἀνοίγω
카타바이노 καταβαίνω
스키조 σχίζω
스키스마 σχίσμα

P. 78

스키조 σχίζω

P. 81

에이덴 εἶδεν

P. 82

이돈 ἰδών
호티 ὅτι
엑세프뉴센 ἐξέπνευσεν
후토스 οὗτος

P. 84

엑세프센 ἐξέπνευσεν
에이펜 εἶπεν
카이 καί

p.85

카이 καί
데 δέ
아페이스 ἀφείς

P.86
엑세프뉴센 ἐξέπνευσεν
아페이스 ἀφείς
포넨 메갈렌 φωνὴν μεγάλην

P. 87
포넨 메갈렌 φωνὴν μεγάλην
헤 헤메라 투 퀴리우
　ἡ ἡμέρα τοῦ κυρίου

P. 88
엑세프뉴센 ἐξέπνευσεν
아포트네스코 ἀποθνήσκω
호티 아우토스 아페타넨
　ὅτι αὐτός ἀπέθανεν
에크프네오 ἐκπνέω
프쉬켄 ψυχὴν
비온 βίον
프뉴마 πνεῦμα
프네오 πνέω

P. 89
프뉴마 πνεῦμα
엑세프뉴센 ἐξέπνευσεν
이돈 ἰδὼν
호티 ὅτι
후토스 οὕτως

P. 90
호티 후토스 우데포테 에이도멘
　ὅτι οὕτως οὐδέποτε ἔδομεν
호티 후토스 엑세프뉴센

오티 우토스 엑세프뉴센
　ὅτι οὕτως ἐξέπνευσεν
우데포테 οὐδέποτε

P. 91~93
히에론 ἱεπόν
나오스 ναός

P.100
헤 에레모스 ἡ ἔρημος

P. 103
엥기켄 ἤγγικεν

P. 115~116
피스티스 πίστις

P. 126
샤바트 שבת
카다쉬 קדש

P. 145
폴라 πολλὰ
엔 파라볼라이스 ἐν παραβολαῖς

P. 165
마스티고스 μάστιγος

P.167
파라쿠오 μαρακούω

P. 168
아니스테미 ἀνίστημι

P. 174
호크마 חכמה
에메트 אמת

P. 216
유투스 εὐθύς

P. 263
아멘 레고 휘민 ἀμὴν λέγω ὑμῖν

P. 264
엑수시아 ἐξουσία

P. 265
욱크 오이다멘 οὐκ οἴδαμεν

P. 270
벤 בן
에벤 אבן

P.272
토라 תורה

P. 274
토라 תורה
카이 καὶ

P. 280
홀론 톤 비온 아우테스
ὅλον τὸν βίον αὐτῆς

P. 283
블레페테 βλέπετε

그레고레이테 γρηγορεῖτε

P. 284
블레페테 βλέπετε

P. 290
헤스테코타 ἑστηκότα
히스테미 ἵστημι

P.296
엑수시아 ἐξουσία

P. 318
쉬 레게이스 σὺ λέγεις

P.319
아나바이노 ἀναβαίνω

P. 322
파라스큐에 투 파스카
   παρασκευὴ τοῦ πάσχα
파라스큐에 παρασκευή

P. 356
아노이고 ἀνοίγω
스키조 σχίζω
호이 카타르락타이 투 우라누 에네오
크쎄산
   οἱ καταρράκται τοῦ οὐρανοῦ
ἠνεῴχθησαν
쑤라스 우라누 아네옥센
   θύρας οὐρανοῦ ἀνέῳξεν
쑤리데스 에크 투 우라누 에네오크쎄산

θυρίδες ἐκ τοῦ οὐρανοῦ ἠνεῴχθησαν

P. 357

히에론 ἱερόν

아브 אב

P.358

카이 엔 프뉴마티 디아 케일레온 아
넬레이 아세베

　και ἐν πνεύματι διὰ χειλέων ἀνελεῖ
ἀσεβῆ

P. 365

헤 호도스 ἡ ὁδός

P. 366

아쿠에테 아우투 ἀκούετε αὐτοῦ

P. 368

스큐오스 σκεῦος
아포크리쎄테 ἀποκρίθητέ

---

*θ는 원칙적으로 'ㅆ'로 음역했으나, 필자가 'ㅌ' 혹은 'ㄸ'를 선호한 경우 필자의 의견을 존중했습니다.
*υ는 원칙적으로 'ㅟ'로 음역했으나, 필자가 'ㅜ'를 선호한 경우 필자의 의견을 존중했습니다.

374